MISSION:

Yozakura family

10

Das Ende der Mission

Hitsuji Gondaira

Mission: Yozakura Family — Charaktere

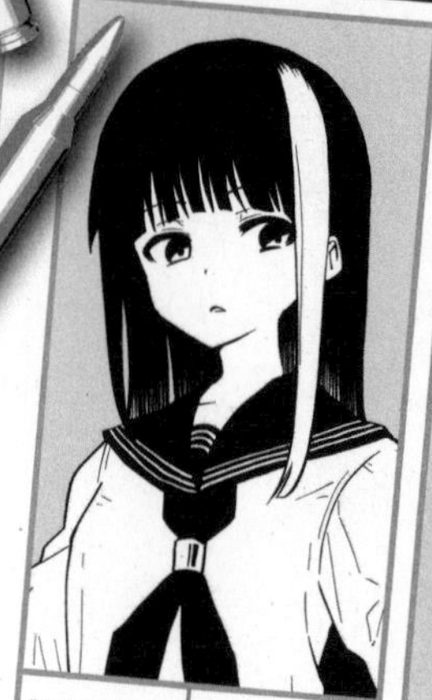

MUTSUMI YOZAKURA

Drittälteste Tochter der Yozakuras. Als Oberhaupt ihrer Familie, die etliche Übermenschen hervorgebracht hat, wird sie rund um die Uhr von ihren Geschwistern beschützt.

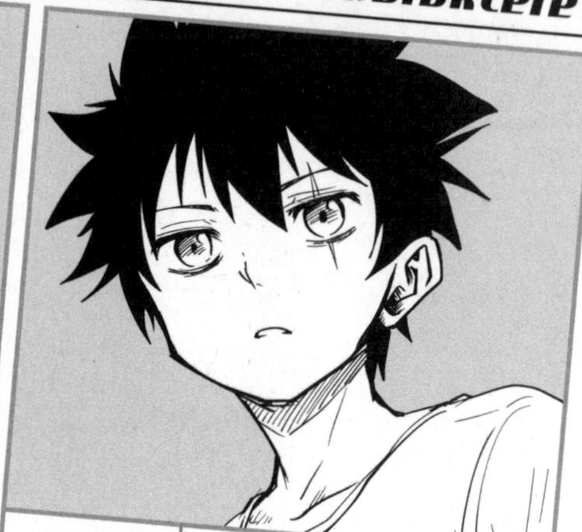

TAIYO ASANO

Der Oberschüler hat seine Familie bei einem Verkehrsunfall verloren und ist seitdem sehr menschenscheu. Sein Herz öffnet er lediglich seiner Frau und Kindheitsfreundin Mutsumi.

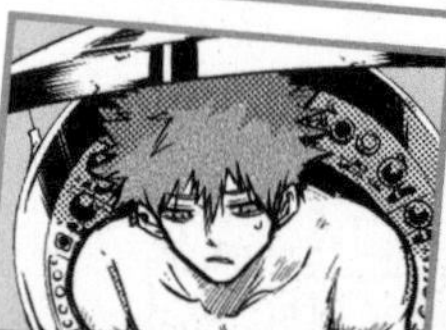

SHINZO

Der zweitälteste Sohn der Familie ist ein Waffenspezialist.

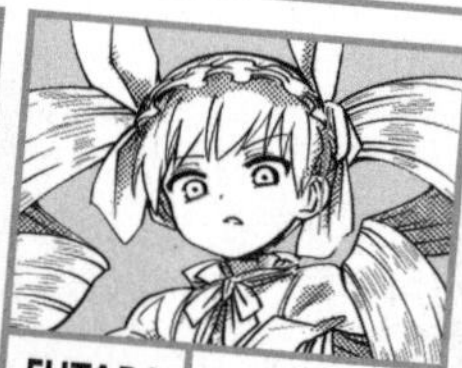

FUTABA

Die älteste Tochter der Yozakuras ist eine Meisterin in Aikido und Jiu-Jitsu.

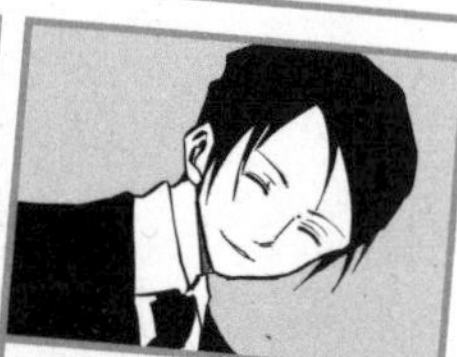

KYOICHIRO YOZAKURA

Der älteste Sohn der Familie Yozakura ist der beste und beliebteste Spion weit und breit.

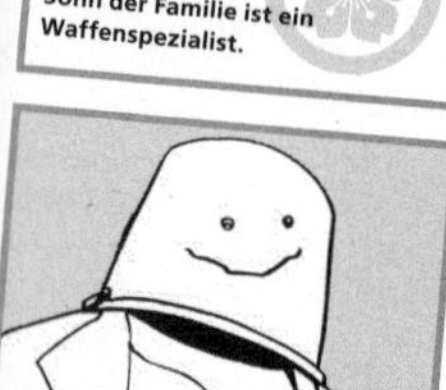

NANAO

Viertältester Sohn der Yozakuras. Nanao ist medizinisch bewandert und hat Bärenkräfte.

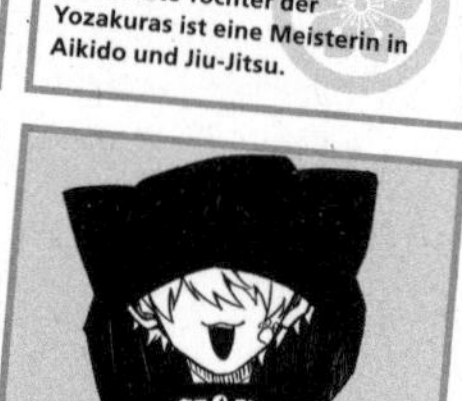

KENGO

Der Verkleidungskünstler und drittälteste Sohn der Familie kann sich in alle möglichen Personen verwandeln.

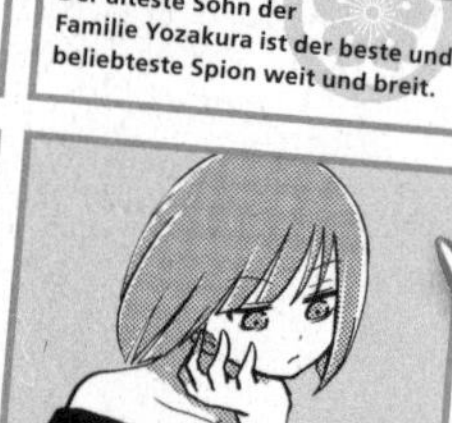

SHION

Die zweitälteste Tochter der Yozakuras ist Gamerin und begnadete Hackerin zugleich.

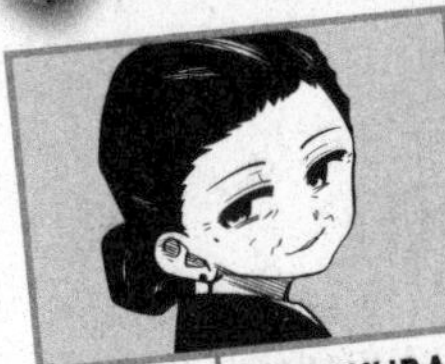

KEIKO YOZAKURA

Mutsumis Großmutter.
Sie war das achte Oberhaupt der Familie.

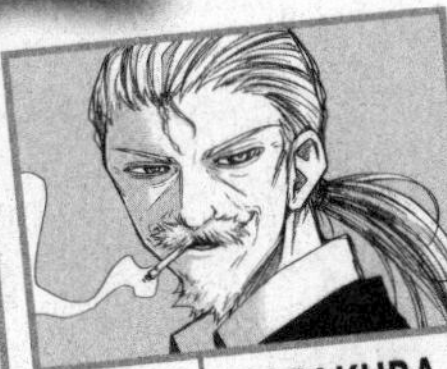

BAN YOZAKURA

Mutsumis Großvater. Der Spion sitzt im Rahmen einer Undercover-Mission normalerweise im Gefängnis.

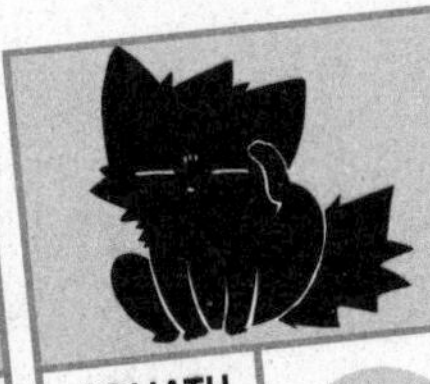

GOLIATH

Haustier der Familie Yozakura

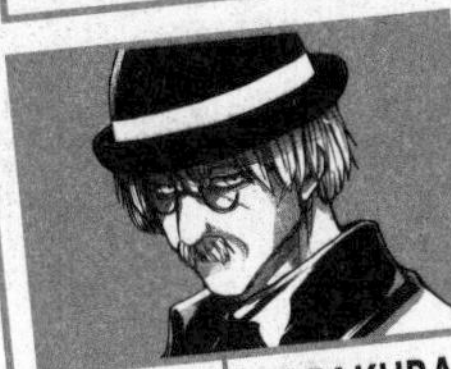

MOMO YOZAKURA

Der Vater der Geschwister Yozakura hat die Familie verlassen und arbeitet mit »Tanpopo« zusammen.

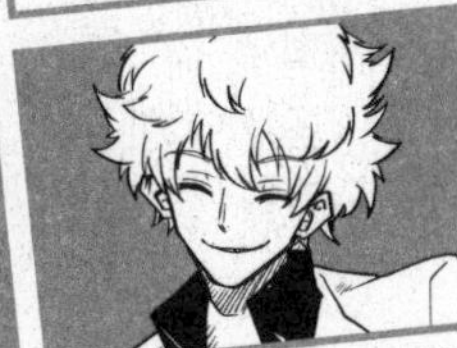

MAKOTO KAWASHITA

Direktor der Kawashita-Klinik und Mitglied von »Tanpopo«. Er trachtet nach Mutsumis Herz.

Story.

Seit Taiyo seine Familie verloren hat, spricht er nur noch mit seiner Kindheitsfreundin Mutsumi Yozakura. Doch dann dann entpuppen sich die Yozakuras als Spione! Taiyo heiratet Mutsumi und wird Teil der Familie. Seine Karriere als Spion beginnt. Er findet heraus, dass die Organisation »Tanpopo«, der Arzt Makoto Kawashita und der tot geglaubte Vater der Geschwister Yozakura bei dem Tod seiner Familie ihre Finger im Spiel hatten. Die Familie startet die »Yozakurafront« und kapert das Versteck von »Tanpopo«. Inmitten heftiger Ausschreitungen gegen die feindliche Führungsriege »Nijibana« kommt das ganze erschreckende Ausmaß von Kawahitas »Aussaatplan« ans Licht. Um sein Vorhaben zu stoppen, springen Polizei, Hinagiku und der Spionageverband den Yozakuras bei. Nun fordert Taiyo Kawashita heraus!

Mission: Yozakura Family – Inhalt

10 Das Ende der Mission

To Do Mission

Number	Mission Title
005	☑ Mission 80: Resonanz
025	☑ Mission 81: Altes Blut
045	☑ Mission 82: Herzschlag
065	☑ Mission 83: Kawashita versus Geschwister Yozakura
101	☑ Mission 84: Das Ende der Mission
121	☑ Mission 85: Vor dem Grab
141	☑ Mission 86: Ai kommt in die Familie
161	☑ Mission 87: Mission: Shions Date-Outfit
181	☑ Mission 88: Das Aufblühen und die Gerüchte
	☐
120	☑ Bonus: Besuch bei den Yozakuras! (Nanao)
140	☑ Bonus: Besuch bei den Yozakurats! (Goliath)
160	☑ Bonus: Besuch bei den Yozakuras! (Ayaka und Ai)

Mission:
Yozakura Family

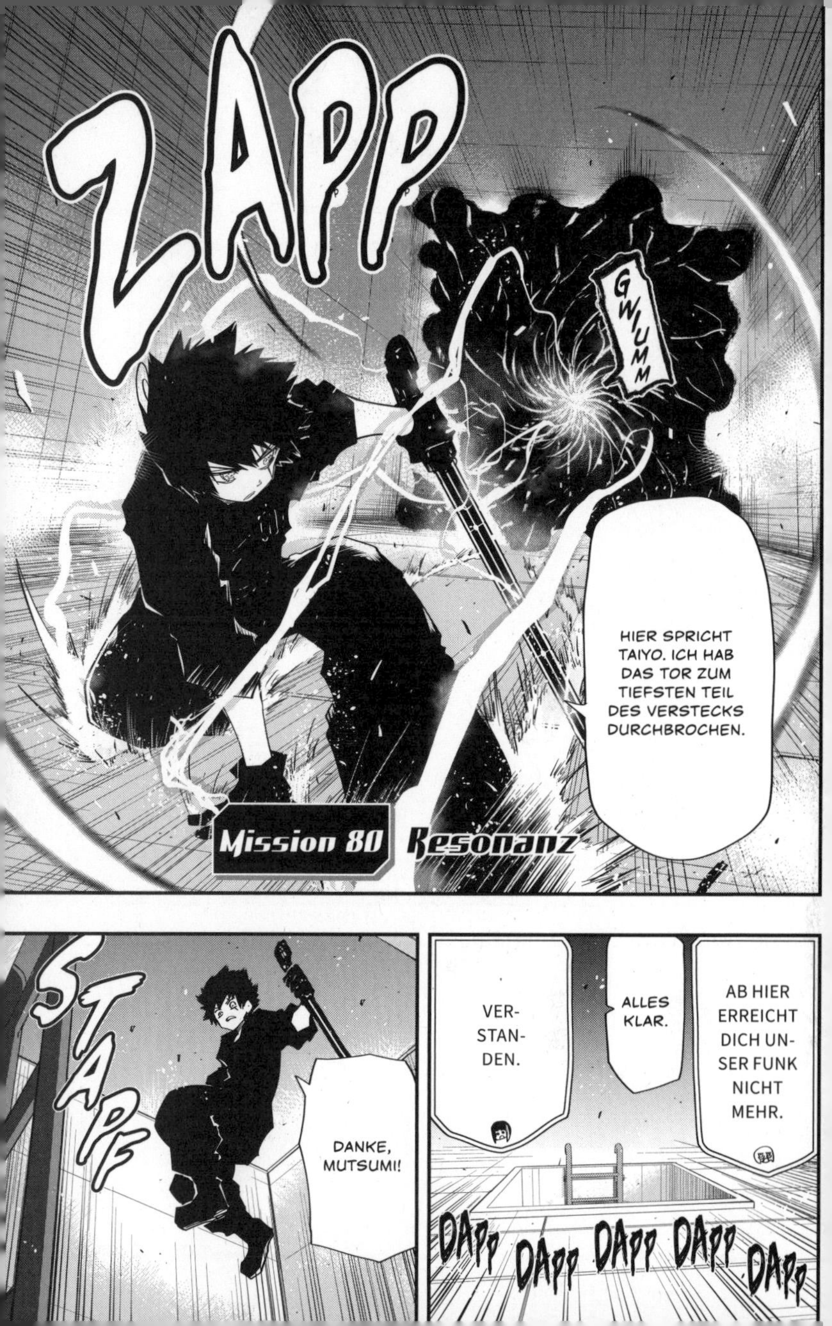
ZAPP
GWIUMM
HIER SPRICHT TAIYO. ICH HAB DAS TOR ZUM TIEFSTEN TEIL DES VERSTECKS DURCHBROCHEN.
Mission 80 Resonanz
AB HIER ERREICHT DICH UNSER FUNK NICHT MEHR.
ALLES KLAR.
VERSTANDEN.
DAPP DAPP DAPP DAPP DAPP
STAPF
DANKE, MUTSUMI!

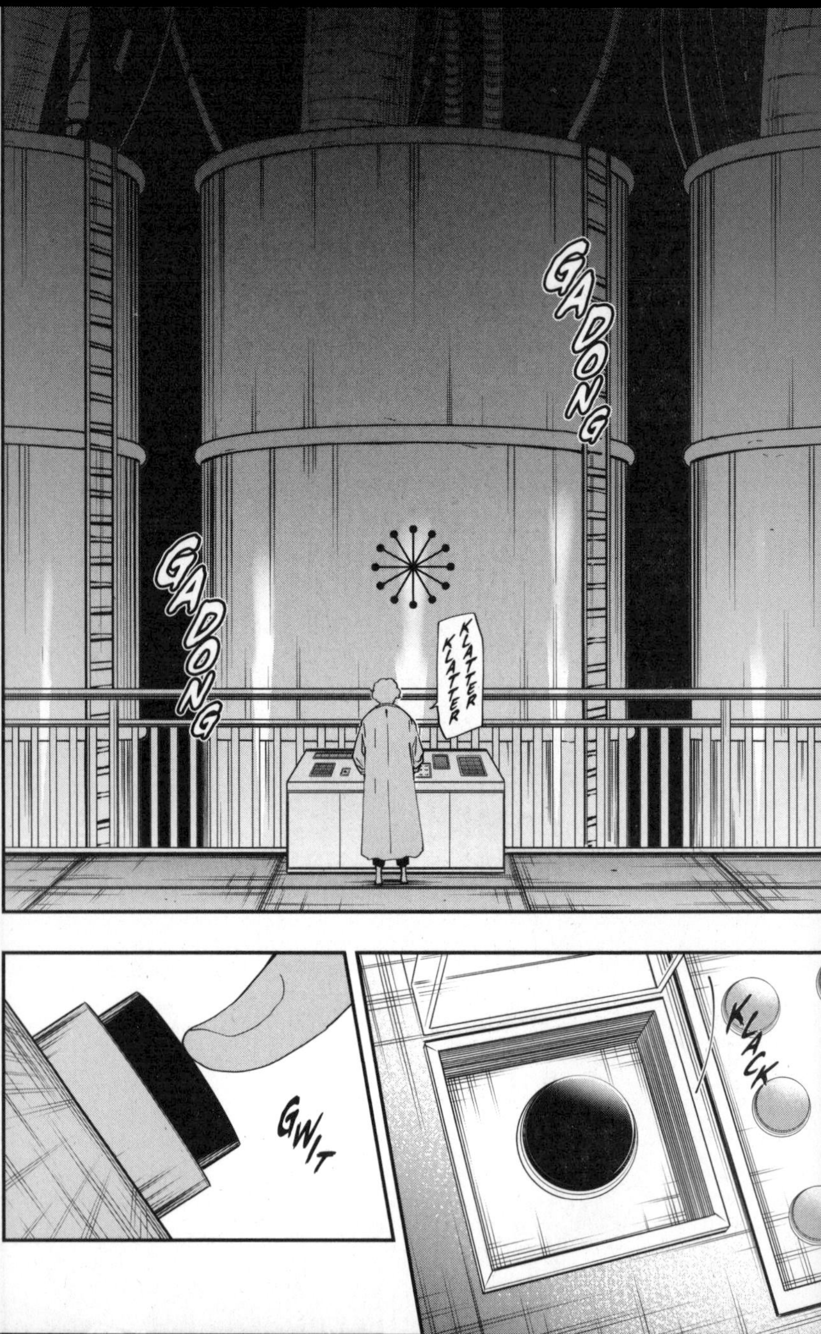
GADONG
GADONG
KLATTER KLATTER
KLACK
GWIT

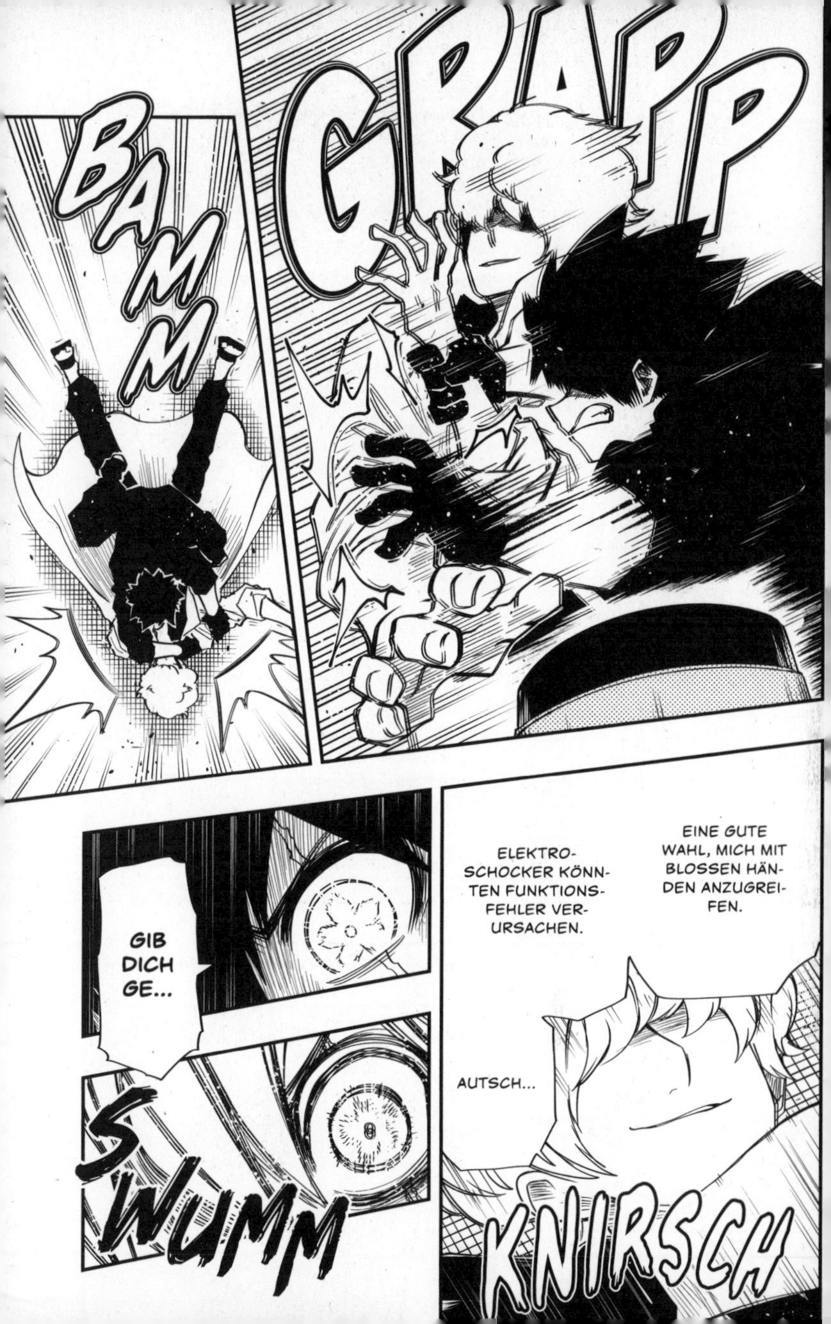
GRAPP
BAMM
EINE GUTE WAHL, MICH MIT BLOSSEN HÄNDEN ANZUGREIFEN.
ELEKTROSCHOCKER KÖNNTEN FUNKTIONSFEHLER VERURSACHEN.
GIB DICH GE...
SWUMM
AUTSCH...
KNIRSCH

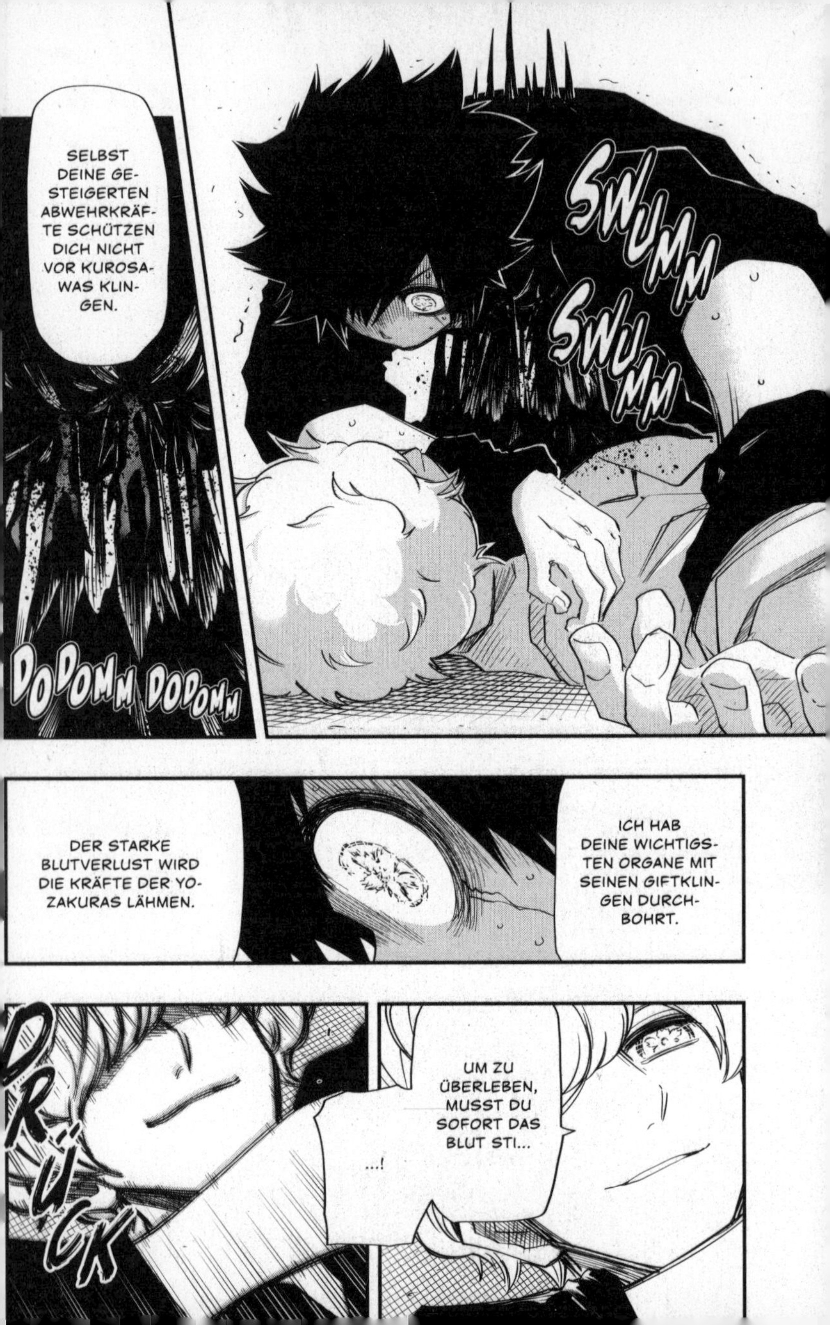
SWUMM SWUMM
SELBST DEINE GESTEIGERTEN ABWEHRKRÄFTE SCHÜTZEN DICH NICHT VOR KUROSAWAS KLINGEN.
DODOMM DODOMM
ICH HAB DEINE WICHTIGSTEN ORGANE MIT SEINEN GIFTKLINGEN DURCHBOHRT.
DER STARKE BLUTVERLUST WIRD DIE KRÄFTE DER YOZAKURAS LÄHMEN.
UM ZU ÜBERLEBEN, MUSST DU SOFORT DAS BLUT STI...
...!
DRÜCK

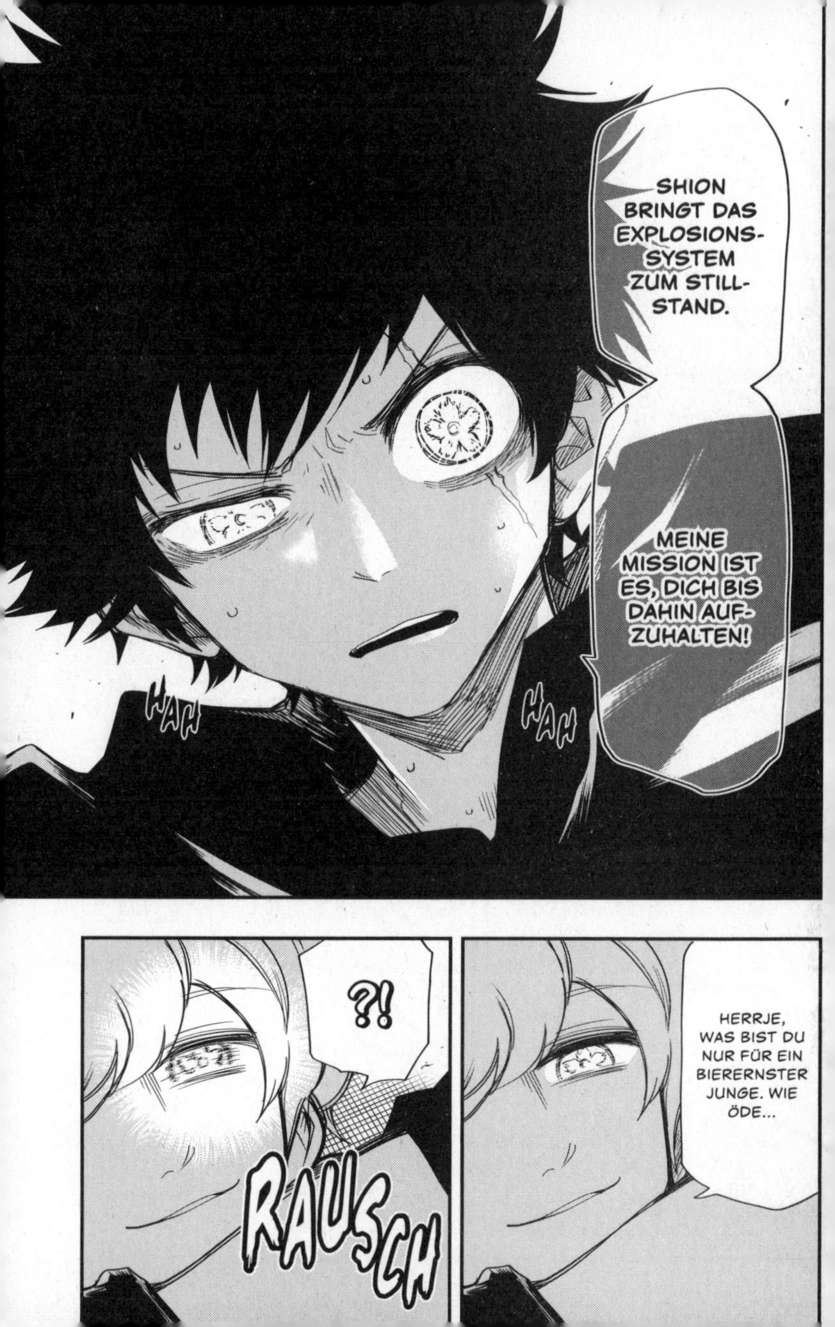
SHION BRINGT DAS EXPLOSIONS-SYSTEM ZUM STILL-STAND.
MEINE MISSION IST ES, DICH BIS DAHIN AUF-ZUHALTEN!
HAH
HAH
HERRJE, WAS BIST DU NUR FÜR EIN BIERERNSTER JUNGE. WIE ÖDE...
?!
RAUSCH

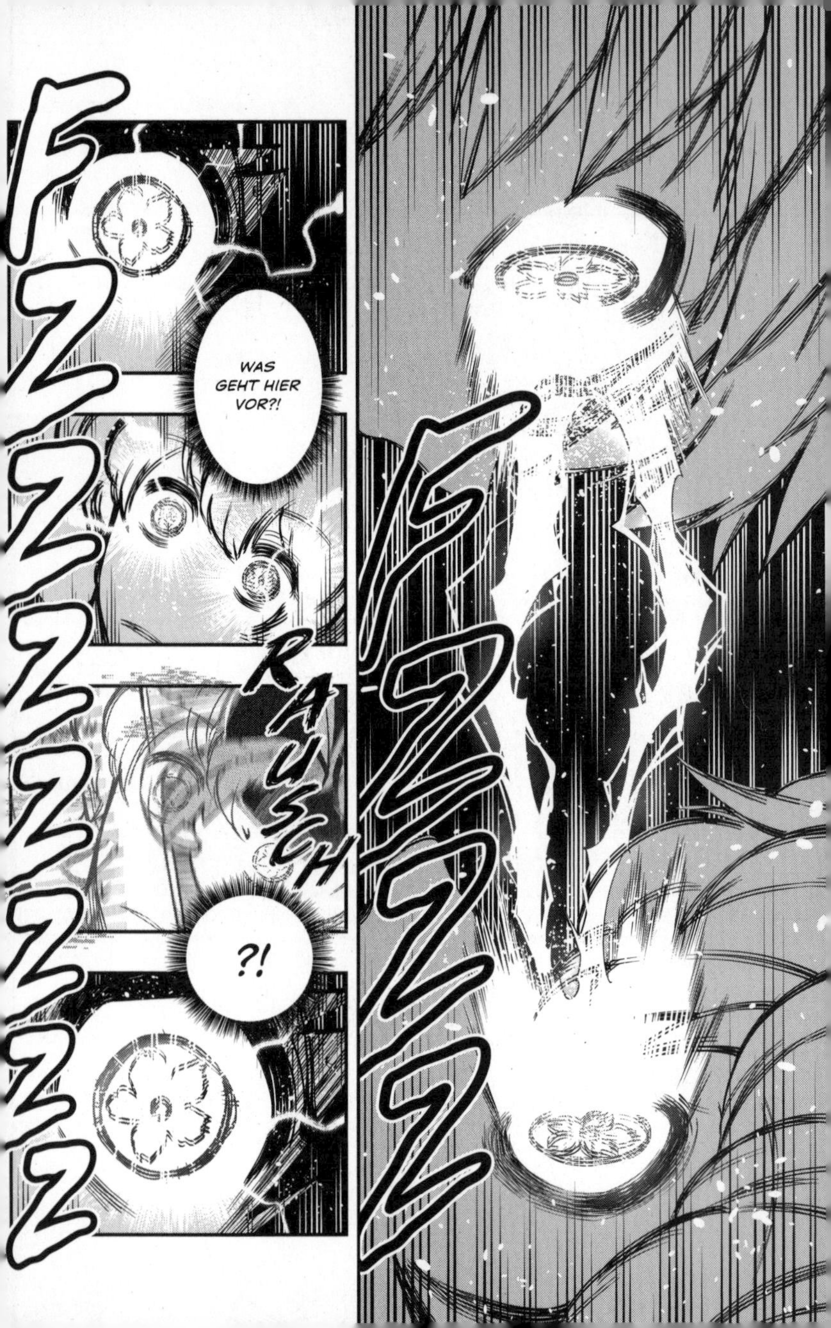
WAS GEHT HIER VOR?!
RAUSCH
?!

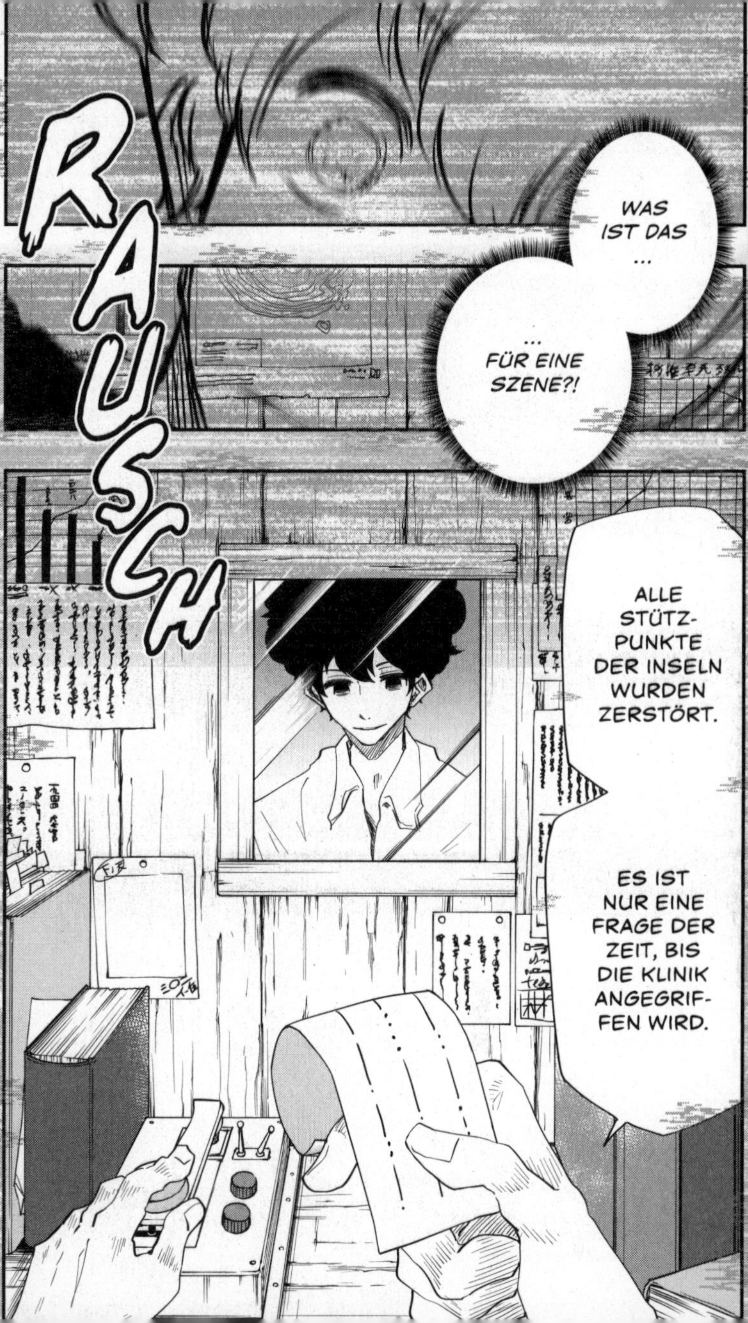
RAUSCH
WAS IST DAS ...
... FÜR EINE SZENE?!
ALLE STÜTZPUNKTE DER INSELN WURDEN ZERSTÖRT.
ES IST NUR EINE FRAGE DER ZEIT, BIS DIE KLINIK ANGEGRIFFEN WIRD.

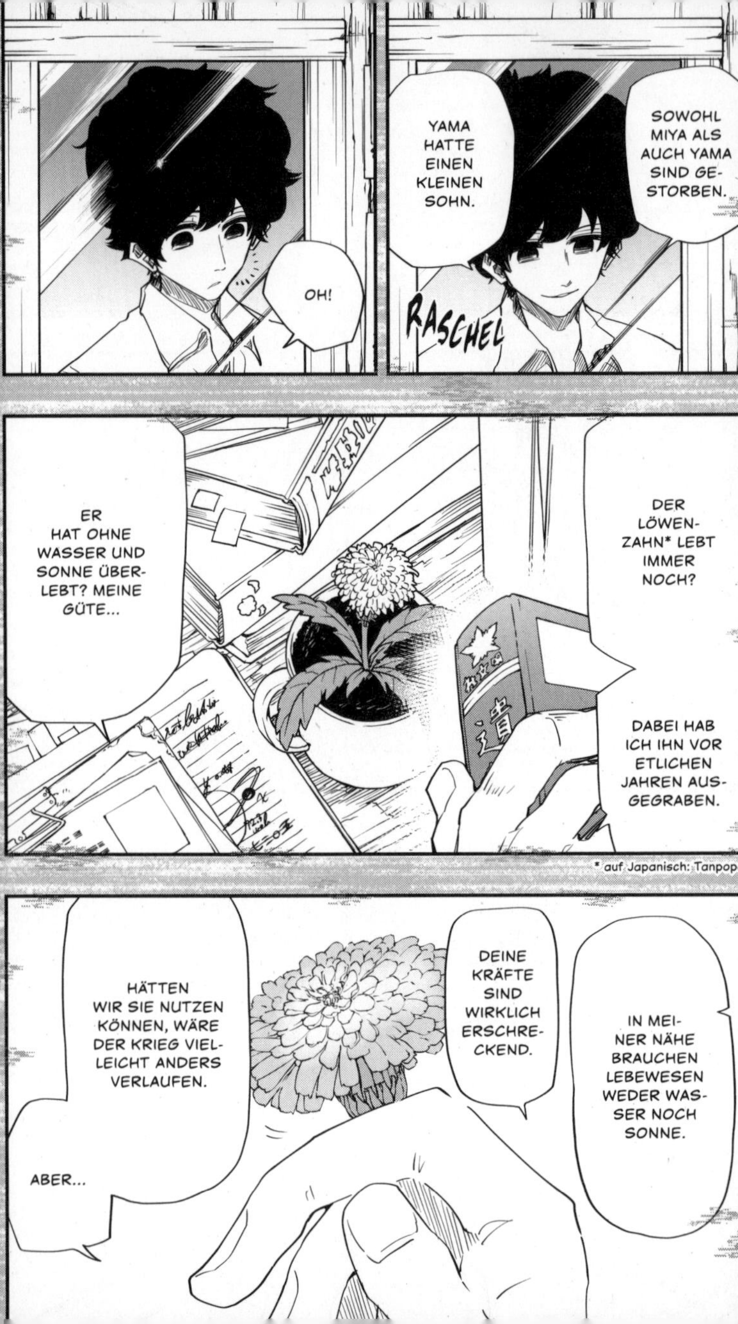

* auf Japanisch: Tanpopo

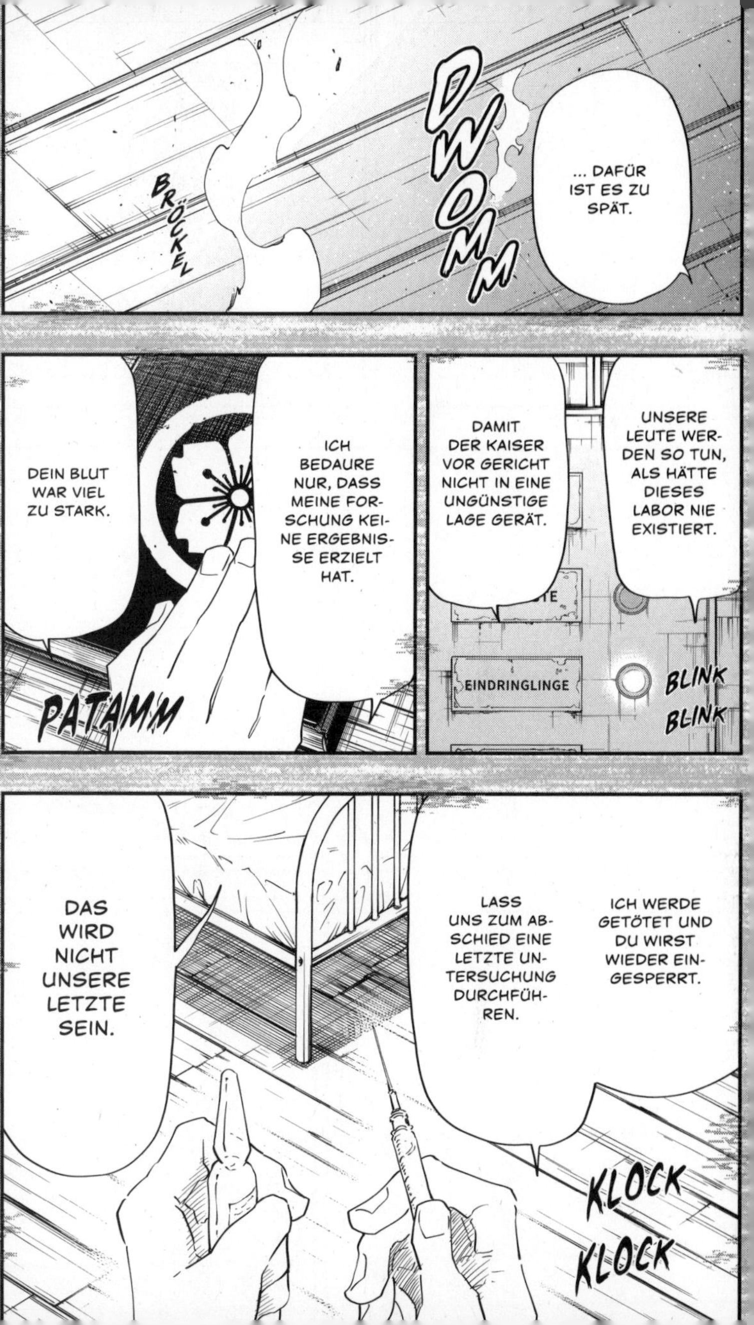

DWOMM
BRÖCKEL
... DAFÜR IST ES ZU SPÄT.
UNSERE LEUTE WERDEN SO TUN, ALS HÄTTE DIESES LABOR NIE EXISTIERT.
DAMIT DER KAISER VOR GERICHT NICHT IN EINE UNGÜNSTIGE LAGE GERÄT.
EINDRINGLINGE
BLINK BLINK
ICH BEDAURE NUR, DASS MEINE FORSCHUNG KEINE ERGEBNISSE ERZIELT HAT.
DEIN BLUT WAR VIEL ZU STARK.
PATAMM
ICH WERDE GETÖTET UND DU WIRST WIEDER EINGESPERRT.
LASS UNS ZUM ABSCHIED EINE LETZTE UNTERSUCHUNG DURCHFÜHREN.
DAS WIRD NICHT UNSERE LETZTE SEIN.
KLOCK KLOCK

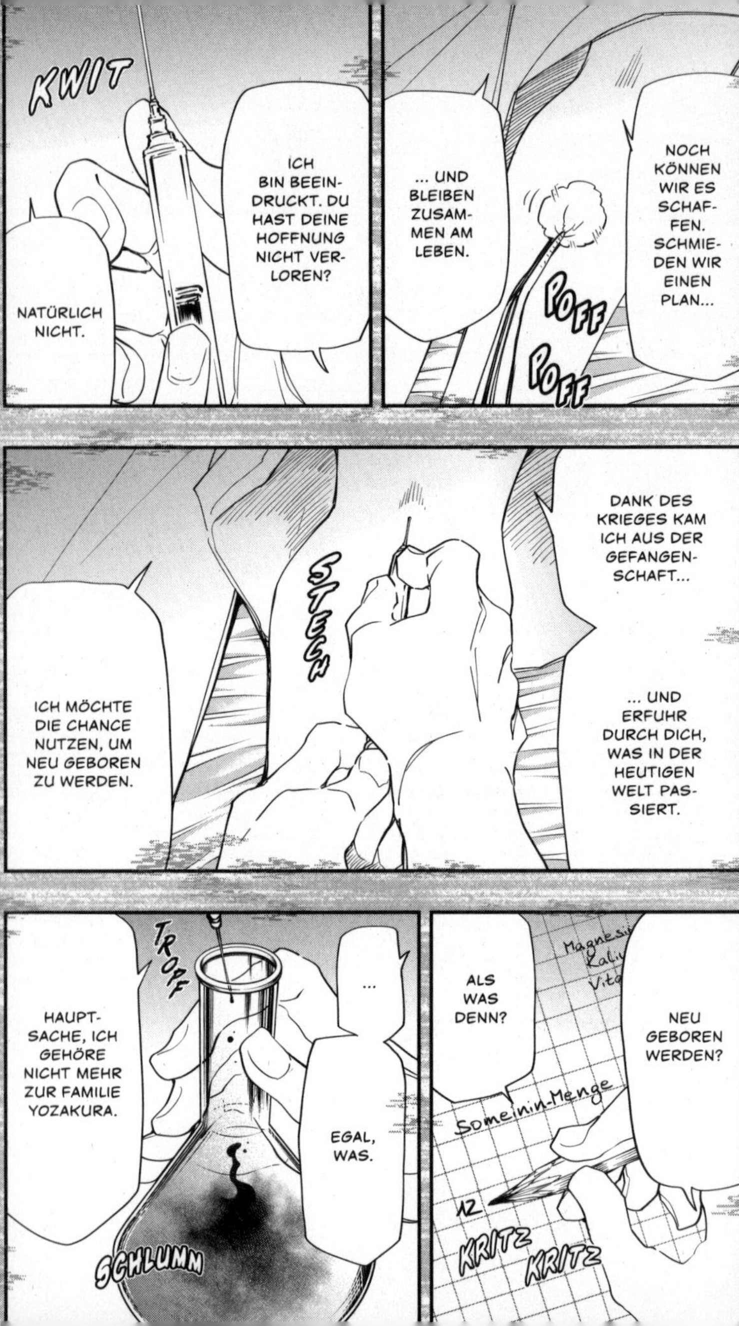
NOCH KÖNNEN WIR ES SCHAFFEN. SCHMIEDEN WIR EINEN PLAN...
... UND BLEIBEN ZUSAMMEN AM LEBEN.
POFF
POFF
KWIT
ICH BIN BEEINDRUCKT. DU HAST DEINE HOFFNUNG NICHT VERLOREN?
NATÜRLICH NICHT.
DANK DES KRIEGES KAM ICH AUS DER GEFANGENSCHAFT...
... UND ERFUHR DURCH DICH, WAS IN DER HEUTIGEN WELT PASSIERT.
STECH
ICH MÖCHTE DIE CHANCE NUTZEN, UM NEU GEBOREN ZU WERDEN.
NEU GEBOREN WERDEN?
ALS WAS DENN?
Someinin-Menge
12
KRITZ
KRITZ
...
EGAL, WAS.
HAUPTSACHE, ICH GEHÖRE NICHT MEHR ZUR FAMILIE YOZAKURA.
TROPF
SCHLUMM

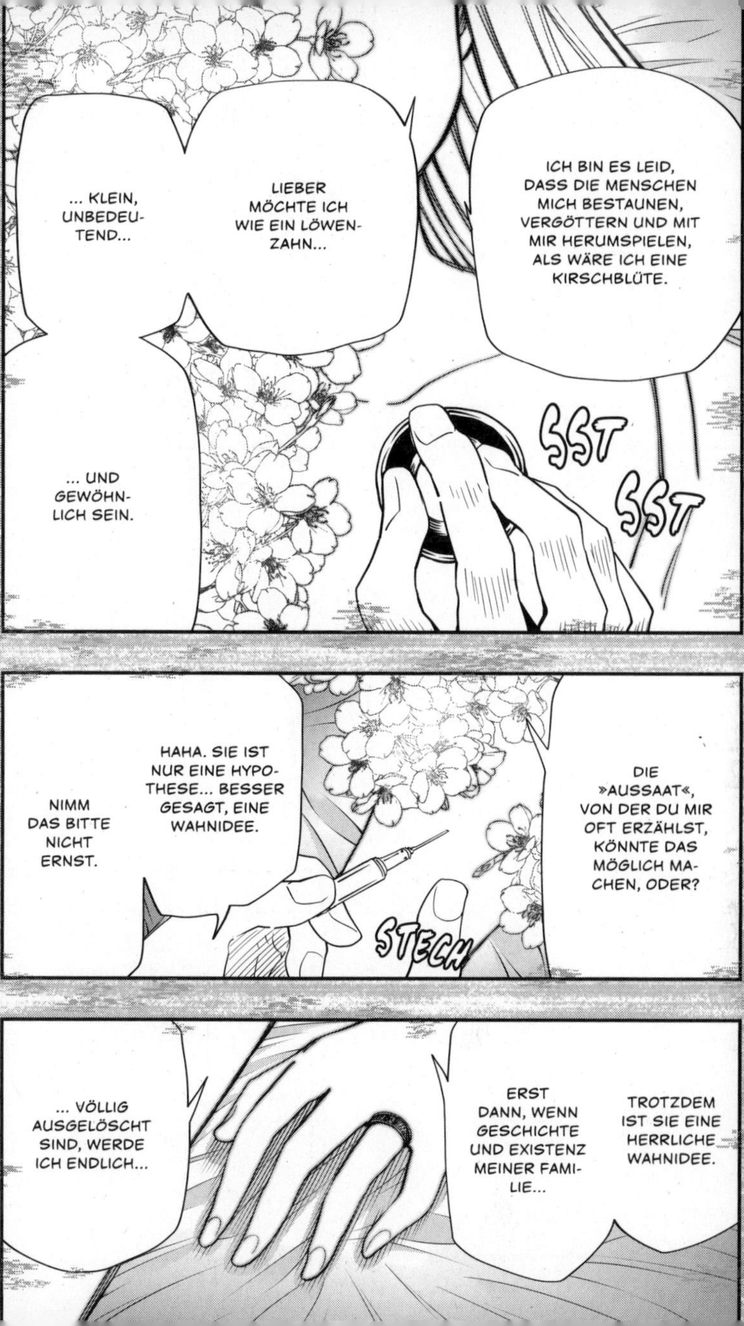
ICH BIN ES LEID, DASS DIE MENSCHEN MICH BESTAUNEN, VERGÖTTERN UND MIT MIR HERUMSPIELEN, ALS WÄRE ICH EINE KIRSCHBLÜTE.
LIEBER MÖCHTE ICH WIE EIN LÖWEN-ZAHN...
... KLEIN, UNBEDEU-TEND...
... UND GEWÖHN-LICH SEIN.
SSST
SSST
DIE »AUSSAAT«, VON DER DU MIR OFT ERZÄHLST, KÖNNTE DAS MÖGLICH MA-CHEN, ODER?
STECH
HAHA. SIE IST NUR EINE HYPO-THESE... BESSER GESAGT, EINE WAHNIDEE.
NIMM DAS BITTE NICHT ERNST.
TROTZDEM IST SIE EINE HERRLICHE WAHNIDEE.
ERST DANN, WENN GESCHICHTE UND EXISTENZ MEINER FAMI-LIE...
... VÖLLIG AUSGELÖSCHT SIND, WERDE ICH ENDLICH...

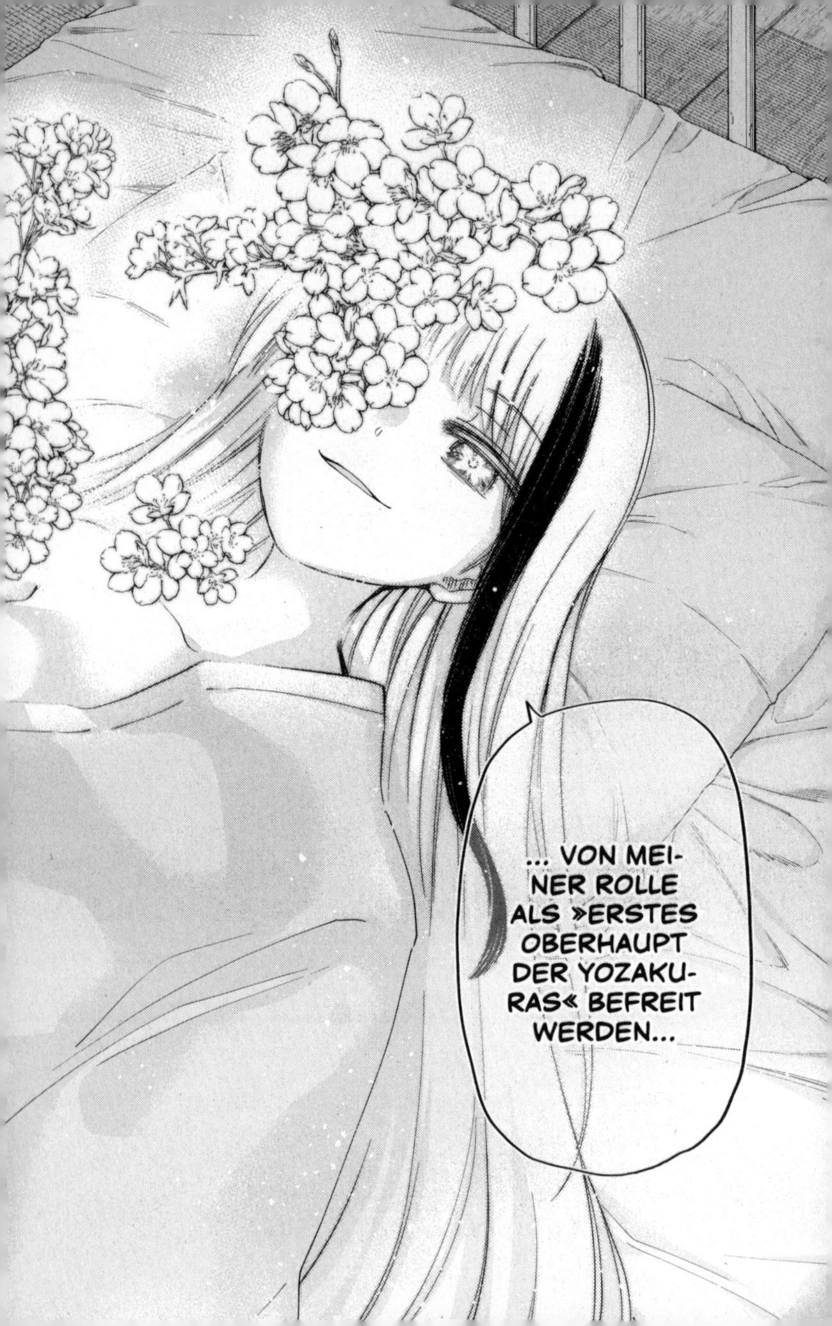
... VON MEI-NER ROLLE ALS »ERSTES OBERHAUPT DER YOZAKU-RAS« BEFREIT WERDEN...

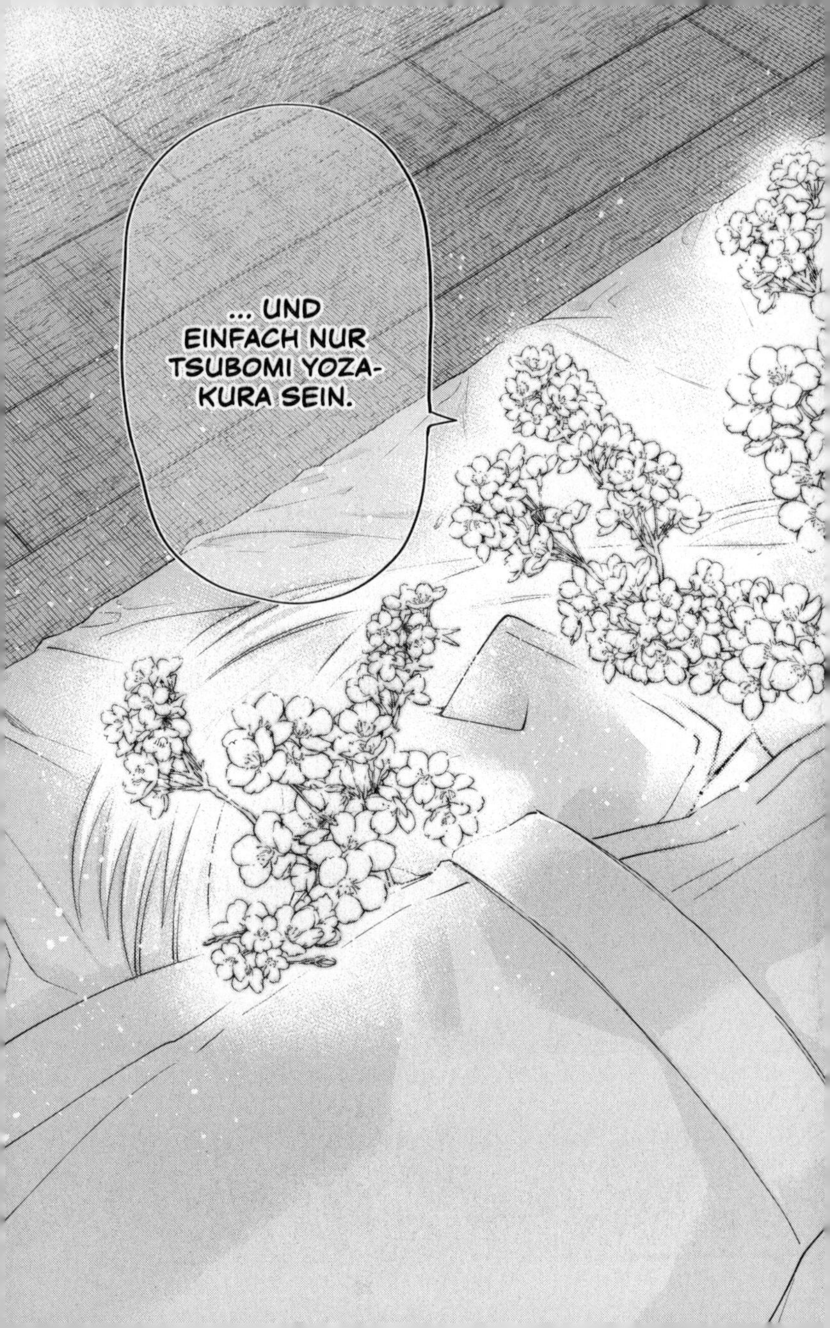
... UND EINFACH NUR TSUBOMI YOZA-KURA SEIN.

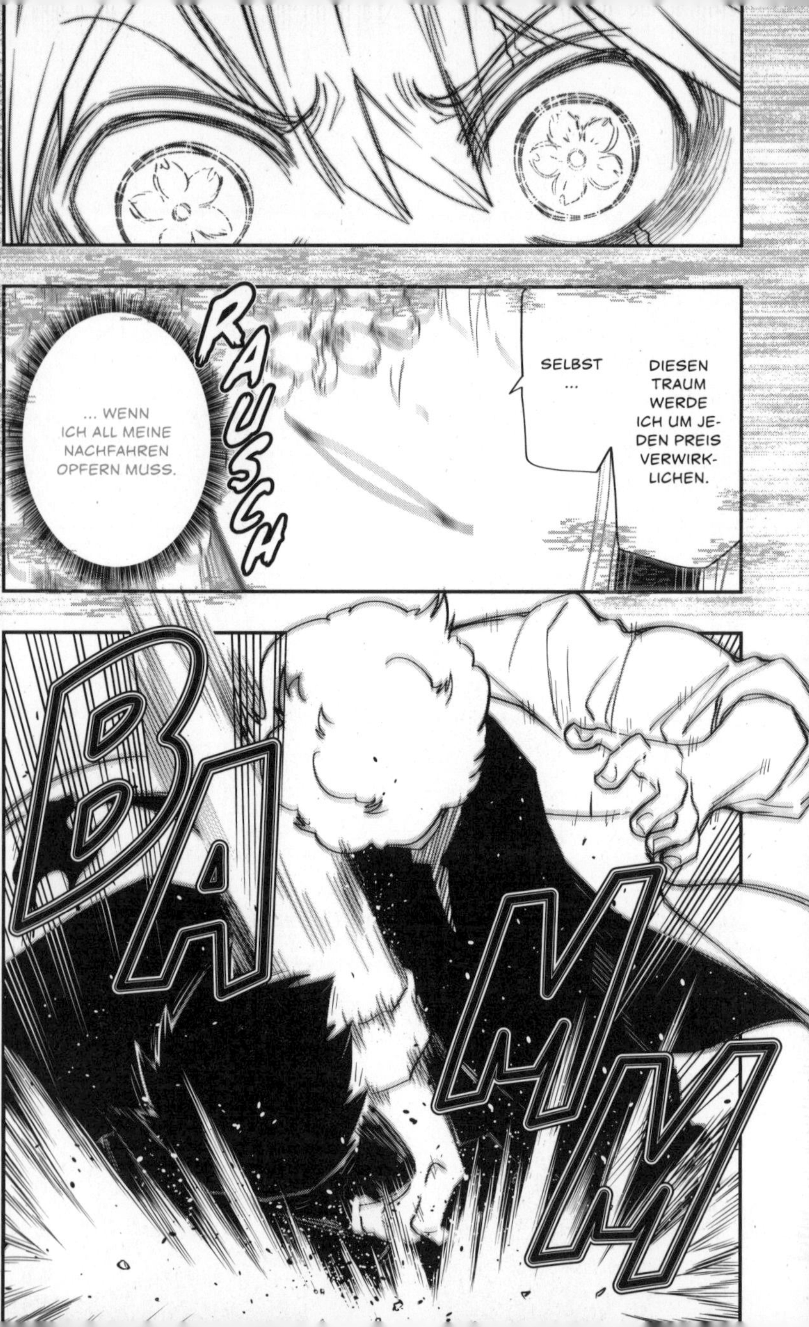
DIESEN TRAUM WERDE ICH UM JEDEN PREIS VERWIRKLICHEN.
SELBST ...
RAUSCH
... WENN ICH ALL MEINE NACHFAHREN OPFERN MUSS.
BAMM

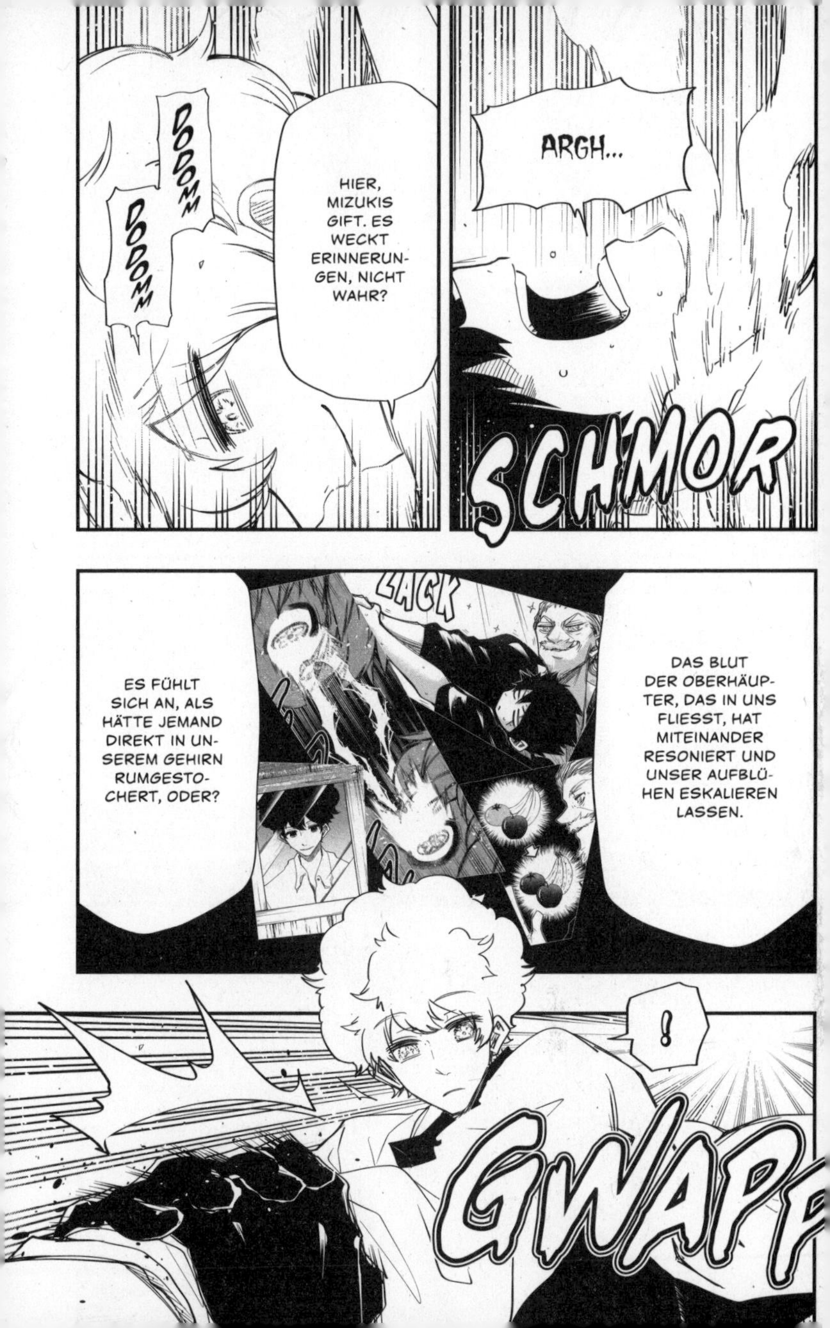
ARGH...
SCHMOR
HIER, MIZUKIS GIFT. ES WECKT ERINNERUNGEN, NICHT WAHR?
DODOMM
DODOMM
DAS BLUT DER OBERHÄUPTER, DAS IN UNS FLIESST, HAT MITEINANDER RESONIERT UND UNSER AUFBLÜHEN ESKALIEREN LASSEN.
LACK
ES FÜHLT SICH AN, ALS HÄTTE JEMAND DIREKT IN UNSEREM GEHIRN RUMGESTOCHERT, ODER?
!
GWAPP

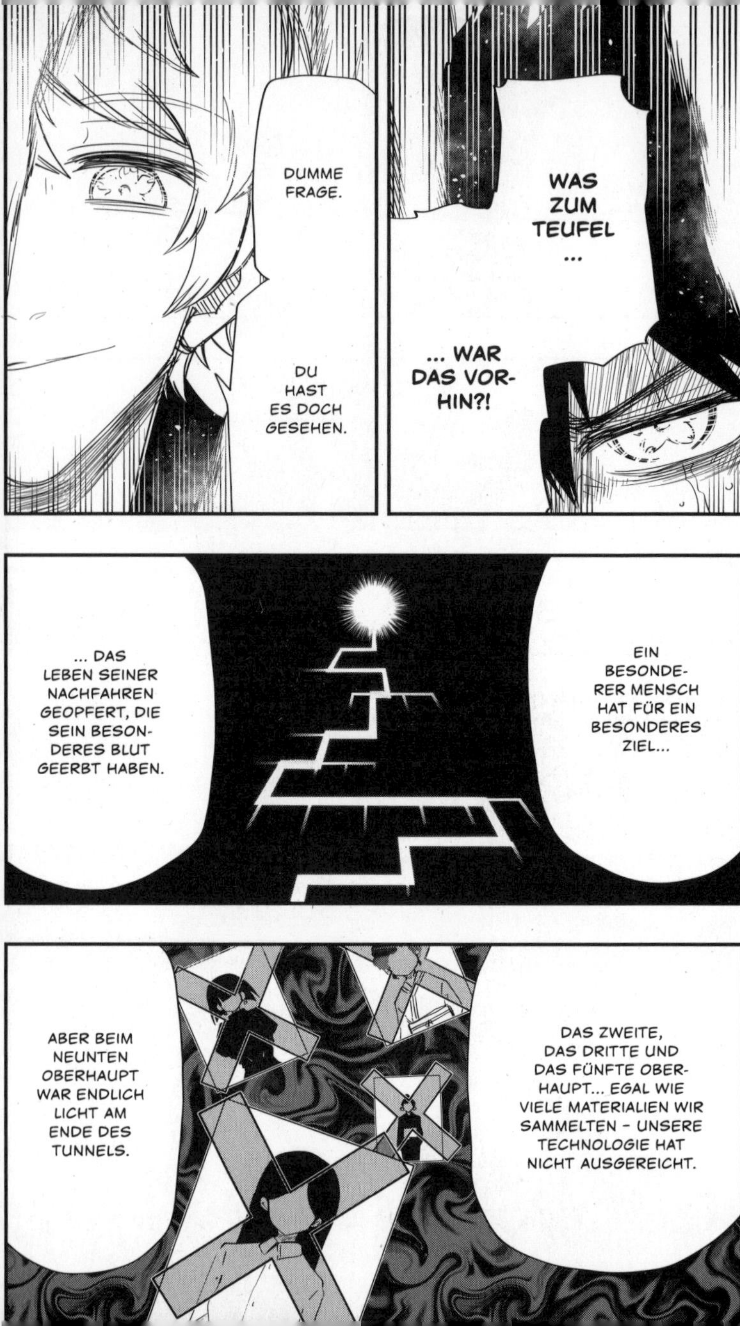
WAS ZUM TEUFEL ...
... WAR DAS VOR-HIN?!
DUMME FRAGE.
DU HAST ES DOCH GESEHEN.
EIN BESONDE-RER MENSCH HAT FÜR EIN BESONDERES ZIEL...
... DAS LEBEN SEINER NACHFAHREN GEOPFERT, DIE SEIN BESON-DERES BLUT GEERBT HABEN.
DAS ZWEITE, DAS DRITTE UND DAS FÜNFTE OBER-HAUPT... EGAL WIE VIELE MATERIALIEN WIR SAMMELTEN – UNSERE TECHNOLOGIE HAT NICHT AUSGEREICHT.
ABER BEIM NEUNTEN OBERHAUPT WAR ENDLICH LICHT AM ENDE DES TUNNELS.

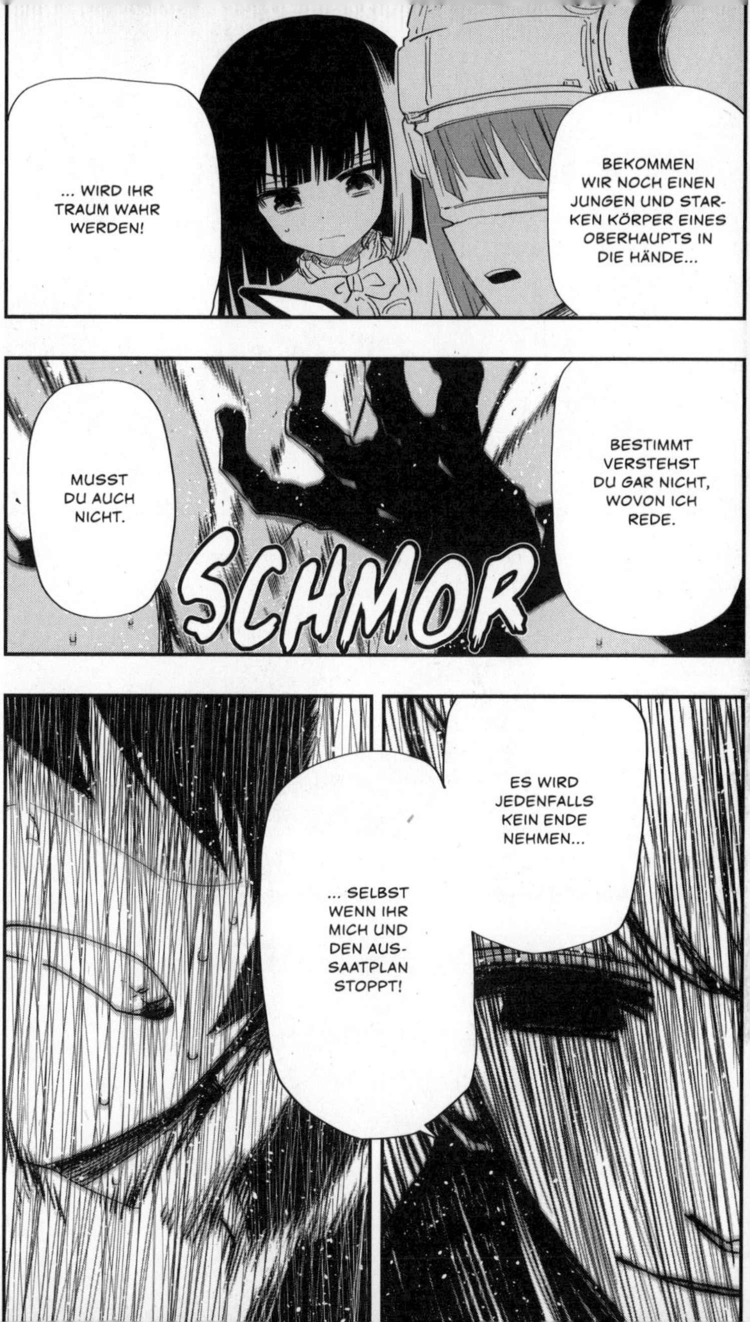
BEKOMMEN WIR NOCH EINEN JUNGEN UND STAR-KEN KÖRPER EINES OBERHAUPTS IN DIE HÄNDE...
... WIRD IHR TRAUM WAHR WERDEN!
BESTIMMT VERSTEHST DU GAR NICHT, WOVON ICH REDE.
MUSST DU AUCH NICHT.
SCHMOR
ES WIRD JEDENFALLS KEIN ENDE NEHMEN...
... SELBST WENN IHR MICH UND DEN AUS-SAATPLAN STOPPT!

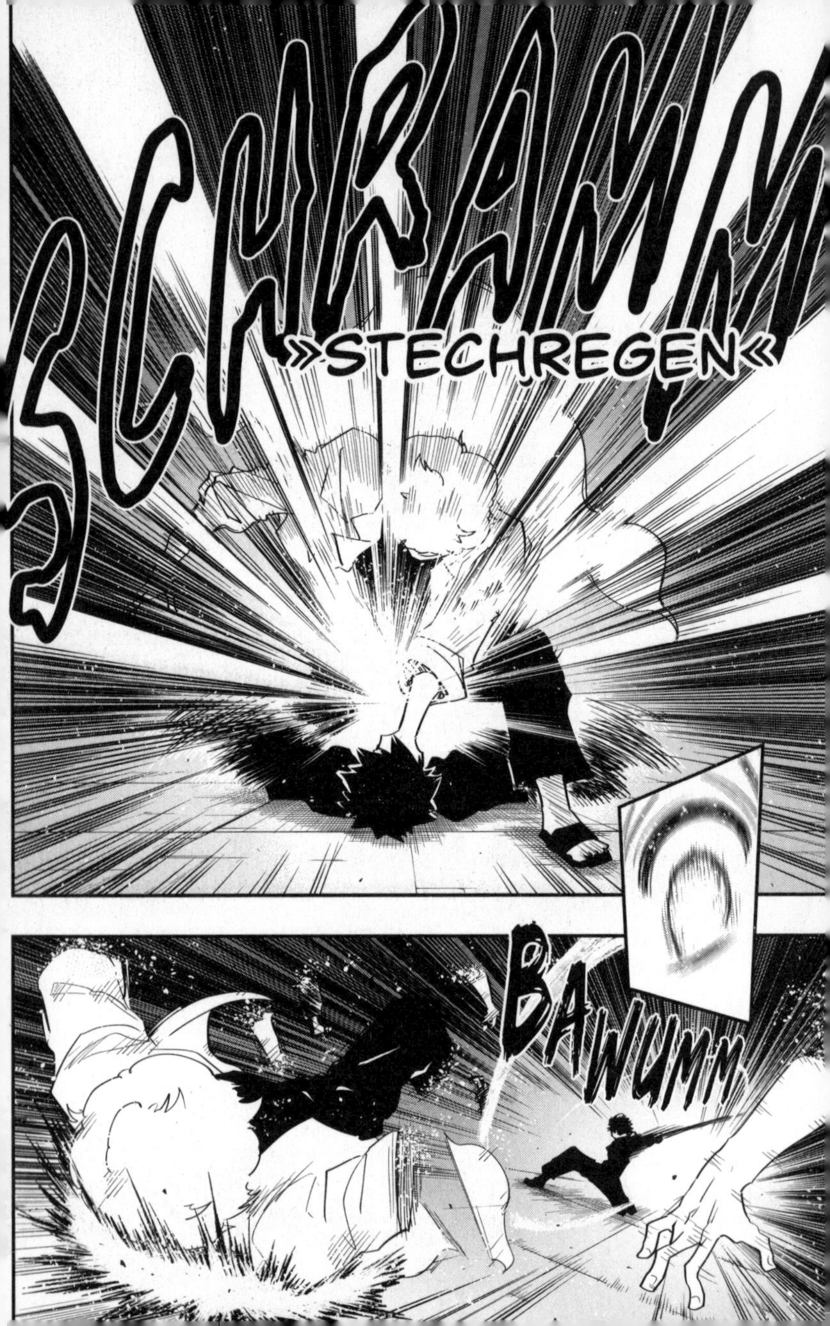
SCCHRAMM
»STECHREGEN«
BAWUMM

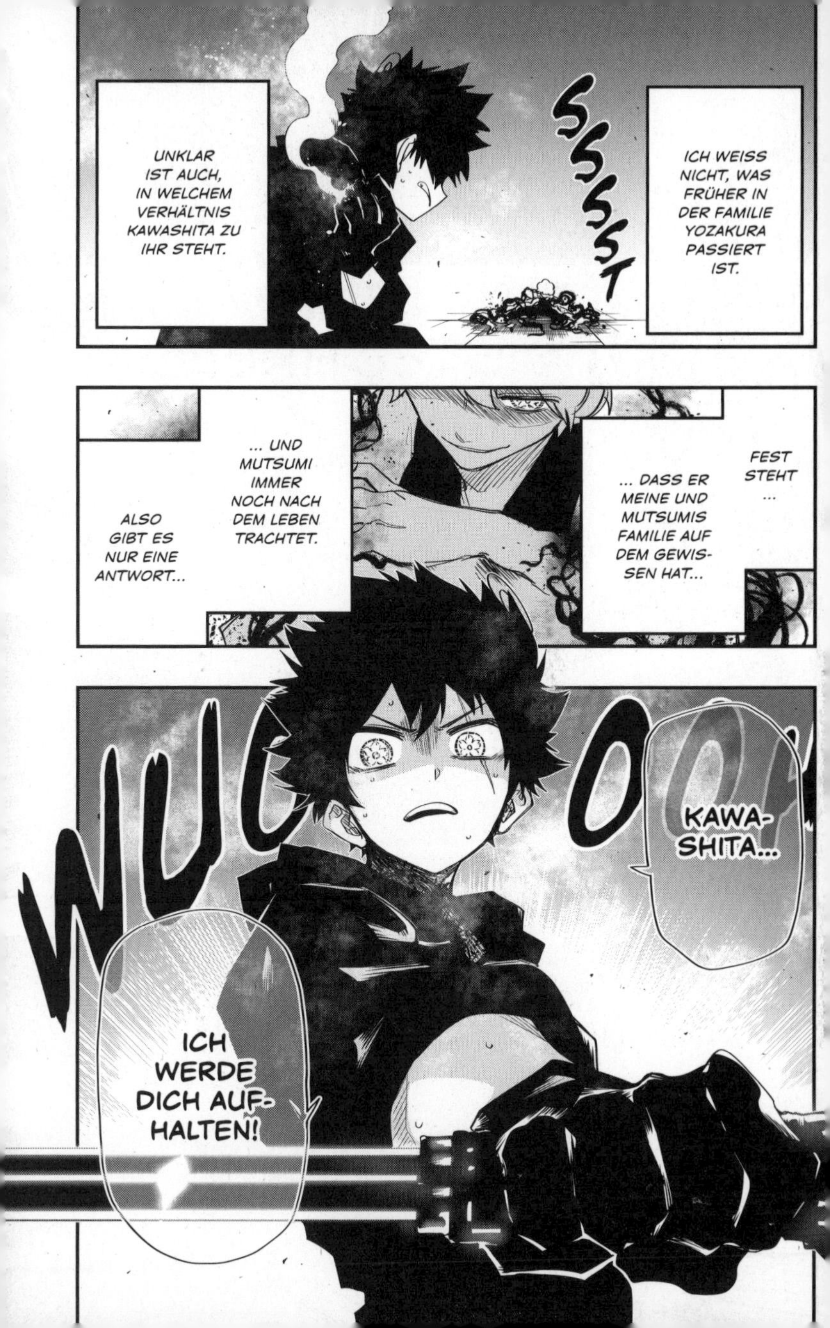
ICH WEISS NICHT, WAS FRÜHER IN DER FAMILIE YOZAKURA PASSIERT IST.
SSSST
UNKLAR IST AUCH, IN WELCHEM VERHÄLTNIS KAWASHITA ZU IHR STEHT.
FEST STEHT ...
... DASS ER MEINE UND MUTSUMIS FAMILIE AUF DEM GEWISSEN HAT...
... UND MUTSUMI IMMER NOCH NACH DEM LEBEN TRACHTET.
ALSO GIBT ES NUR EINE ANTWORT...
KAWASHITA...
ICH WERDE DICH AUFHALTEN!

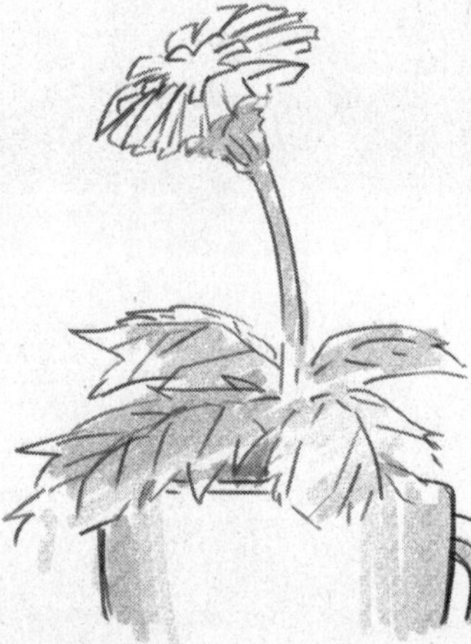

Mission 81 Altes Blut

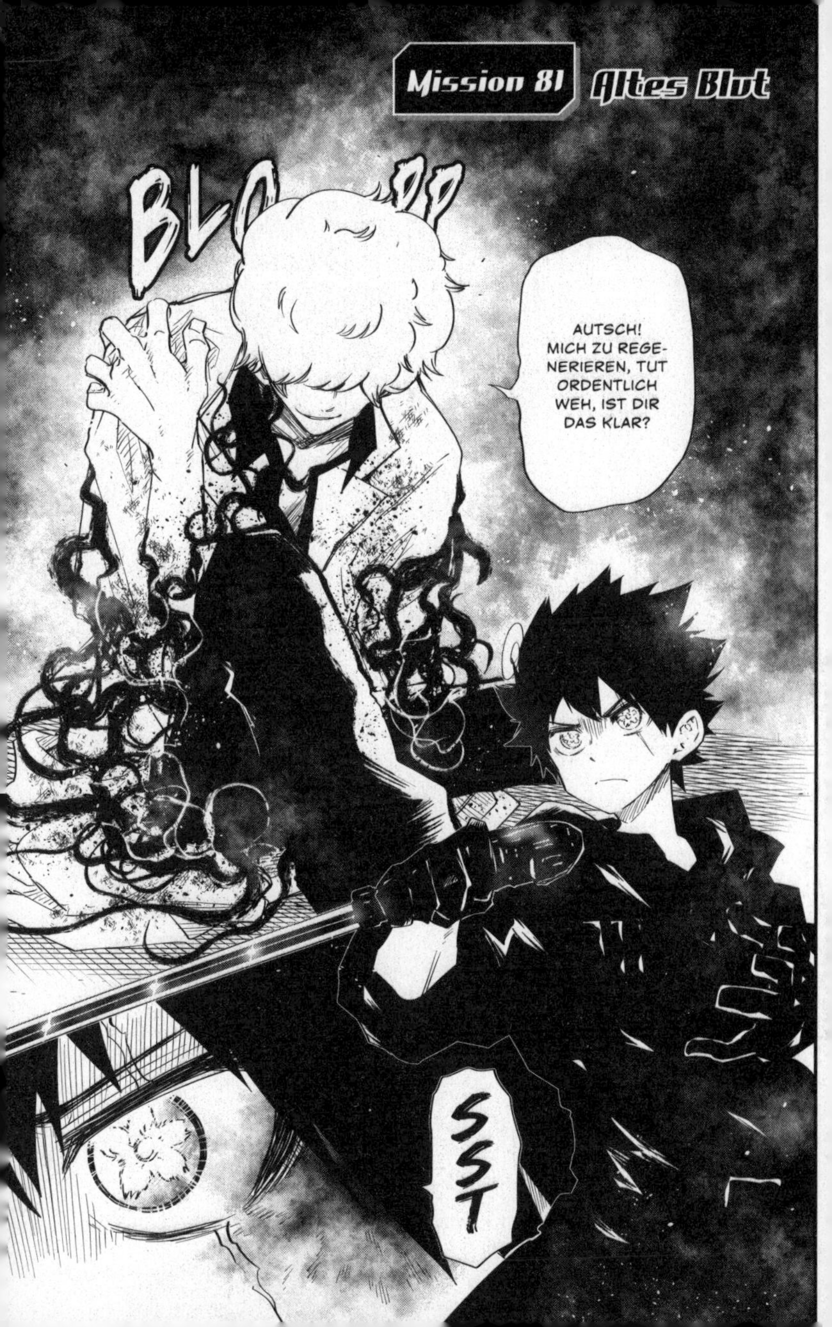

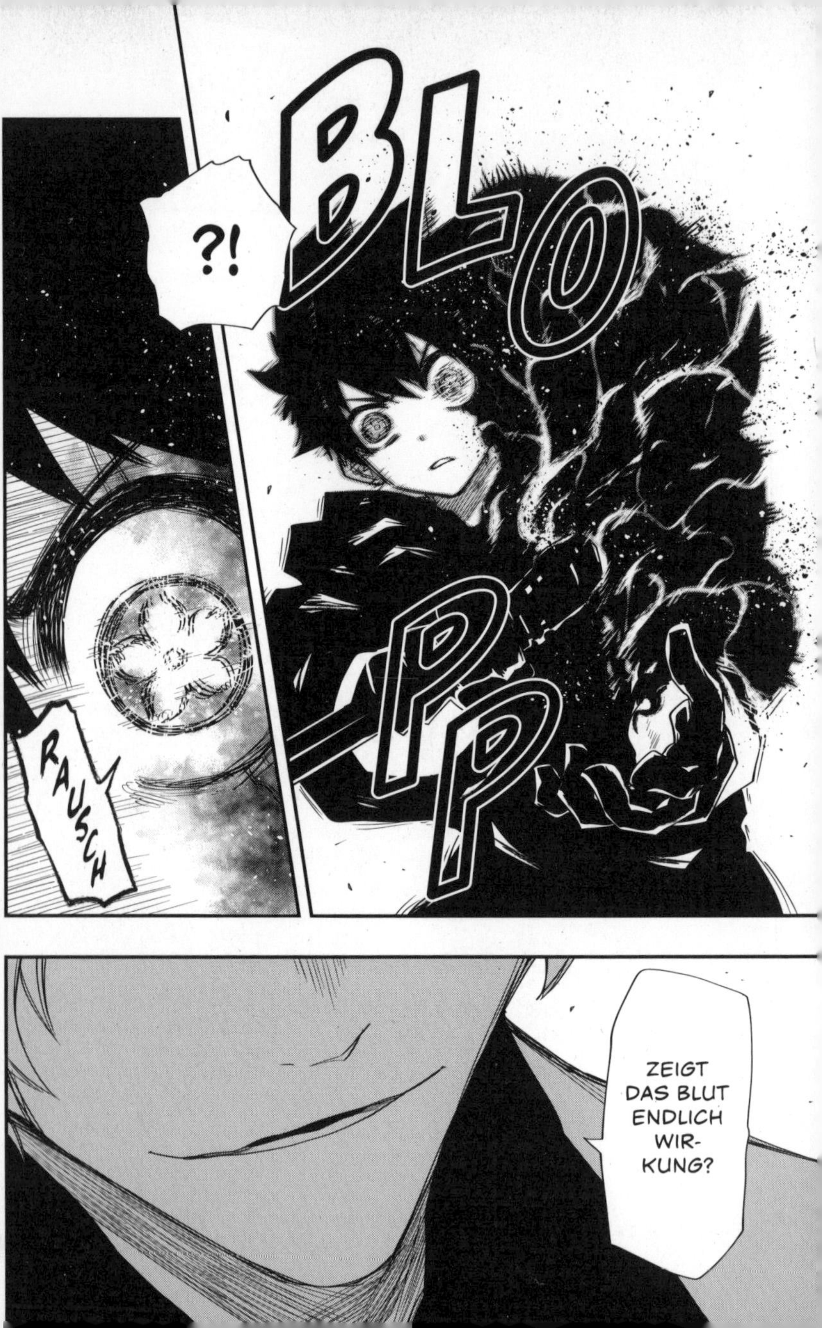
BLOPP
?!
RAUSCH
ZEIGT DAS BLUT ENDLICH WIR-KUNG?

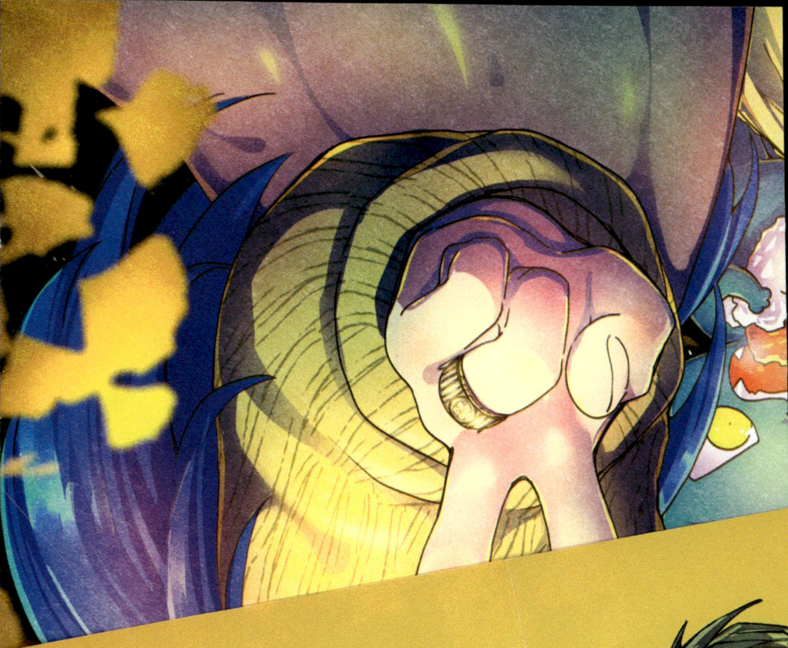

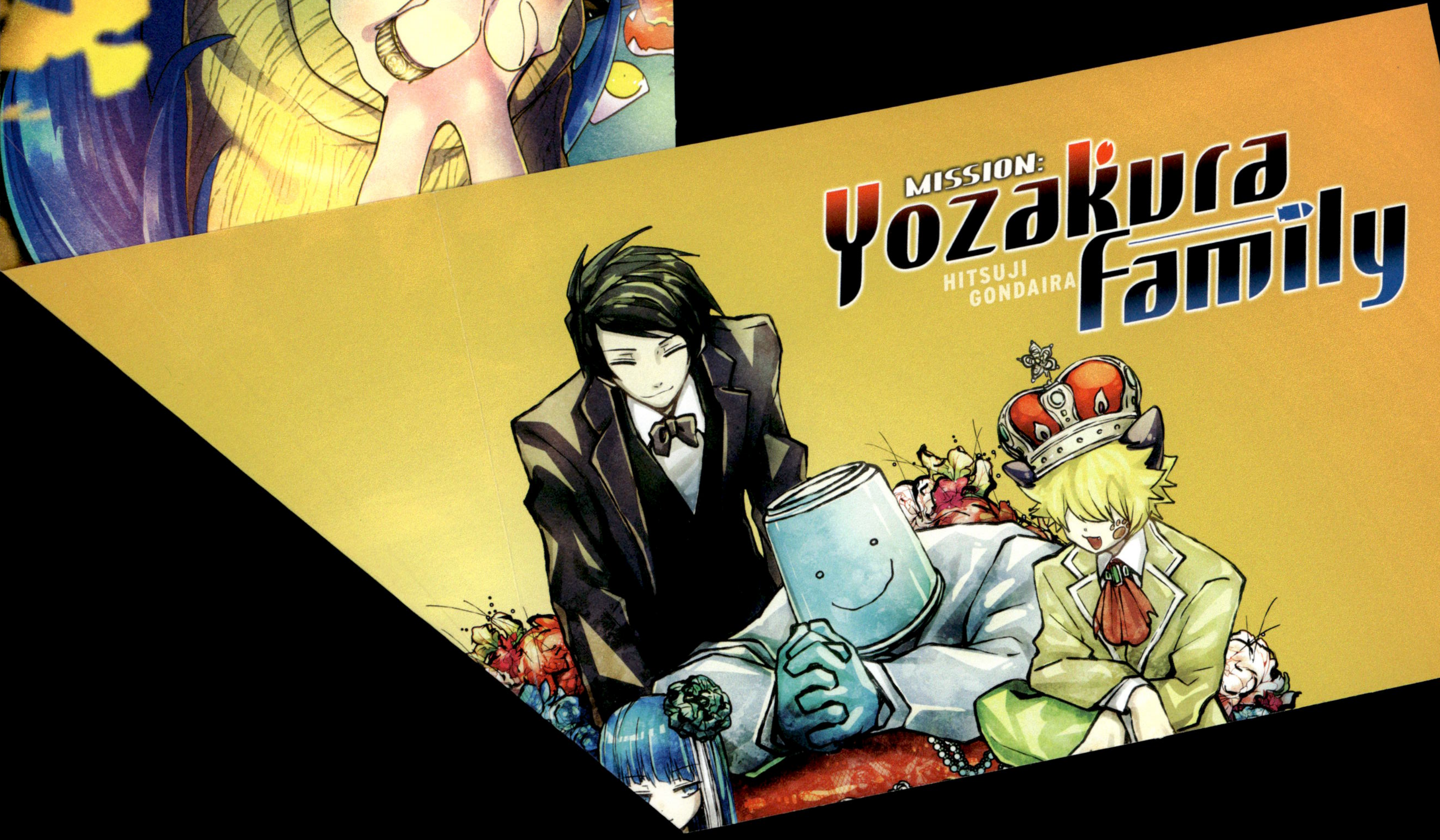
MISSION: Yozakura Family
HITSUJI GONDAIRA

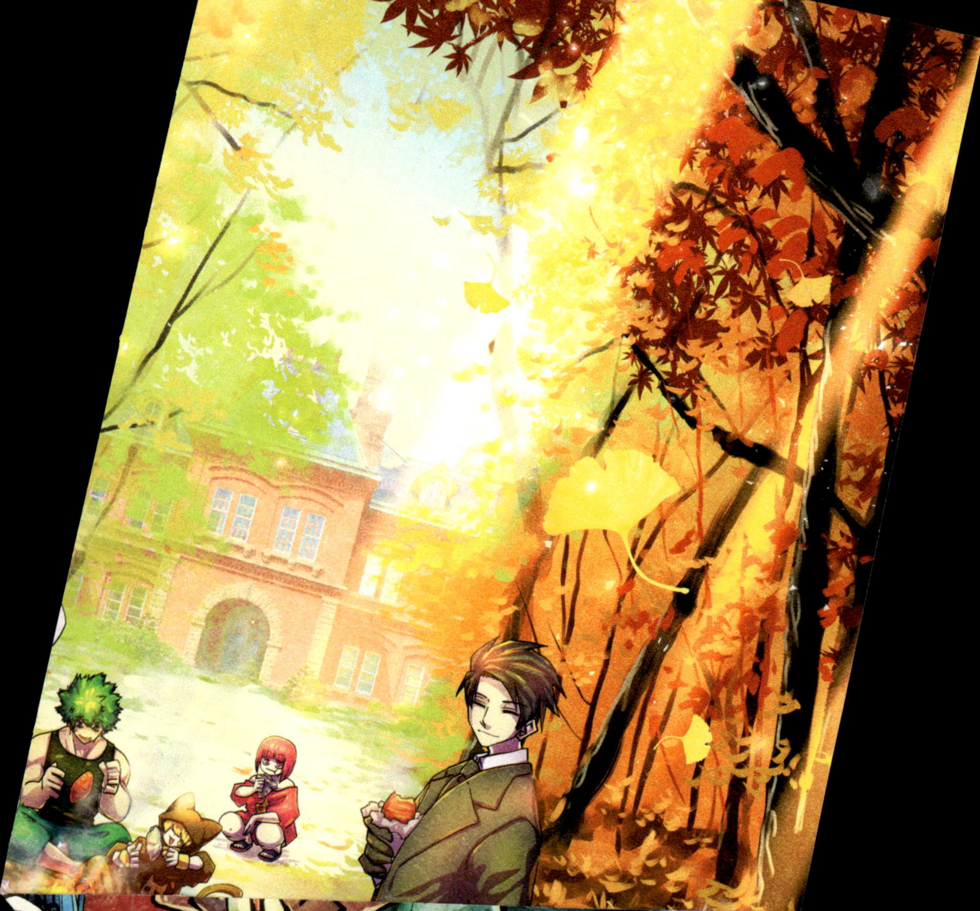

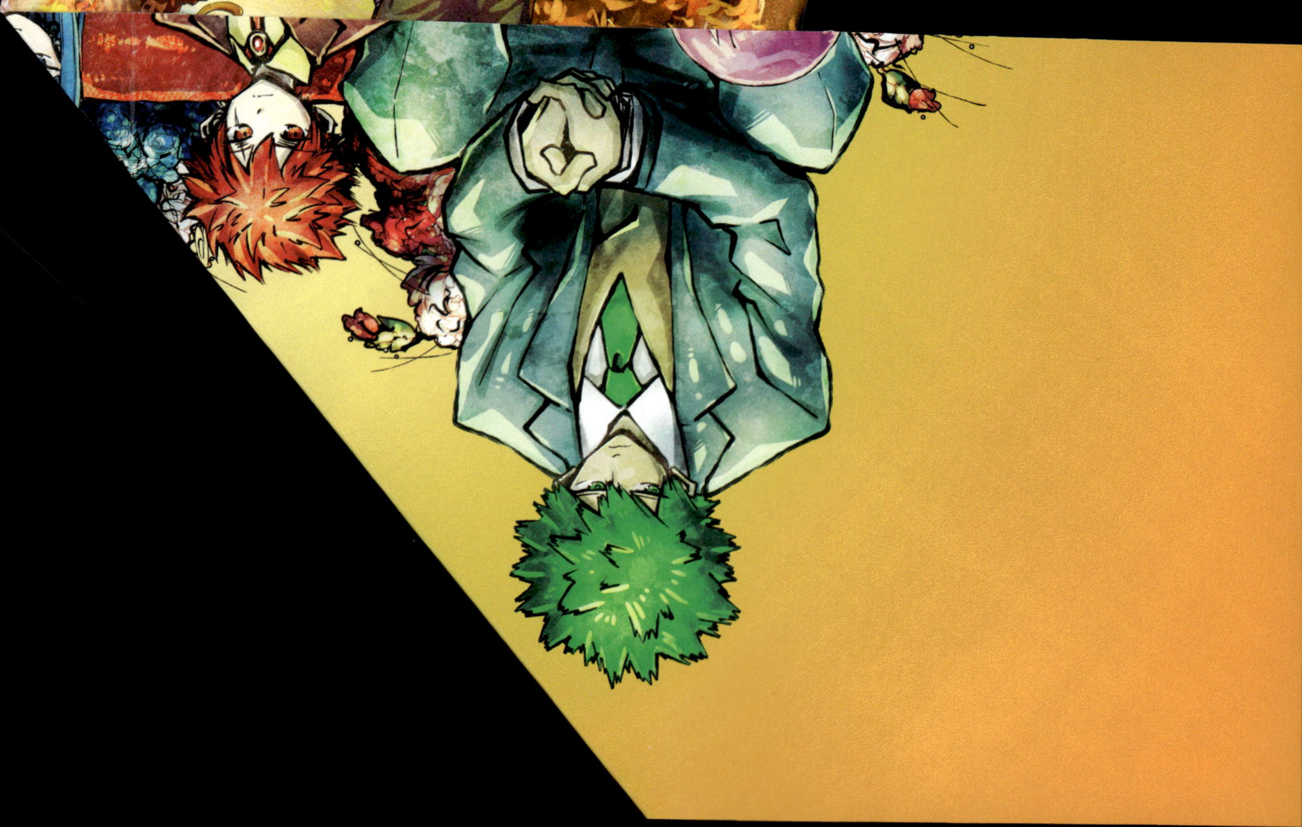

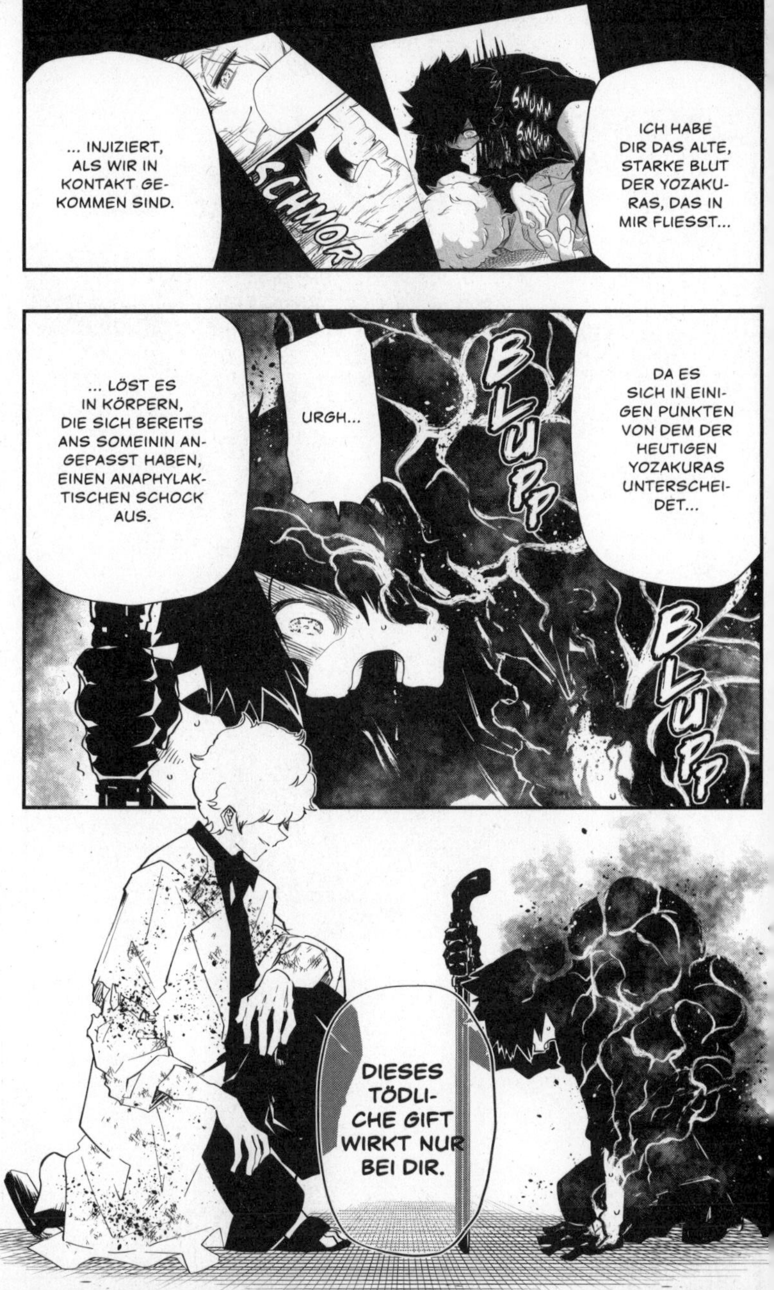
ICH HABE DIR DAS ALTE, STARKE BLUT DER YOZAKURAS, DAS IN MIR FLIESST...
SWUMM SWUMM
SCHMOR
... INJIZIERT, ALS WIR IN KONTAKT GEKOMMEN SIND.
DA ES SICH IN EINIGEN PUNKTEN VON DEM DER HEUTIGEN YOZAKURAS UNTERSCHEIDET...
BLUPP
URGH...
... LÖST ES IN KÖRPERN, DIE SICH BEREITS ANS SOMEININ ANGEPASST HABEN, EINEN ANAPHYLAKTISCHEN SCHOCK AUS.
BLUPP
DIESES TÖDLICHE GIFT WIRKT NUR BEI DIR.

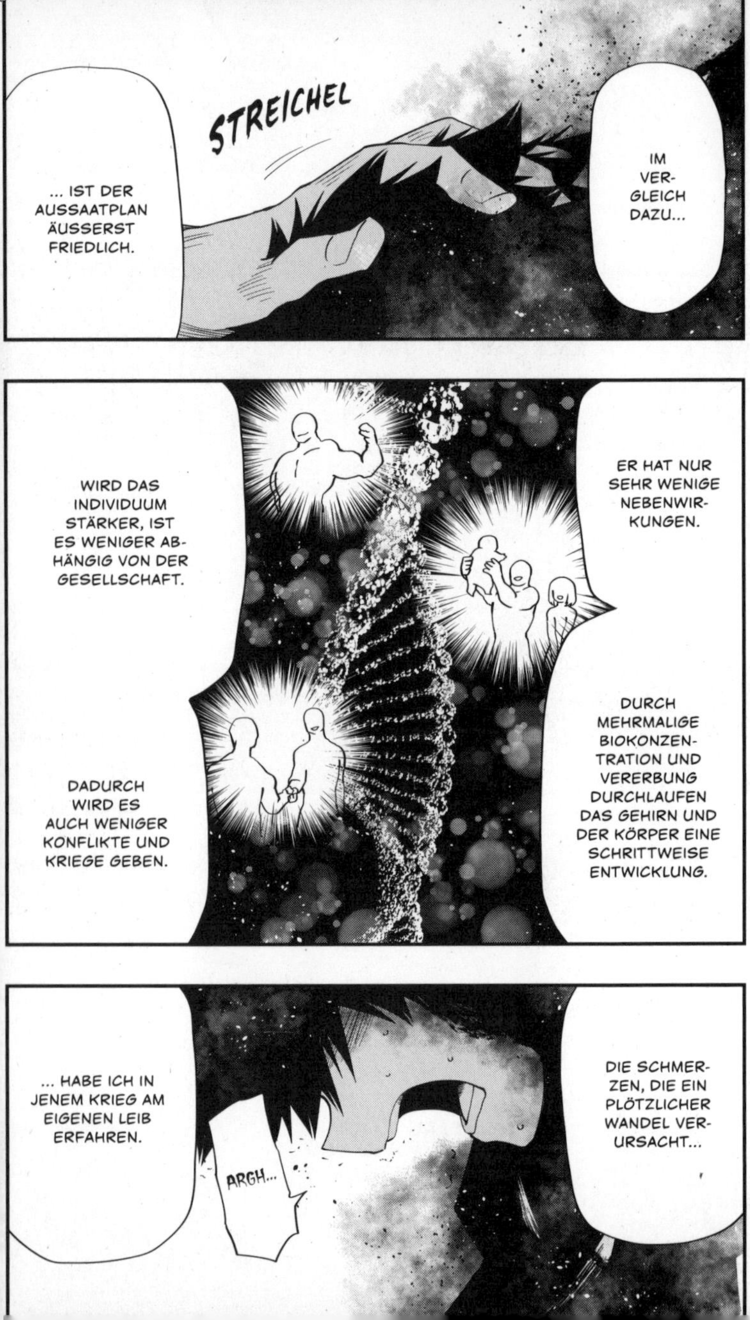
IM VERGLEICH DAZU...
STREICHEL
... IST DER AUSSAATPLAN ÄUSSERST FRIEDLICH.
ER HAT NUR SEHR WENIGE NEBENWIRKUNGEN.
DURCH MEHRMALIGE BIOKONZENTRATION UND VERERBUNG DURCHLAUFEN DAS GEHIRN UND DER KÖRPER EINE SCHRITTWEISE ENTWICKLUNG.
WIRD DAS INDIVIDUUM STÄRKER, IST ES WENIGER ABHÄNGIG VON DER GESELLSCHAFT.
DADURCH WIRD ES AUCH WENIGER KONFLIKTE UND KRIEGE GEBEN.
DIE SCHMERZEN, DIE EIN PLÖTZLICHER WANDEL VERURSACHT...
ARGH...
... HABE ICH IN JENEM KRIEG AM EIGENEN LEIB ERFAHREN.

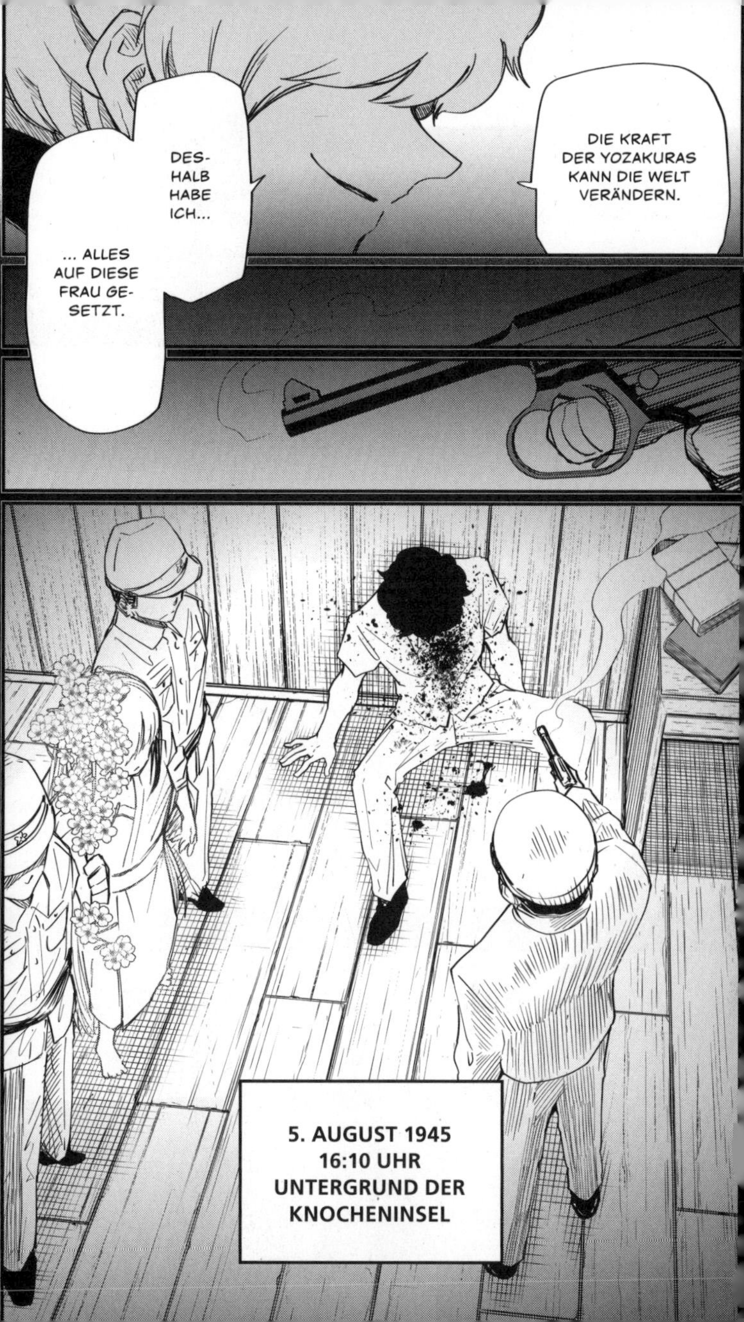
DIE KRAFT DER YOZAKURAS KANN DIE WELT VERÄNDERN.
DES-HALB HABE ICH...
... ALLES AUF DIESE FRAU GE-SETZT.
5. AUGUST 1945
16:10 UHR
UNTERGRUND DER
KNOCHENINSEL

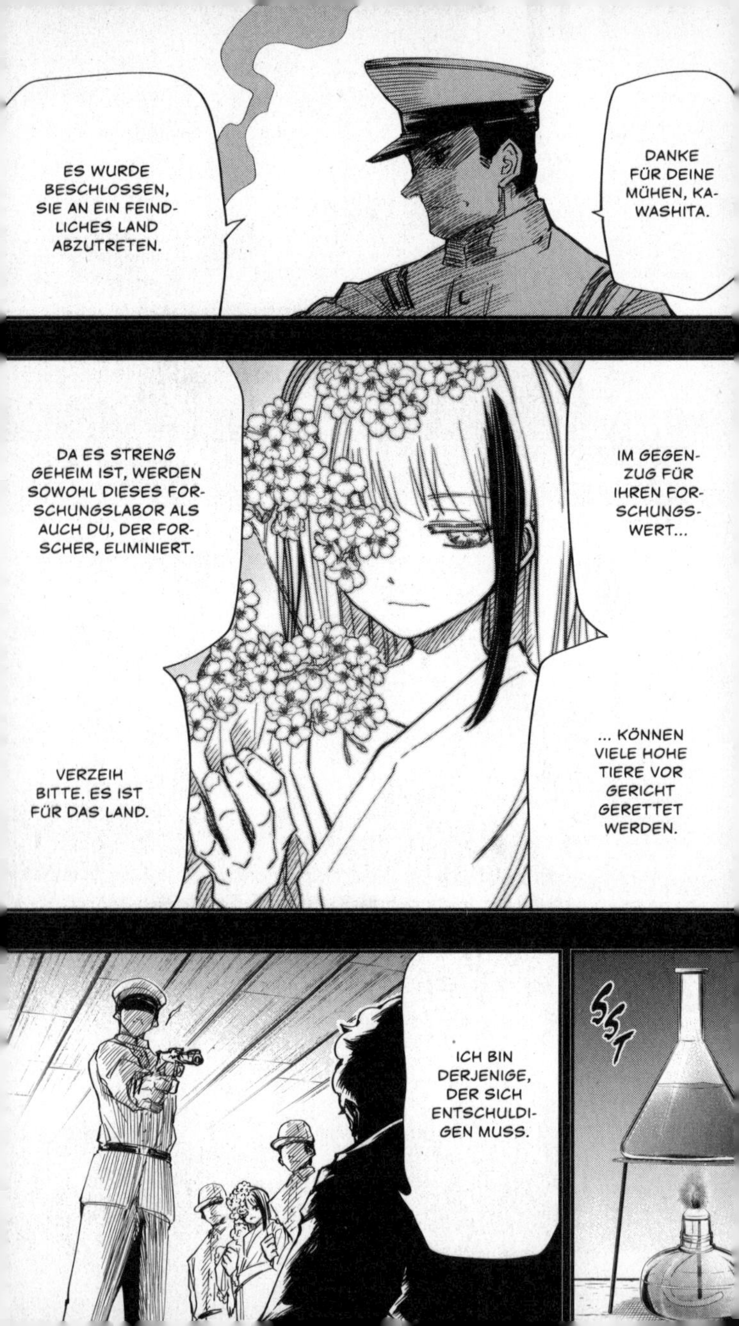

DANKE FÜR DEINE MÜHEN, KA-WASHITA.
ES WURDE BESCHLOSSEN, SIE AN EIN FEIND-LICHES LAND ABZUTRETEN.
IM GEGEN-ZUG FÜR IHREN FOR-SCHUNGS-WERT...
... KÖNNEN VIELE HOHE TIERE VOR GERICHT GERETTET WERDEN.
DA ES STRENG GEHEIM IST, WERDEN SOWOHL DIESES FOR-SCHUNGSLABOR ALS AUCH DU, DER FOR-SCHER, ELIMINIERT.
VERZEIH BITTE. ES IST FÜR DAS LAND.
SST
ICH BIN DERJENIGE, DER SICH ENTSCHULDI-GEN MUSS.

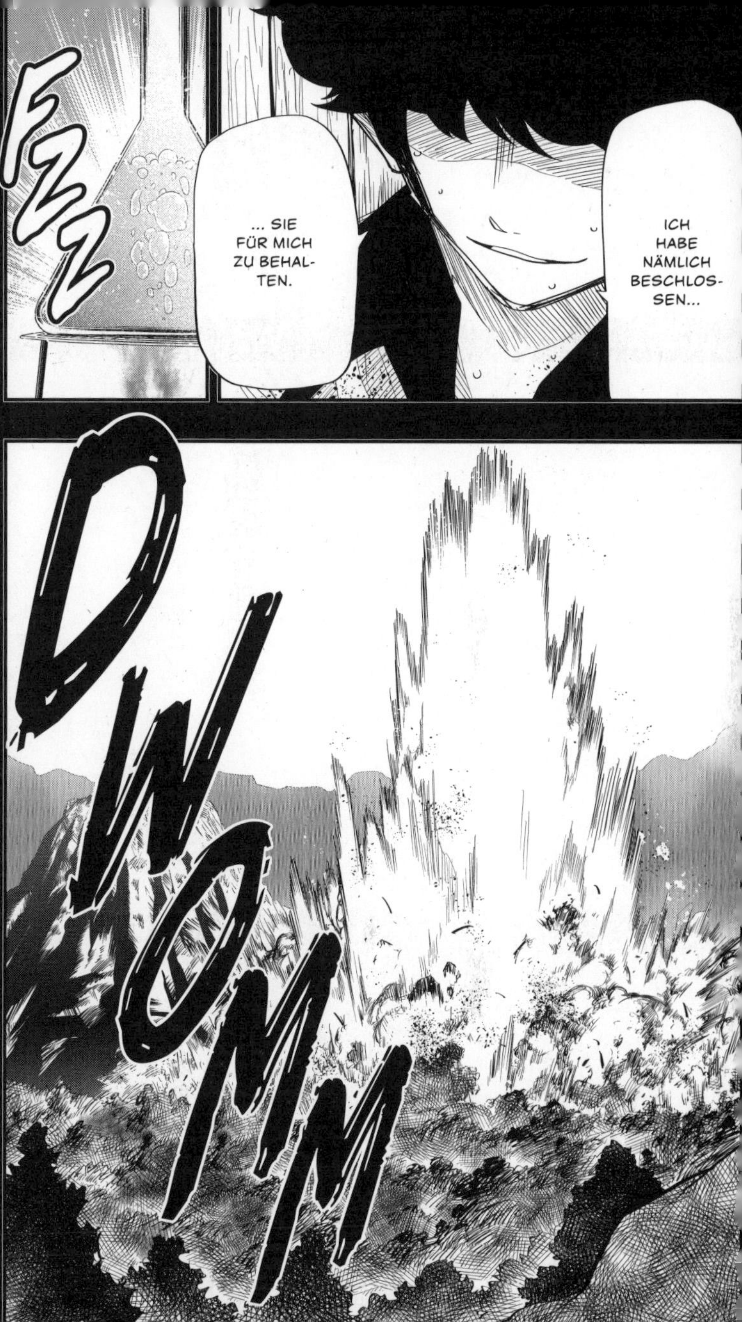
ICH HABE NÄMLICH BESCHLOS-SEN...
... SIE FÜR MICH ZU BEHAL-TEN.
FZZZ
DWOMM

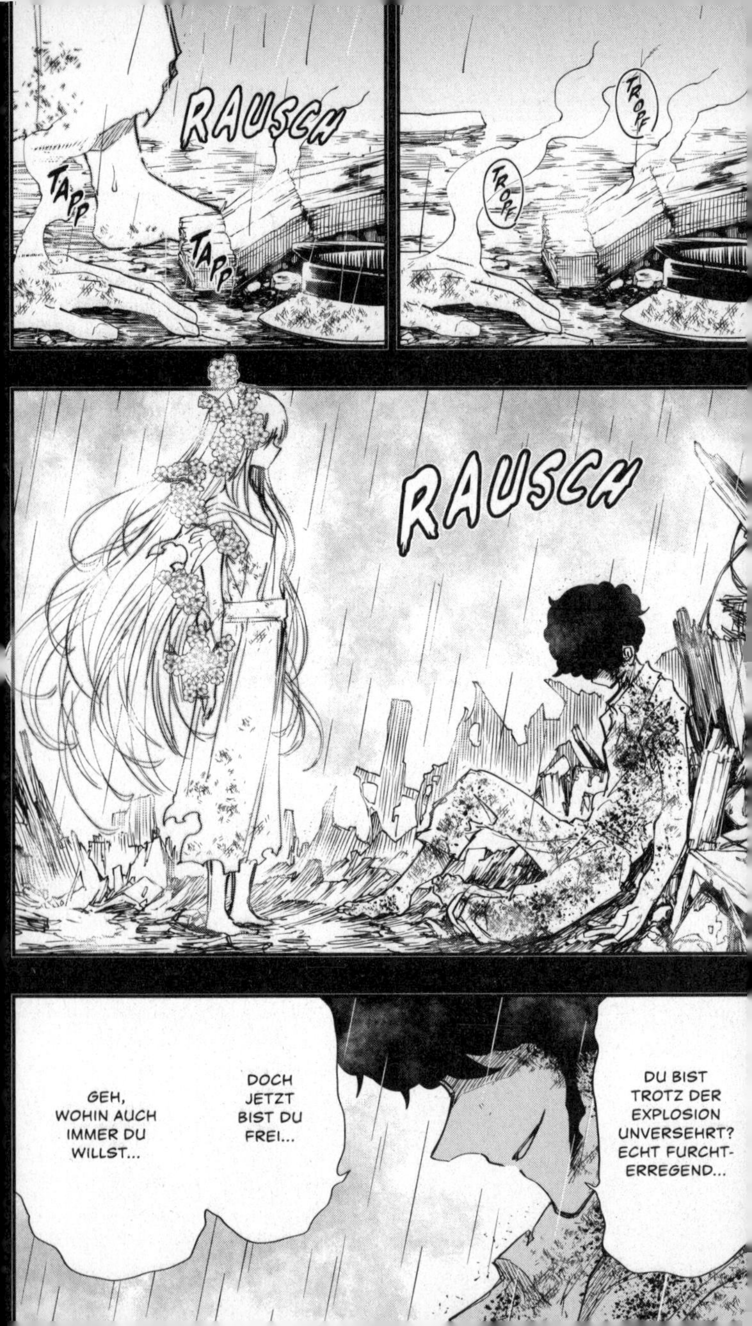

TROPF
TROPF
RAUSCH
TAPP
TAPP
RAUSCH
DU BIST TROTZ DER EXPLOSION UNVERSEHRT? ECHT FURCHTERREGEND...
DOCH JETZT BIST DU FREI...
GEH, WOHIN AUCH IMMER DU WILLST...

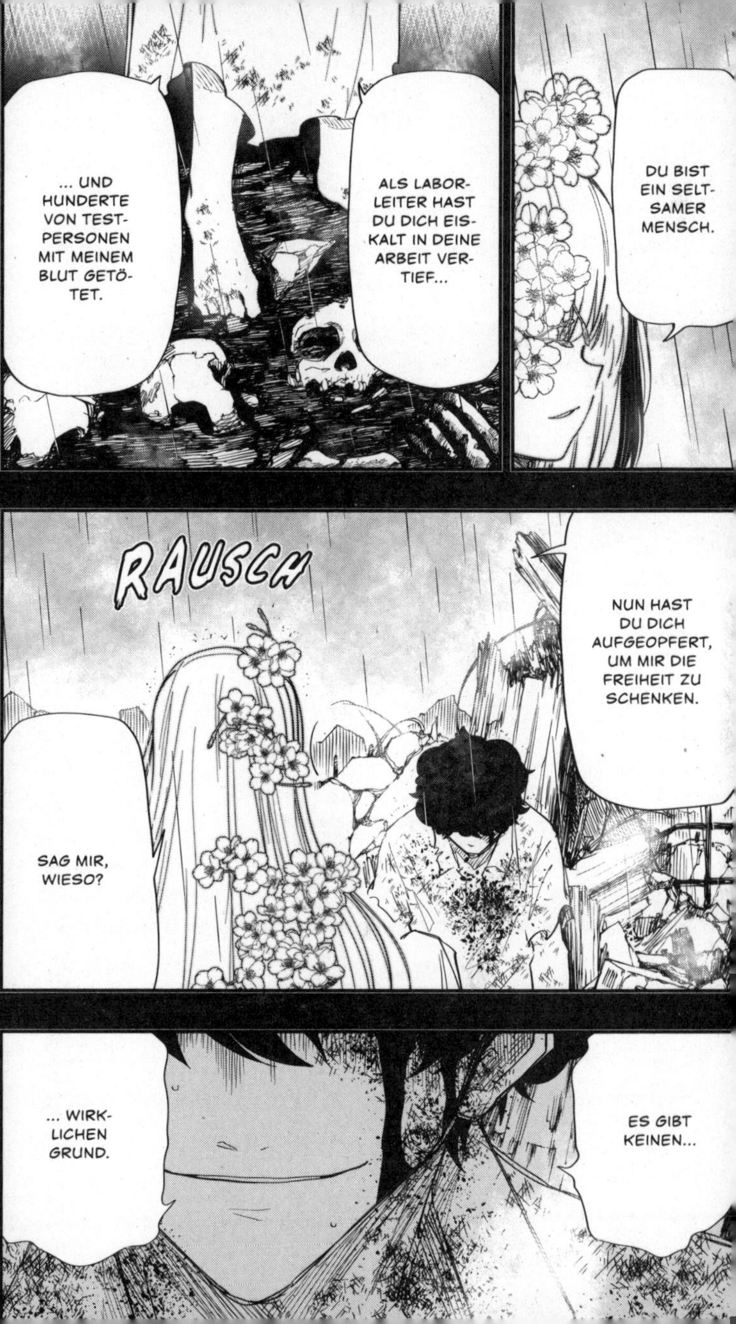
DU BIST EIN SELTSAMER MENSCH.
ALS LABORLEITER HAST DU DICH EISKALT IN DEINE ARBEIT VERTIEFT...
... UND HUNDERTE VON TESTPERSONEN MIT MEINEM BLUT GETÖTET.
NUN HAST DU DICH AUFGEOPFERT, UM MIR DIE FREIHEIT ZU SCHENKEN.
RAUSCH
SAG MIR, WIESO?
ES GIBT KEINEN...
... WIRKLICHEN GRUND.

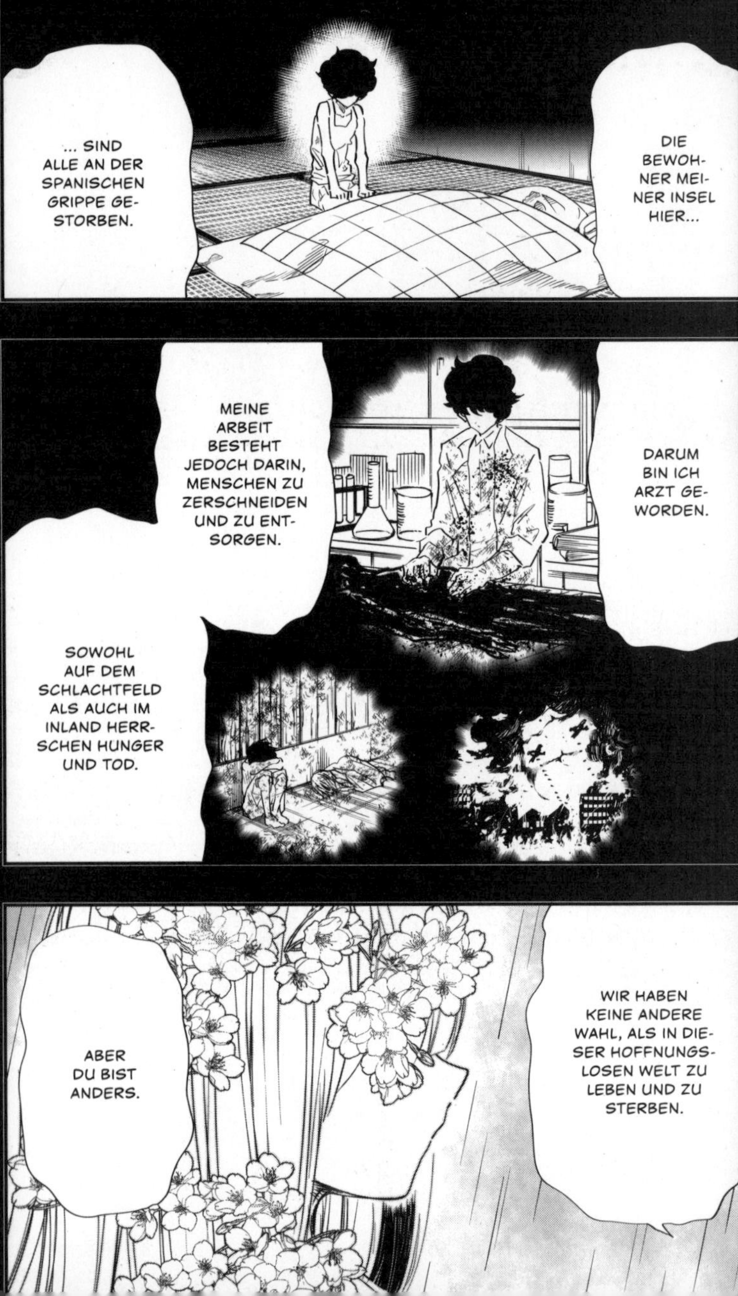
DIE BEWOHNER MEINER INSEL HIER...
... SIND ALLE AN DER SPANISCHEN GRIPPE GESTORBEN.
DARUM BIN ICH ARZT GEWORDEN.
MEINE ARBEIT BESTEHT JEDOCH DARIN, MENSCHEN ZU ZERSCHNEIDEN UND ZU ENTSORGEN.
SOWOHL AUF DEM SCHLACHTFELD ALS AUCH IM INLAND HERRSCHEN HUNGER UND TOD.
WIR HABEN KEINE ANDERE WAHL, ALS IN DIESER HOFFNUNGSLOSEN WELT ZU LEBEN UND ZU STERBEN.
ABER DU BIST ANDERS.

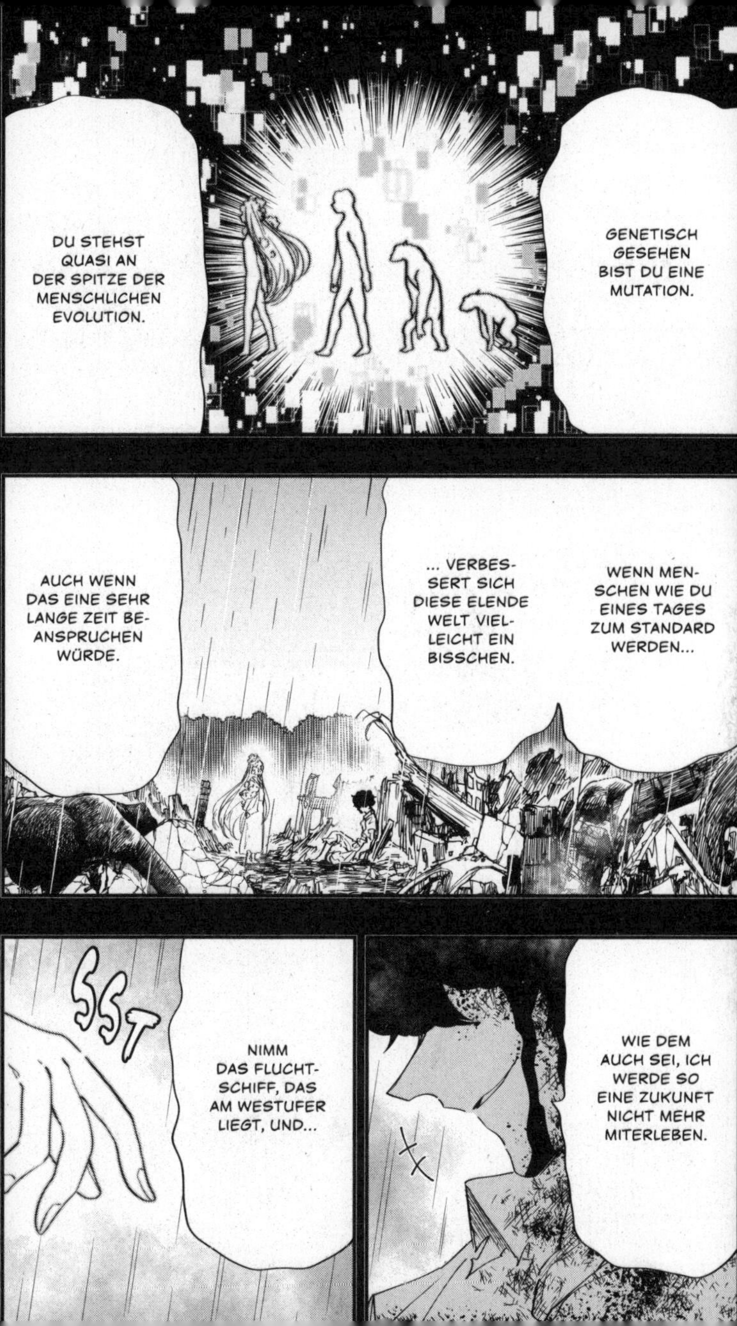
GENETISCH GESEHEN BIST DU EINE MUTATION.
DU STEHST QUASI AN DER SPITZE DER MENSCHLICHEN EVOLUTION.
WENN MENSCHEN WIE DU EINES TAGES ZUM STANDARD WERDEN...
... VERBESSERT SICH DIESE ELENDE WELT VIELLEICHT EIN BISSCHEN.
AUCH WENN DAS EINE SEHR LANGE ZEIT BEANSPRUCHEN WÜRDE.
WIE DEM AUCH SEI, ICH WERDE SO EINE ZUKUNFT NICHT MEHR MITERLEBEN.
SST
NIMM DAS FLUCHTSCHIFF, DAS AM WESTUFER LIEGT, UND...

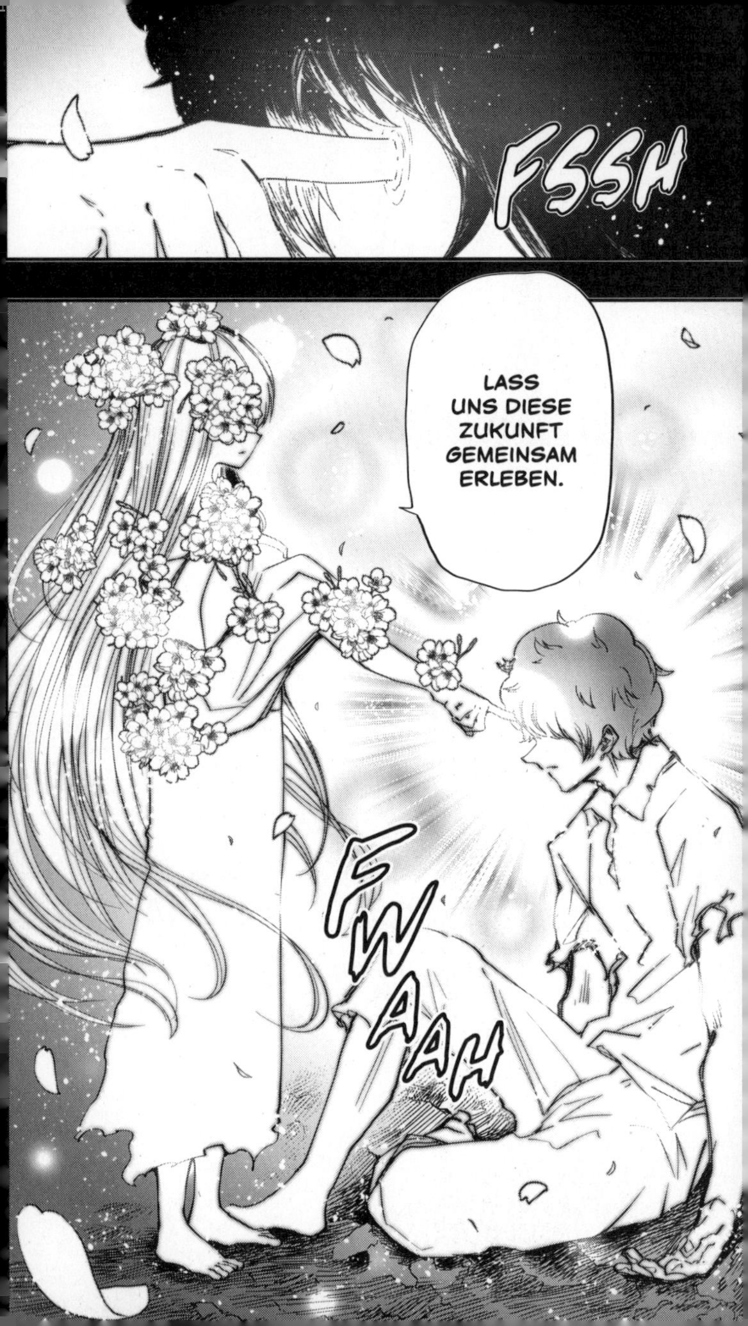
FSSH
LASS UNS DIESE ZUKUNFT GEMEINSAM ERLEBEN.
FWAAH

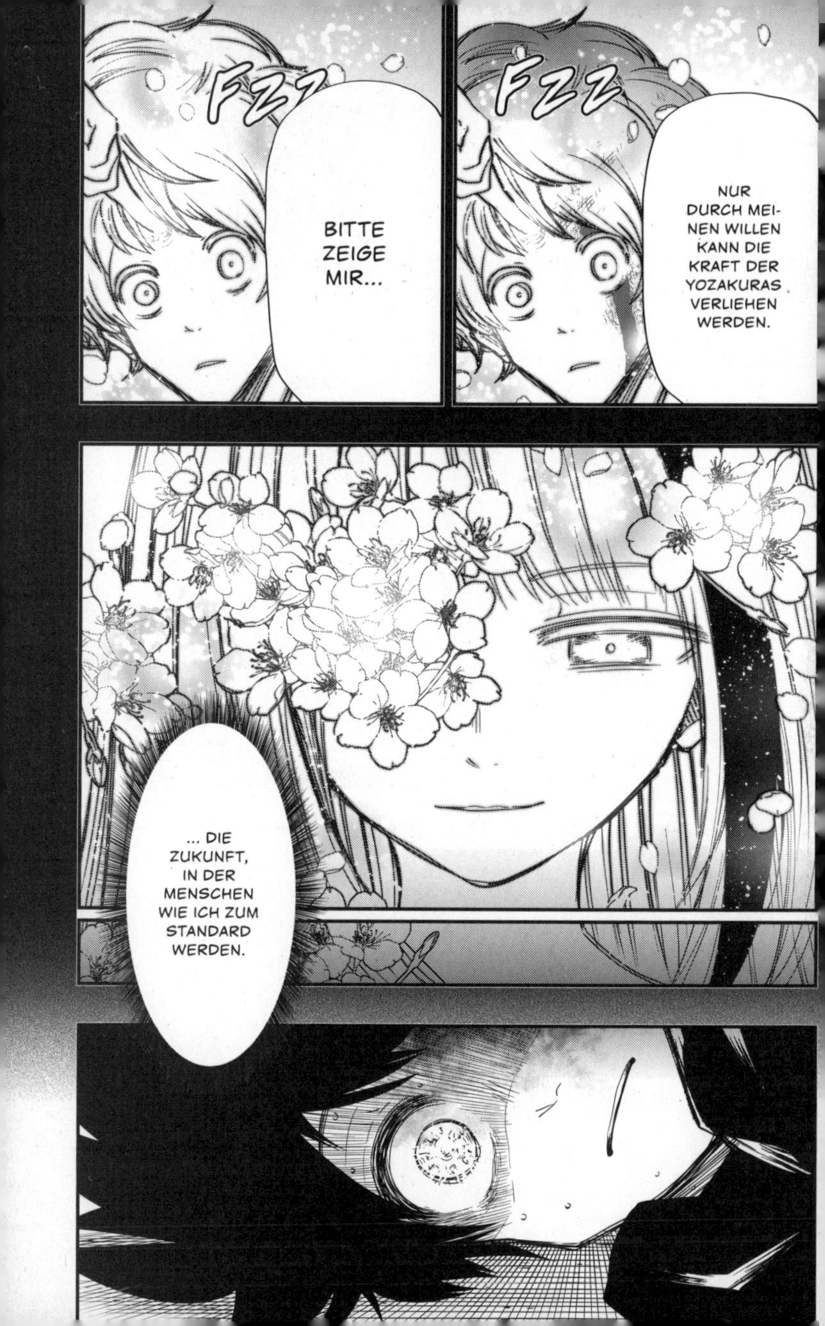
FZZ
NUR DURCH MEI-NEN WILLEN KANN DIE KRAFT DER YOZAKURAS VERLIEHEN WERDEN.
FZZ
BITTE ZEIGE MIR...
... DIE ZUKUNFT, IN DER MENSCHEN WIE ICH ZUM STANDARD WERDEN.

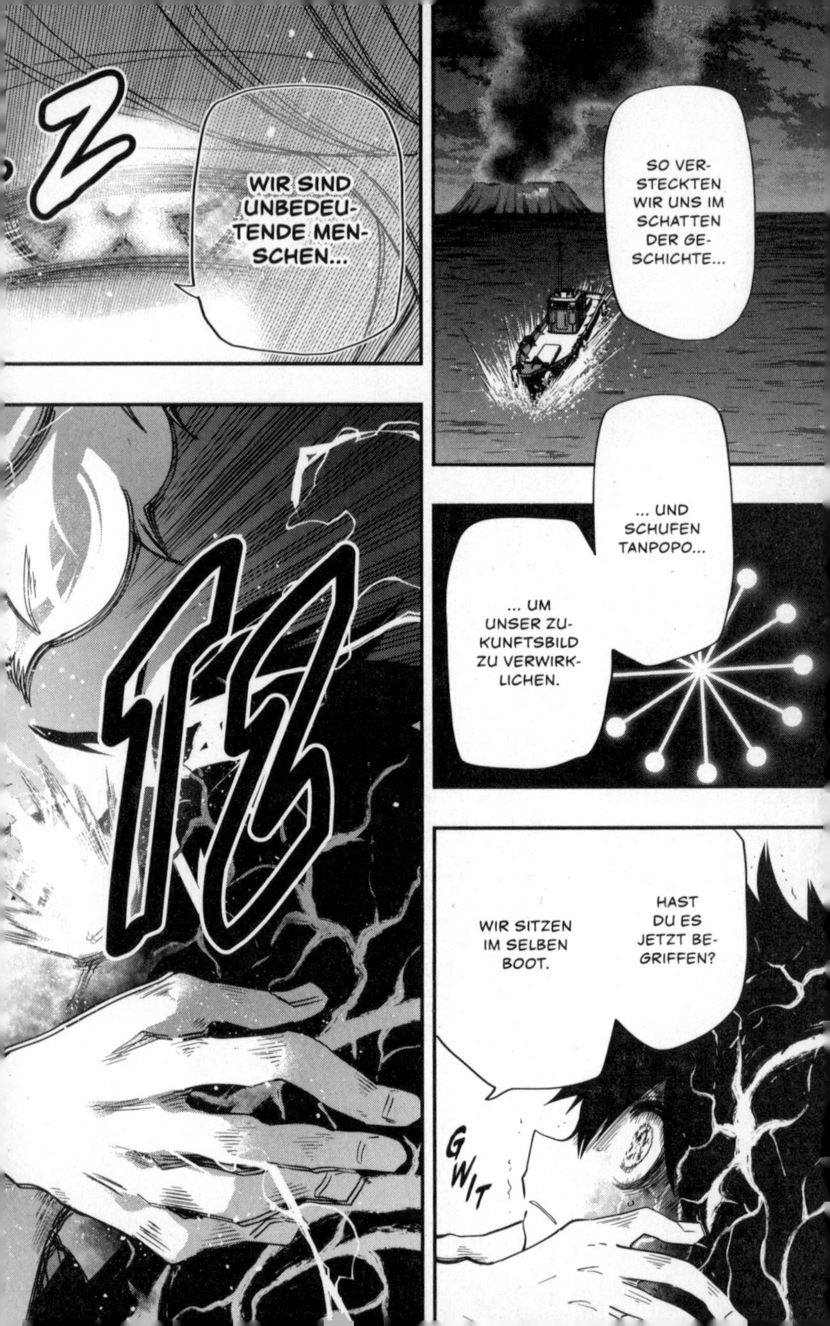
SO VERSTECKTEN WIR UNS IM SCHATTEN DER GESCHICHTE...
WIR SIND UNBEDEUTENDE MENSCHEN...
... UND SCHUFEN TANPOPO...
... UM UNSER ZUKUNFTSBILD ZU VERWIRKLICHEN.
HAST DU ES JETZT BEGRIFFEN?
WIR SITZEN IM SELBEN BOOT.
GWIT

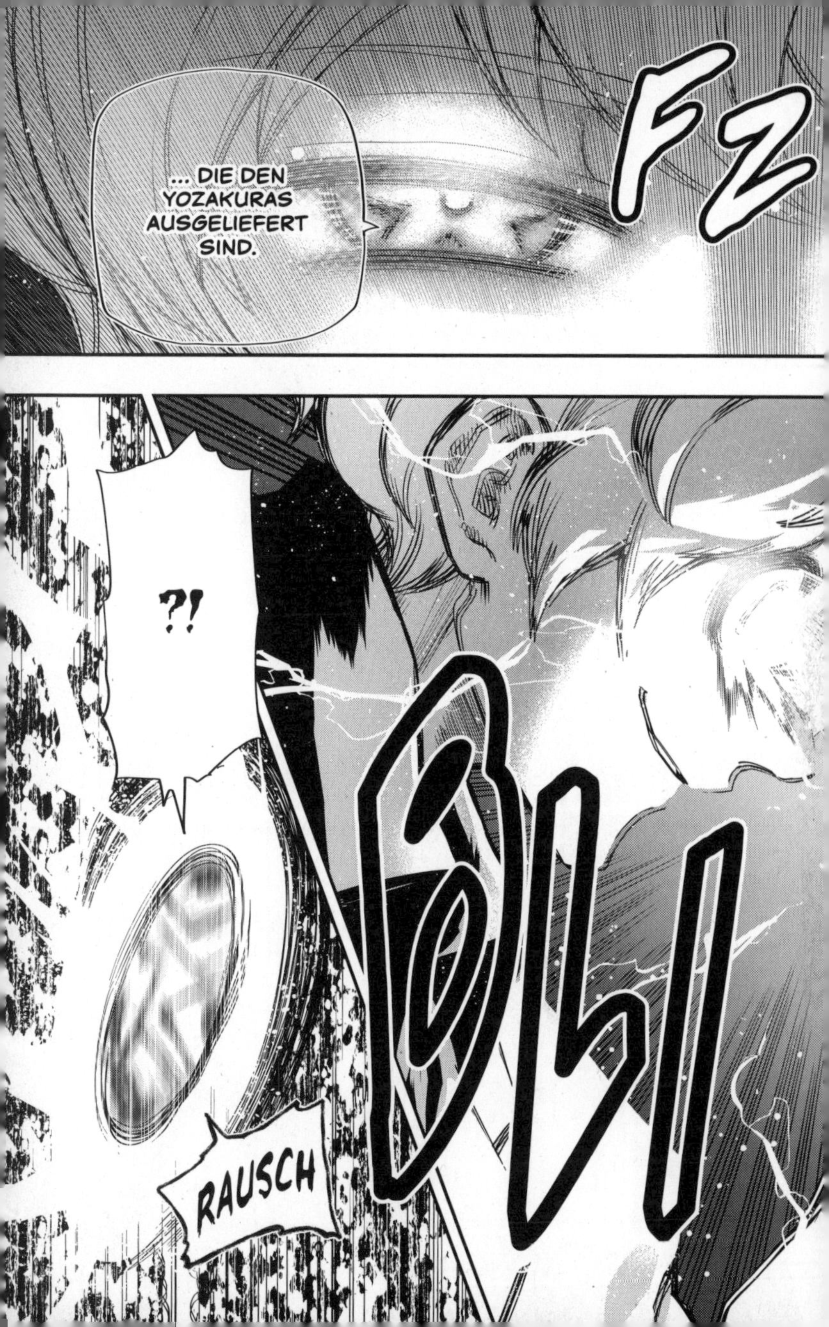
... DIE DEN YOZAKURAS AUSGELIEFERT SIND.
FZ
?!
RAUSCH

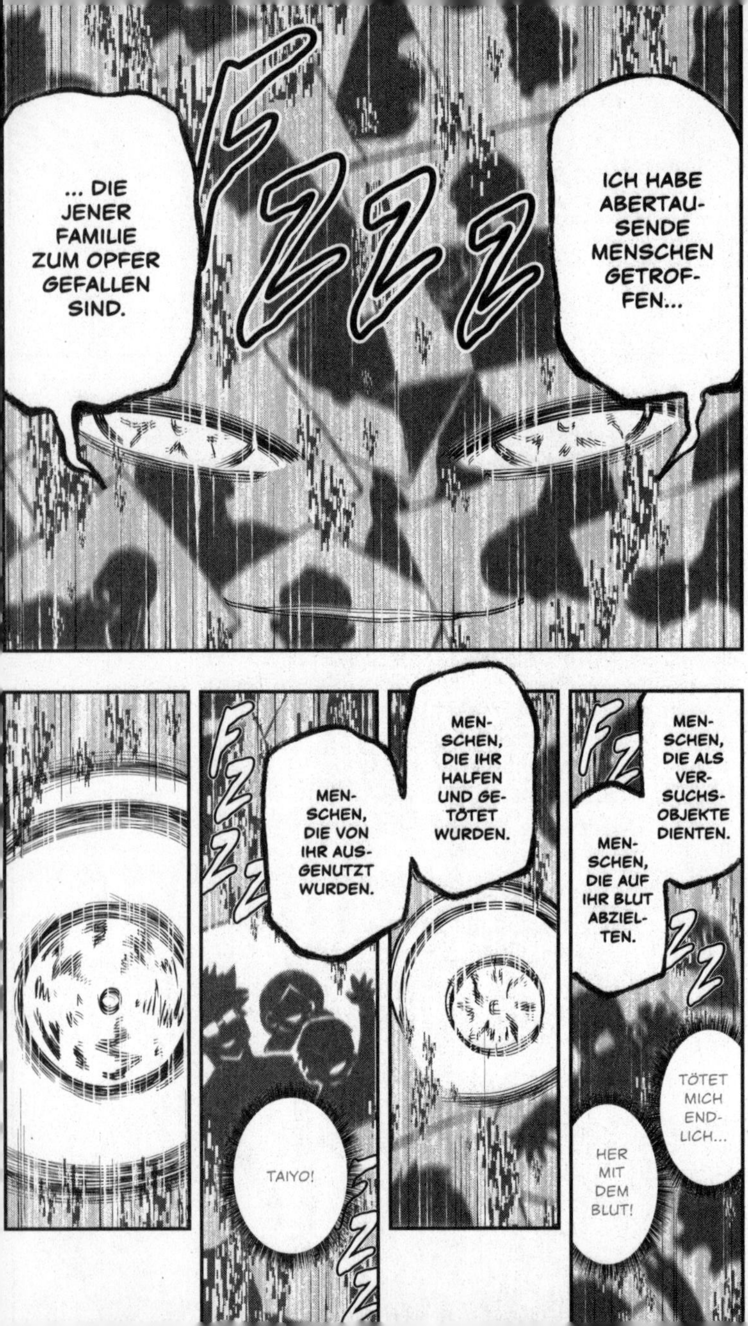
ICH HABE ABERTAUSENDE MENSCHEN GETROFFEN...
FZZZ
... DIE JENER FAMILIE ZUM OPFER GEFALLEN SIND.
MENSCHEN, DIE ALS VERSUCHSOBJEKTE DIENTEN.
MENSCHEN, DIE AUF IHR BLUT ABZIELTEN.
TÖTET MICH ENDLICH...
HER MIT DEM BLUT!
MENSCHEN, DIE IHR HALFEN UND GETÖTET WURDEN.
MENSCHEN, DIE VON IHR AUSGENUTZT WURDEN.
TAIYO!

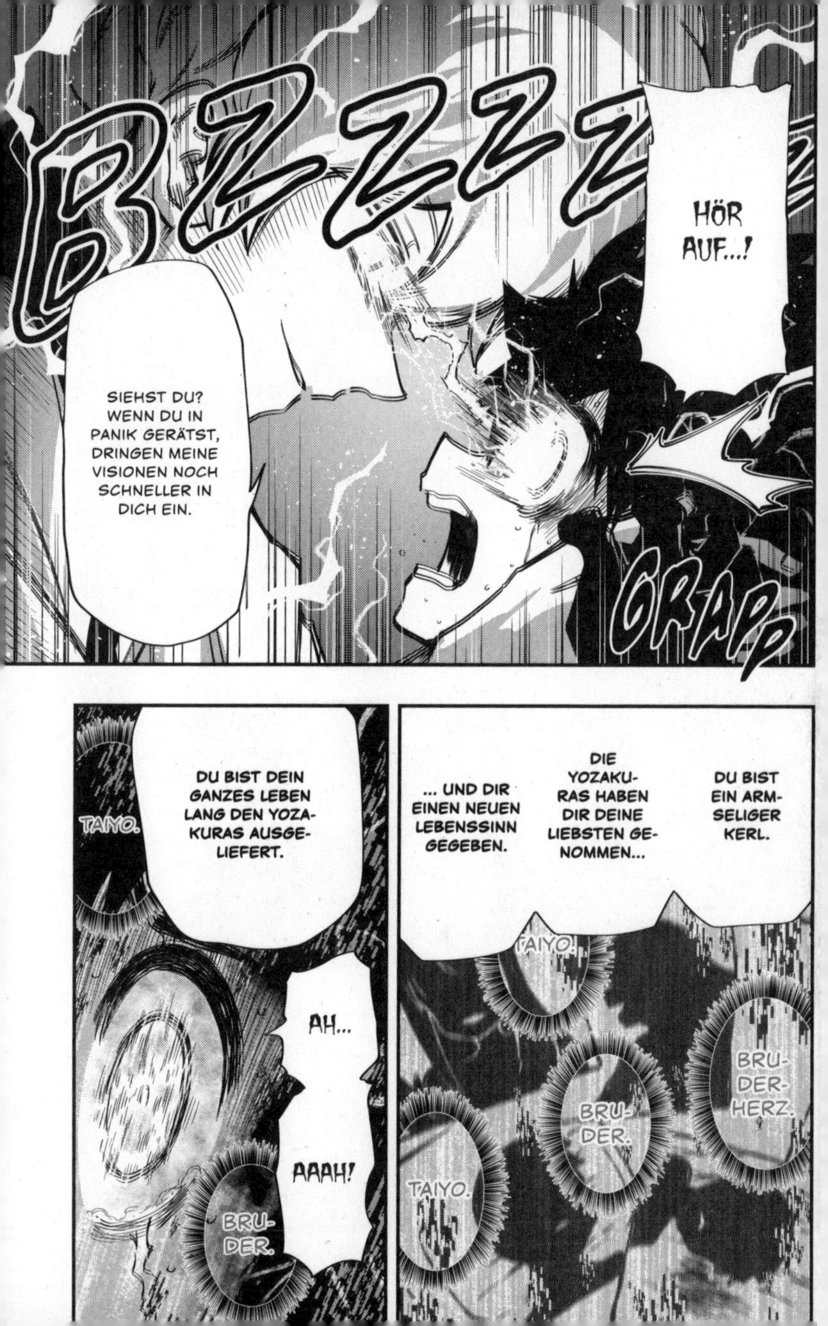
BZZZZ
HÖR AUF...!
SIEHST DU? WENN DU IN PANIK GERÄTST, DRINGEN MEINE VISIONEN NOCH SCHNELLER IN DICH EIN.
GRAPP
DU BIST EIN ARM-SELIGER KERL.
DIE YOZAKU-RAS HABEN DIR DEINE LIEBSTEN GE-NOMMEN...
... UND DIR EINEN NEUEN LEBENSSINN GEGEBEN.
TAIYO.
BRU-DER-HERZ.
BRU-DER.
TAIYO.
DU BIST DEIN GANZES LEBEN LANG DEN YOZA-KURAS AUSGE-LIEFERT.
TAIYO.
AH...
AAAH!
BRU-DER.

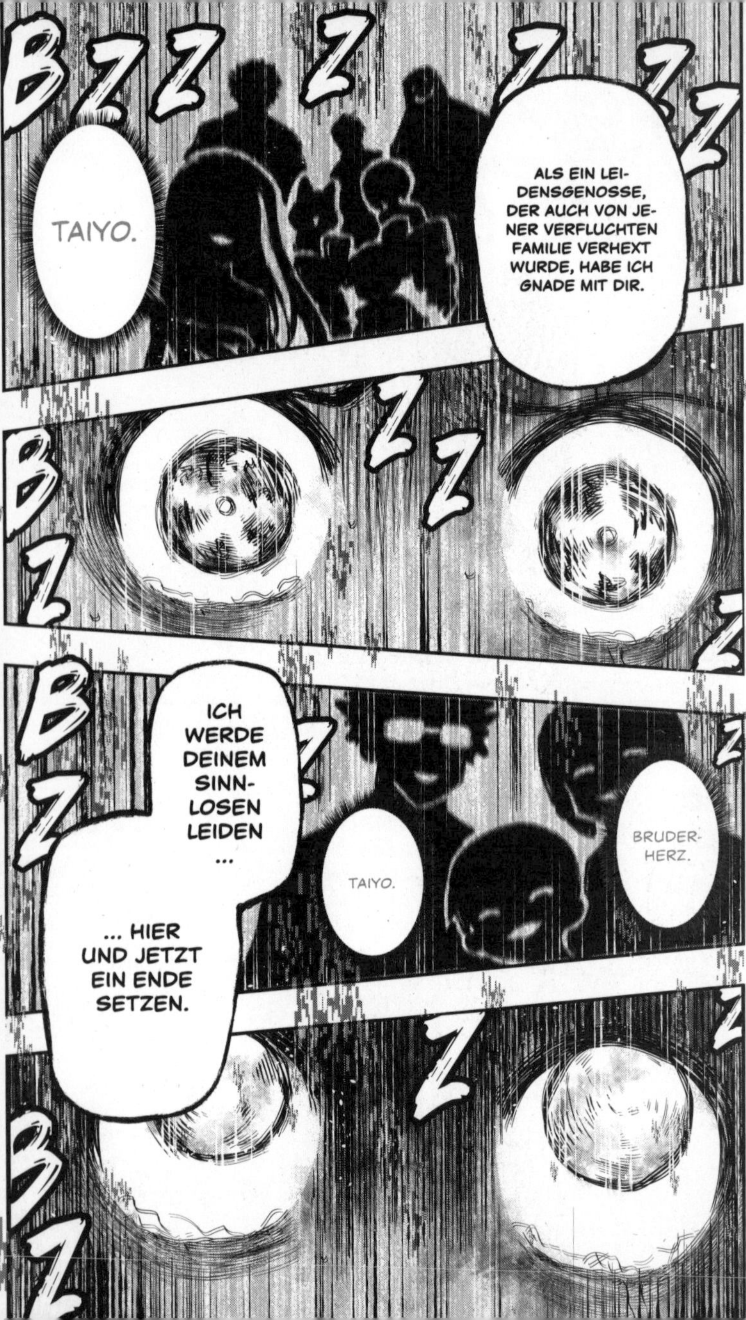
BZZZZZ
ALS EIN LEIDENSGENOSSE, DER AUCH VON JENER VERFLUCHTEN FAMILIE VERHEXT WURDE, HABE ICH GNADE MIT DIR.
TAIYO.
BZZZ
ICH WERDE DEINEM SINNLOSEN LEIDEN …
… HIER UND JETZT EIN ENDE SETZEN.
BRUDERHERZ.
TAIYO.
BZZ

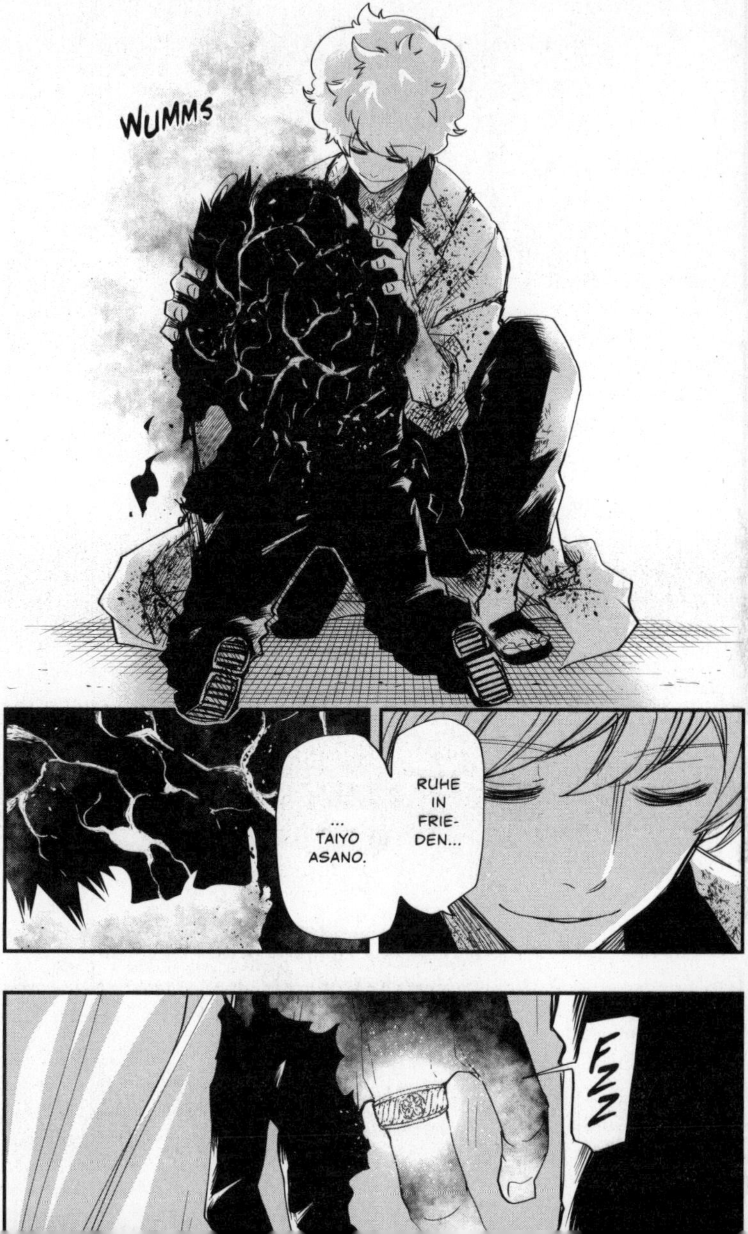
WUMMS
RUHE IN FRIEDEN...
... TAIYO ASANO.
FZZ

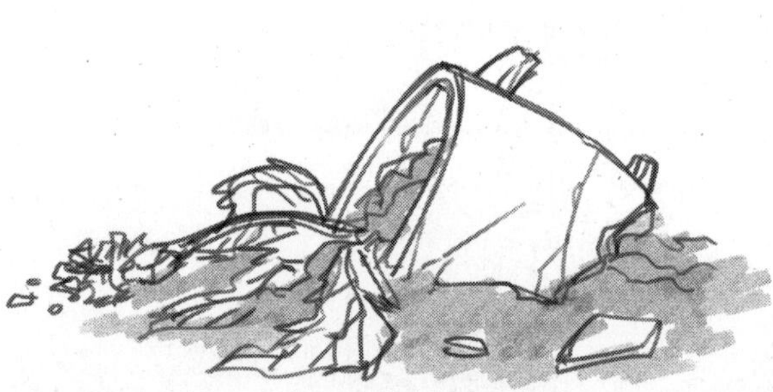

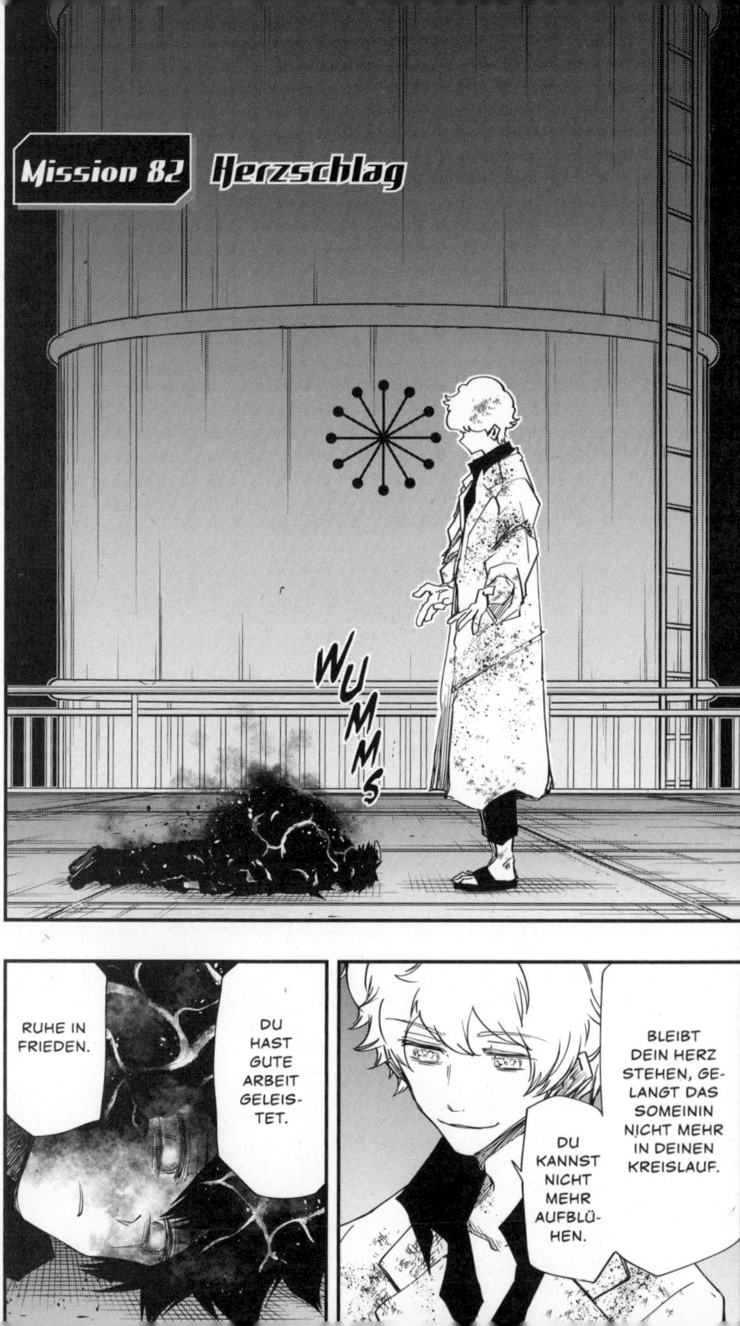
Mission 82
Herzschlag
WUMMS
BLEIBT DEIN HERZ STEHEN, GELANGT DAS SOMEININ NICHT MEHR IN DEINEN KREISLAUF.
DU KANNST NICHT MEHR AUFBLÜHEN.
DU HAST GUTE ARBEIT GELEISTET.
RUHE IN FRIEDEN.

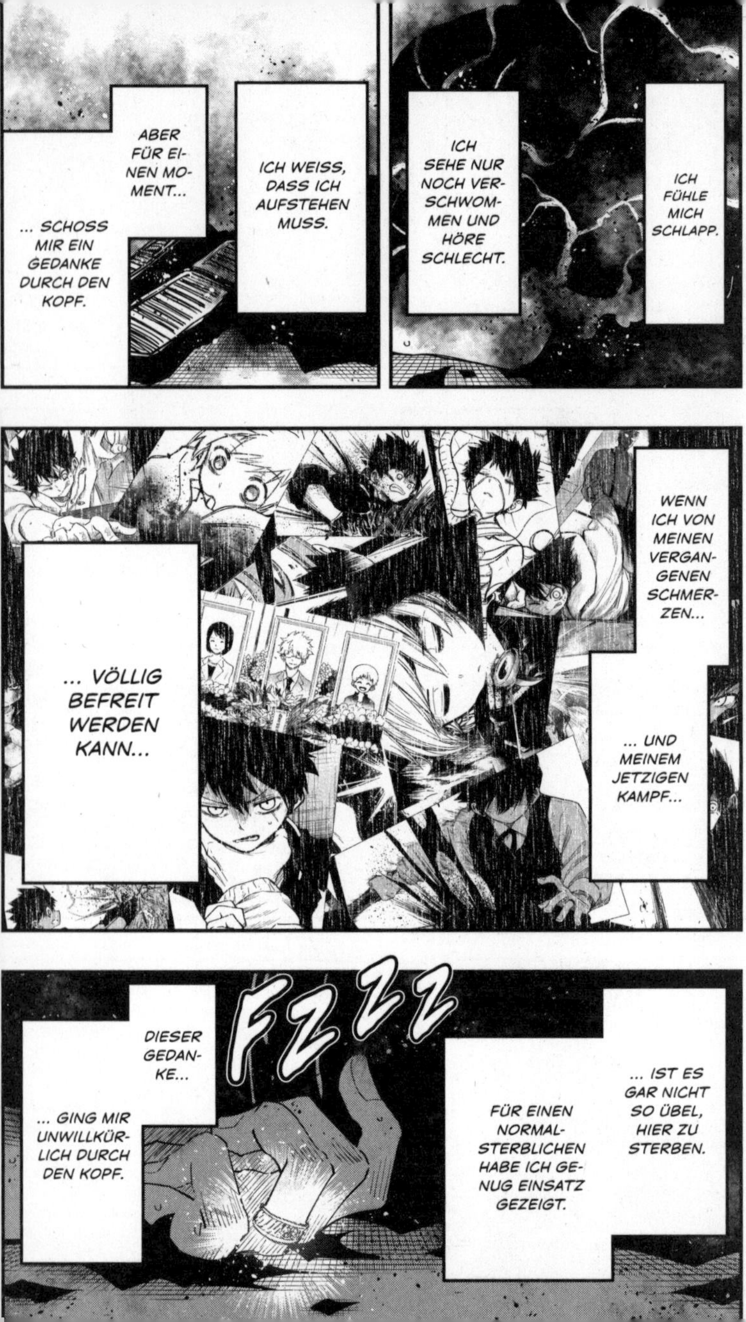
ICH FÜHLE MICH SCHLAPP.
ICH SEHE NUR NOCH VERSCHWOMMEN UND HÖRE SCHLECHT.
ICH WEISS, DASS ICH AUFSTEHEN MUSS.
ABER FÜR EINEN MOMENT...
... SCHOSS MIR EIN GEDANKE DURCH DEN KOPF.
WENN ICH VON MEINEN VERGANGENEN SCHMERZEN...
... UND MEINEM JETZIGEN KAMPF...
... VÖLLIG BEFREIT WERDEN KANN...
... IST ES GAR NICHT SO ÜBEL, HIER ZU STERBEN.
FÜR EINEN NORMALSTERBLICHEN HABE ICH GENUG EINSATZ GEZEIGT.
FZZZ
DIESER GEDANKE...
... GING MIR UNWILLKÜRLICH DURCH DEN KOPF.

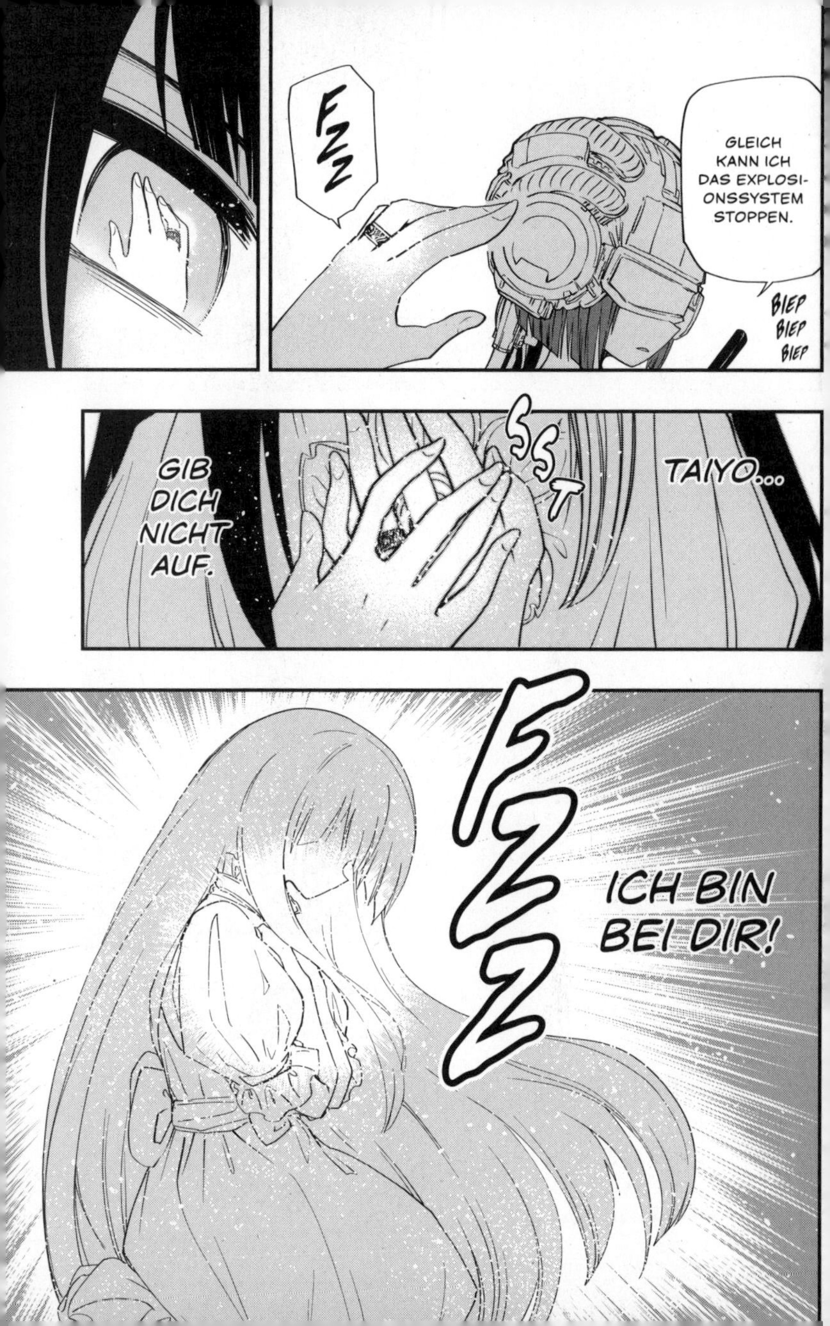
FZZ
GLEICH KANN ICH DAS EXPLOSI-ONSSYSTEM STOPPEN.
BIEP BIEP BIEP
TAIYO...
SSST
GIB DICH NICHT AUF.
FZZ
ICH BIN BEI DIR!

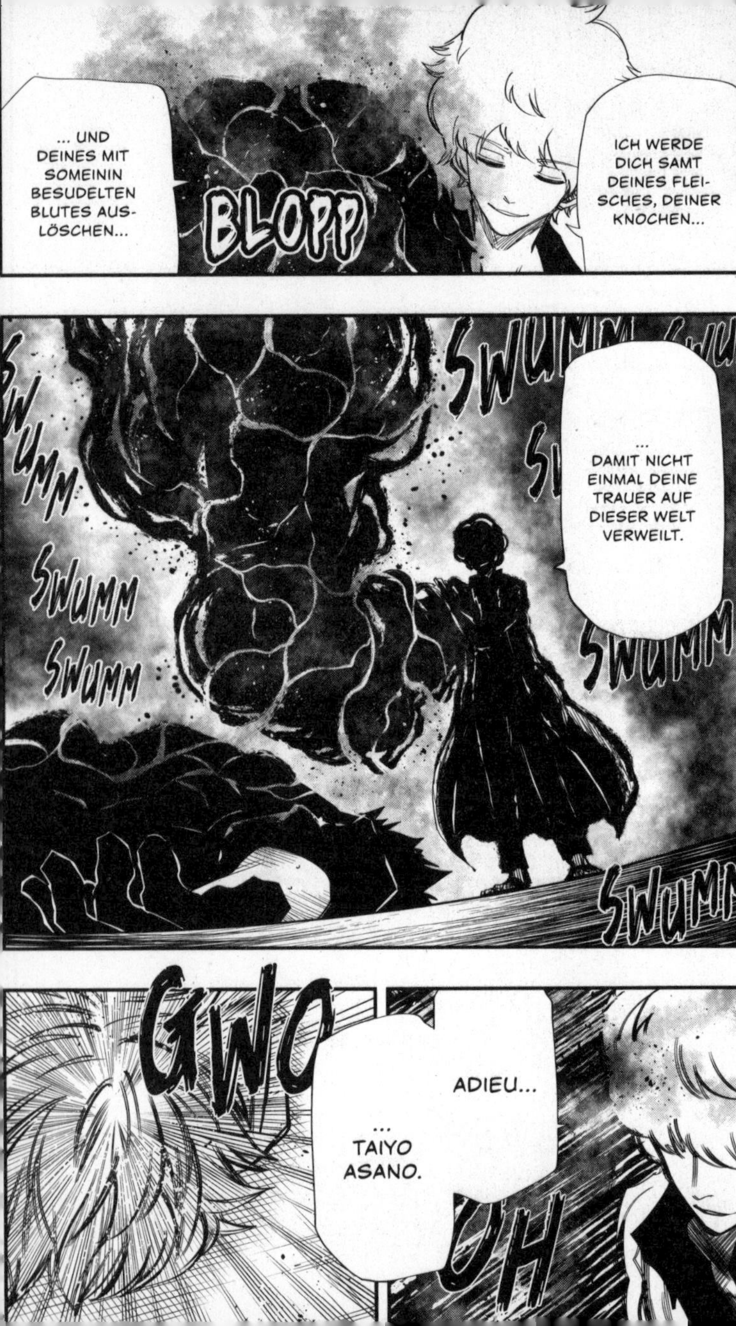
ICH WERDE DICH SAMT DEINES FLEI-SCHES, DEINER KNOCHEN...
... UND DEINES MIT SOMEININ BESUDELTEN BLUTES AUS-LÖSCHEN...
BLOPP
SWUMM
... DAMIT NICHT EINMAL DEINE TRAUER AUF DIESER WELT VERWEILT.
SWUMM
SWUMM
SWUMM
SWUMM
ADIEU...
... TAIYO ASANO.
GWO
OH

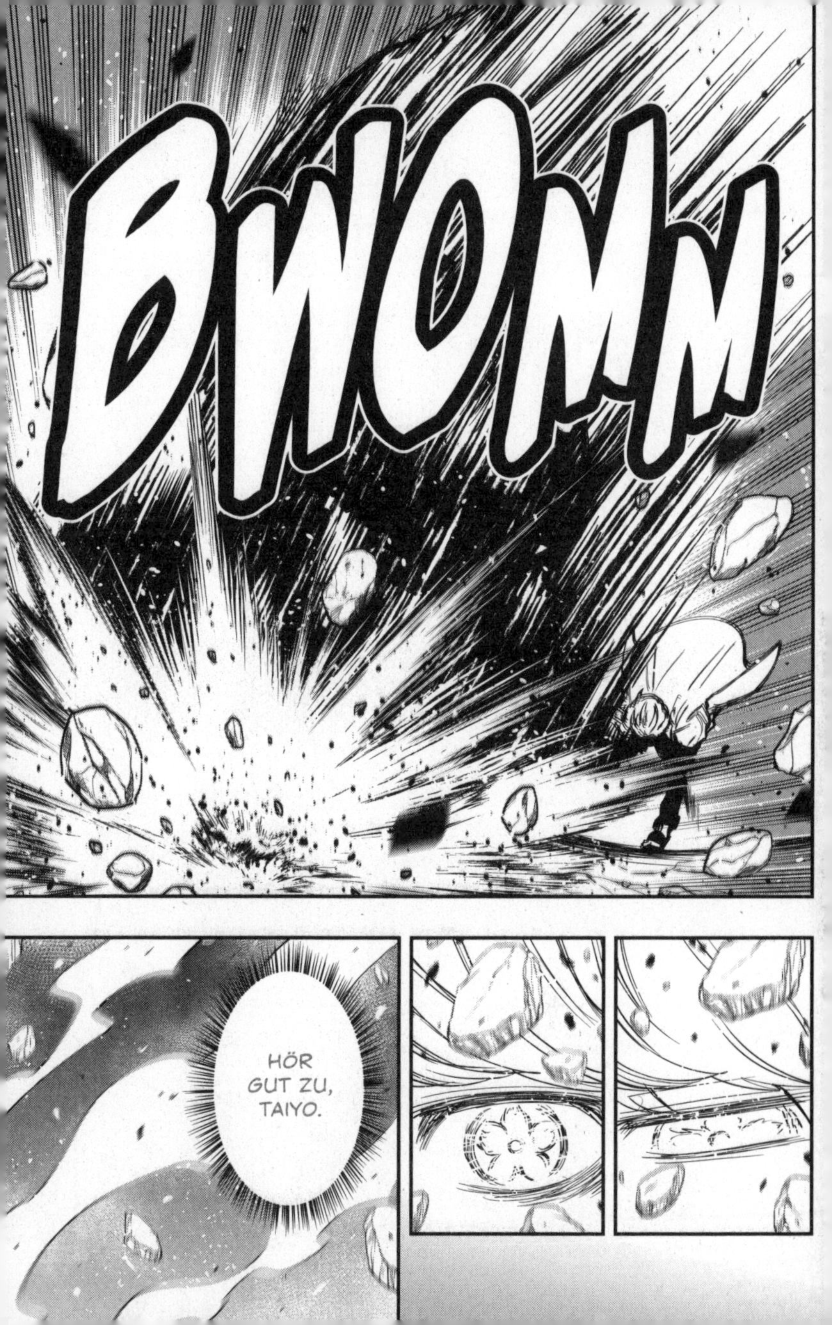
BWOMM
HÖR GUT ZU, TAIYO.

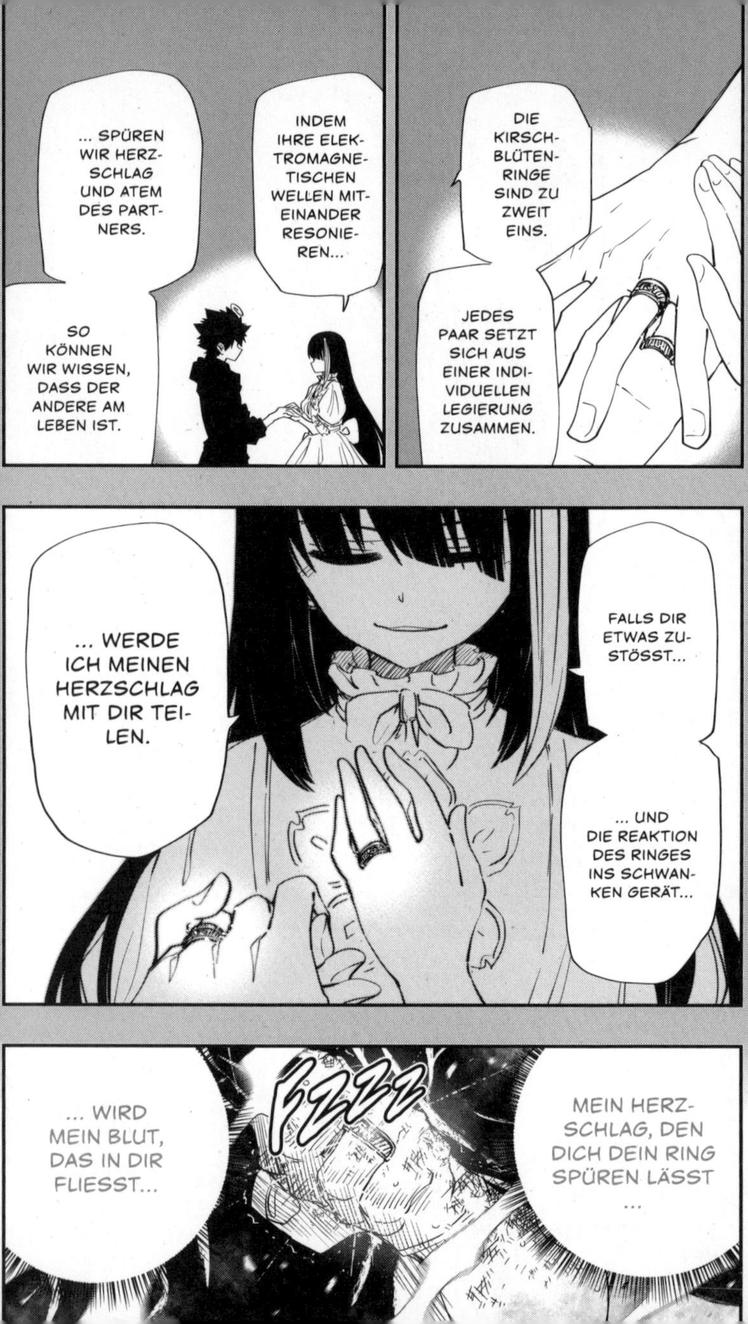

DIE KIRSCHBLÜTENRINGE SIND ZU ZWEIT EINS.
JEDES PAAR SETZT SICH AUS EINER INDIVIDUELLEN LEGIERUNG ZUSAMMEN.
INDEM IHRE ELEKTROMAGNETISCHEN WELLEN MITEINANDER RESONIEREN...
... SPÜREN WIR HERZSCHLAG UND ATEM DES PARTNERS.
SO KÖNNEN WIR WISSEN, DASS DER ANDERE AM LEBEN IST.
FALLS DIR ETWAS ZUSTÖSST...
... UND DIE REAKTION DES RINGES INS SCHWANKEN GERÄT...
... WERDE ICH MEINEN HERZSCHLAG MIT DIR TEILEN.
MEIN HERZSCHLAG, DEN DICH DEIN RING SPÜREN LÄSST ...
FZZZ
... WIRD MEIN BLUT, DAS IN DIR FLIESST...

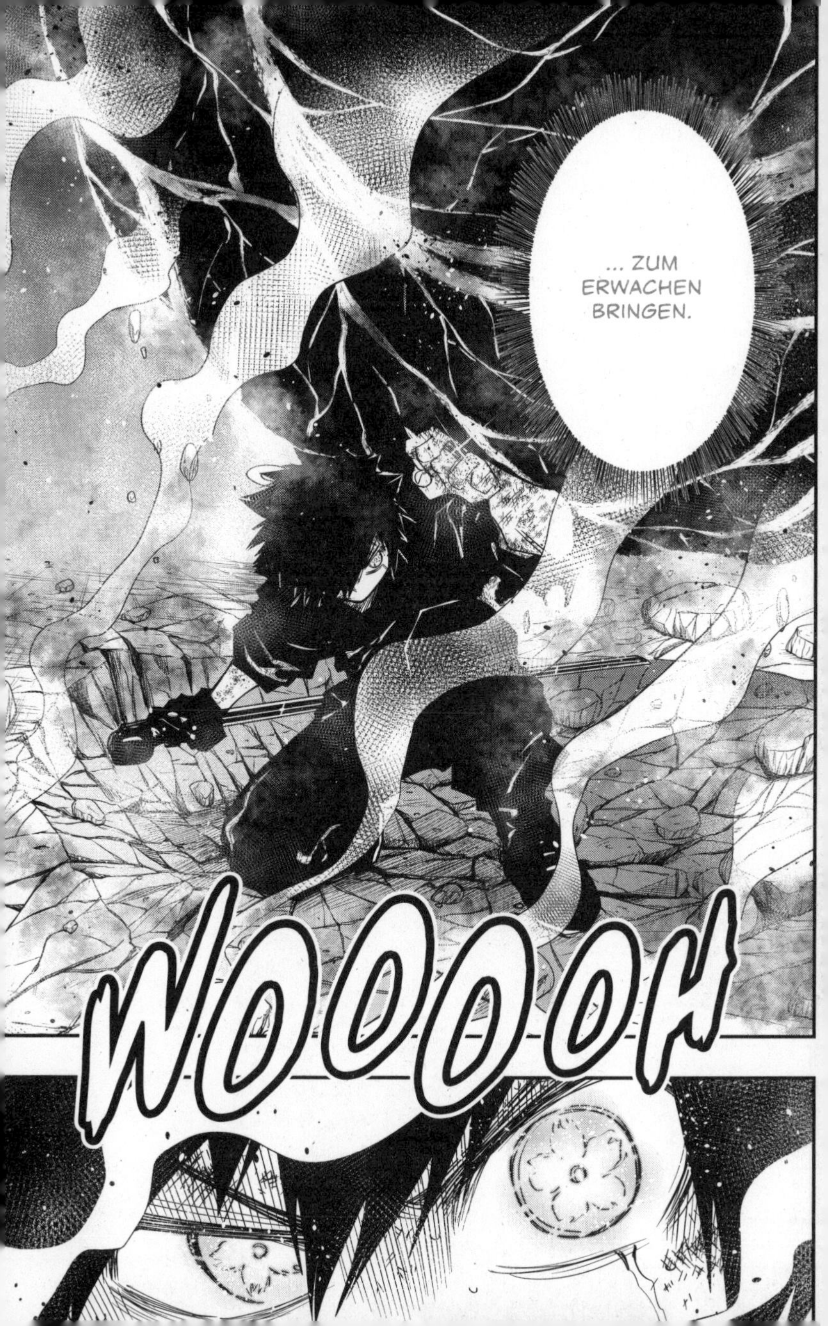
... ZUM ERWACHEN BRINGEN.
WOOOOH

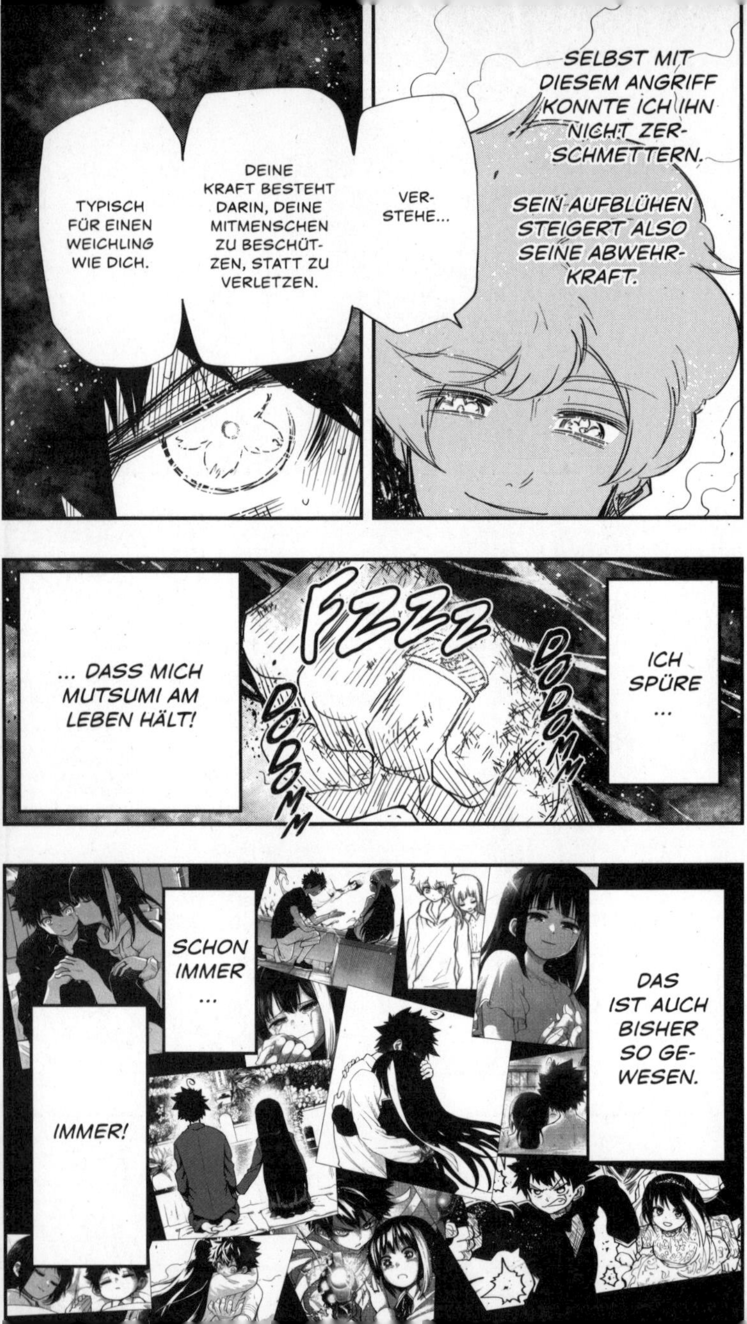
SELBST MIT DIESEM ANGRIFF KONNTE ICH IHN NICHT ZER-SCHMETTERN.
SEIN AUFBLÜHEN STEIGERT ALSO SEINE ABWEHR-KRAFT.
VER-STEHE...
DEINE KRAFT BESTEHT DARIN, DEINE MITMENSCHEN ZU BESCHÜT-ZEN, STATT ZU VERLETZEN.
TYPISCH FÜR EINEN WEICHLING WIE DICH.
ICH SPÜRE ...
DODOMM
FZZZ
DODOMM
... DASS MICH MUTSUMI AM LEBEN HÄLT!
DAS IST AUCH BISHER SO GE-WESEN.
SCHON IMMER ...
IMMER!

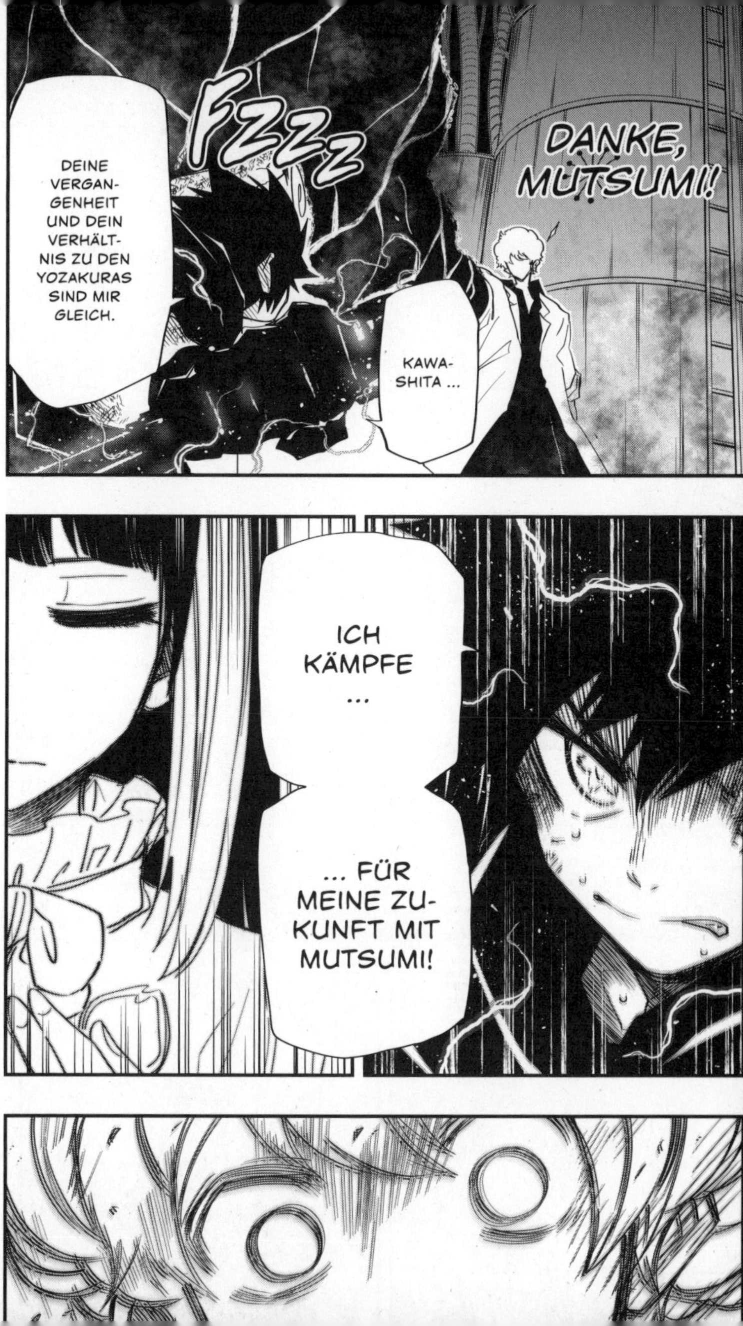
DANKE, MUTSUMI!
FZZZ
KAWA-SHITA ...
DEINE VERGANGENHEIT UND DEIN VERHÄLTNIS ZU DEN YOZAKURAS SIND MIR GLEICH.
ICH KÄMPFE ...
... FÜR MEINE ZUKUNFT MIT MUTSUMI!

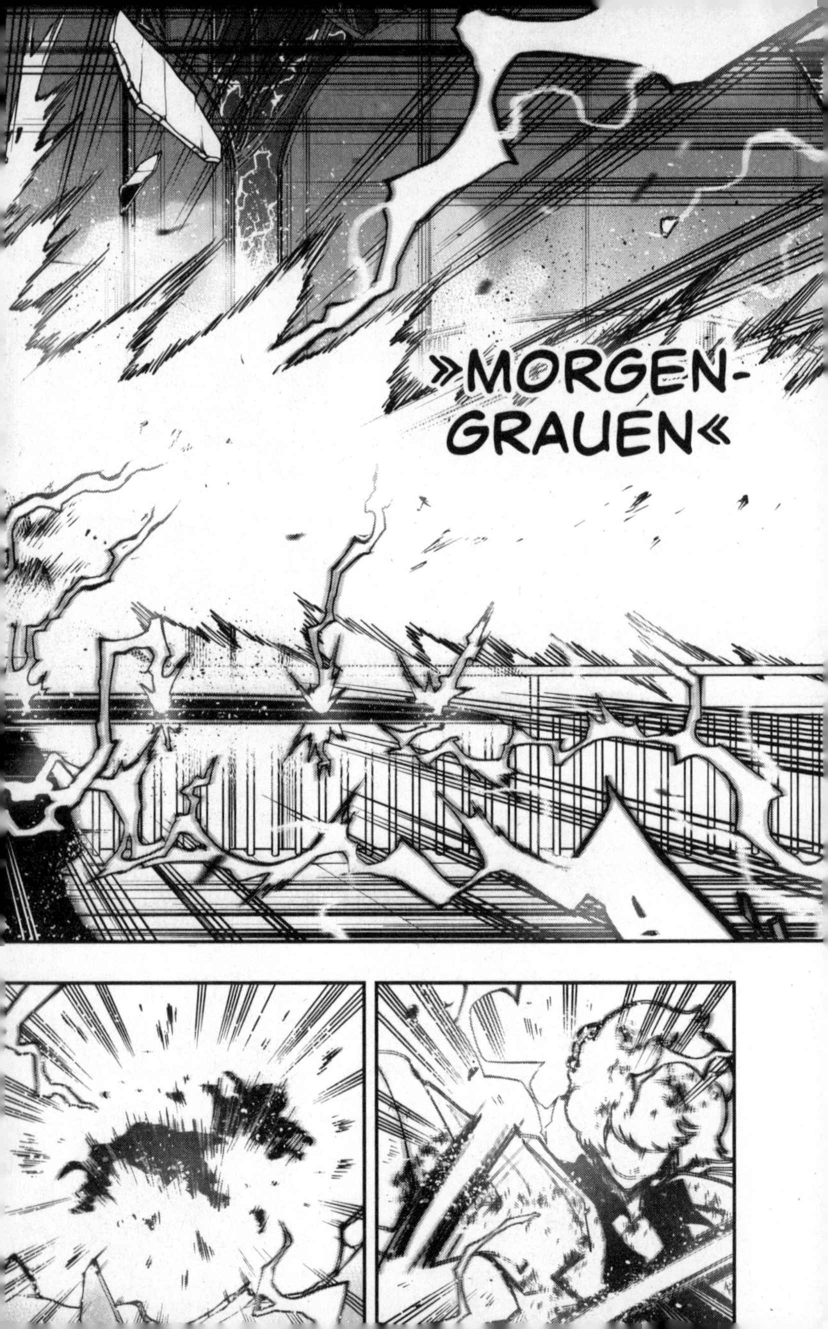
»MORGEN-
GRAUEN«

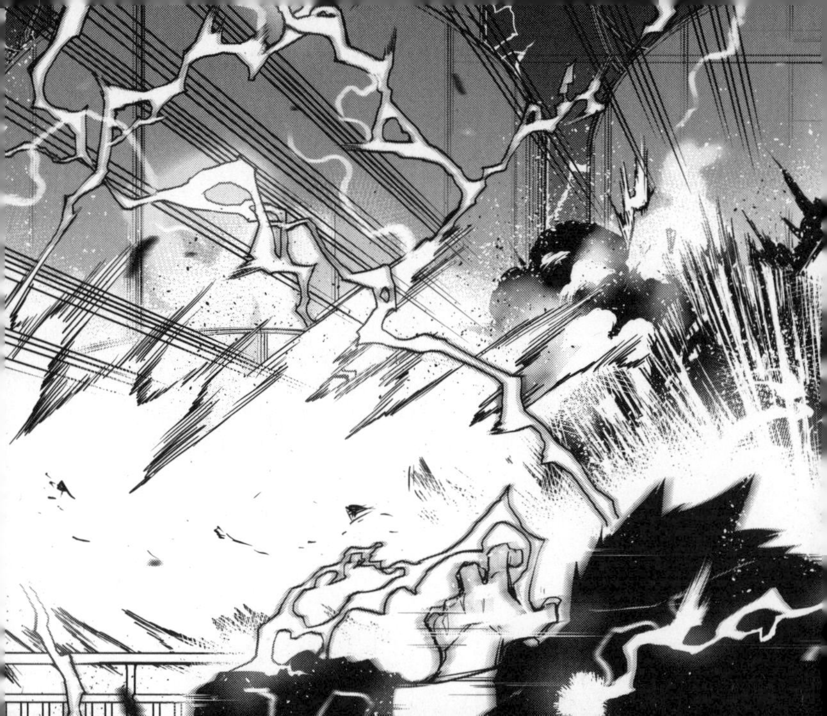
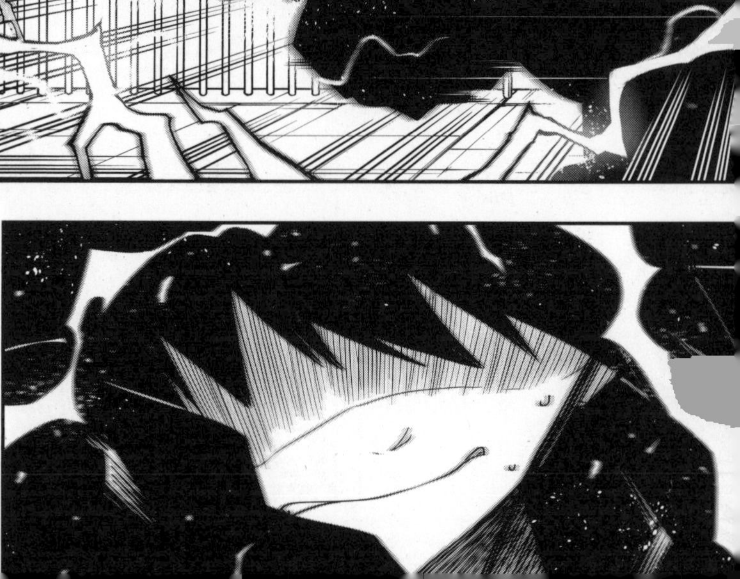

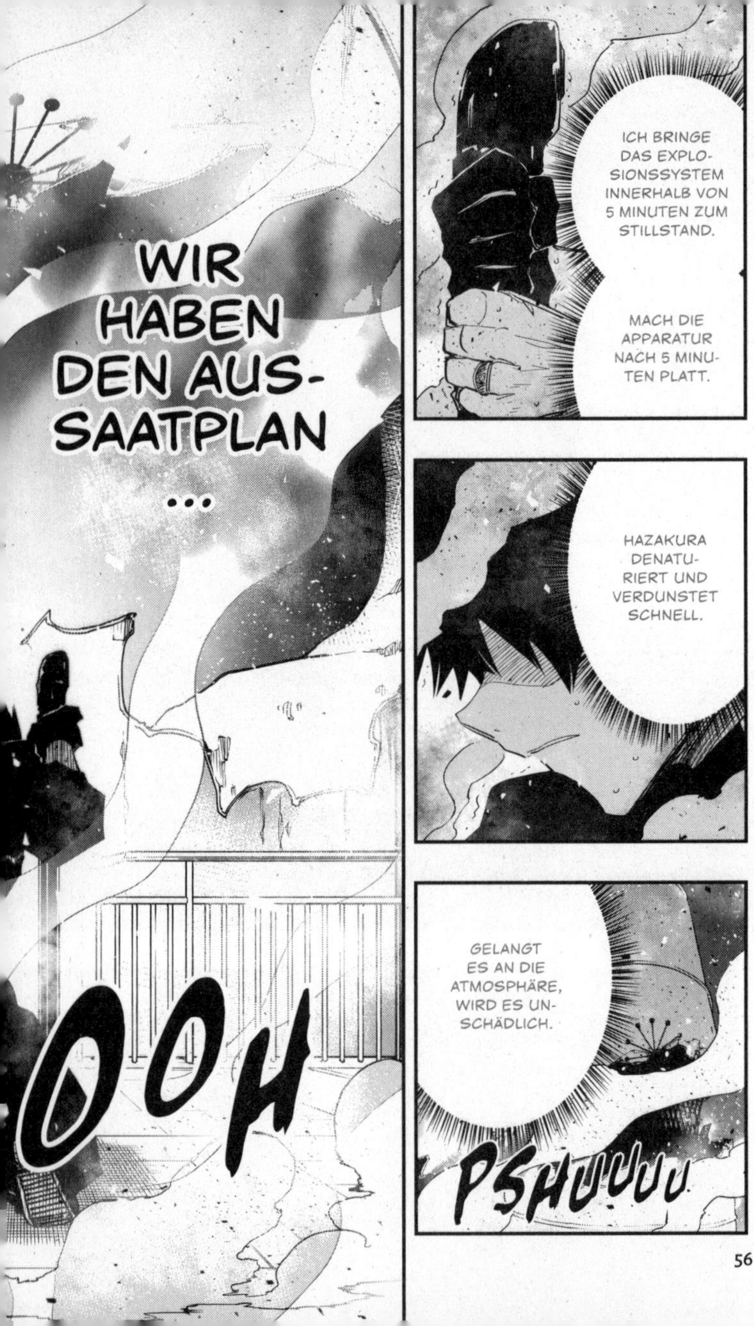
ICH BRINGE DAS EXPLOSIONSSYSTEM INNERHALB VON 5 MINUTEN ZUM STILLSTAND.
MACH DIE APPARATUR NACH 5 MINUTEN PLATT.
HAZAKURA DENATURIERT UND VERDUNSTET SCHNELL.
GELANGT ES AN DIE ATMOSPHÄRE, WIRD ES UNSCHÄDLICH.
PSHUUUU
WIR HABEN DEN AUSSAATPLAN ...
OOH

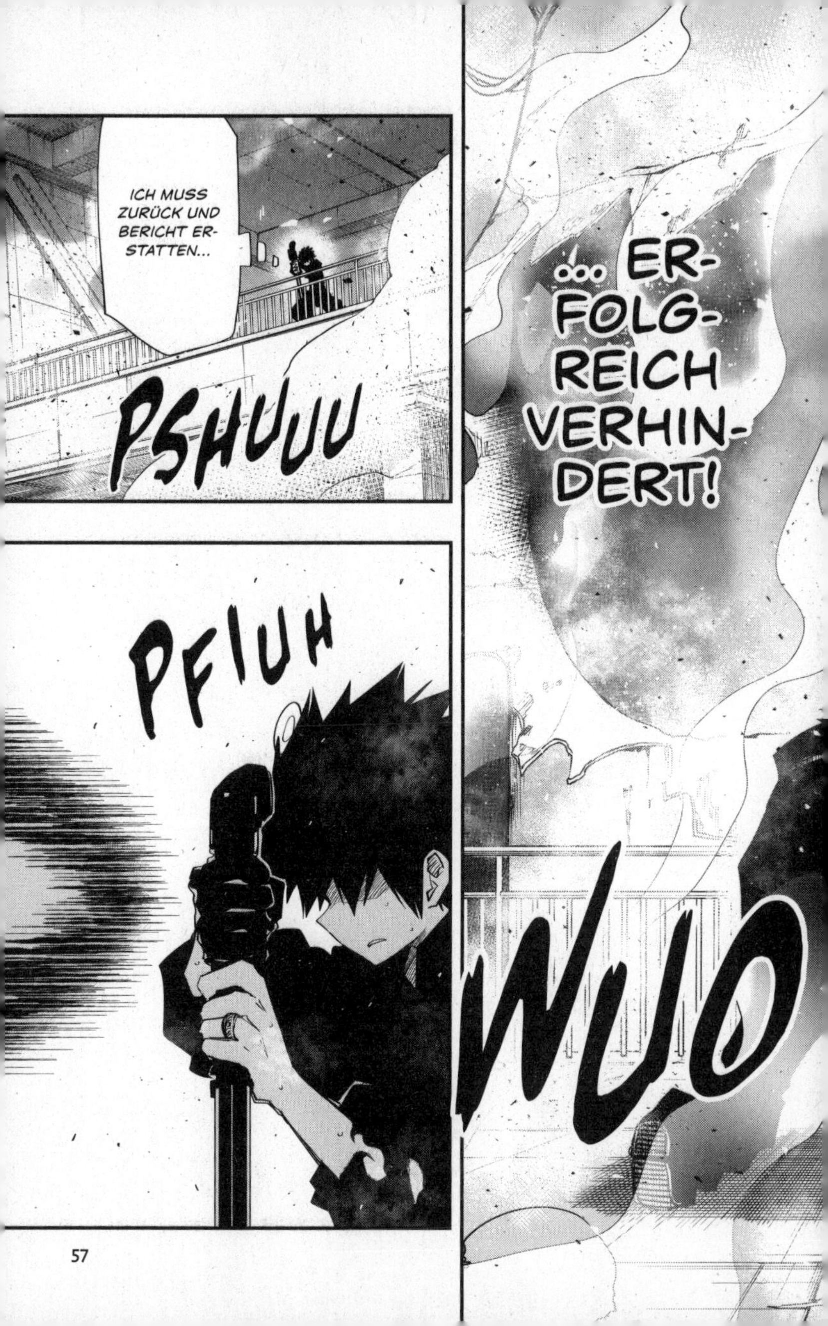
... ER-
FOLG-
REICH
VERHIN-
DERT!
WUO
ICH MUSS
ZURÜCK UND
BERICHT ER-
STATTEN...
PSHUUU
PFIUH

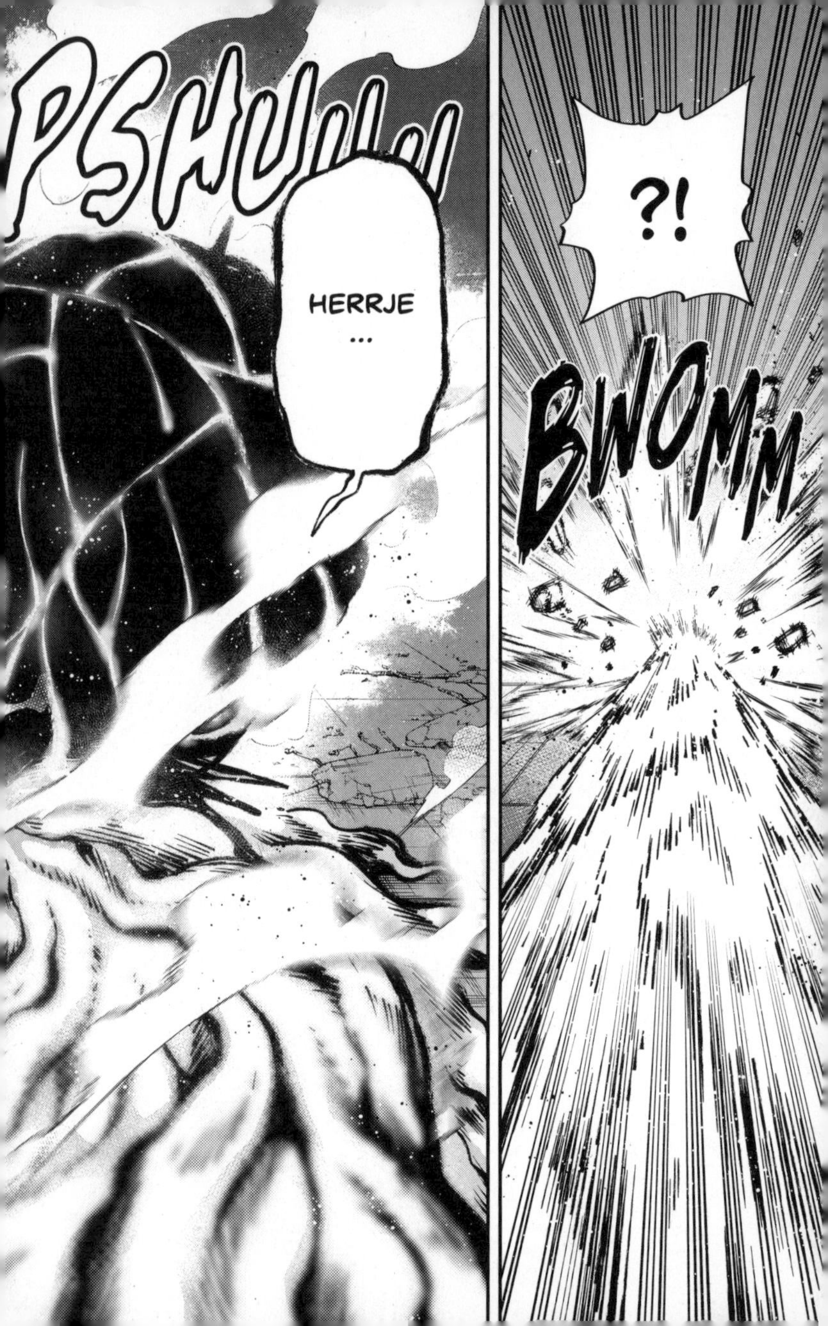

?!
BWOMM
PSCHUUU
HERRJE …

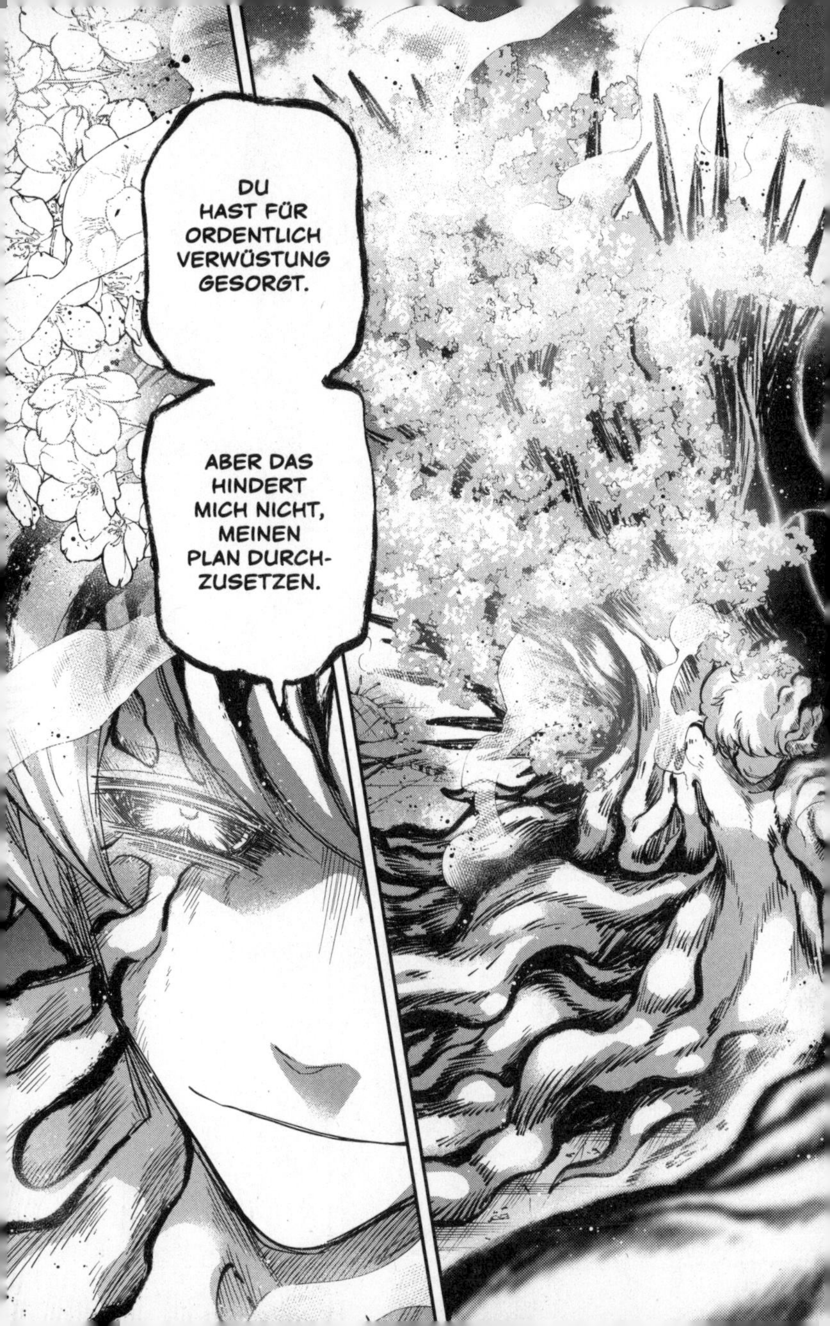
DU HAST FÜR ORDENTLICH VERWÜSTUNG GESORGT.
ABER DAS HINDERT MICH NICHT, MEINEN PLAN DURCH-ZUSETZEN.

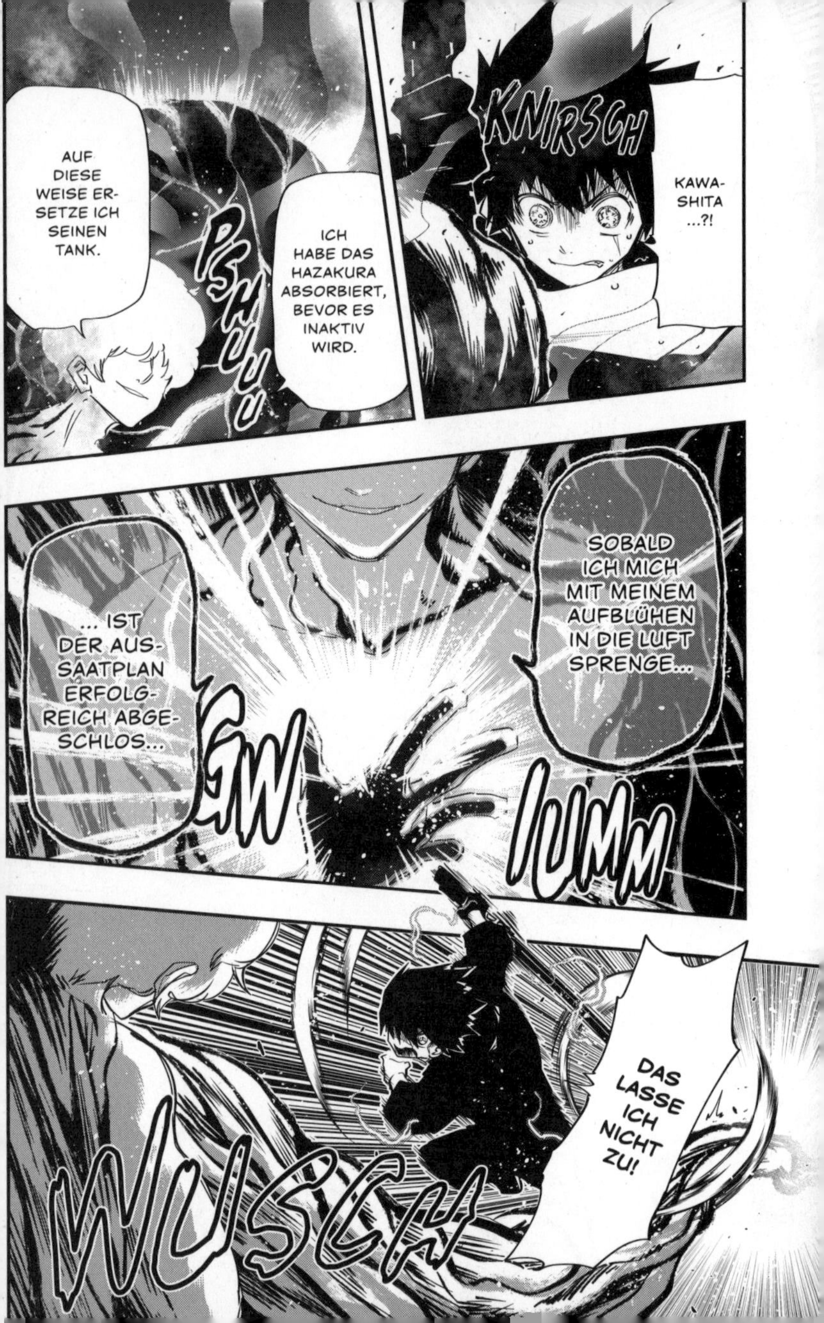
KNIRSCH
KAWA-SHITA ...?!
ICH HABE DAS HAZAKURA ABSORBIERT, BEVOR ES INAKTIV WIRD.
PSHUUU
AUF DIESE WEISE ER-SETZE ICH SEINEN TANK.
SOBALD ICH MICH MIT MEINEM AUFBLÜHEN IN DIE LUFT SPRENGE...
... IST DER AUS-SAATPLAN ERFOLG-REICH ABGE-SCHLOS...
IUMM
GW
DAS LASSE ICH NICHT ZU!
WUSCH

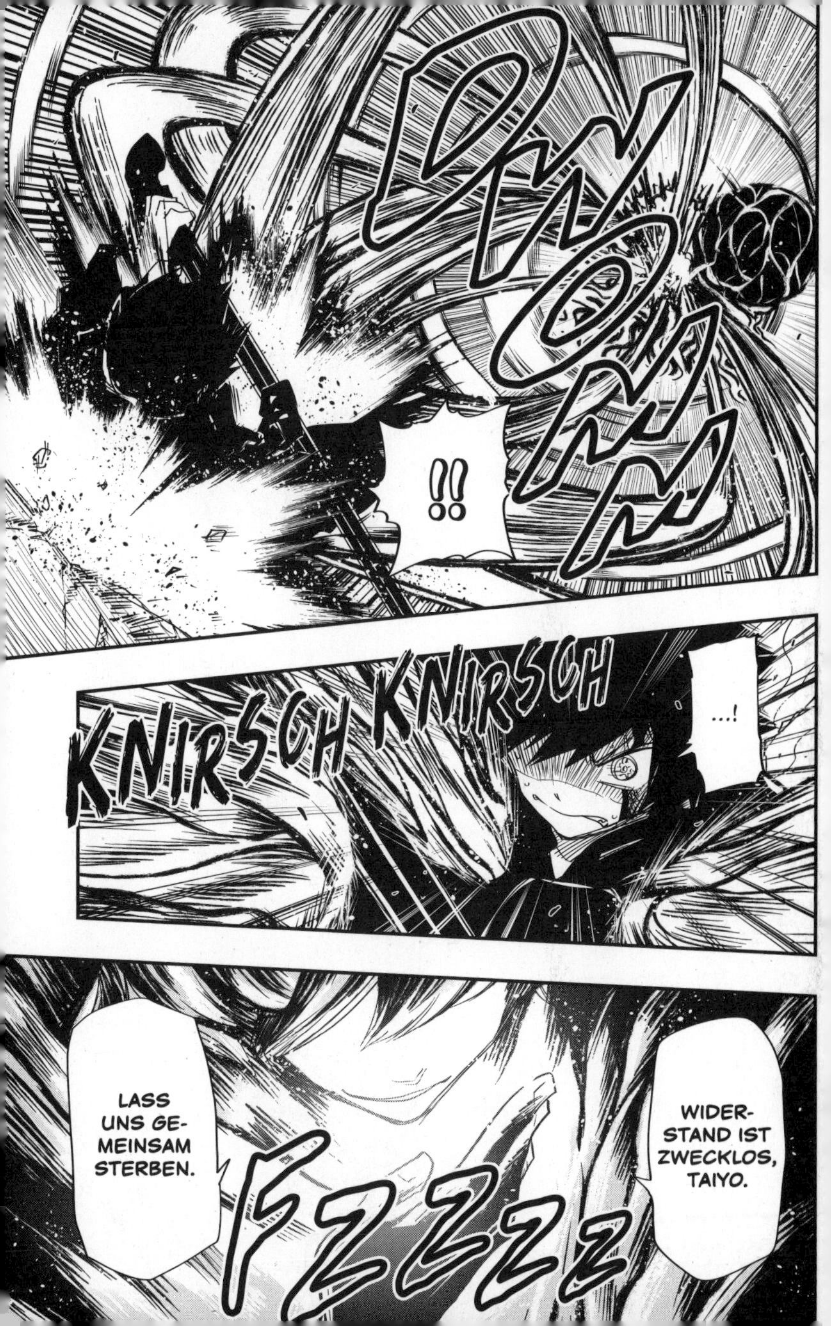
DWOOMM
!!
KNIRSCH KNIRSCH
...!
WIDER-
STAND IST
ZWECKLOS,
TAIYO.
LASS
UNS GE-
MEINSAM
STERBEN.
FZZZZ

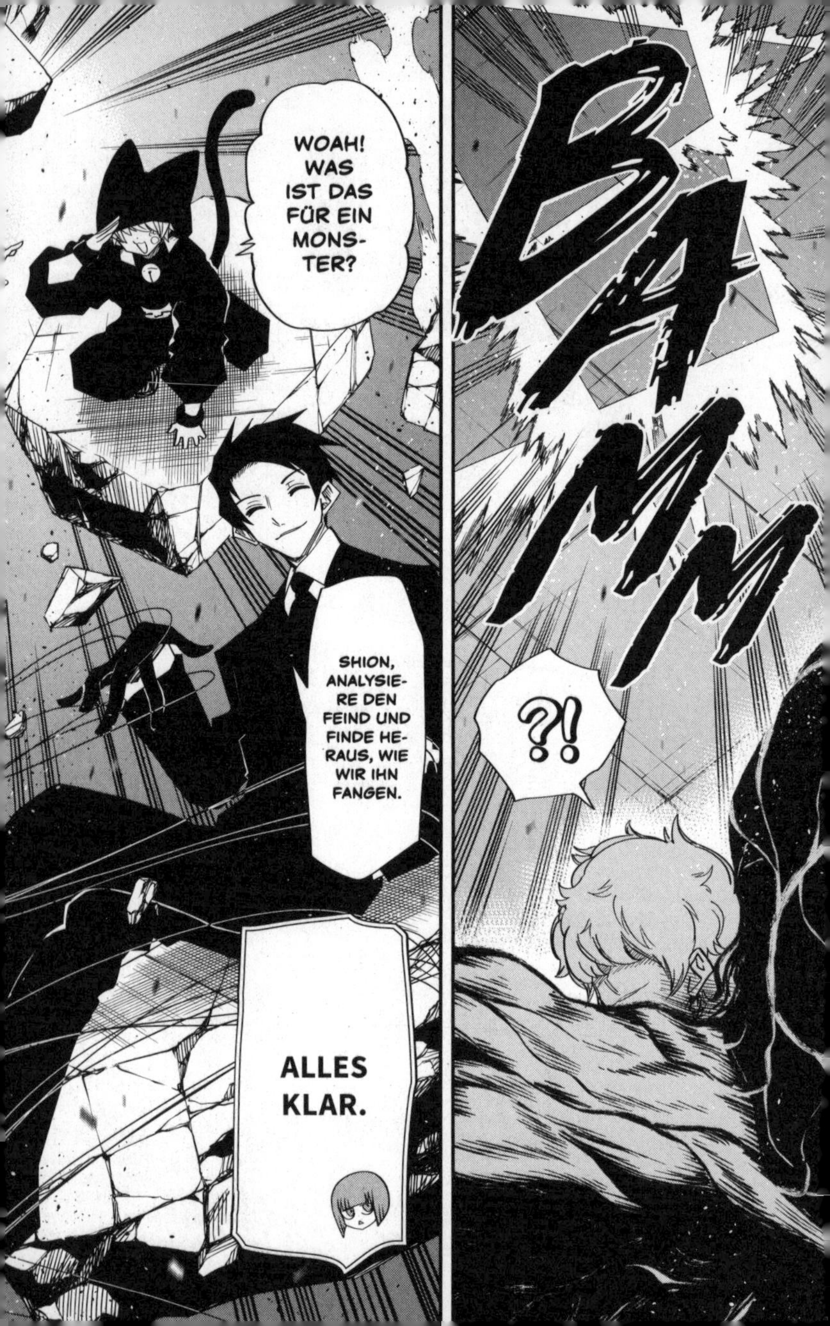
BAMM
?!
WOAH! WAS IST DAS FÜR EIN MONSTER?
SHION, ANALYSIERE DEN FEIND UND FINDE HERAUS, WIE WIR IHN FANGEN.
ALLES KLAR.

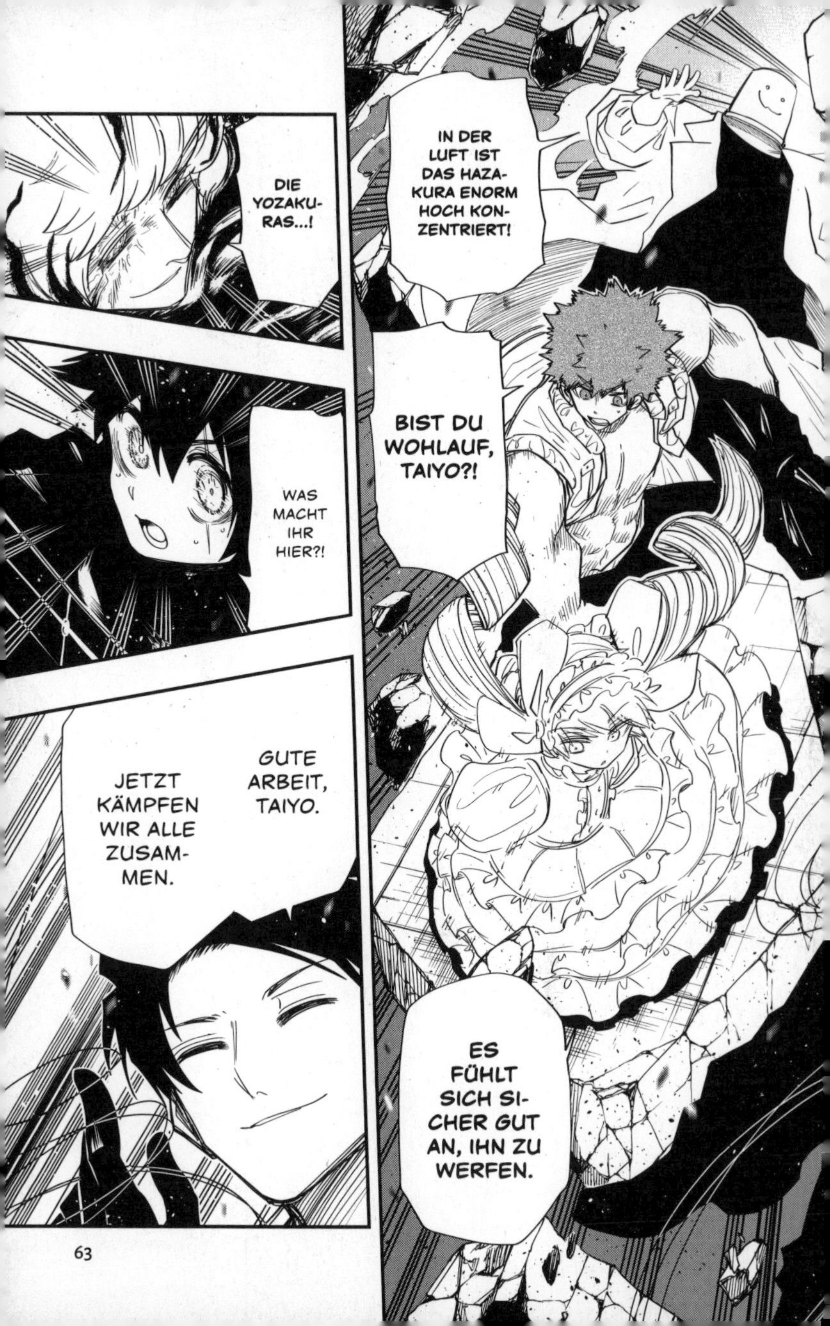
IN DER LUFT IST DAS HAZA-KURA ENORM HOCH KON-ZENTRIERT!
BIST DU WOHLAUF, TAIYO?!
ES FÜHLT SICH SI-CHER GUT AN, IHN ZU WERFEN.
DIE YOZAKU-RAS...!
WAS MACHT IHR HIER?!
GUTE ARBEIT, TAIYO.
JETZT KÄMPFEN WIR ALLE ZUSAM-MEN.

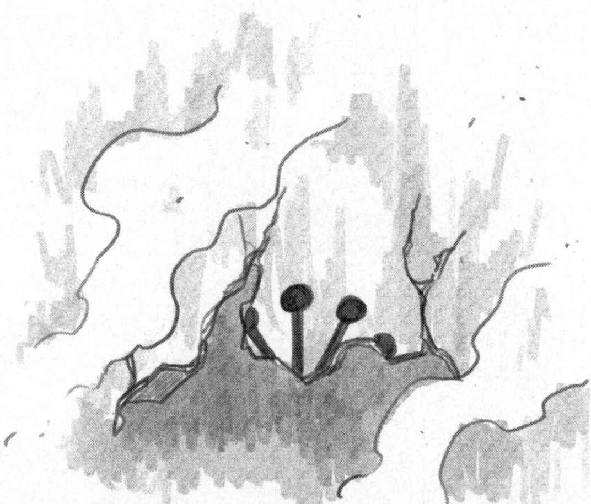

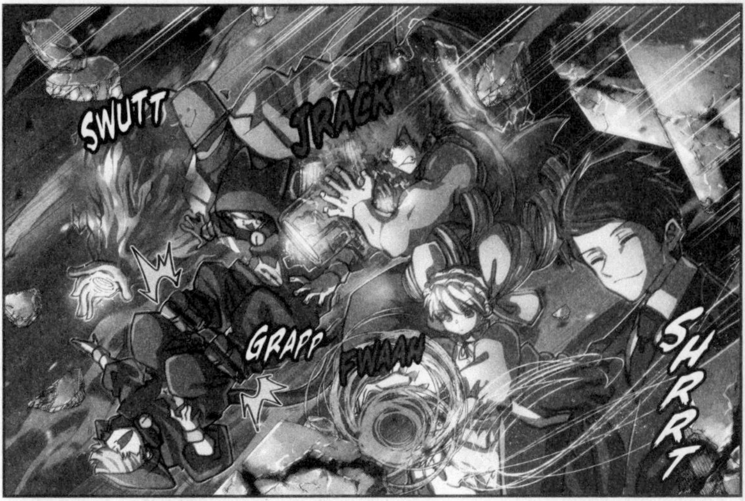
SWUTT
JRACK
GRAPP
FWAAH
SHRRT

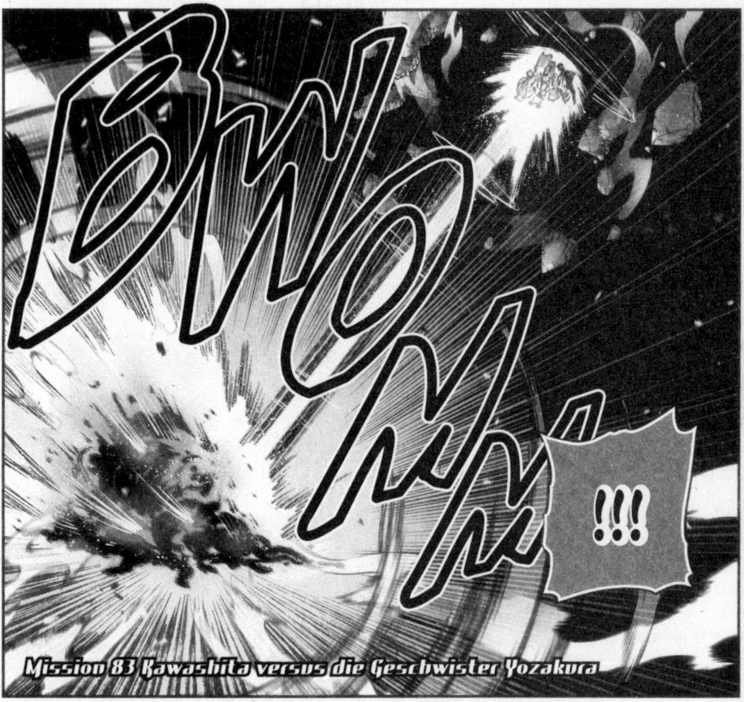
BWOMM
!!!
Mission 83 Kawashita versus die Geschwister Yozakura

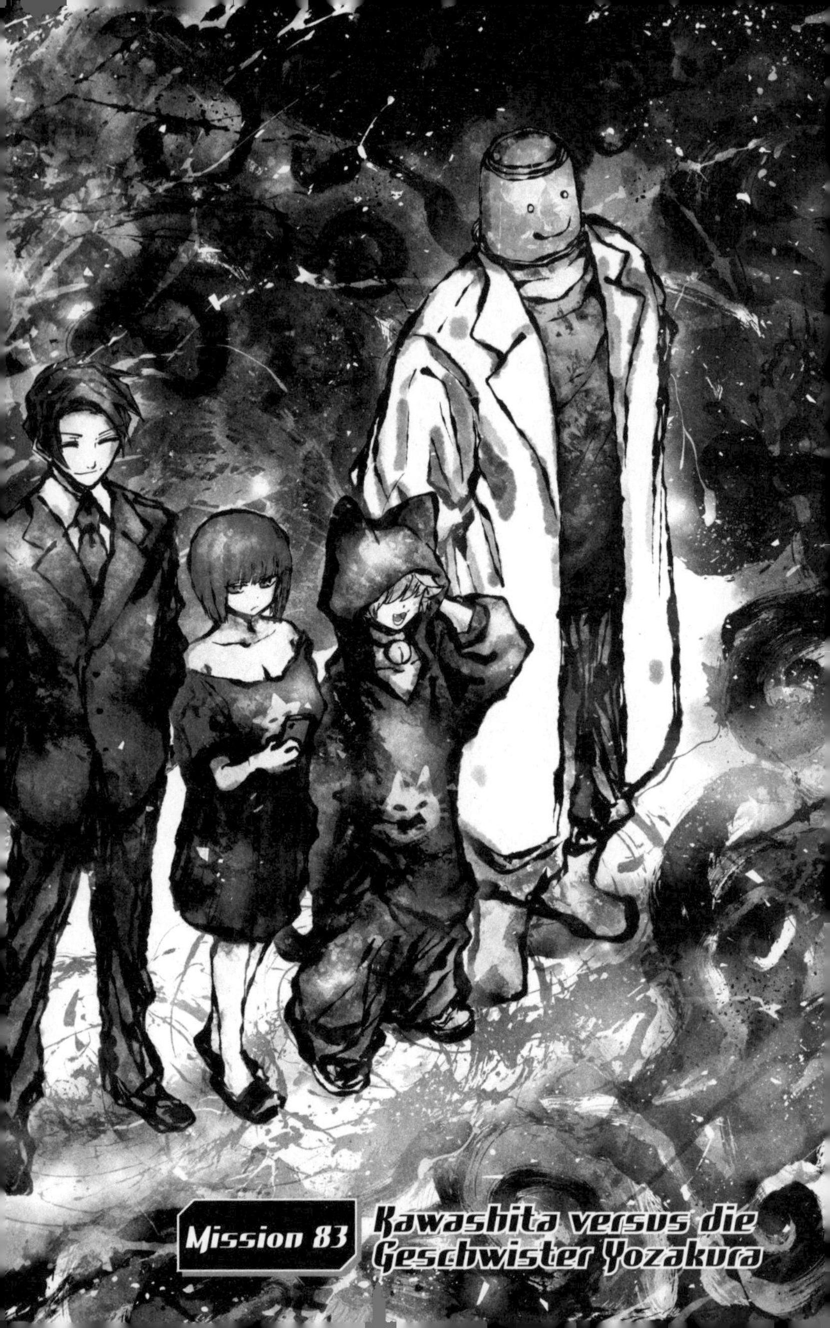
Mission 83
Kawashita versus die Geschwister Yozakura

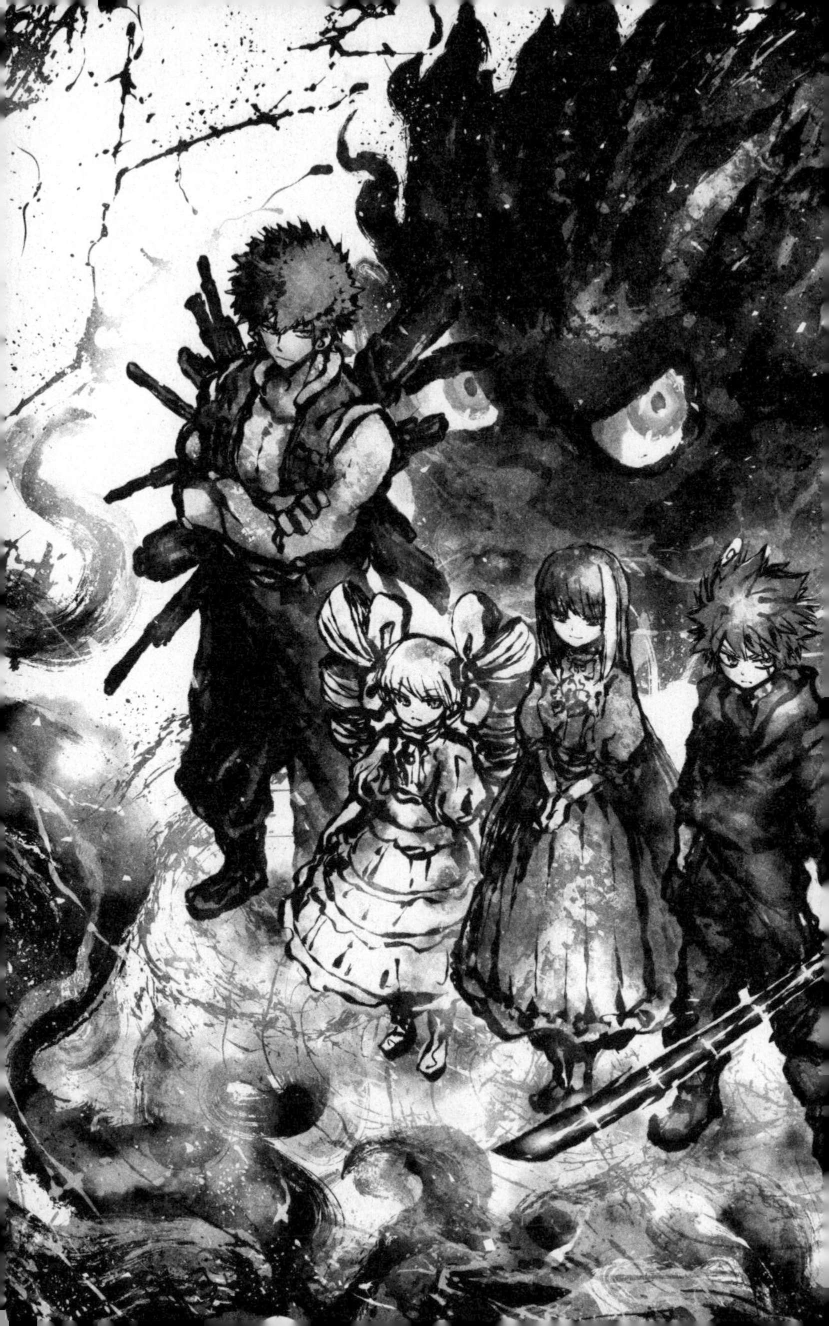

MISSION: Yozakura Family

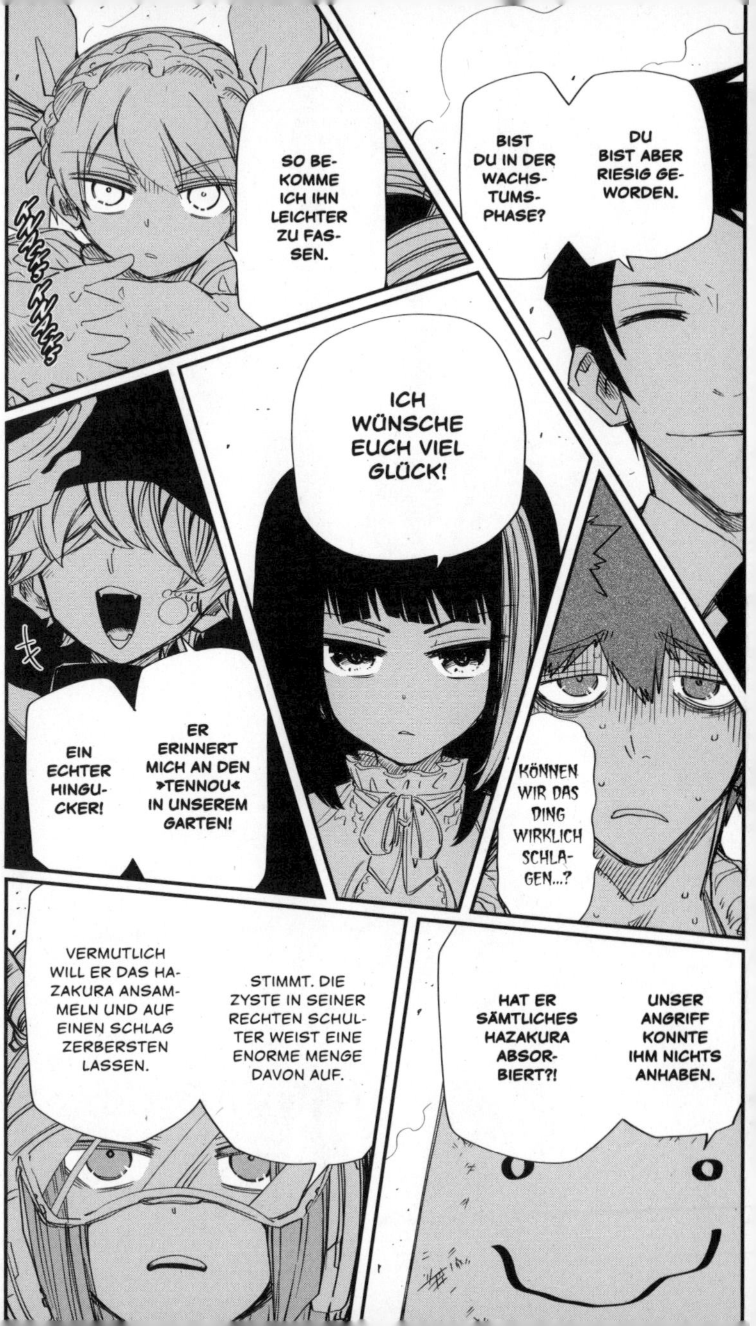
DU BIST ABER RIESIG GEWORDEN.
BIST DU IN DER WACHSTUMSPHASE?
SO BEKOMME ICH IHN LEICHTER ZU FASSEN.
KÖNNEN WIR DAS DING WIRKLICH SCHLAGEN...?
ICH WÜNSCHE EUCH VIEL GLÜCK!
ER ERINNERT MICH AN DEN »TENNOU« IN UNSEREM GARTEN!
EIN ECHTER HINGUCKER!
UNSER ANGRIFF KONNTE IHM NICHTS ANHABEN.
HAT ER SÄMTLICHES HAZAKURA ABSORBIERT?!
STIMMT. DIE ZYSTE IN SEINER RECHTEN SCHULTER WEIST EINE ENORME MENGE DAVON AUF.
VERMUTLICH WILL ER DAS HAZAKURA ANSAMMELN UND AUF EINEN SCHLAG ZERBERSTEN LASSEN.

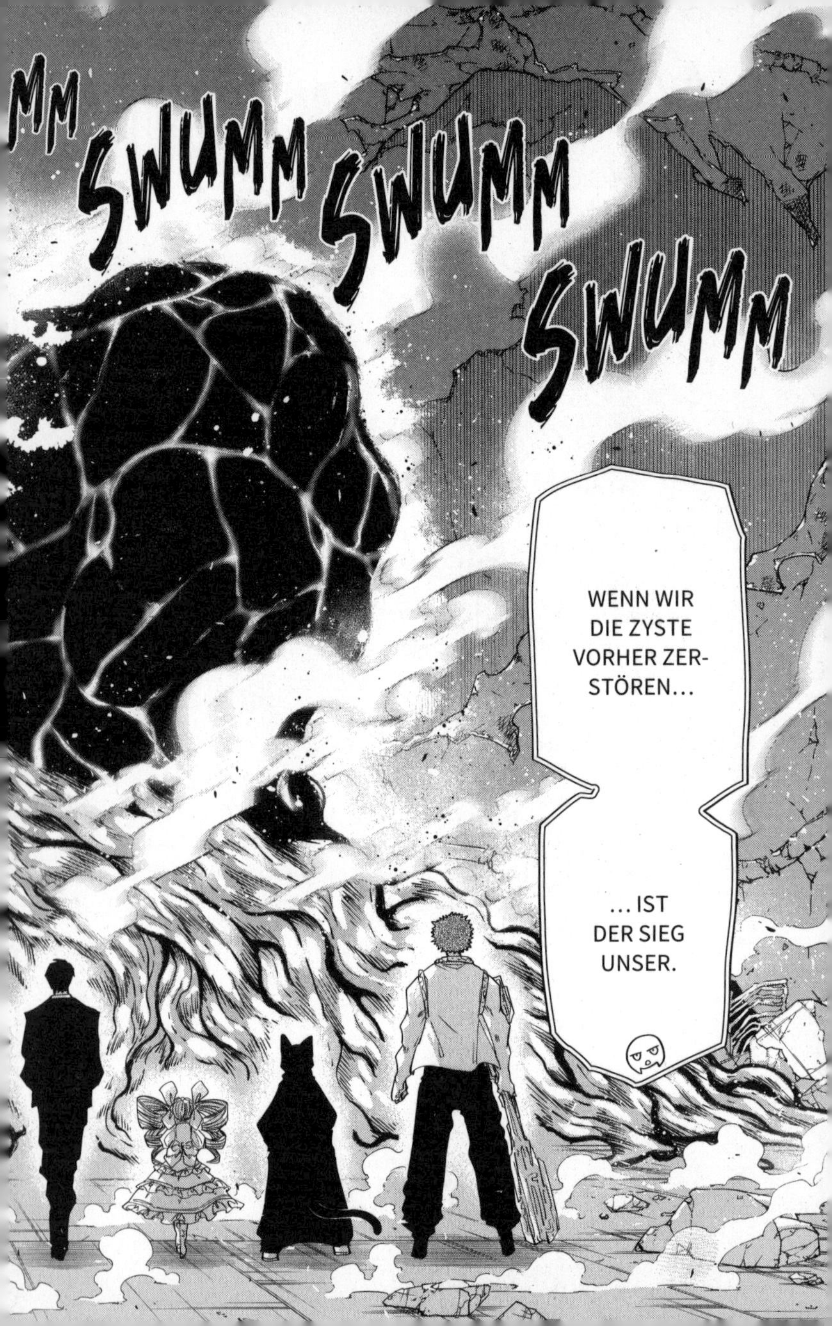
MM SWUMM SWUMM SWUMM
WENN WIR DIE ZYSTE VORHER ZER-STÖREN…
…IST DER SIEG UNSER.

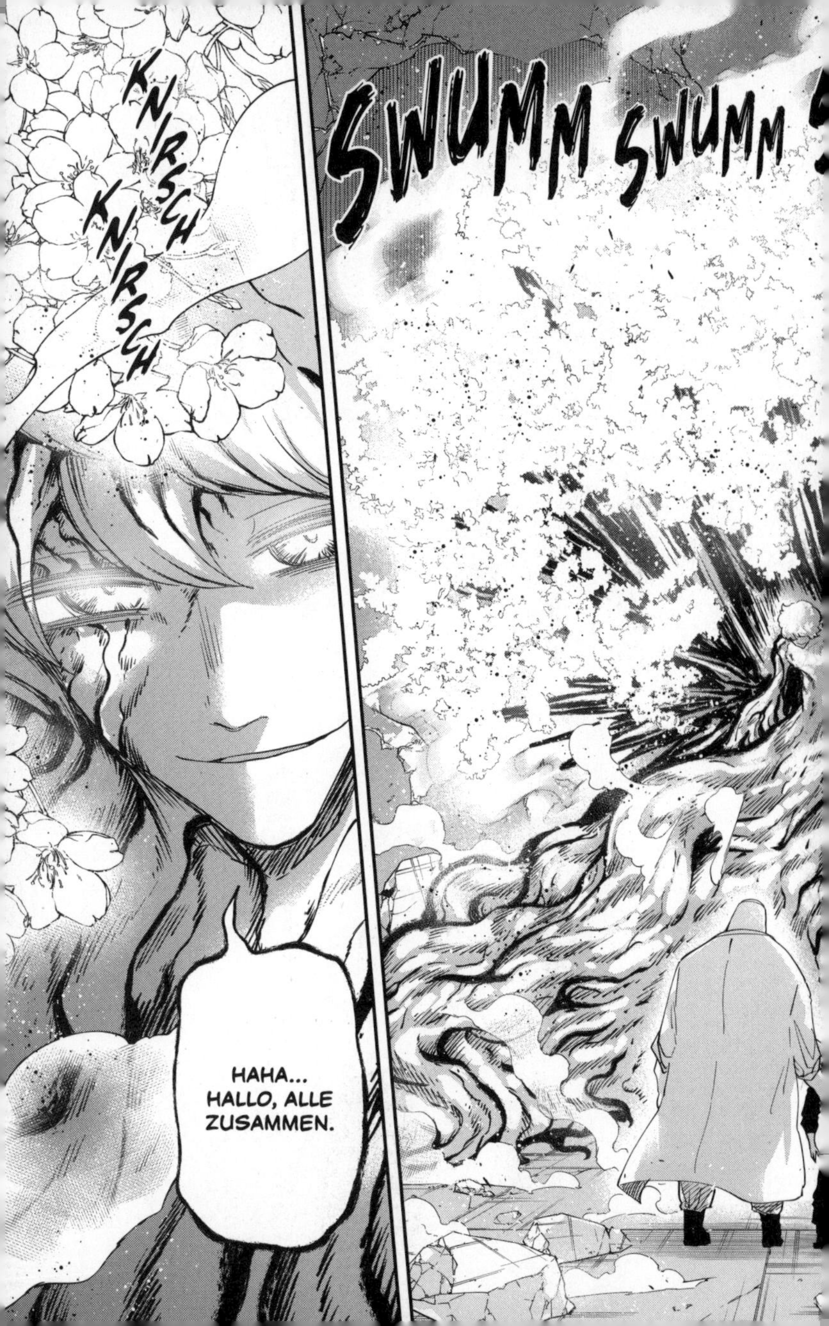
SWUMM SWUMM
KNIRSCH KNIRSCH
HAHA... HALLO, ALLE ZUSAMMEN.

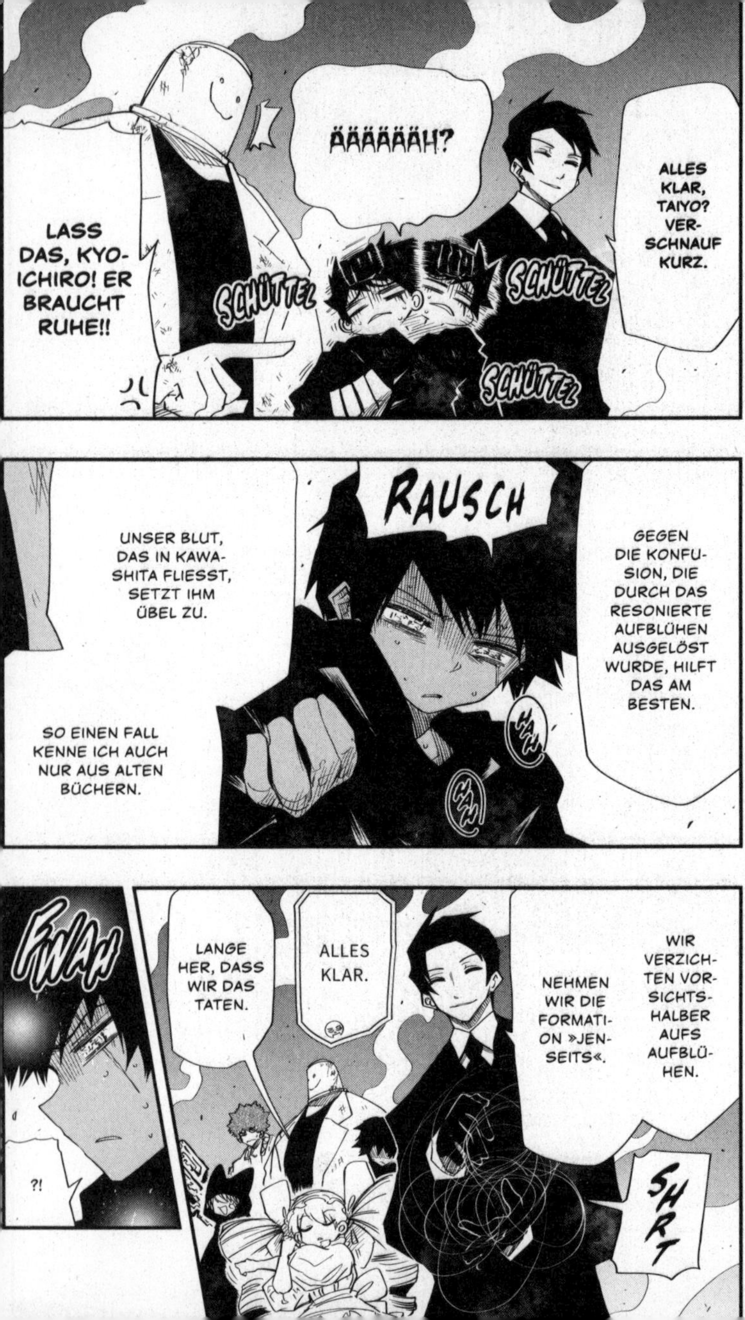

ALLES KLAR, TAIYO? VERSCHNAUF KURZ.
ÄÄÄÄÄÄH?
SCHÜTTEL
SCHÜTTEL
SCHÜTTEL
LASS DAS, KYOICHIRO! ER BRAUCHT RUHE!!
RAUSCH
GEGEN DIE KONFUSION, DIE DURCH DAS RESONIERTE AUFBLÜHEN AUSGELÖST WURDE, HILFT DAS AM BESTEN.
UNSER BLUT, DAS IN KAWASHITA FLIESST, SETZT IHM ÜBEL ZU.
SO EINEN FALL KENNE ICH AUCH NUR AUS ALTEN BÜCHERN.
HAH
HAH
WIR VERZICHTEN VORSICHTSHALBER AUFS AUFBLÜHEN.
NEHMEN WIR DIE FORMATION »JENSEITS«.
SHRT
ALLES KLAR.
LANGE HER, DASS WIR DAS TATEN.
FWAH
?!

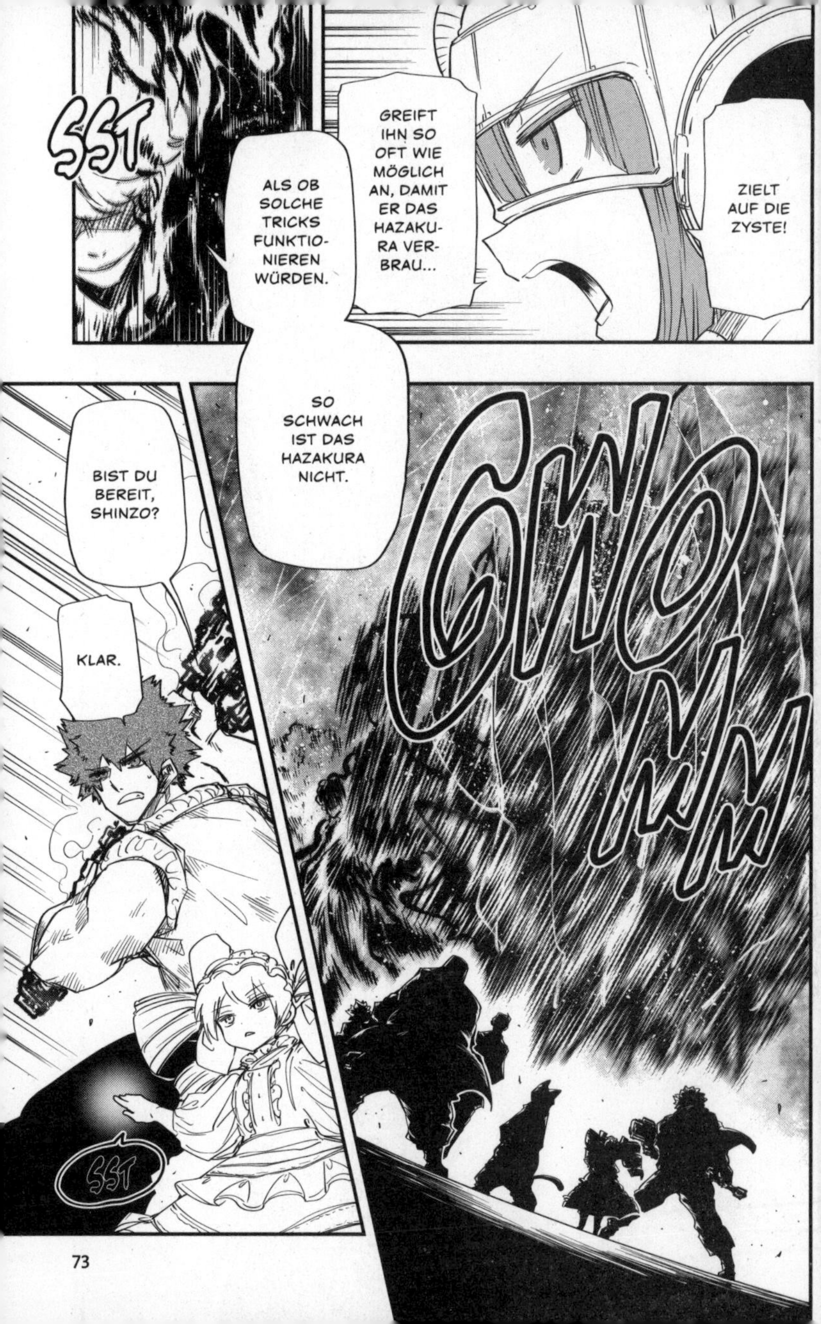
ZIELT AUF DIE ZYSTE!
GREIFT IHN SO OFT WIE MÖGLICH AN, DAMIT ER DAS HAZAKURA VERBRAU...
ALS OB SOLCHE TRICKS FUNKTIONIEREN WÜRDEN.
SST
SO SCHWACH IST DAS HAZAKURA NICHT.
GWOMMM
BIST DU BEREIT, SHINZO?
KLAR.
SST

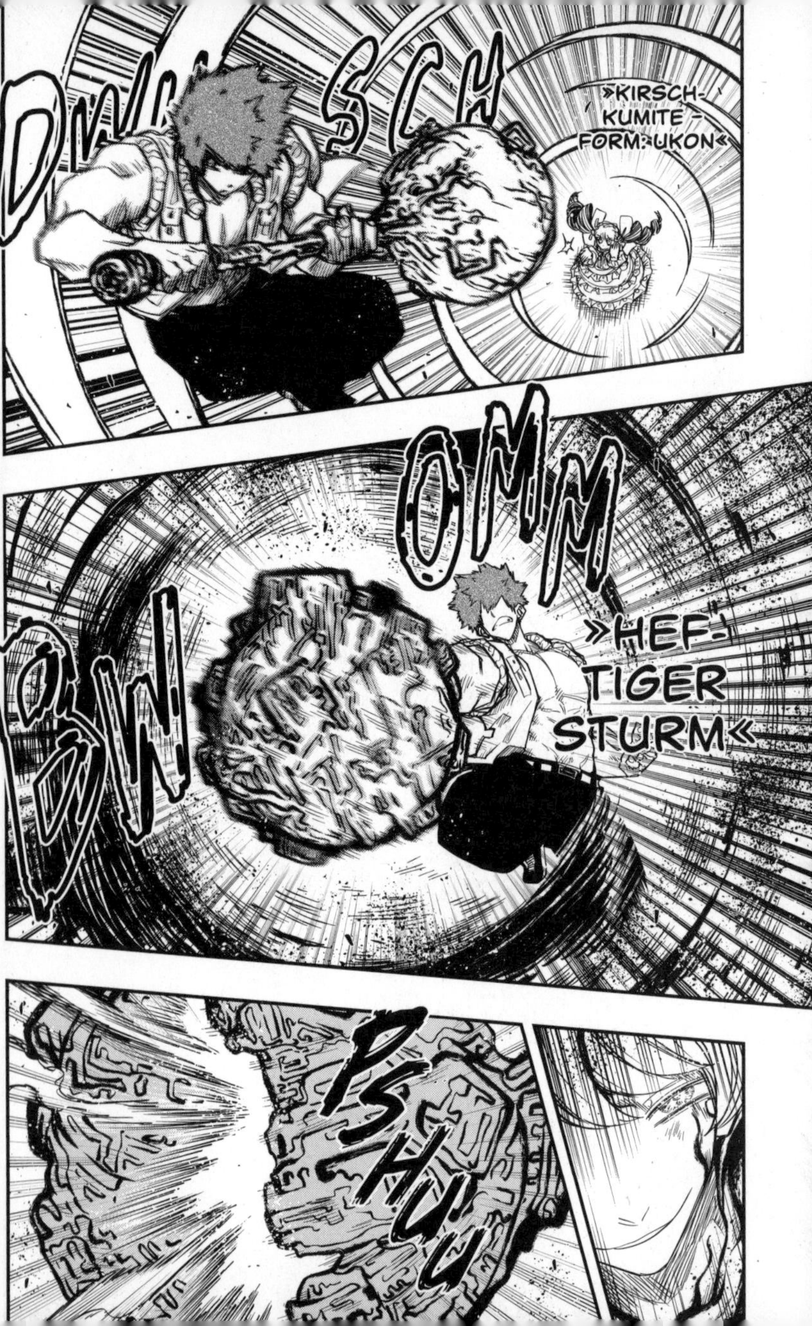
»KIRSCH-KUMITE – FORM: UKON«
»HEF-TIGER STURM«

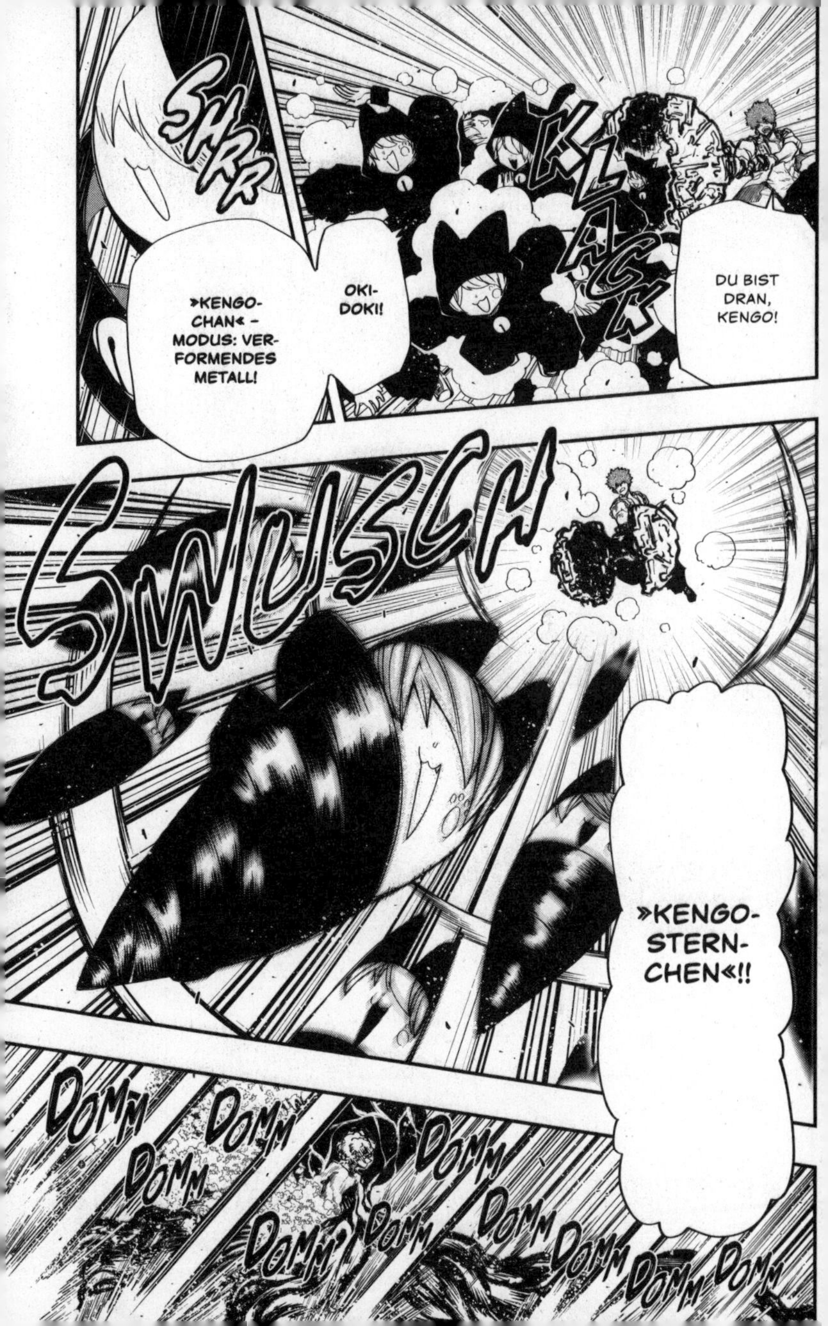
DU BIST DRAN, KENGO!
KLLACK
OKI-DOKI!
SHRR
»KENGO-CHAN« – MODUS: VERFORMENDES METALL!
SWUSCH
»KENGO-STERNCHEN«!!
DOMM DOMM DOMM DOMM DOMM DOMM DOMM DOMM DOMM DOMM DOMM

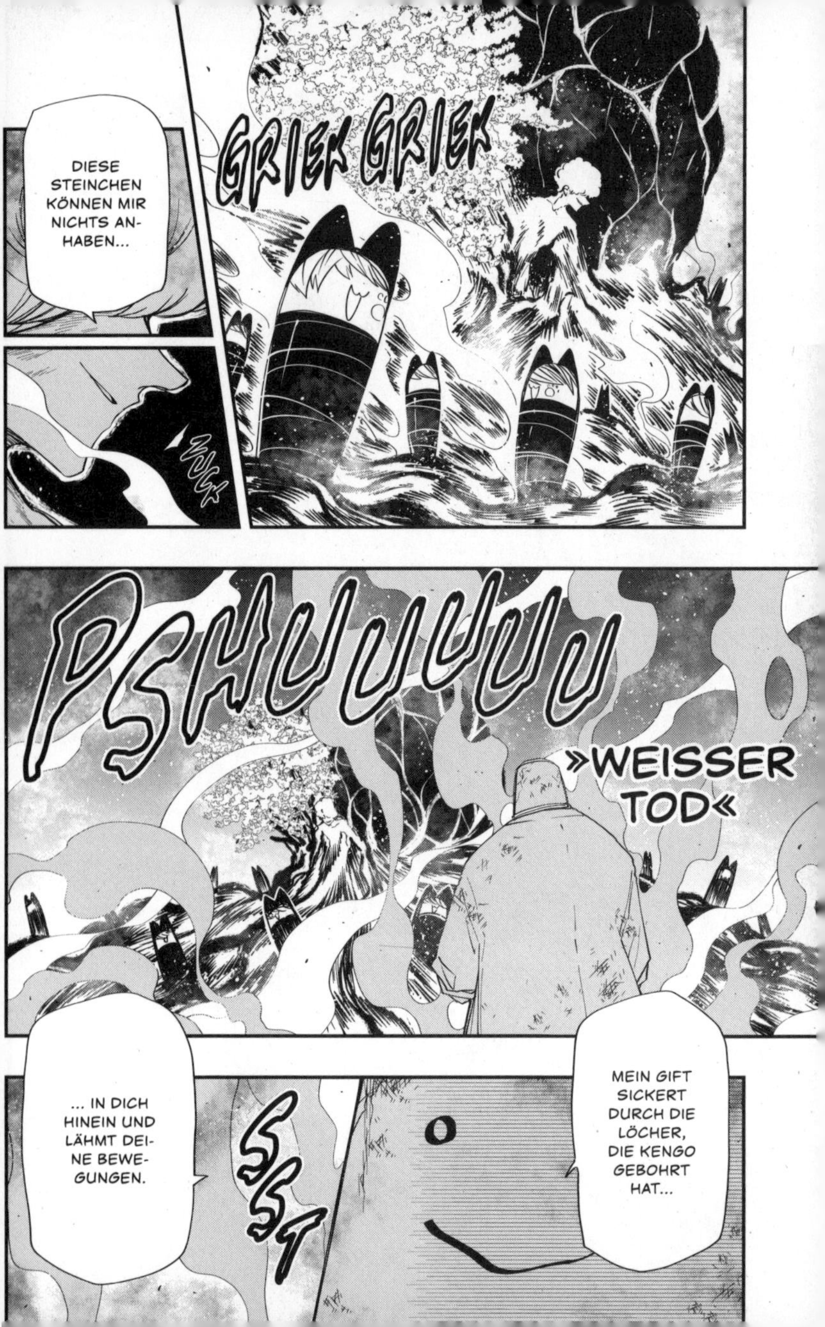
GRIEK GRIEK
DIESE STEINCHEN KÖNNEN MIR NICHTS AN-HABEN...
ZUCK
PSHUUUUUU
»WEISSER TOD«
MEIN GIFT SICKERT DURCH DIE LÖCHER, DIE KENGO GEBOHRT HAT...
SSST
... IN DICH HINEIN UND LÄHMT DEI-NE BEWE-GUNGEN.

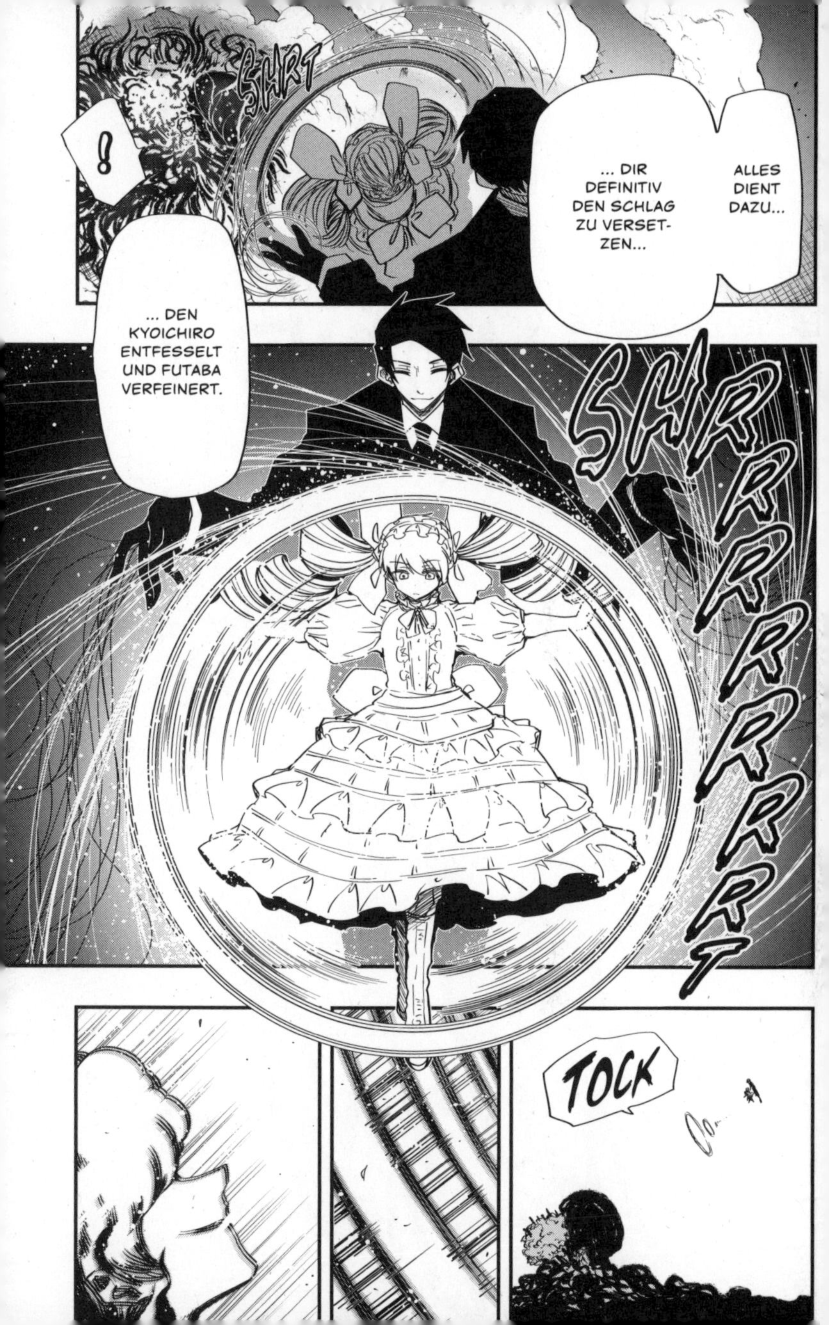
SHRT
ALLES DIENT DAZU...
... DIR DEFINITIV DEN SCHLAG ZU VERSET- ZEN...
!
... DEN KYOICHIRO ENTFESSELT UND FUTABA VERFEINERT.
SHRRRRRRRRRT
TOCK

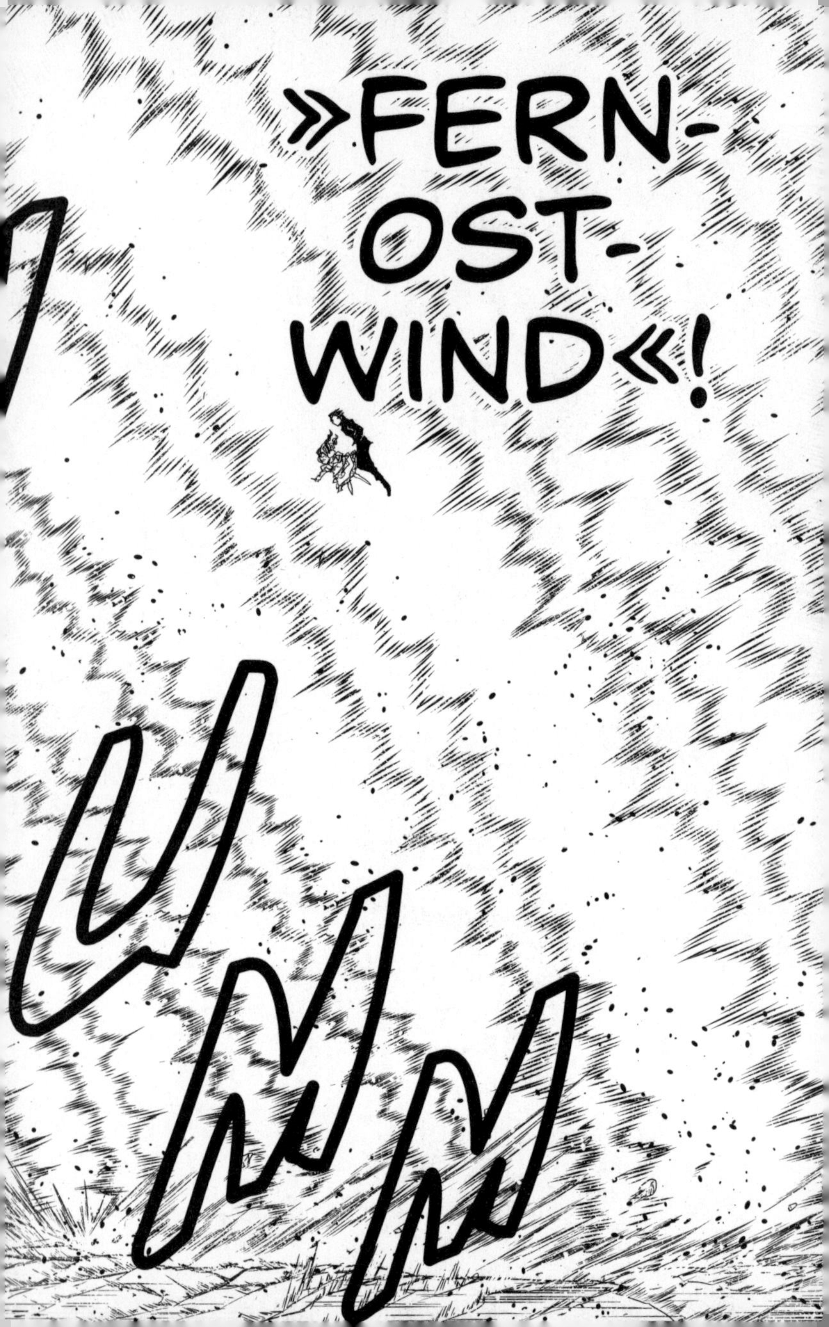
»FERN-OST-WIND«!

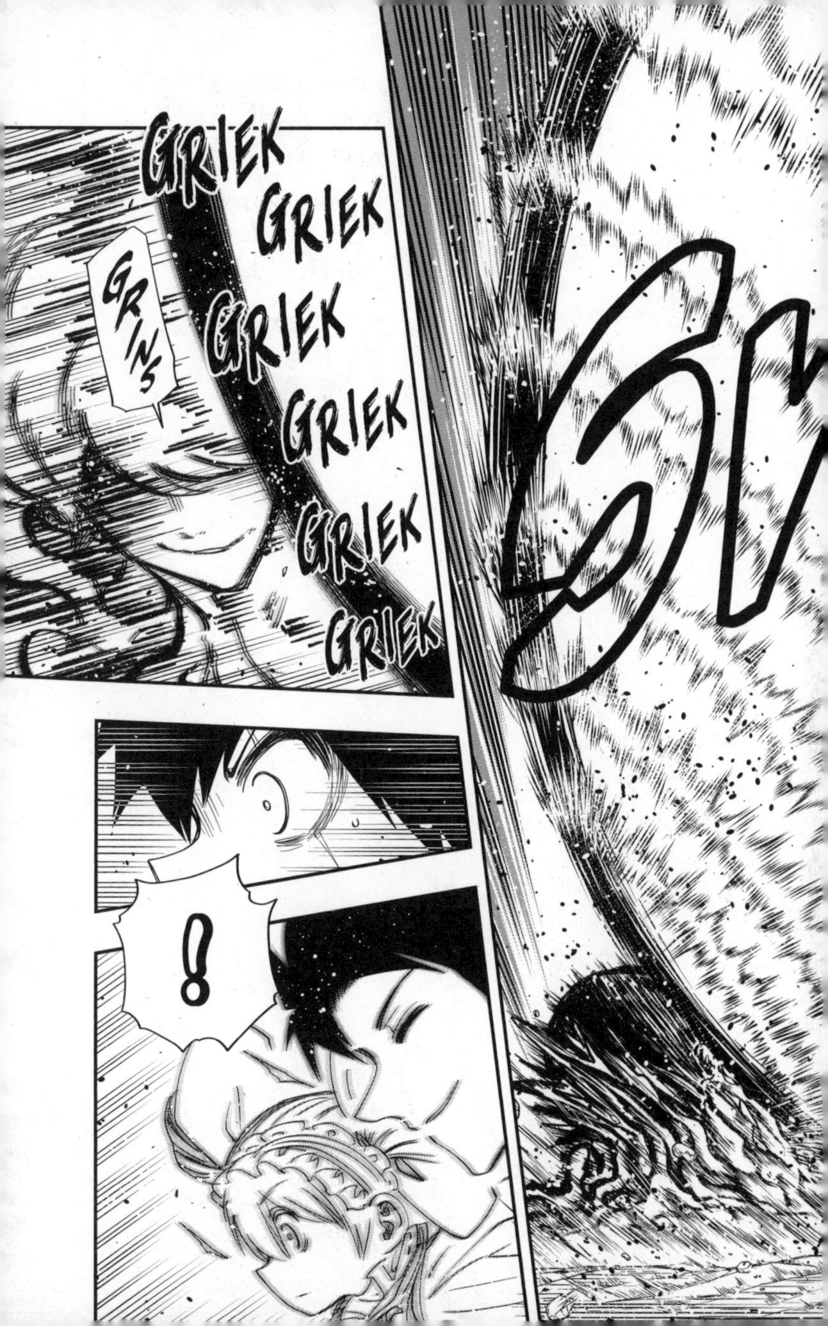
GRIEK
GRIEK
GRIEK
GRIEK
GRIEK
GRIEK
GRINS
!

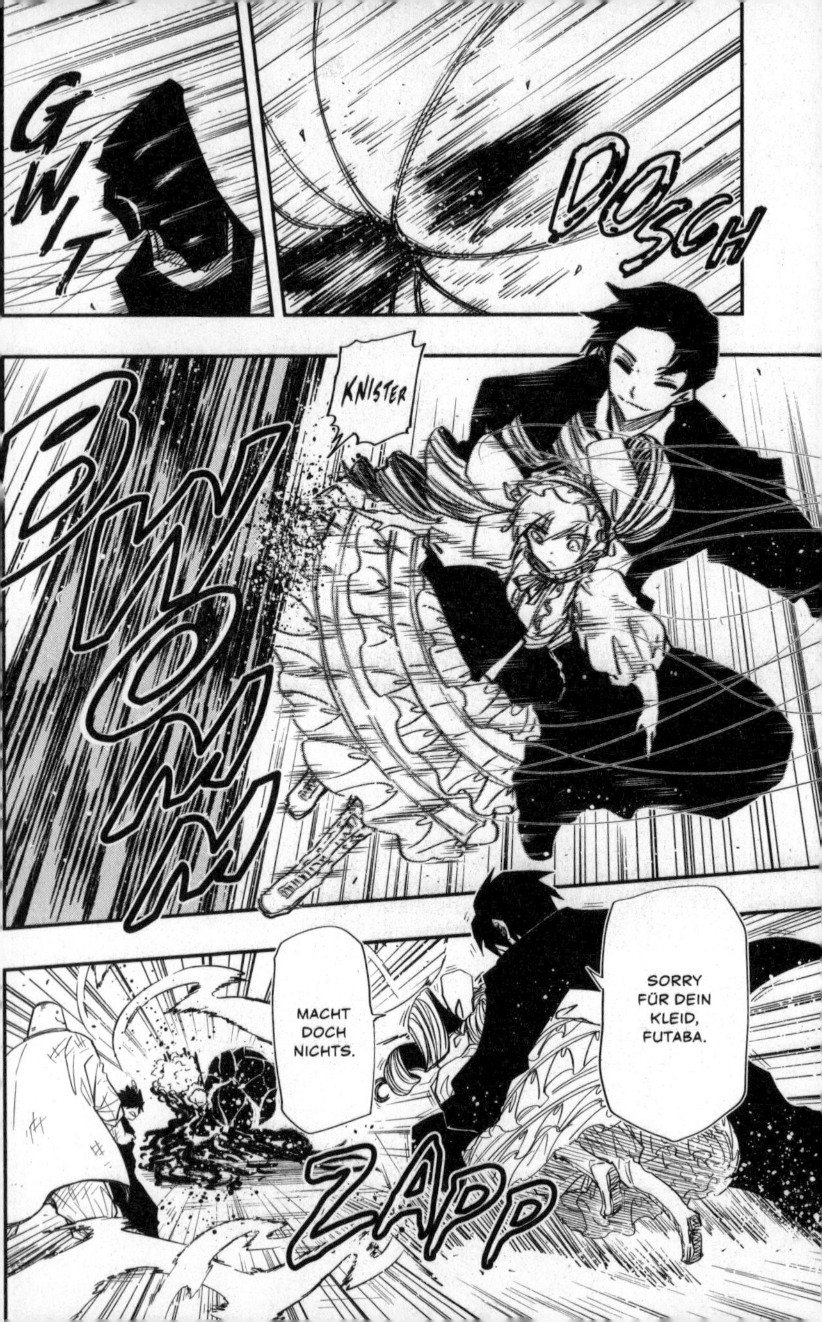
GWIT
DOSCH
KNISTER
BWOOM
SORRY FÜR DEIN KLEID, FUTABA.
MACHT DOCH NICHTS.
ZAPP

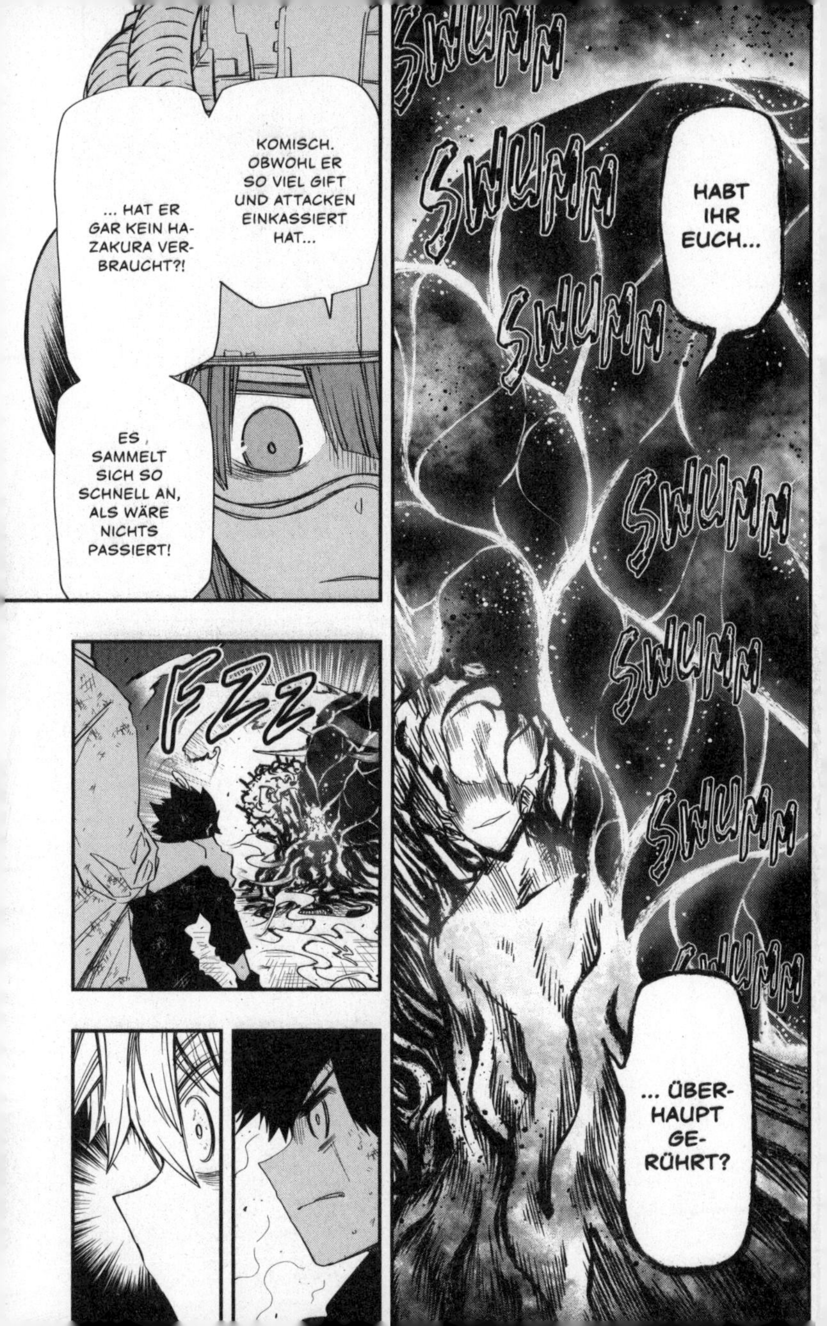
SWUMM
SWUMM
HABT IHR EUCH...
SWUMM
SWUMM
SWUMM
SWUMM
... ÜBERHAUPT GERÜHRT?
KOMISCH. OBWOHL ER SO VIEL GIFT UND ATTACKEN EINKASSIERT HAT...
... HAT ER GAR KEIN HAZAKURA VERBRAUCHT?!
ES SAMMELT SICH SO SCHNELL AN, ALS WÄRE NICHTS PASSIERT!
FZZ

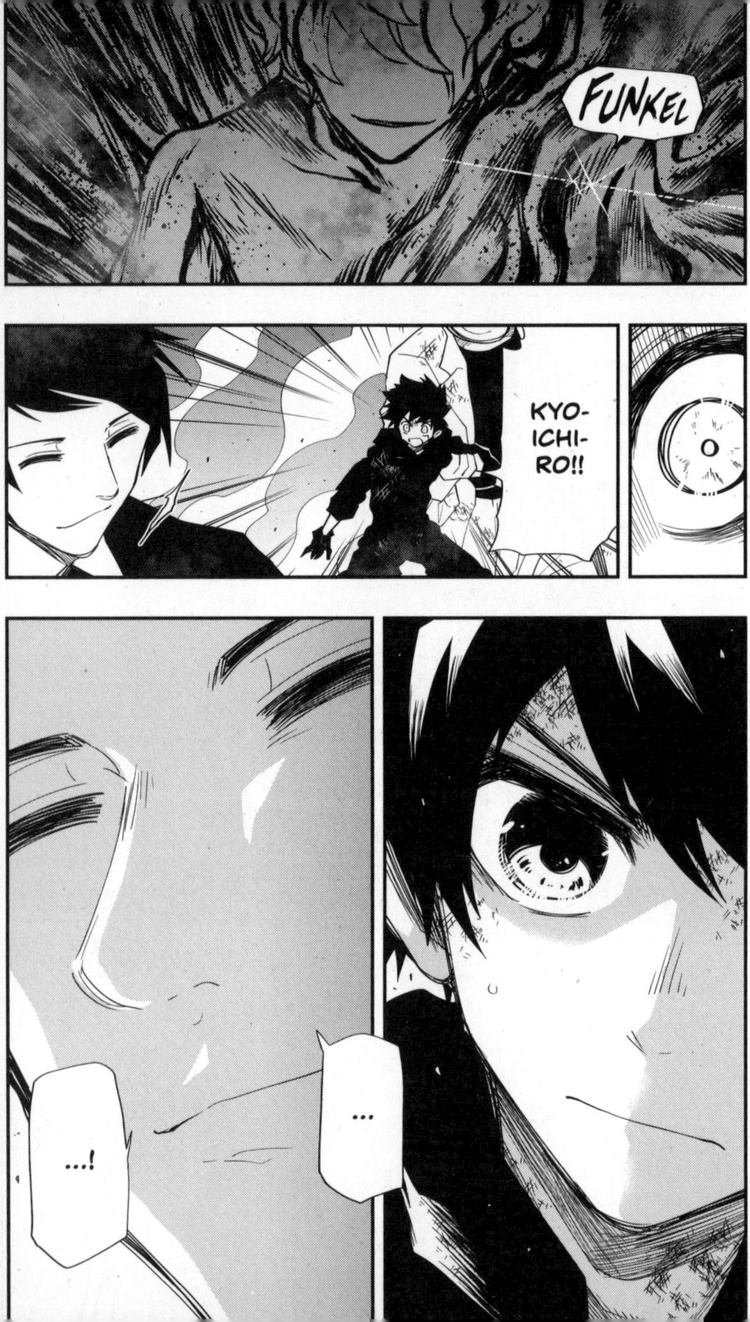
FUNKEL
O
KYO-ICHI-RO!!
...
...!

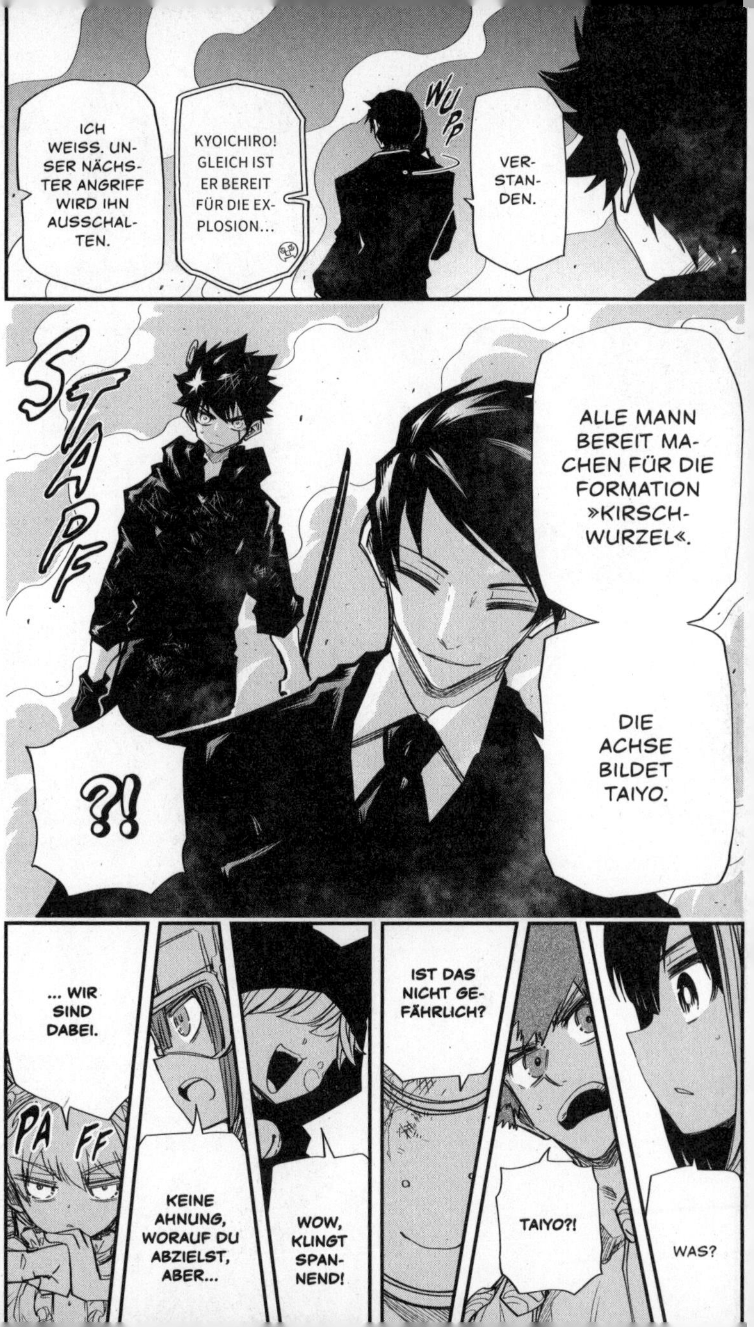
VERSTANDEN.
WUPP
KYOICHIRO! GLEICH IST ER BEREIT FÜR DIE EXPLOSION…
ICH WEISS. UNSER NÄCHSTER ANGRIFF WIRD IHN AUSSCHALTEN.
ALLE MANN BEREIT MACHEN FÜR DIE FORMATION »KIRSCHWURZEL«.
DIE ACHSE BILDET TAIYO.
STAPF
?!
WAS?
IST DAS NICHT GEFÄHRLICH?
TAIYO?!
WOW, KLINGT SPANNEND!
KEINE AHNUNG, WORAUF DU ABZIELST, ABER…
… WIR SIND DABEI.
PAFF

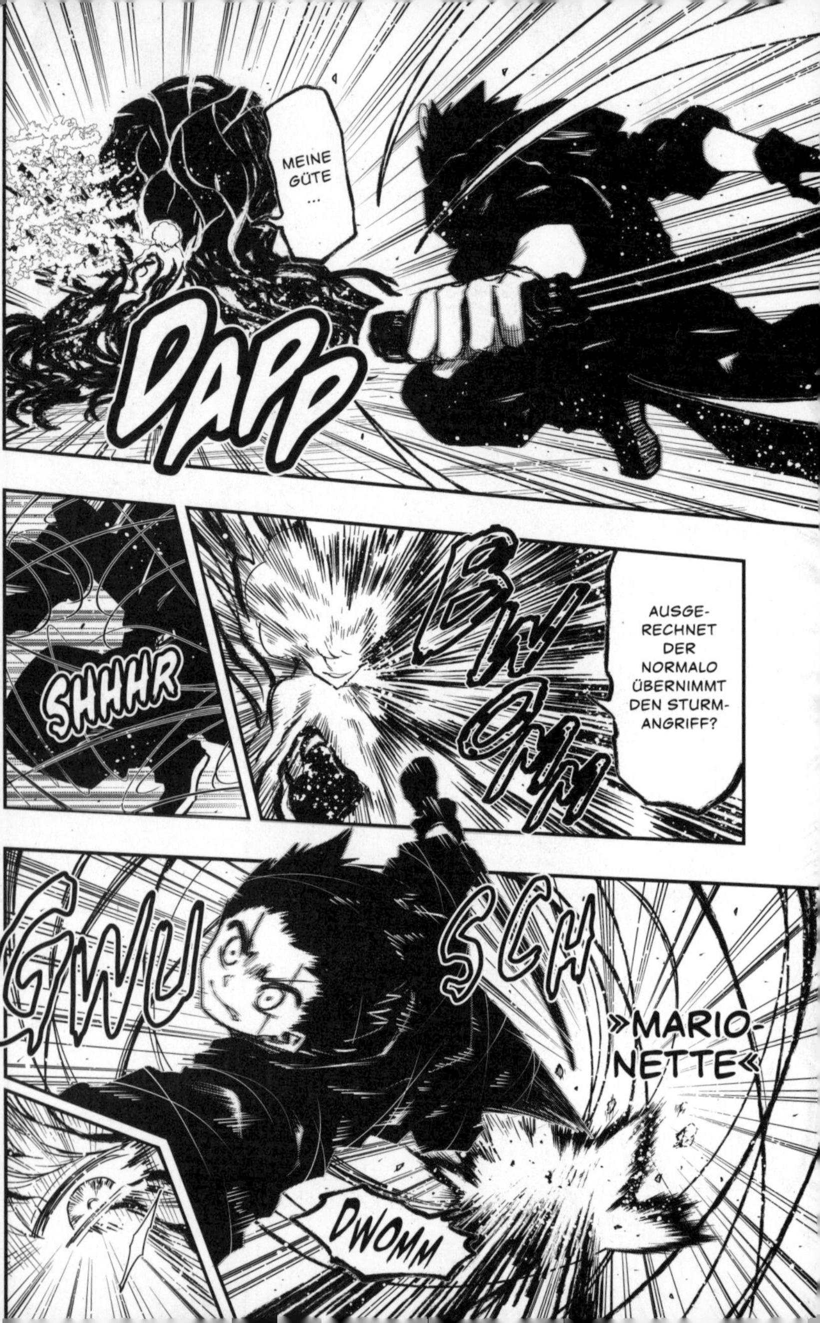

MEINE GÜTE ...
DAPP
AUSGE-RECHNET DER NORMALO ÜBERNIMMT DEN STURM-ANGRIFF?
SHHHR
GWUSCH
»MARIO-NETTE«
DWOMM

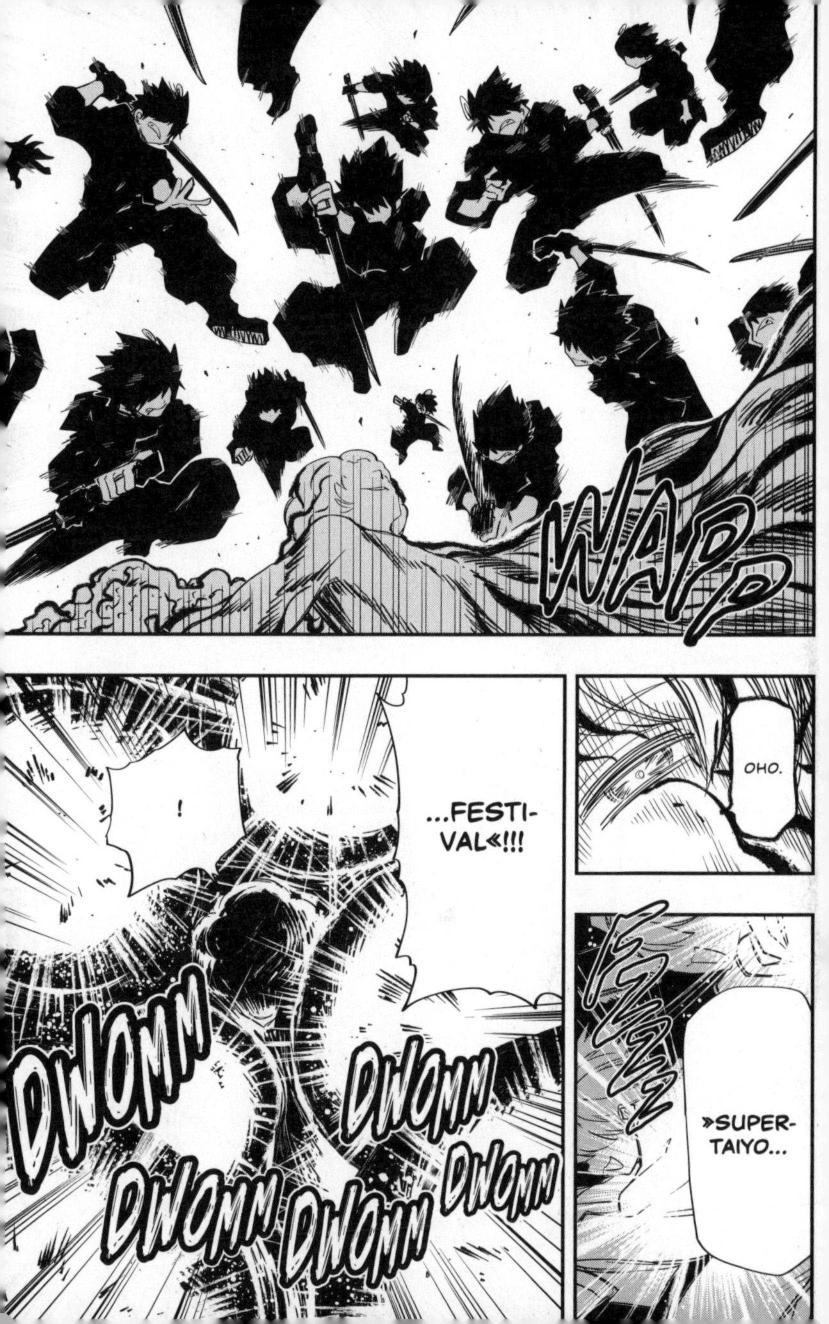
WAPP
OHO.
...FESTI-
VAL«!!!
!
FZMM
»SUPER-
TAIYO...
DWOMM
DWOMM
DWOMM
DWOMM
DWOMM

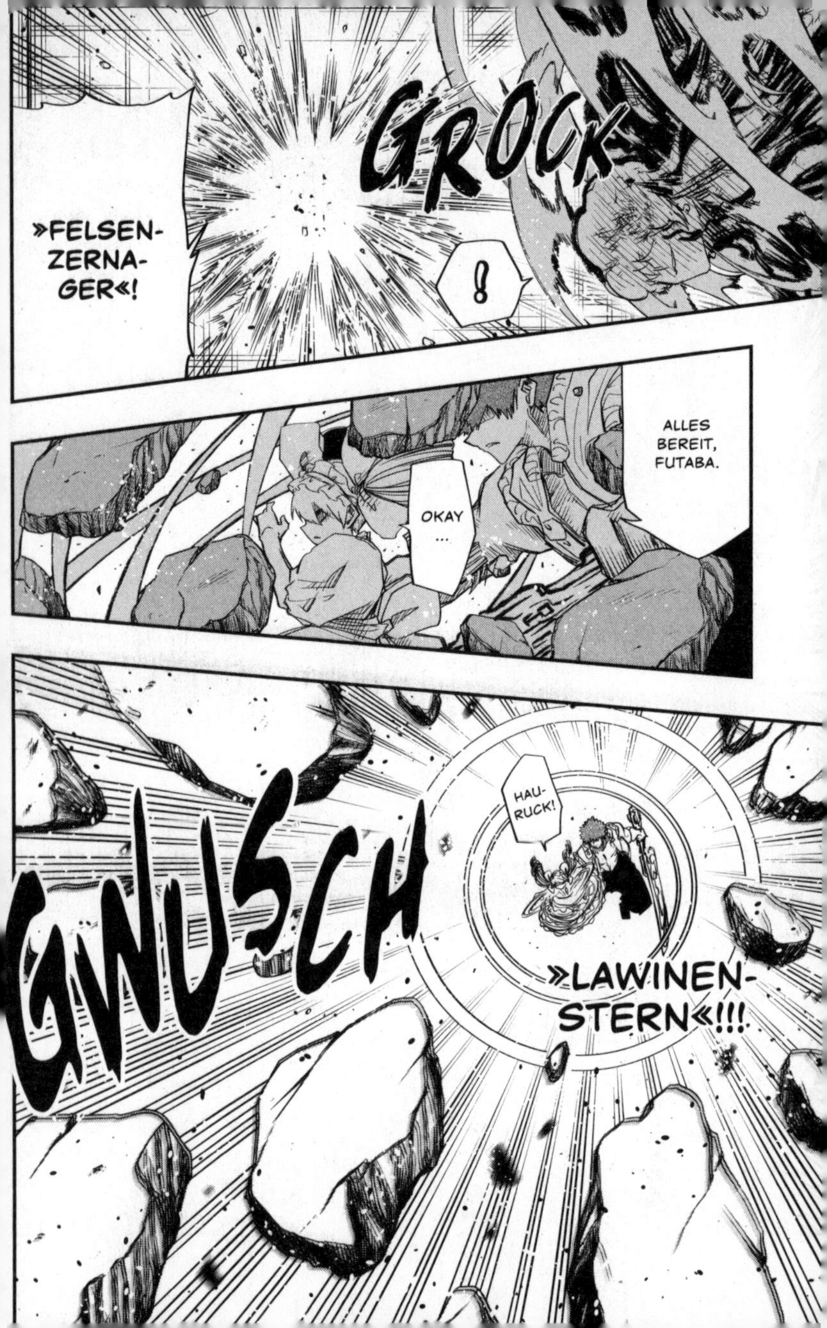
GROCK
»FELSEN-ZERNA-GER«!
!
ALLES BEREIT, FUTABA.
OKAY ...
HAU-RUCK!
GWUSCH
»LAWINEN-STERN«!!!

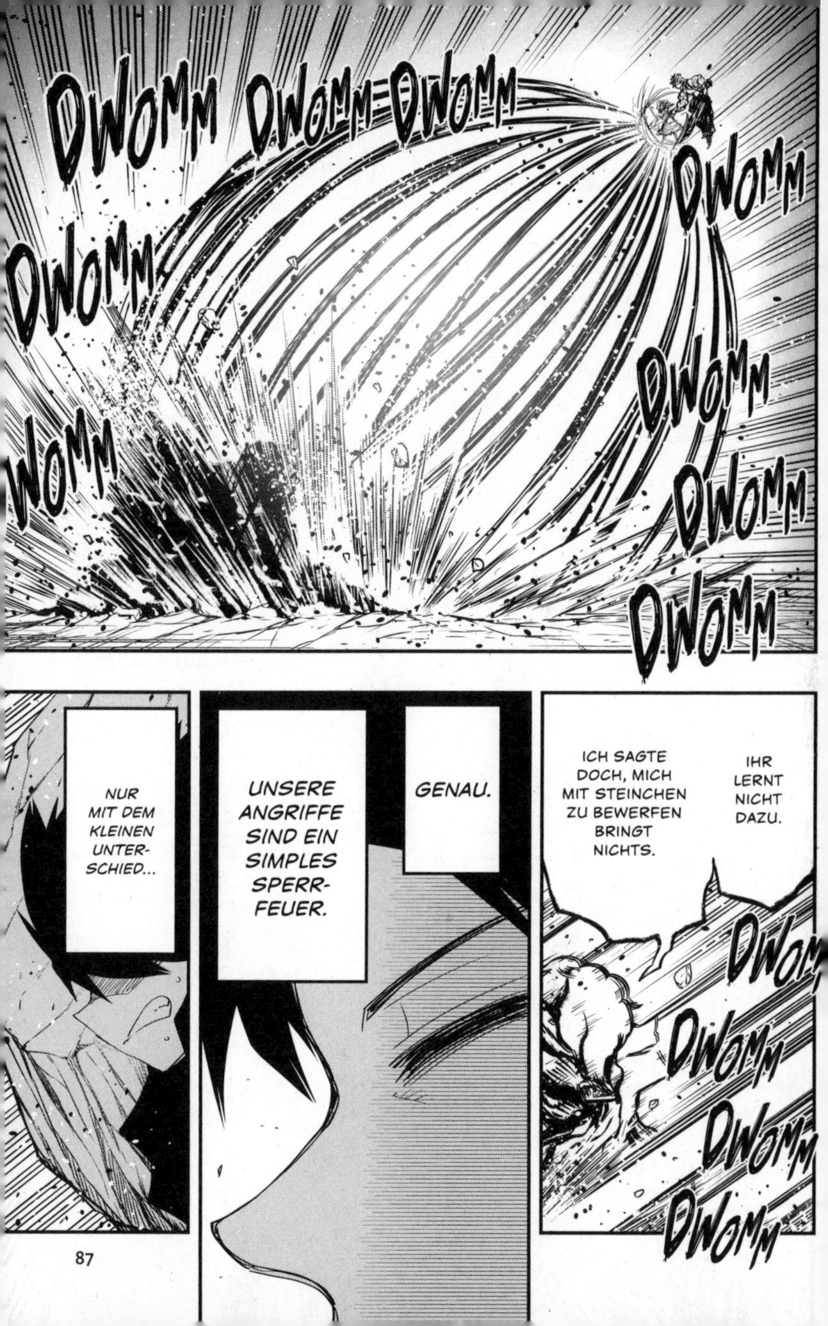
DWOMM DWOMM DWOMM
DWOMM
DWOMM
WOMM
DWOMM
DWOMM
DWOMM
IHR LERNT NICHT DAZU.
ICH SAGTE DOCH, MICH MIT STEINCHEN ZU BEWERFEN BRINGT NICHTS.
DWOMM
DWOMM
DWOMM
DWOMM
GENAU.
UNSERE ANGRIFFE SIND EIN SIMPLES SPERR-FEUER.
NUR MIT DEM KLEINEN UNTER-SCHIED...

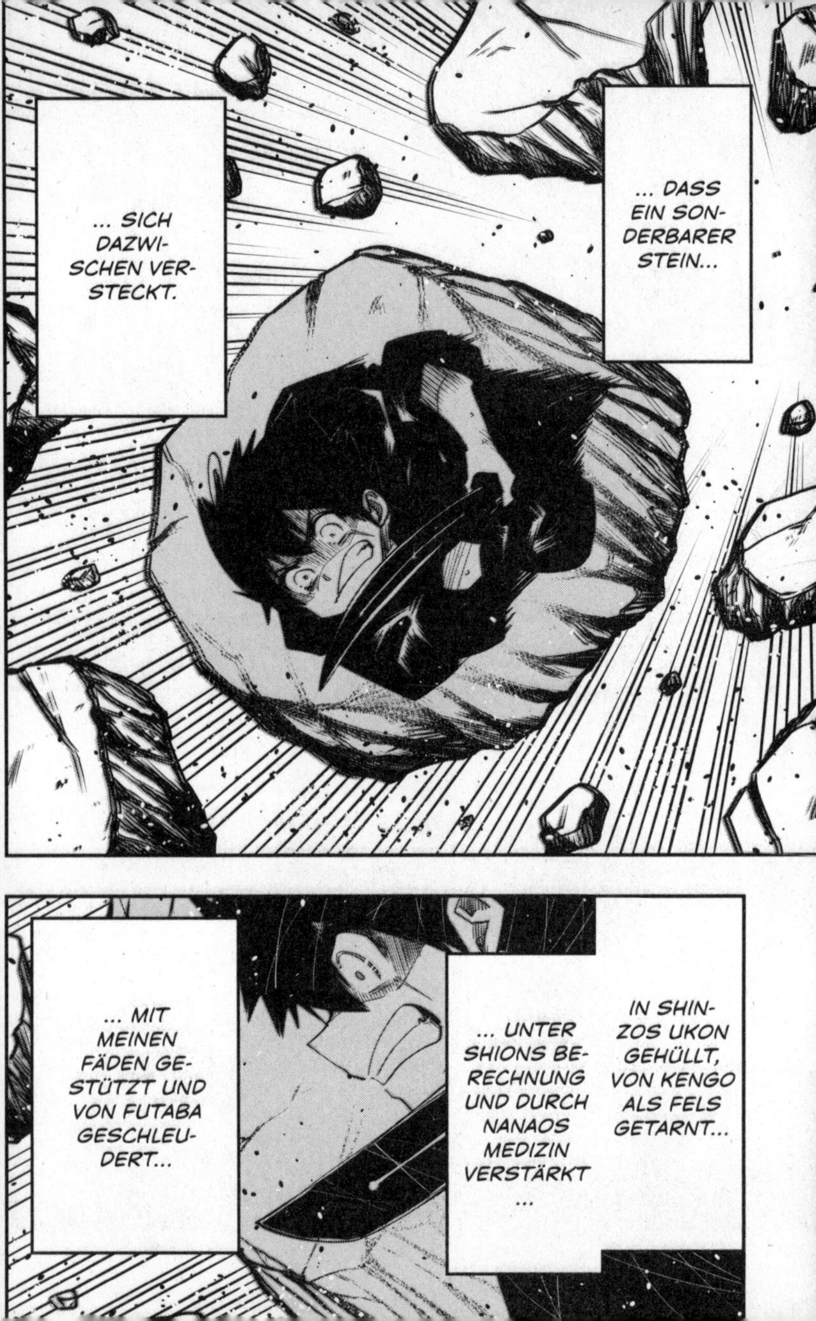
... DASS EIN SONDERBARER STEIN...
... SICH DAZWISCHEN VERSTECKT.
IN SHINZOS UKON GEHÜLLT, VON KENGO ALS FELS GETARNT...
... UNTER SHIONS BERECHNUNG UND DURCH NANAOS MEDIZIN VERSTÄRKT ...
... MIT MEINEN FÄDEN GESTÜTZT UND VON FUTABA GESCHLEUDERT...

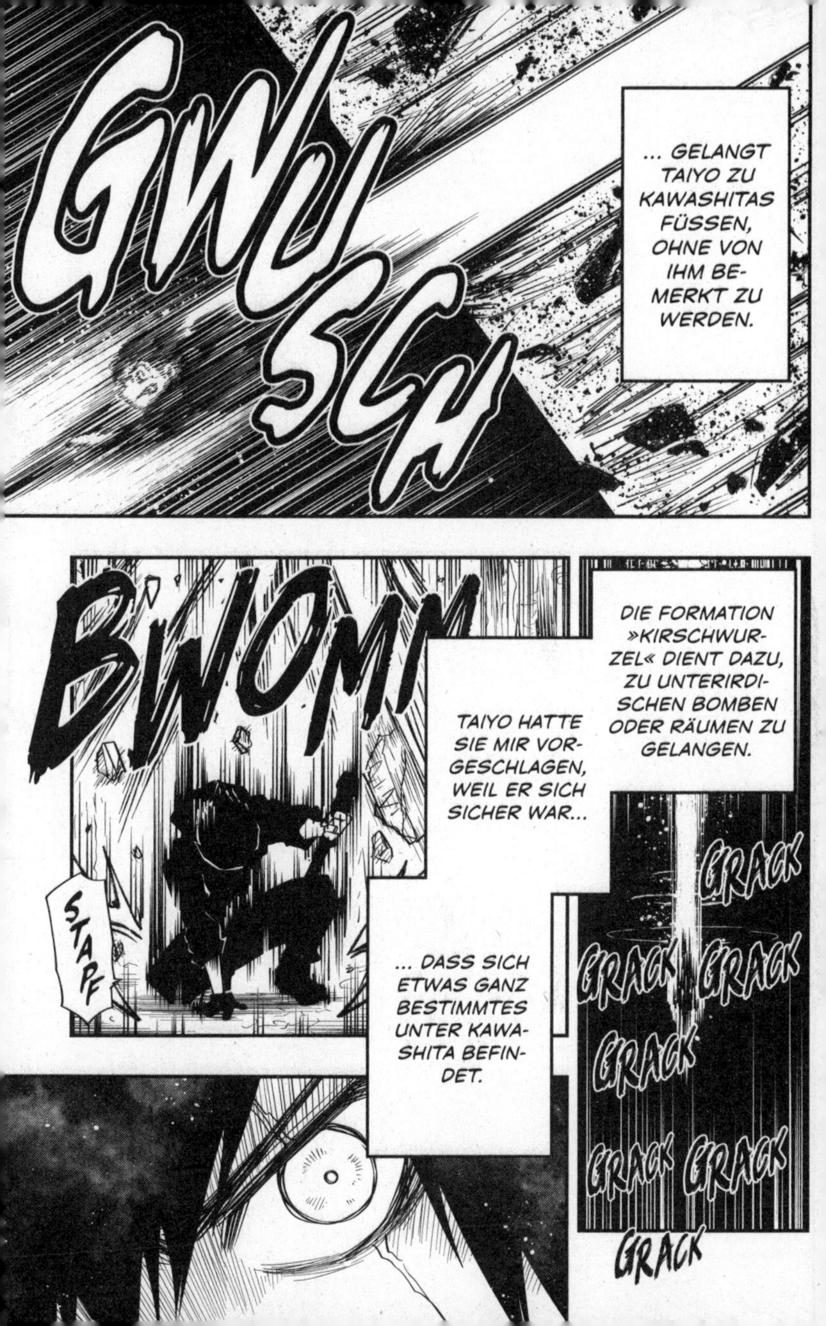

... GELANGT TAIYO ZU KAWASHITAS FÜSSEN, OHNE VON IHM BE-MERKT ZU WERDEN.
GWUSCH
DIE FORMATION »KIRSCHWURZEL« DIENT DAZU, ZU UNTERIRDISCHEN BOMBEN ODER RÄUMEN ZU GELANGEN.
TAIYO HATTE SIE MIR VORGESCHLAGEN, WEIL ER SICH SICHER WAR...
BWOMM
STAPF
GRACK
GRACK GRACK
GRACK
GRACK GRACK
GRACK
... DASS SICH ETWAS GANZ BESTIMMTES UNTER KAWASHITA BEFINDET.

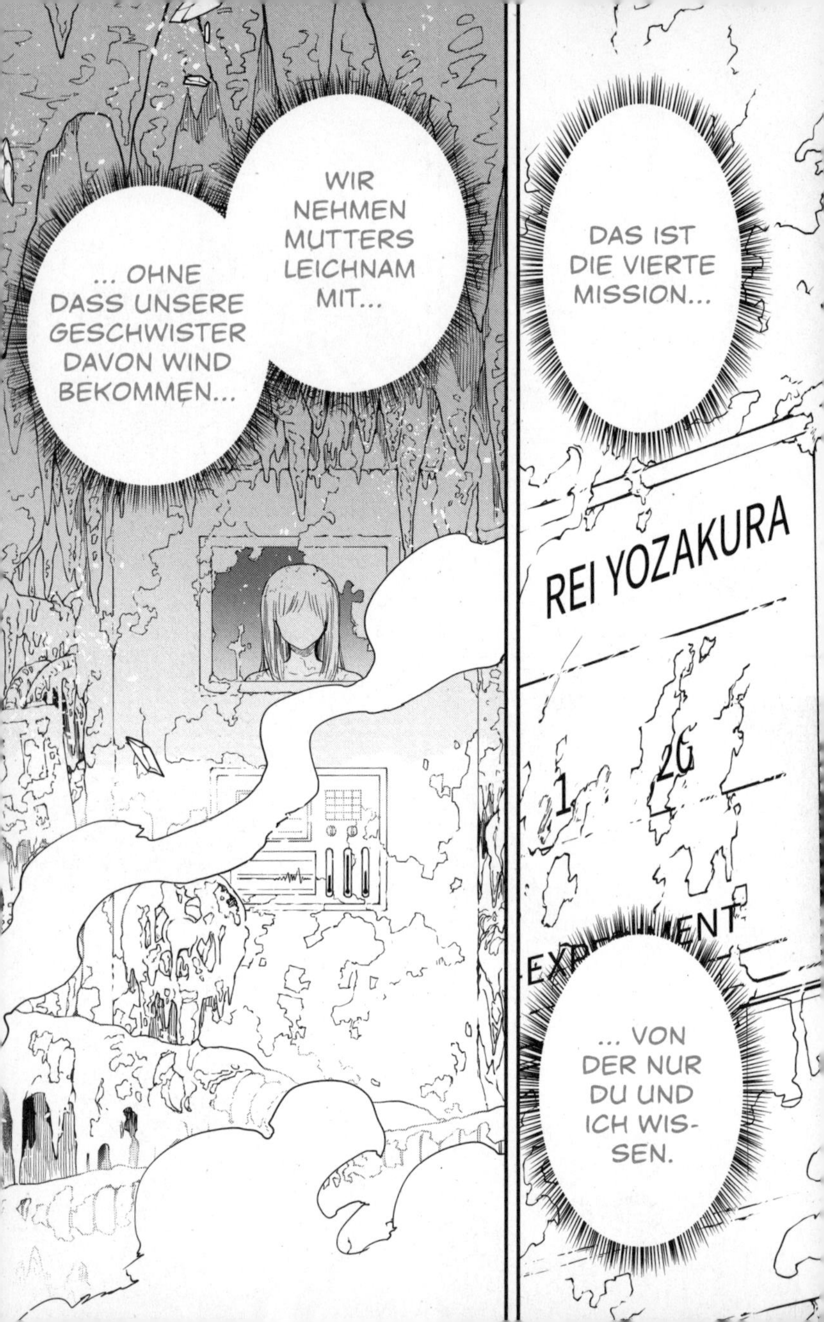
DAS IST DIE VIERTE MISSION...
REI YOZAKURA
... VON DER NUR DU UND ICH WISSEN.
WIR NEHMEN MUTTERS LEICHNAM MIT...
... OHNE DASS UNSERE GESCHWISTER DAVON WIND BEKOMMEN...

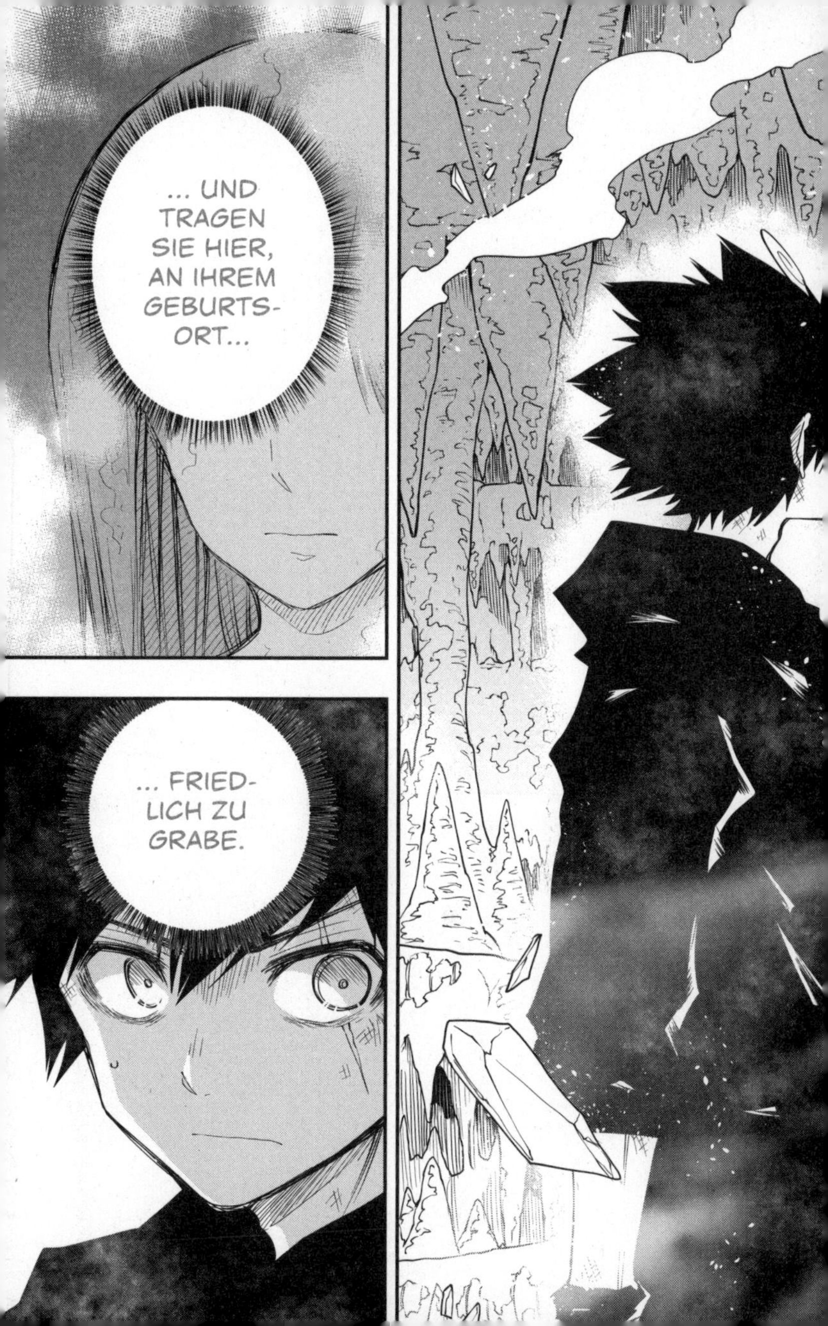
... UND TRAGEN SIE HIER, AN IHREM GEBURTS-ORT...
... FRIED-LICH ZU GRABE.

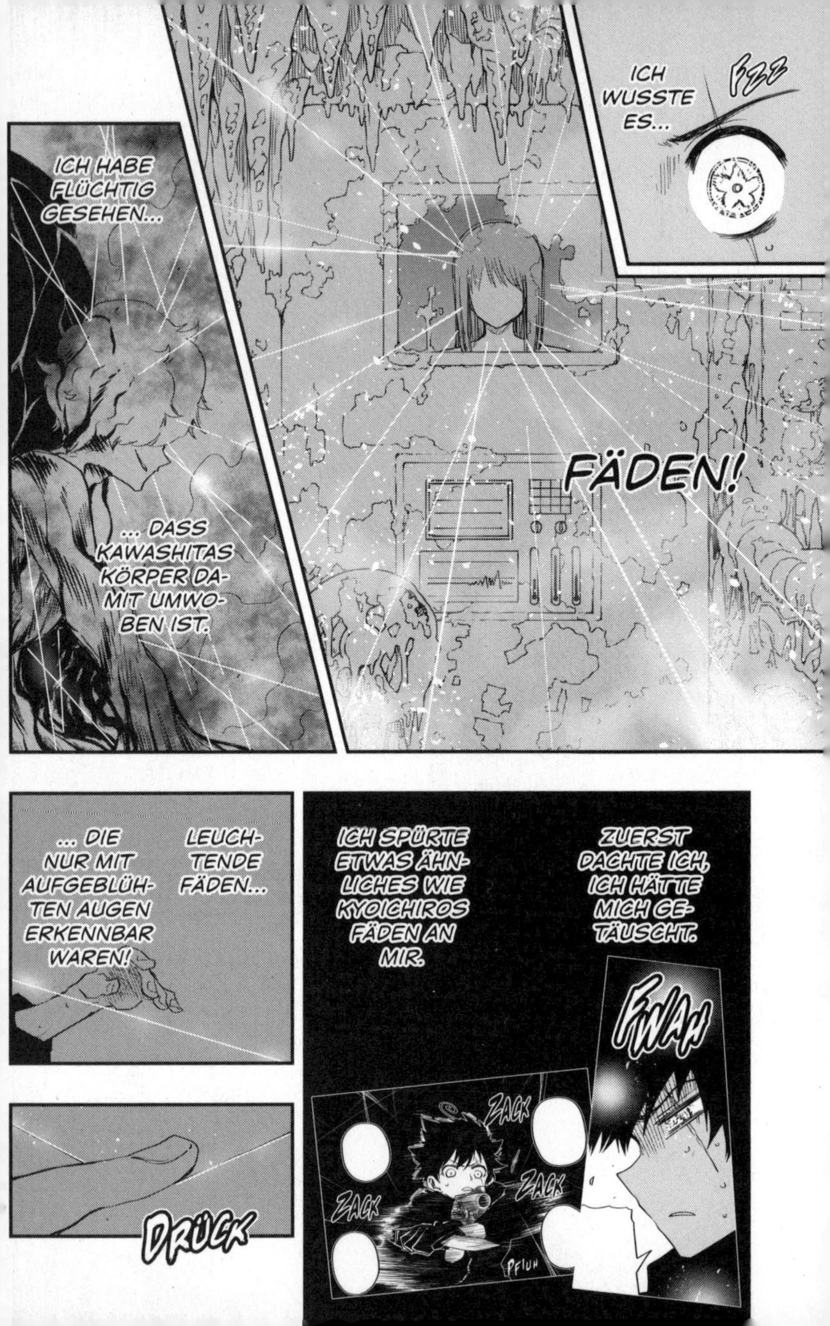
ICH WUSSTE ES...
FZZ
ICH HABE FLÜCHTIG GESEHEN...
FÄDEN!
... DASS KAWASHITAS KÖRPER DAMIT UMWOBEN IST.
LEUCHTENDE FÄDEN...
... DIE NUR MIT AUFGEBLÜHTEN AUGEN ERKENNBAR WAREN!
DRÜCK
ZUERST DACHTE ICH, ICH HÄTTE MICH GETÄUSCHT.
ICH SPÜRTE ETWAS ÄHNLICHES WIE KYOICHIROS FÄDEN AN MIR.
FWAH
ZACK
ZACK
ZACK
PFIUH

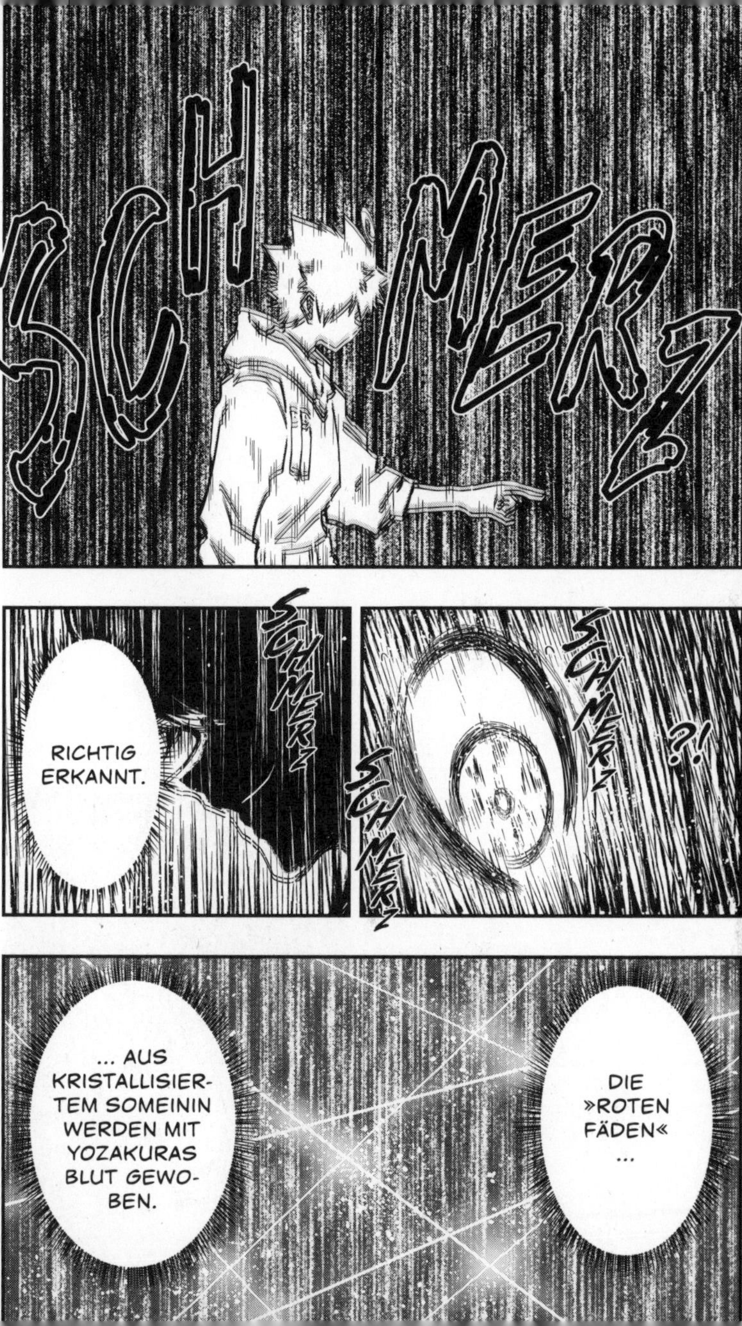
SCHMERZ
SCHMERZ
?!
SCHMERZ
SCHMERZ
RICHTIG ERKANNT.
DIE »ROTEN FÄDEN« ...
... AUS KRISTALLISIER-TEM SOMEININ WERDEN MIT YOZAKURAS BLUT GEWO-BEN.

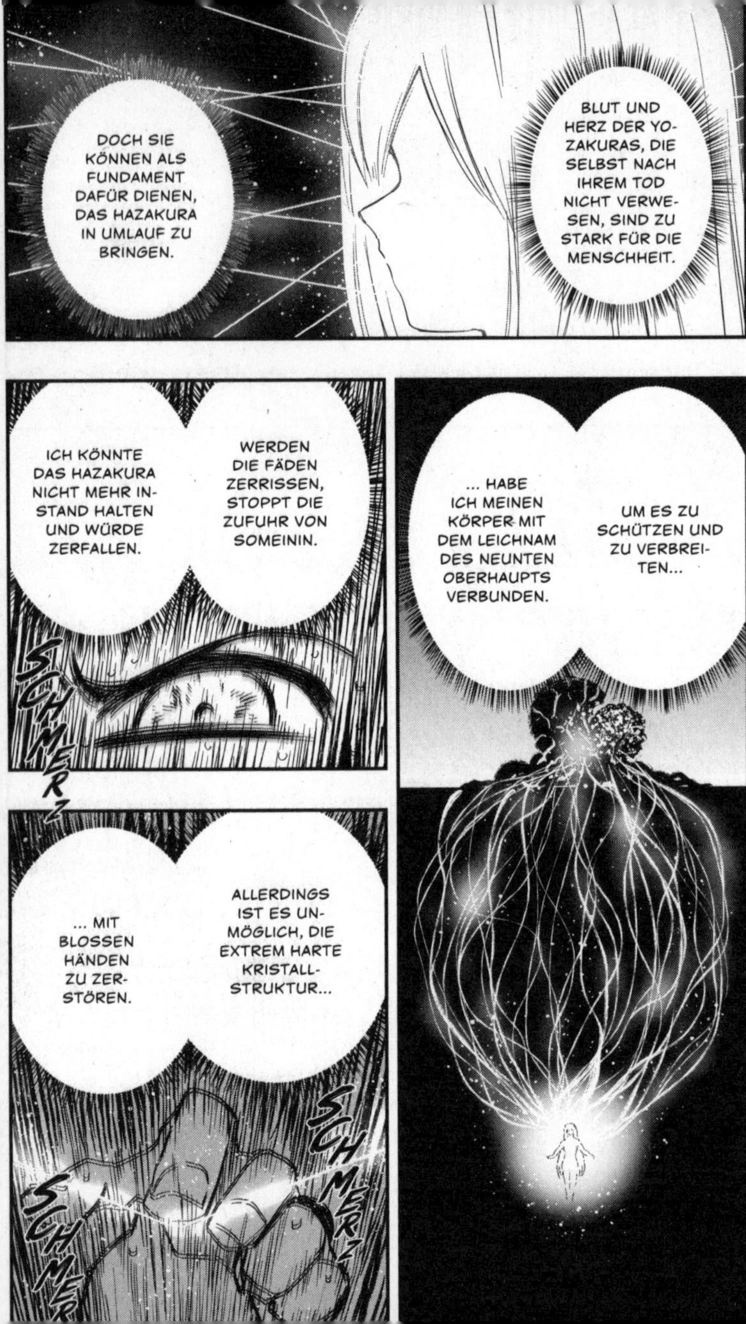
BLUT UND HERZ DER YOZAKURAS, DIE SELBST NACH IHREM TOD NICHT VERWESEN, SIND ZU STARK FÜR DIE MENSCHHEIT.
DOCH SIE KÖNNEN ALS FUNDAMENT DAFÜR DIENEN, DAS HAZAKURA IN UMLAUF ZU BRINGEN.
UM ES ZU SCHÜTZEN UND ZU VERBREITEN...
... HABE ICH MEINEN KÖRPER MIT DEM LEICHNAM DES NEUNTEN OBERHAUPTS VERBUNDEN.
WERDEN DIE FÄDEN ZERRISSEN, STOPPT DIE ZUFUHR VON SOMEININ.
ICH KÖNNTE DAS HAZAKURA NICHT MEHR INSTAND HALTEN UND WÜRDE ZERFALLEN.
SCHMERZ
ALLERDINGS IST ES UNMÖGLICH, DIE EXTREM HARTE KRISTALLSTRUKTUR...
... MIT BLOSSEN HÄNDEN ZU ZERSTÖREN.
SCHMERZ
SCHMER

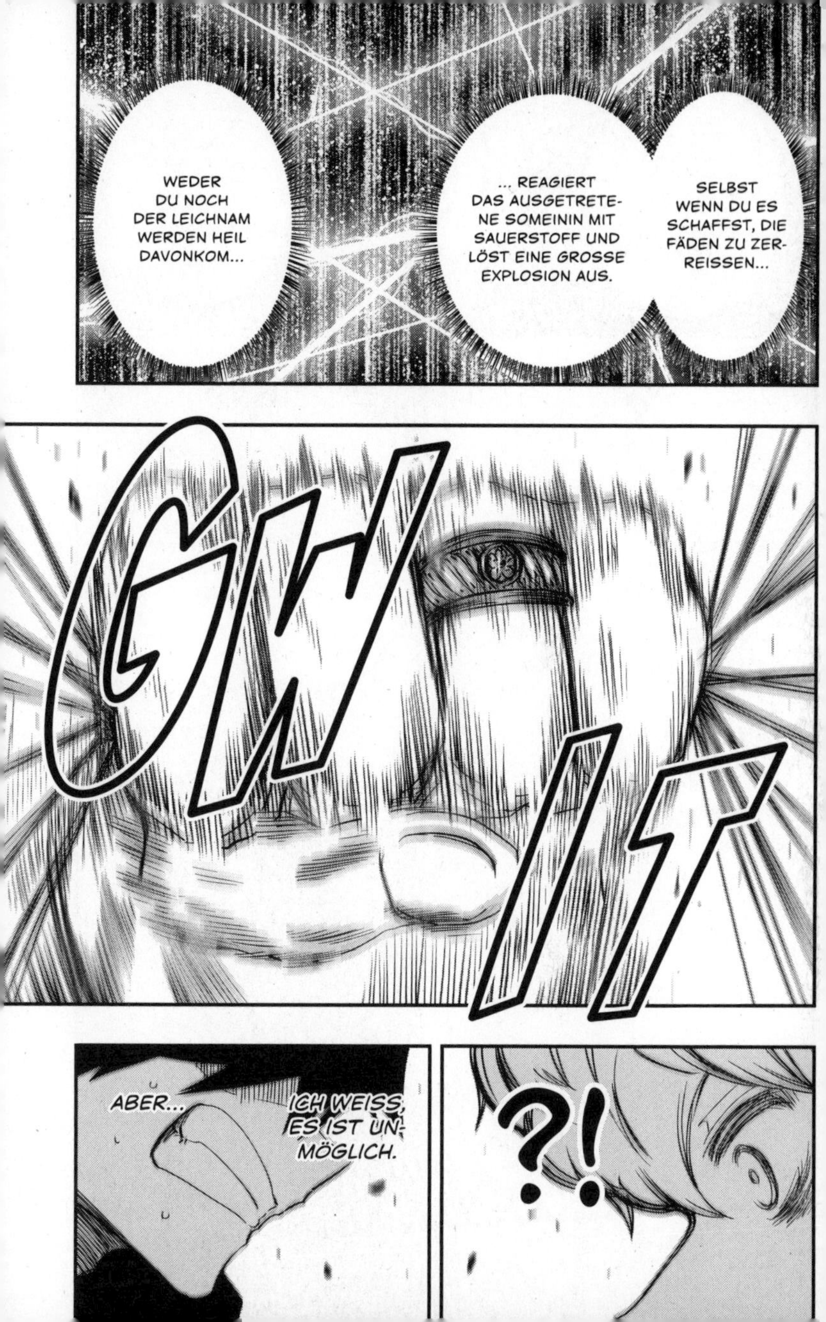
SELBST WENN DU ES SCHAFFST, DIE FÄDEN ZU ZERREISSEN...
... REAGIERT DAS AUSGETRETENE SOMEININ MIT SAUERSTOFF UND LÖST EINE GROSSE EXPLOSION AUS.
WEDER DU NOCH DER LEICHNAM WERDEN HEIL DAVONKOM...
GWIT
?!
ICH WEISS, ES IST UNMÖGLICH.
ABER...

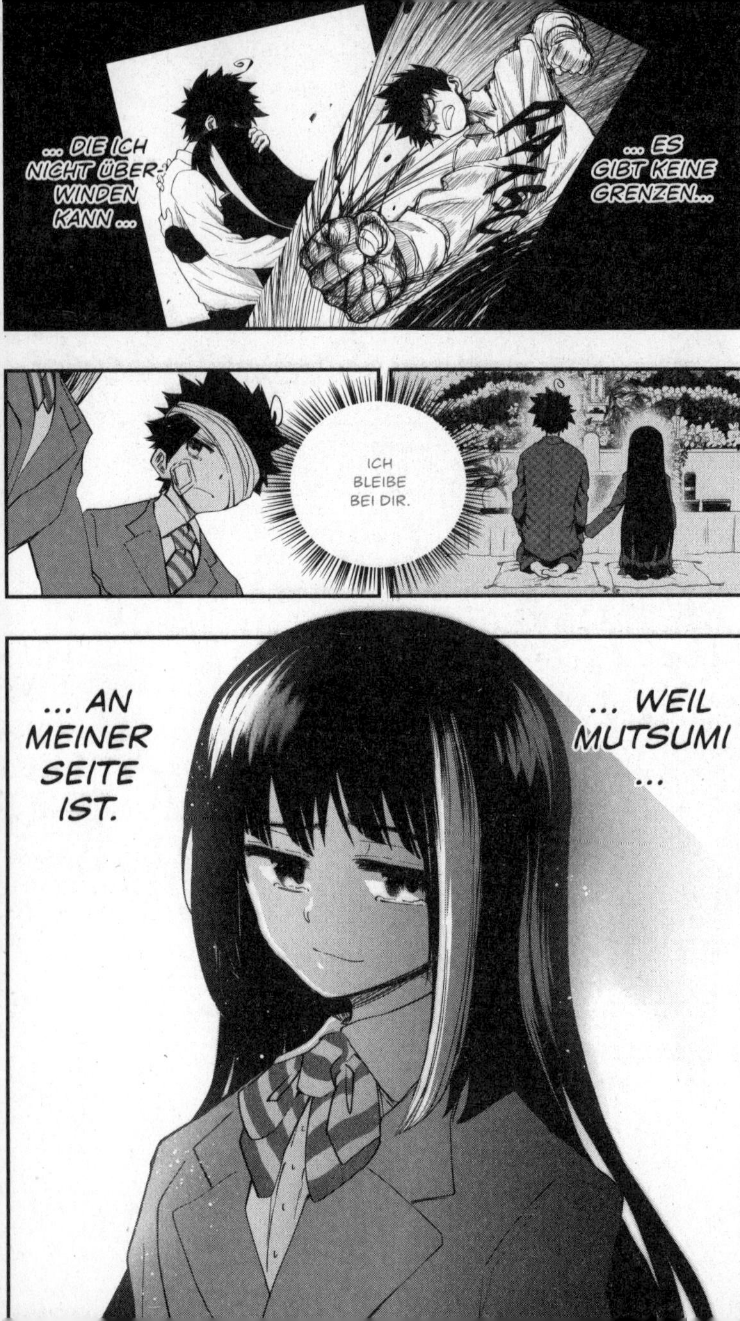
... ES GIBT KEINE GRENZEN...
... DIE ICH NICHT ÜBER-WINDEN KANN ...
ICH BLEIBE BEI DIR.
... WEIL MUTSUMI ...
... AN MEINER SEITE IST.

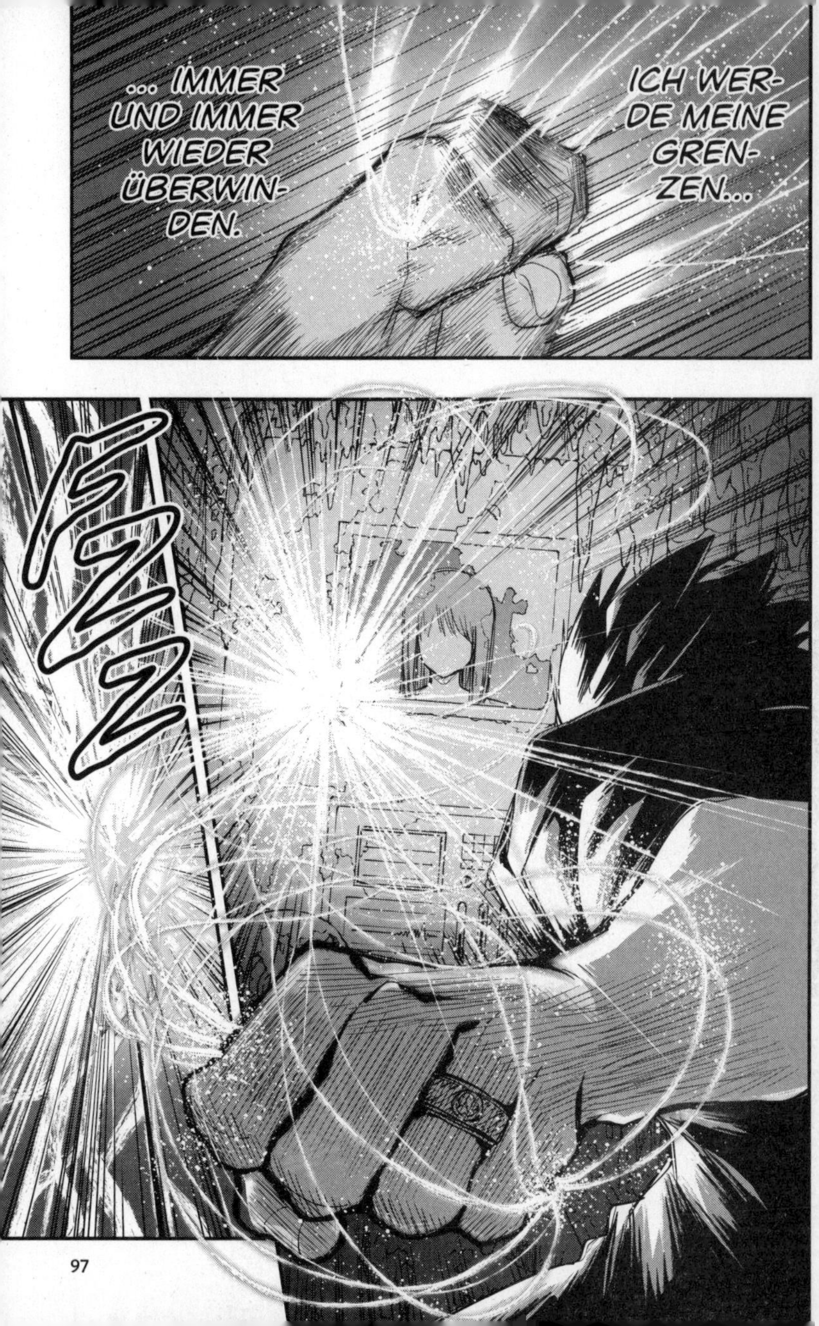
ICH WER-
DE MEINE
GREN-
ZEN...
... IMMER
UND IMMER
WIEDER
ÜBERWIN-
DEN.

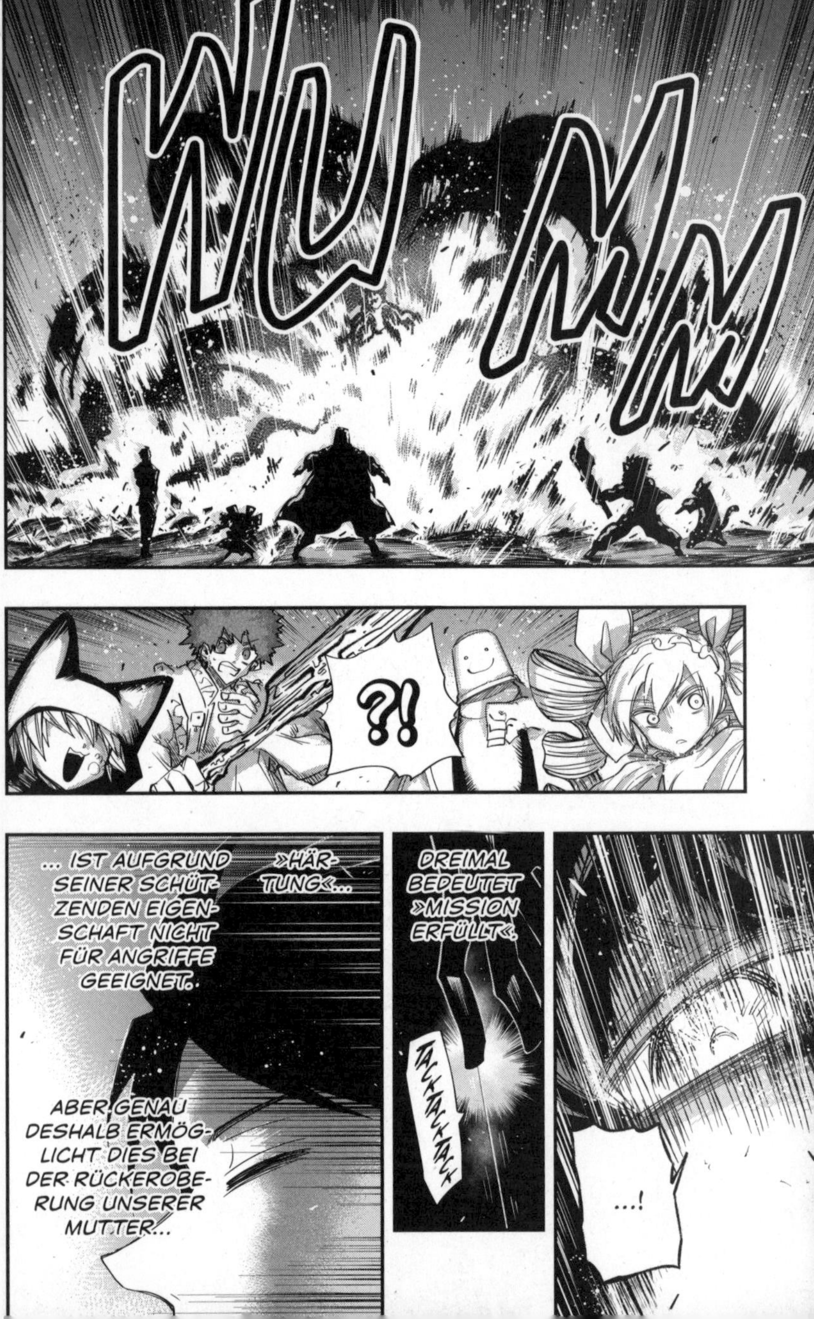

WUMM
?!
...!
DREIMAL BEDEUTET »MISSION ERFÜLLT«.
TACKTACKTACK
»HÄR-TUNG«...
... IST AUFGRUND SEINER SCHÜT-ZENDEN EIGEN-SCHAFT NICHT FÜR ANGRIFFE GEEIGNET.
ABER GENAU DESHALB ERMÖG-LICHT DIES BEI DER RÜCKEROBE-RUNG UNSERER MUTTER...

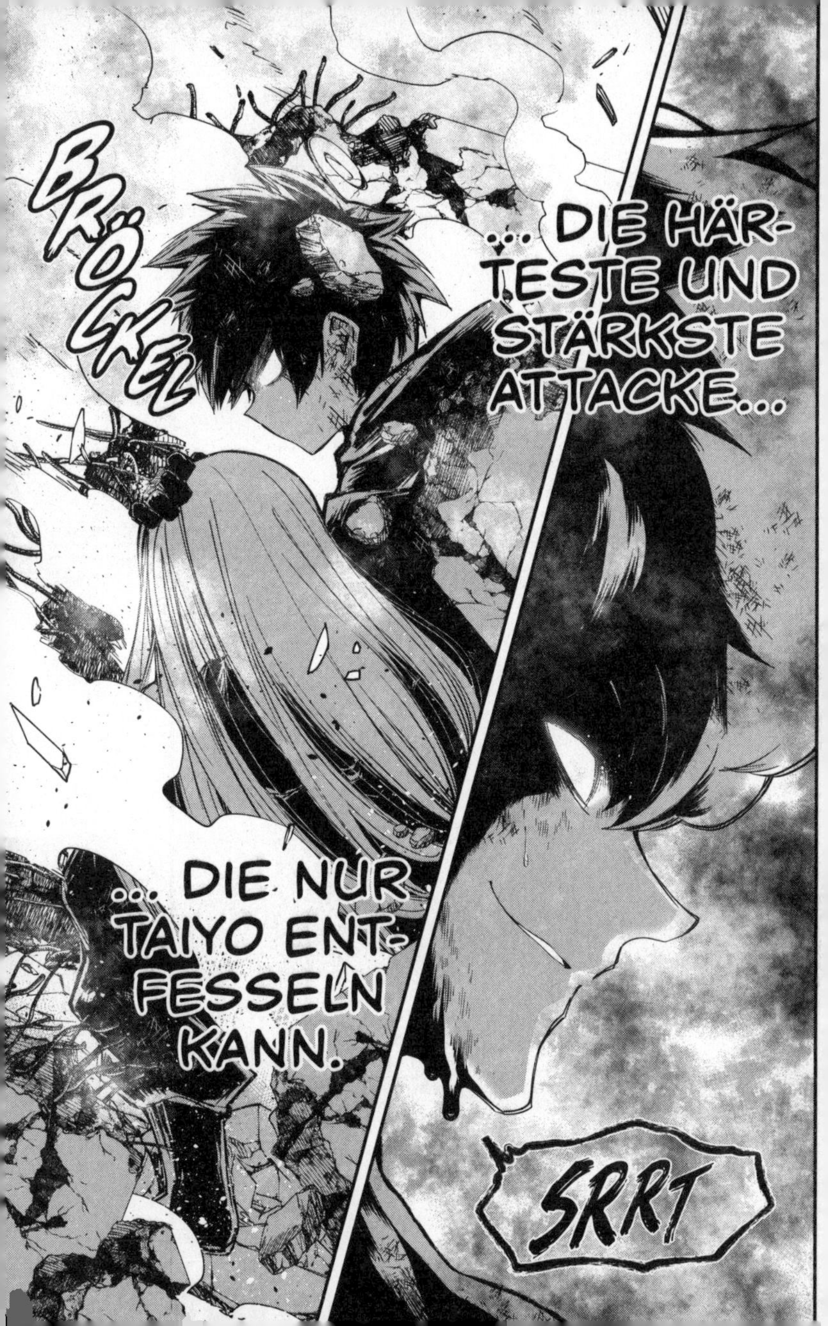
... DIE HÄR-TESTE UND STÄRKSTE ATTACKE...
SRRT
BRÖCKEL
... DIE NUR TAIYO ENT-FESSELN KANN.

☆ Beim Zeichnen von Kapitel 83

Komisch... Ich arbeite im gewohnten Tempo, aber werde einfach nicht fertig! Wieso?!

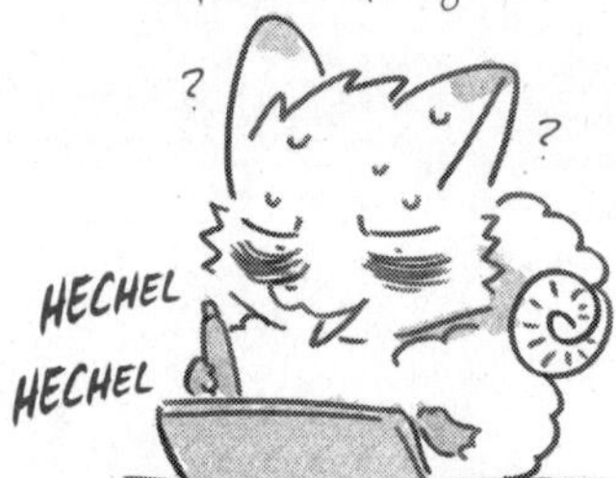

Antwort: Weil das Kapitel 34 Seiten hat (normal sind 19 Seiten).

Mission 84 Das Ende der Mission

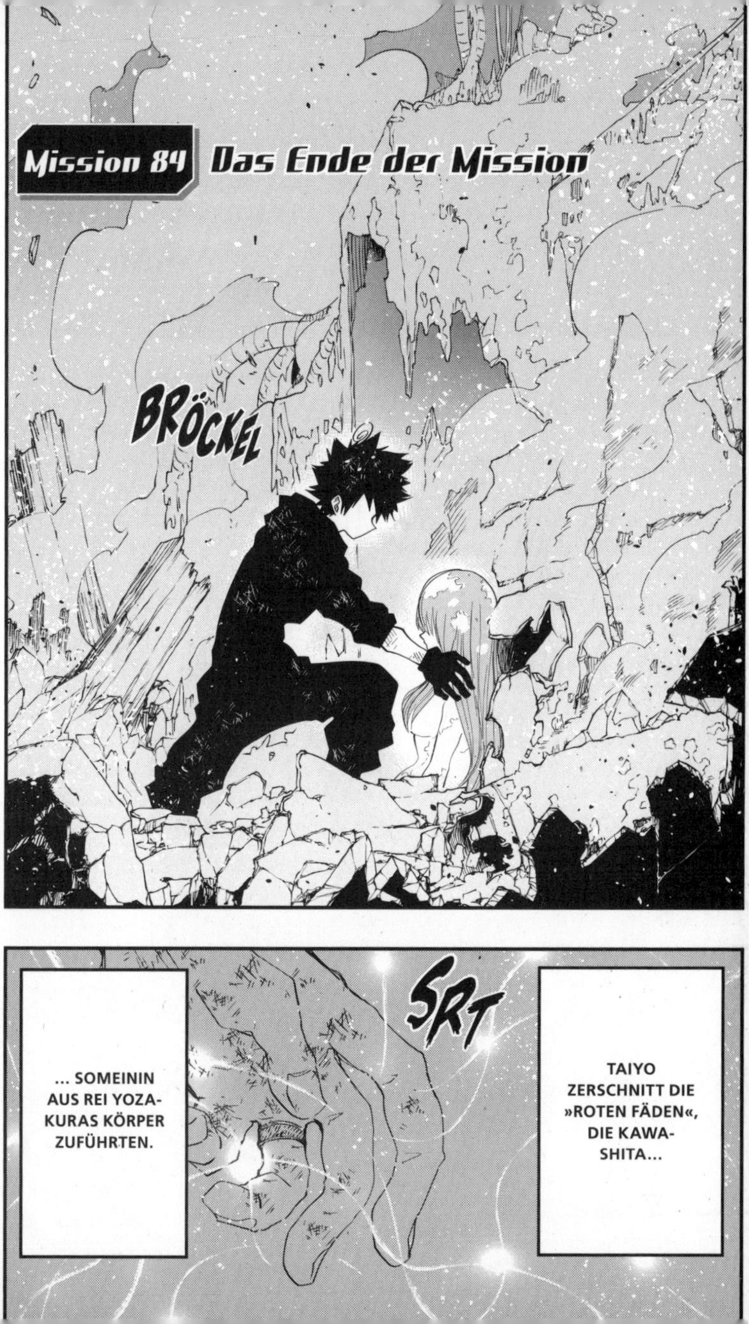

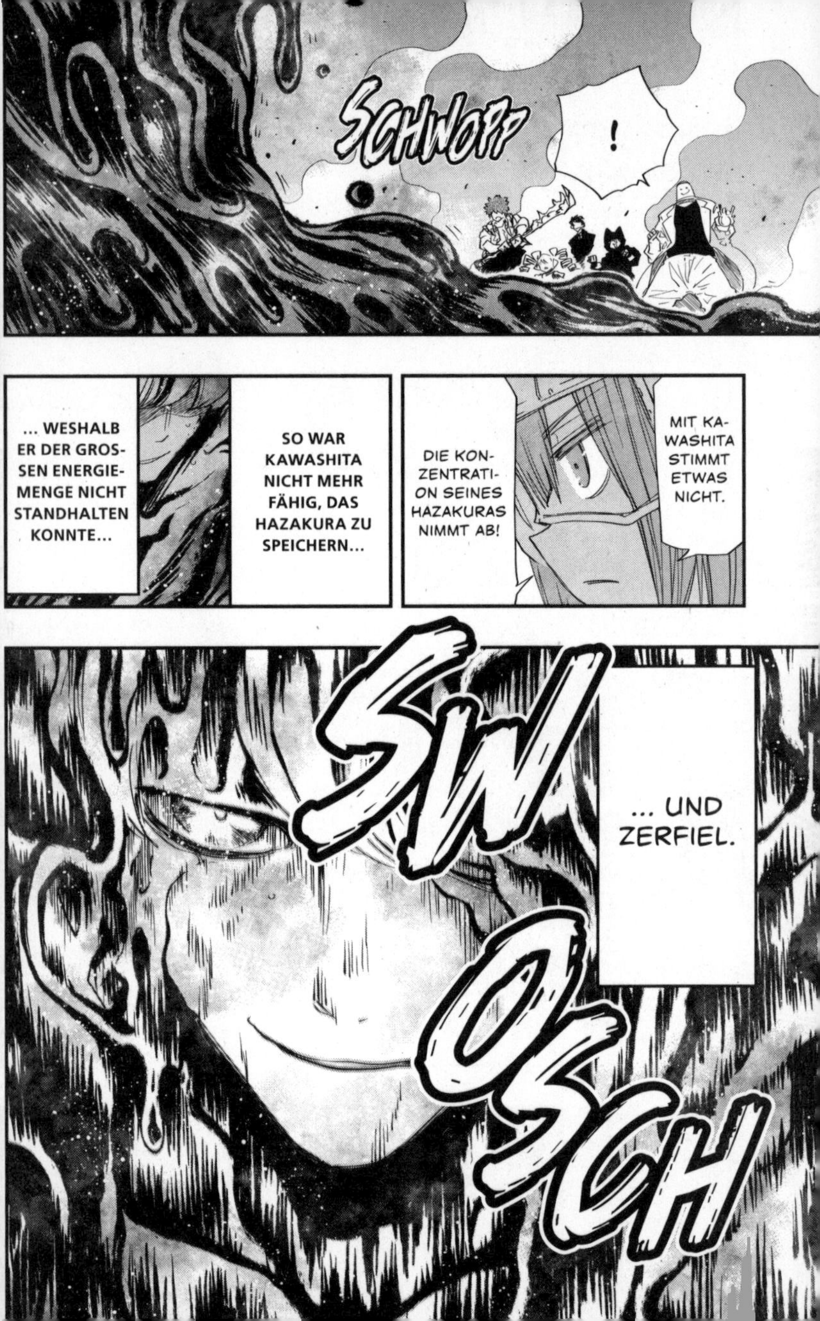
SCHWOPP
!
MIT KAWASHITA STIMMT ETWAS NICHT.
DIE KONZENTRATION SEINES HAZAKURAS NIMMT AB!
SO WAR KAWASHITA NICHT MEHR FÄHIG, DAS HAZAKURA ZU SPEICHERN…
… WESHALB ER DER GROSSEN ENERGIEMENGE NICHT STANDHALTEN KONNTE…
SWOOSCH
… UND ZERFIEL.

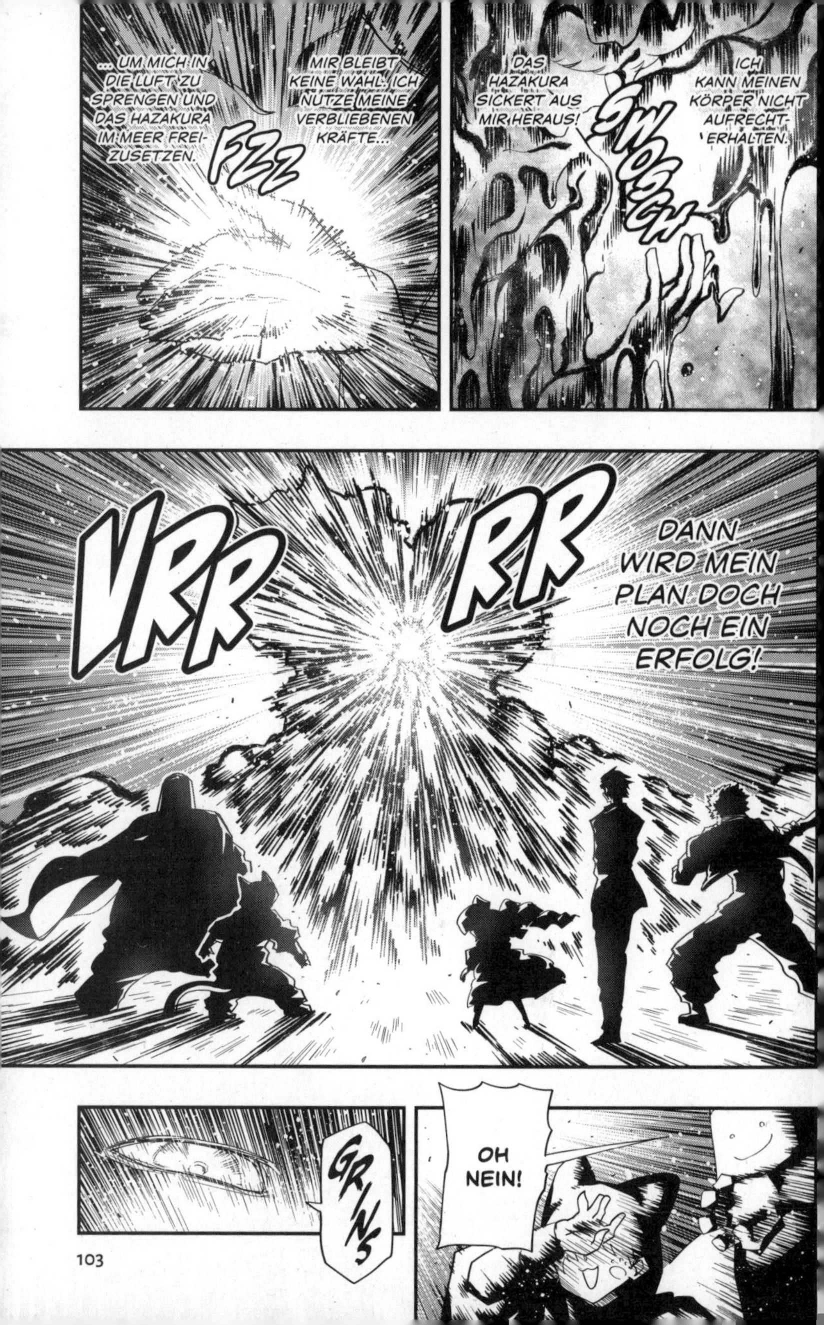
ICH KANN MEINEN KÖRPER NICHT AUFRECHT-ERHALTEN.
SWOOSCH
DAS HAZAKURA SICKERT AUS MIR HERAUS!
MIR BLEIBT KEINE WAHL. ICH NUTZE MEINE VERBLIEBENEN KRÄFTE...
FZZ
... UM MICH IN DIE LUFT ZU SPRENGEN UND DAS HAZAKURA IM MEER FREI-ZUSETZEN.
DANN WIRD MEIN PLAN DOCH NOCH EIN ERFOLG!
VRR
RR
OH NEIN!
GRINS

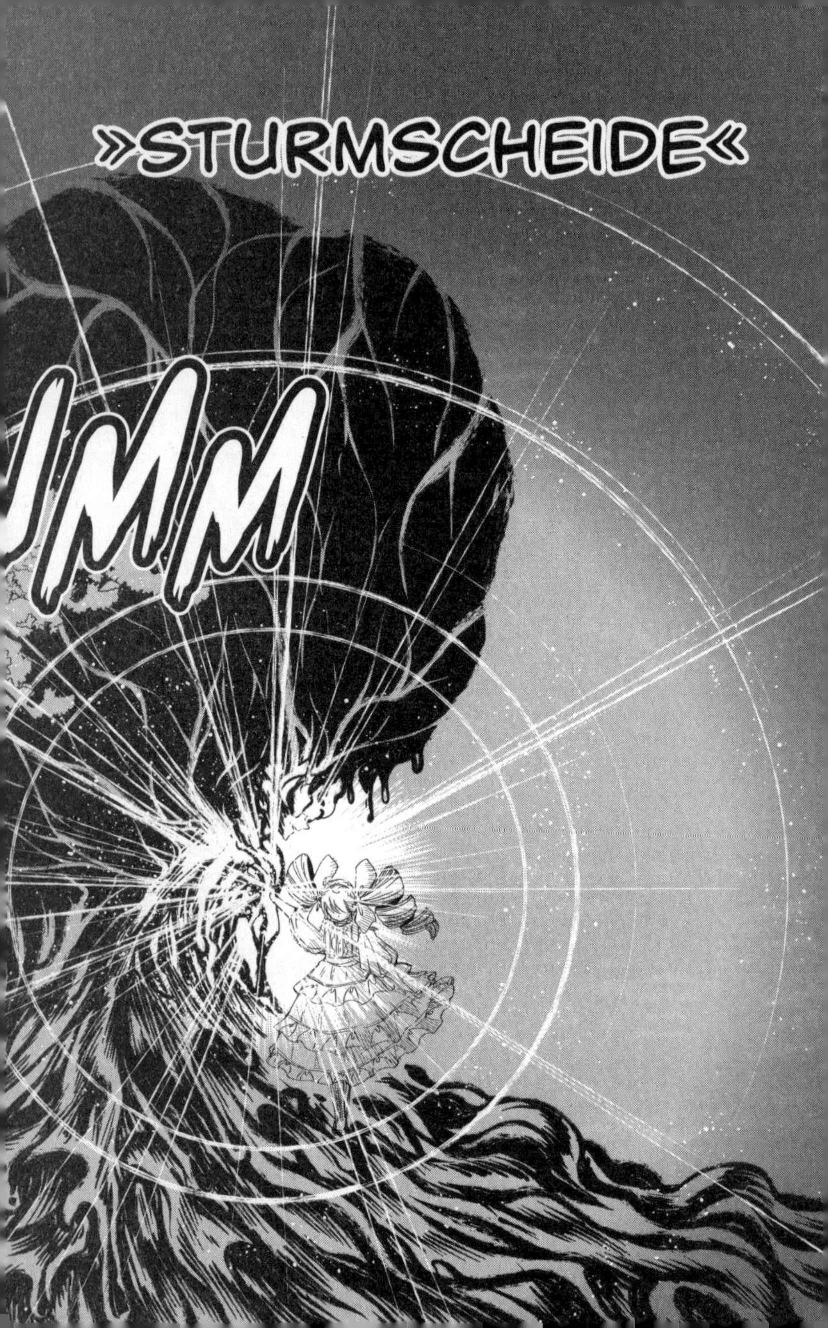
»STURMSCHEIDE«
UMM

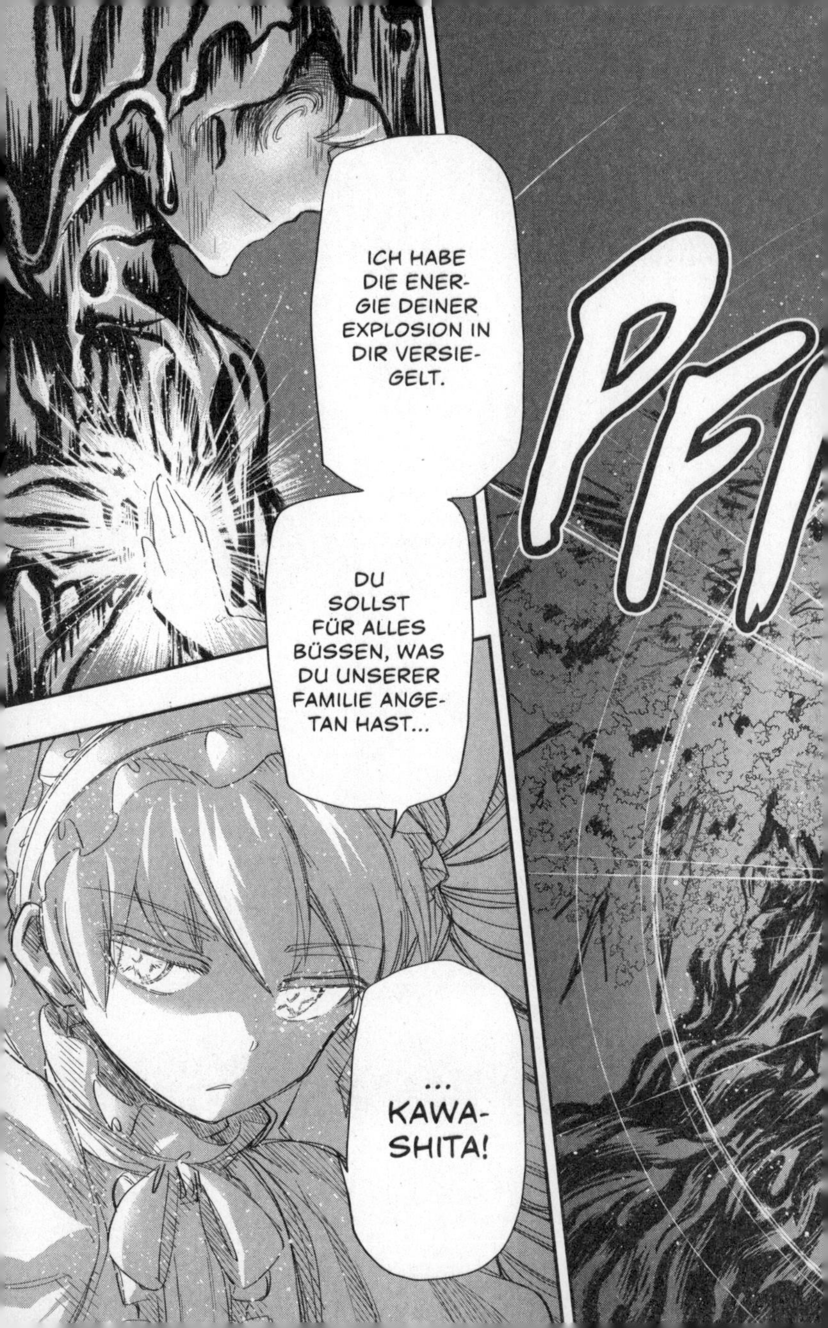
ICH HABE DIE ENERGIE DEINER EXPLOSION IN DIR VERSIEGELT.
PF!
DU SOLLST FÜR ALLES BÜSSEN, WAS DU UNSERER FAMILIE ANGETAN HAST...
... KAWASHITA!

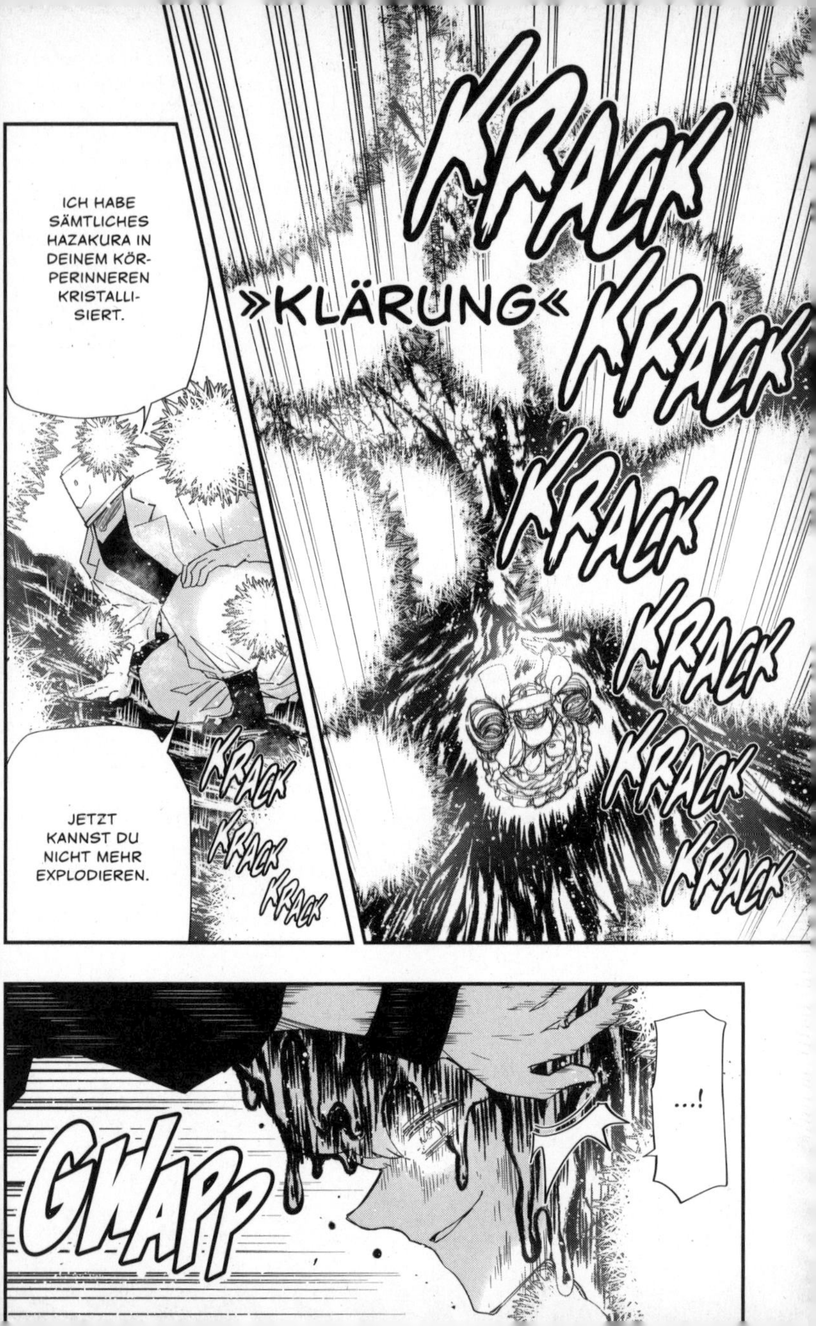
KRACK KRACK KRACK KRACK KRACK KRACK
»KLÄRUNG«
ICH HABE SÄMTLICHES HAZAKURA IN DEINEM KÖRPERINNEREN KRISTALLISIERT.
KRACK KRACK KRACK
JETZT KANNST DU NICHT MEHR EXPLODIEREN.
...!
GNAPP

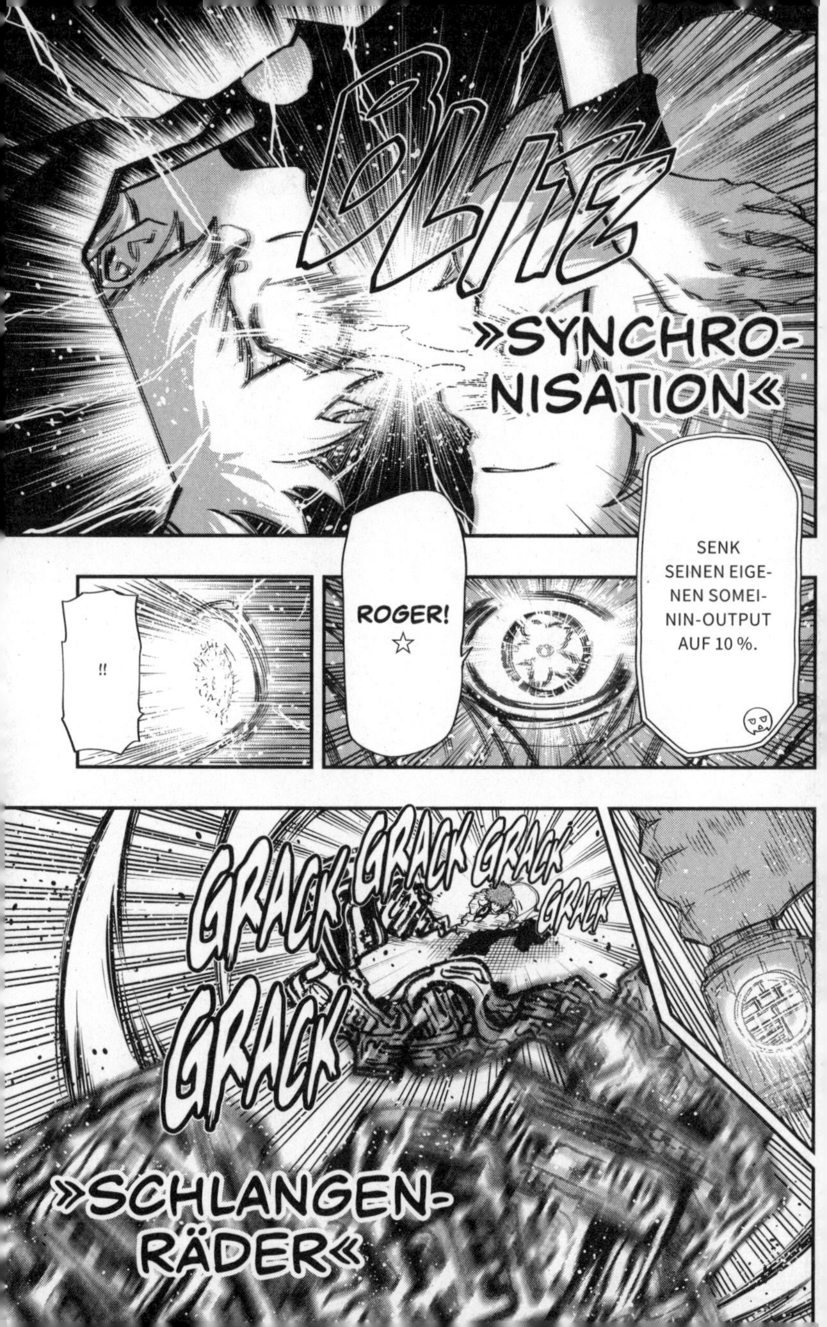
BLITZ
»SYNCHRONISATION«
SENK SEINEN EIGENEN SOMEININ-OUTPUT AUF 10 %.
ROGER! ☆
!!
GRACK GRACK GRACK GRACK
GRACK
»SCHLANGENRÄDER«

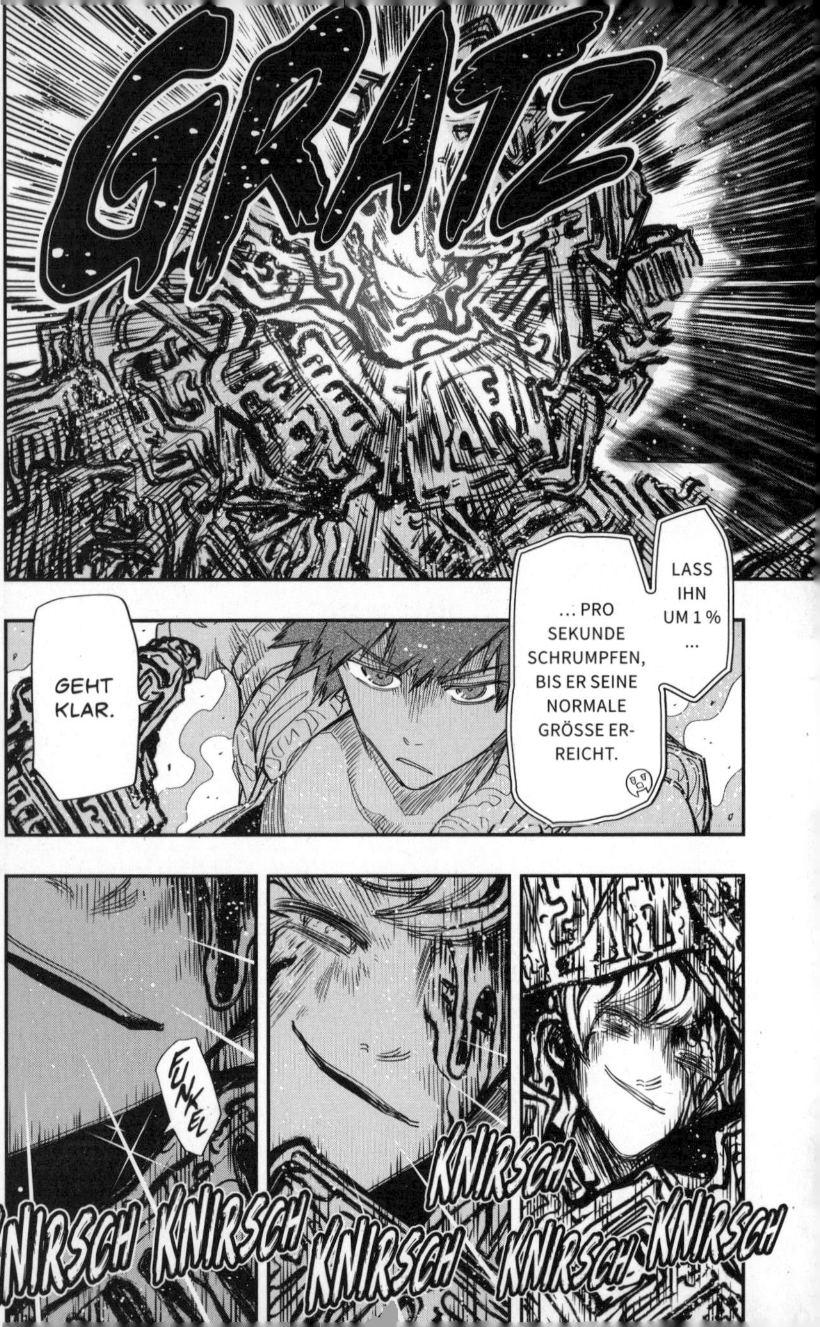
GRATZ
LASS IHN UM 1 % ...
... PRO SEKUNDE SCHRUMPFEN, BIS ER SEINE NORMALE GRÖSSE ER-REICHT.
GEHT KLAR.
FUNKEL
KNIRSCH
KNIRSCH KNIRSCH KNIRSCH KNIRSCH KNIRSCH KNIRSCH

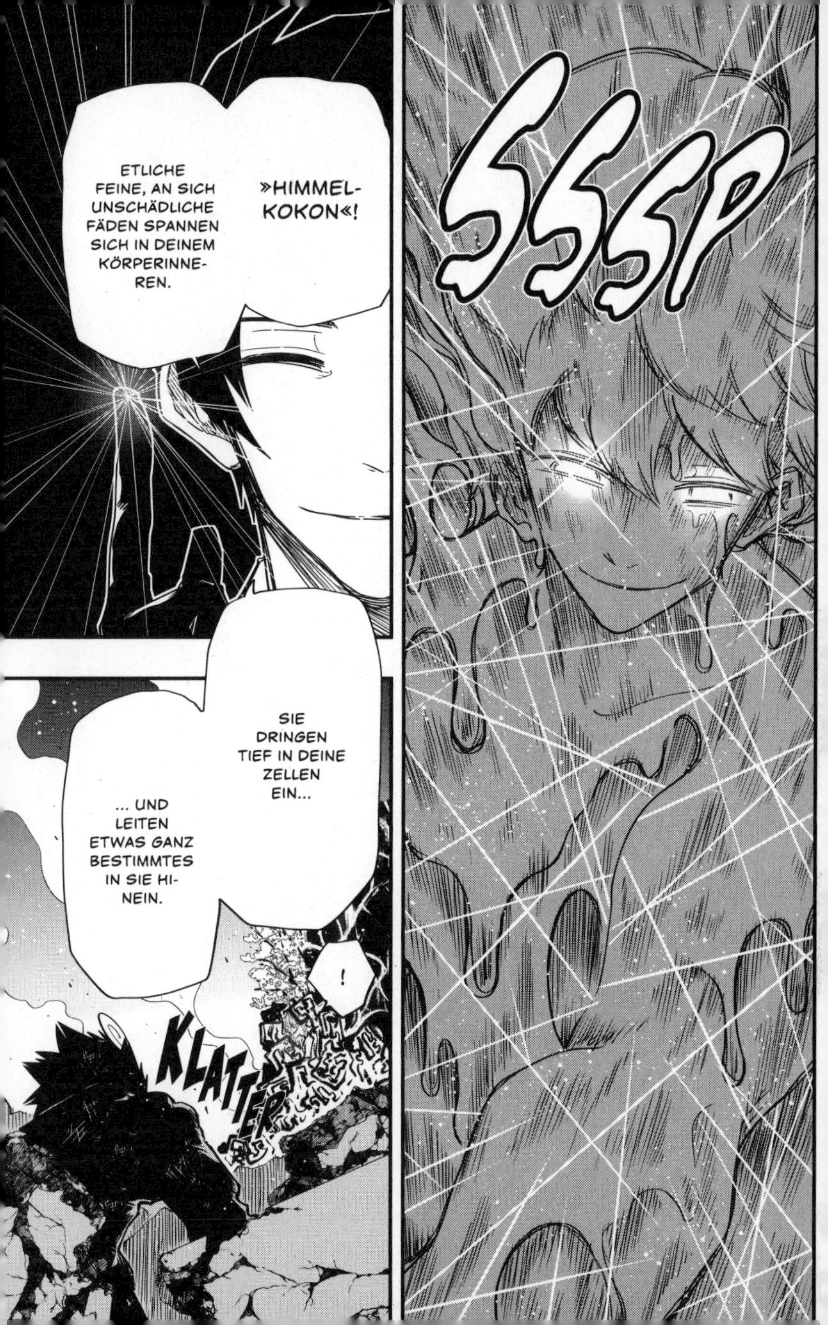
SSSP
»HIMMEL-KOKON«!
ETLICHE FEINE, AN SICH UNSCHÄDLICHE FÄDEN SPANNEN SICH IN DEINEM KÖRPERINNE-REN.
SIE DRINGEN TIEF IN DEINE ZELLEN EIN...
... UND LEITEN ETWAS GANZ BESTIMMTES IN SIE HI-NEIN.
!
KLATTER

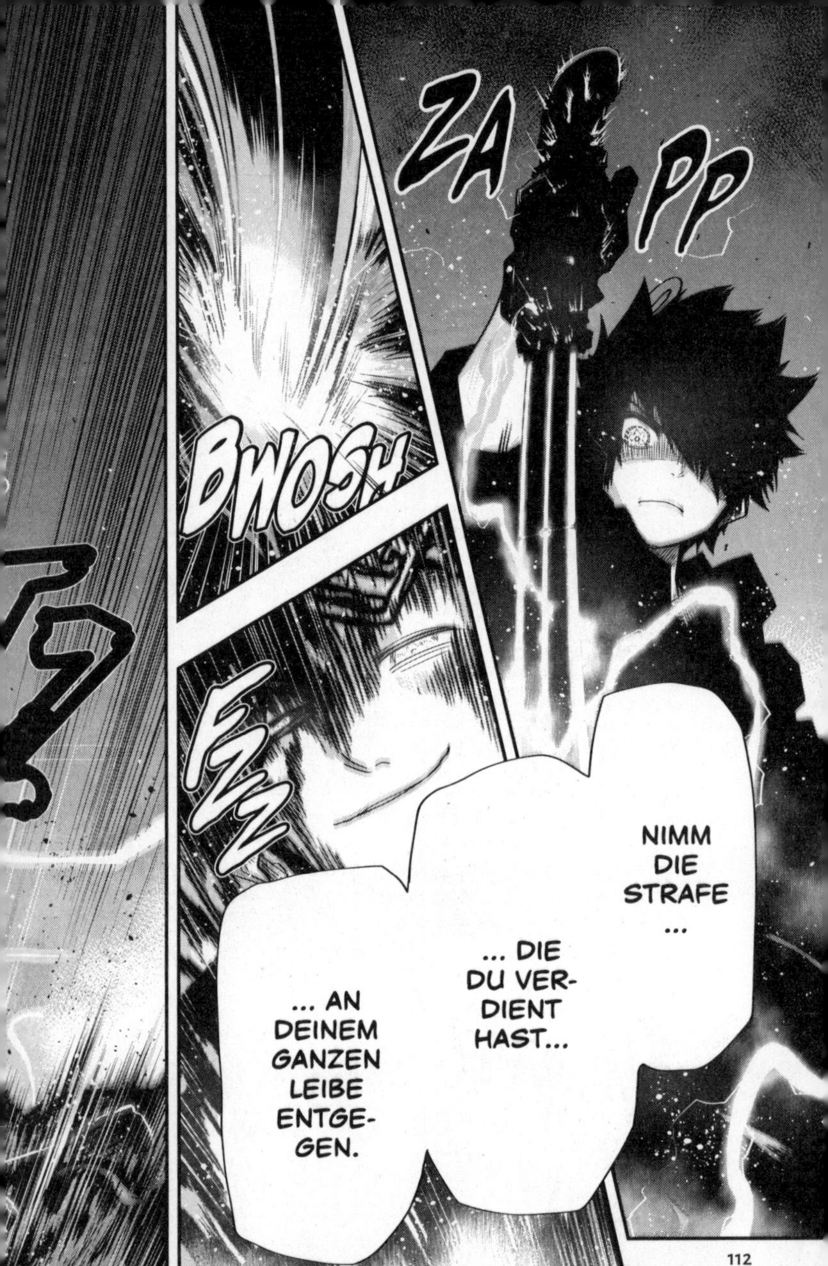
ZAPP
BWOSH
FZZZ
NIMM DIE STRAFE ...
... DIE DU VERDIENT HAST...
... AN DEINEM GANZEN LEIBE ENTGEGEN.

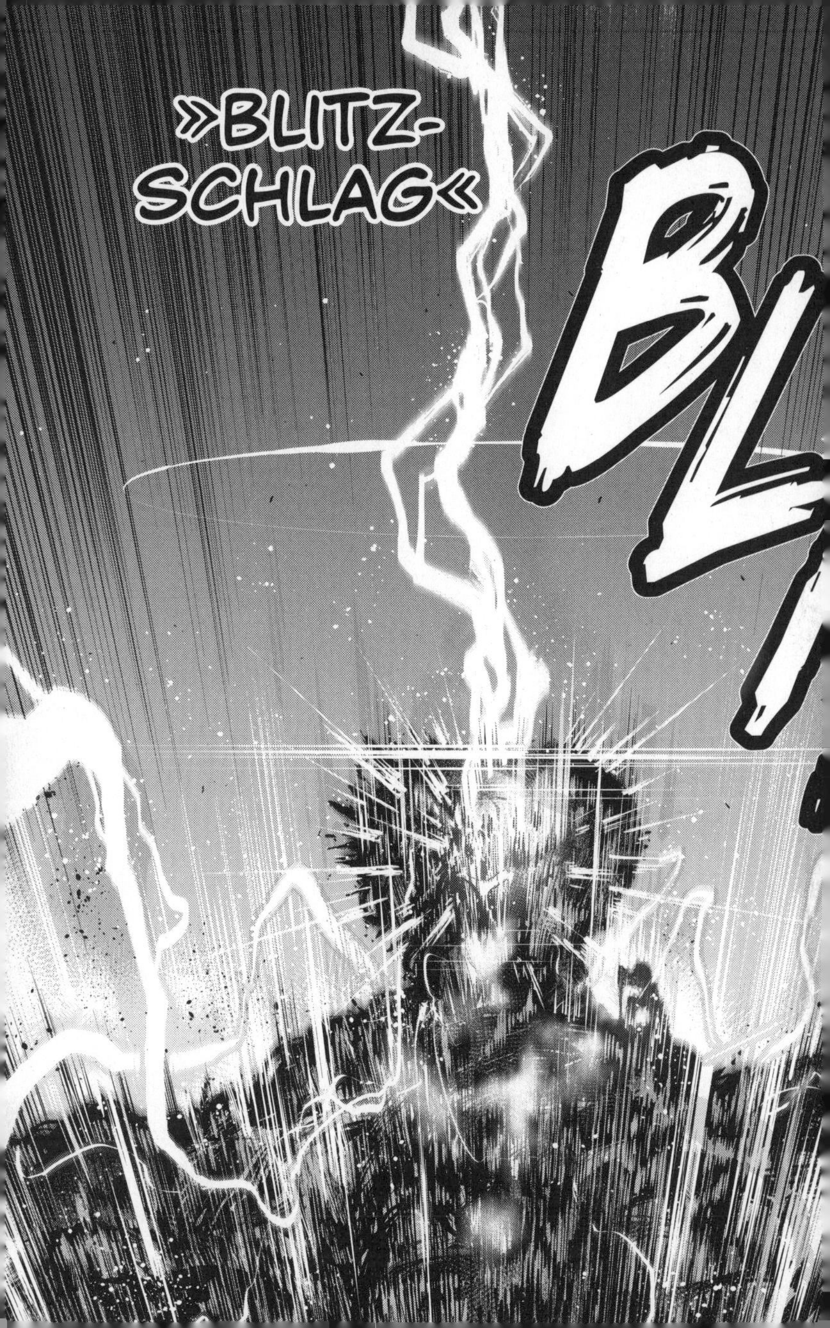
»BLITZ-SCHLAG«

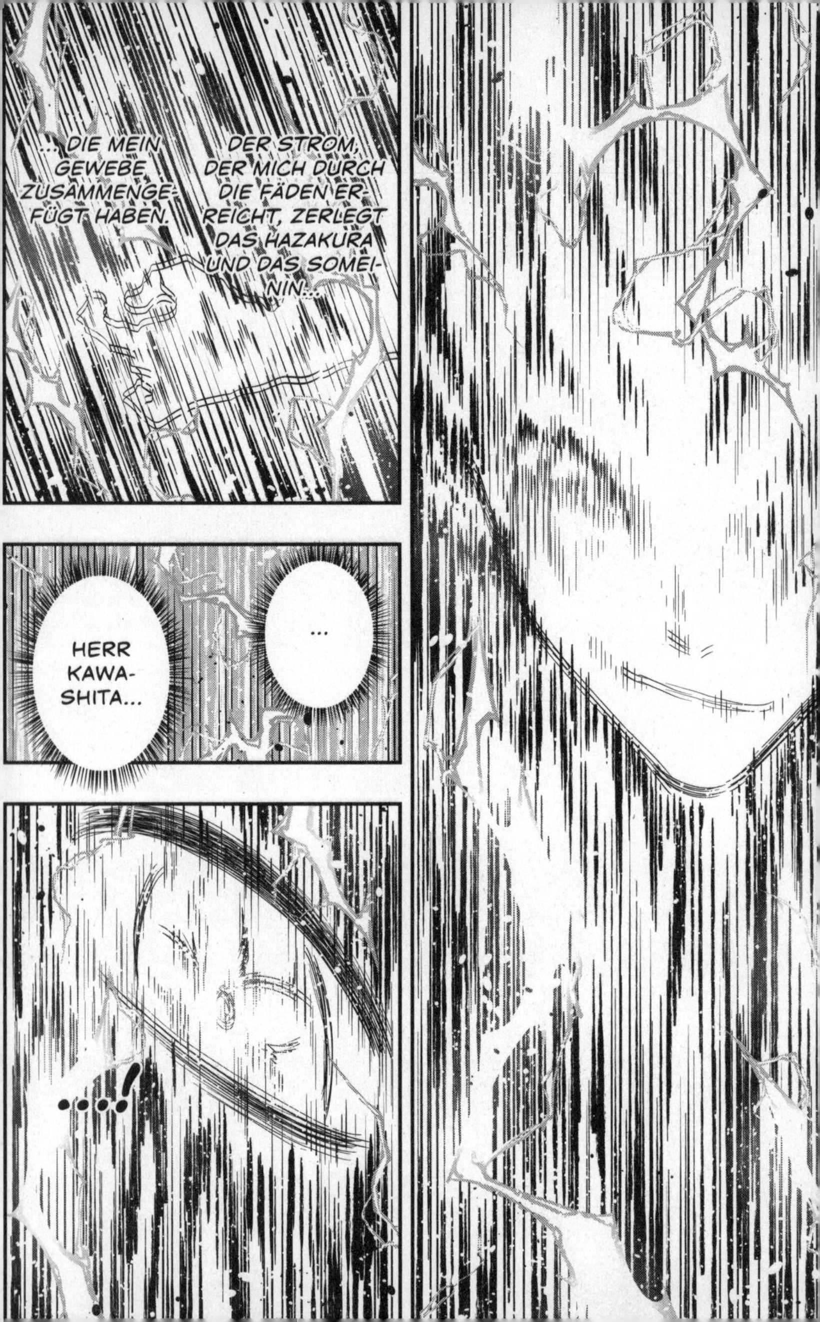
DER STROM, DER MICH DURCH DIE FÄDEN ER-REICHT, ZERLEGT DAS HAZAKURA UND DAS SOMEI-NIN...
... DIE MEIN GEWEBE ZUSAMMENGE-FÜGT HABEN.
...
HERR KAWA-SHITA...
...!

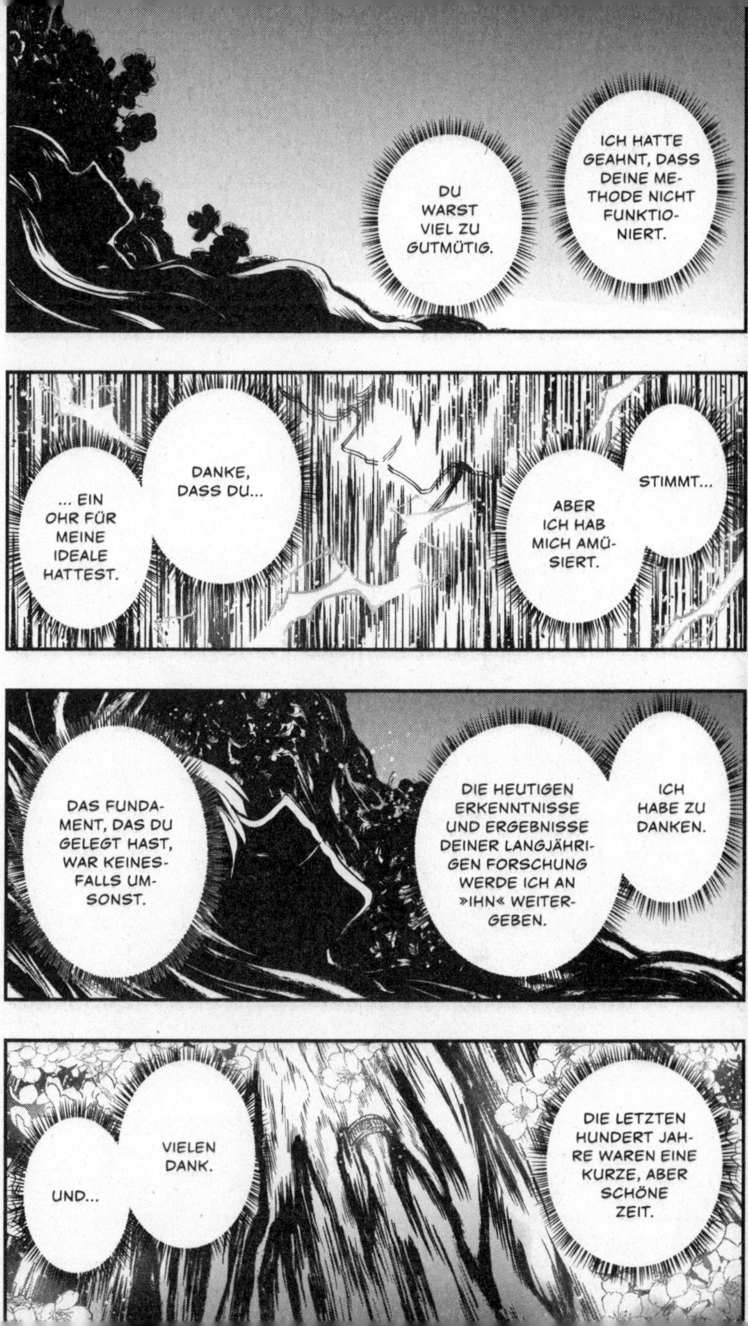
ICH HATTE GEAHNT, DASS DEINE METHODE NICHT FUNKTIONIERT.
DU WARST VIEL ZU GUTMÜTIG.
STIMMT...
ABER ICH HAB MICH AMÜSIERT.
DANKE, DASS DU...
... EIN OHR FÜR MEINE IDEALE HATTEST.
ICH HABE ZU DANKEN.
DIE HEUTIGEN ERKENNTNISSE UND ERGEBNISSE DEINER LANGJÄHRIGEN FORSCHUNG WERDE ICH AN »IHN« WEITERGEBEN.
DAS FUNDAMENT, DAS DU GELEGT HAST, WAR KEINESFALLS UMSONST.
DIE LETZTEN HUNDERT JAHRE WAREN EINE KURZE, ABER SCHÖNE ZEIT.
VIELEN DANK.
UND...

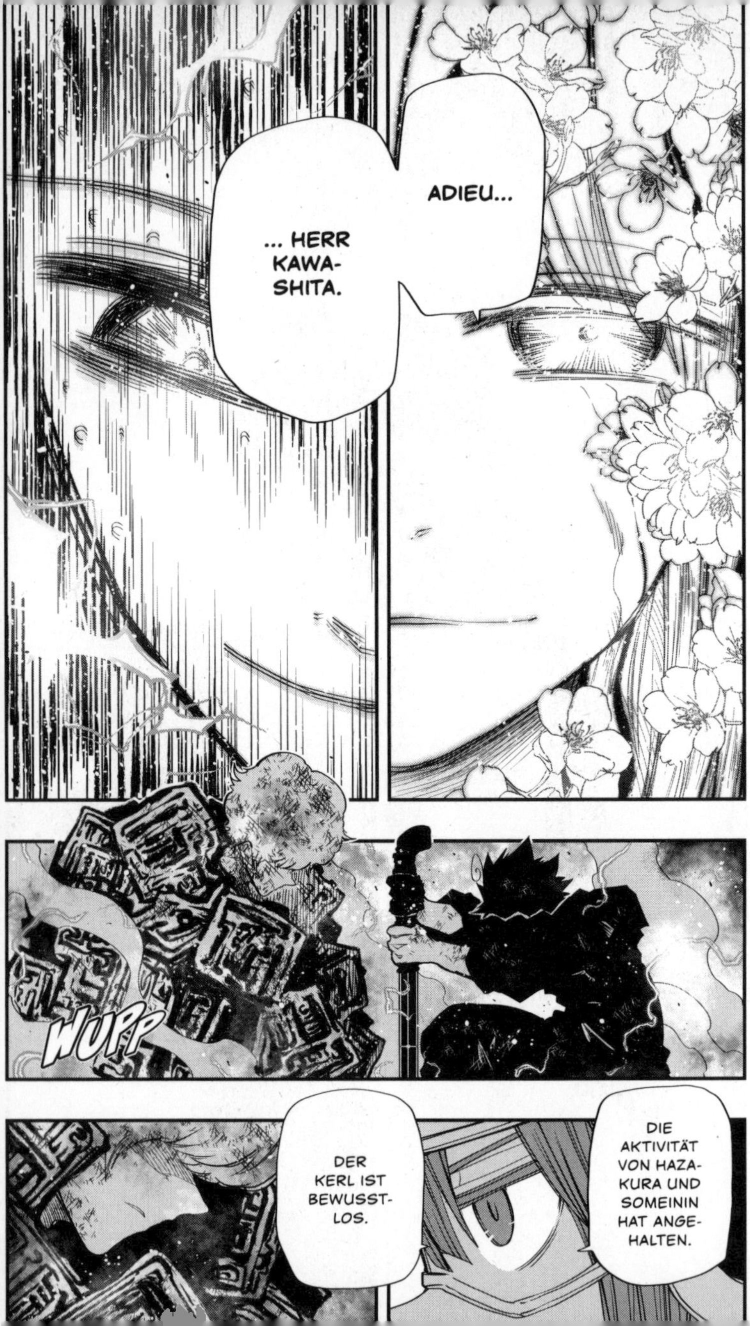
ADIEU...
... HERR KAWA-SHITA.
WUPP
DIE AKTIVITÄT VON HAZA-KURA UND SOMEININ HAT ANGE-HALTEN.
DER KERL IST BEWUSST-LOS.

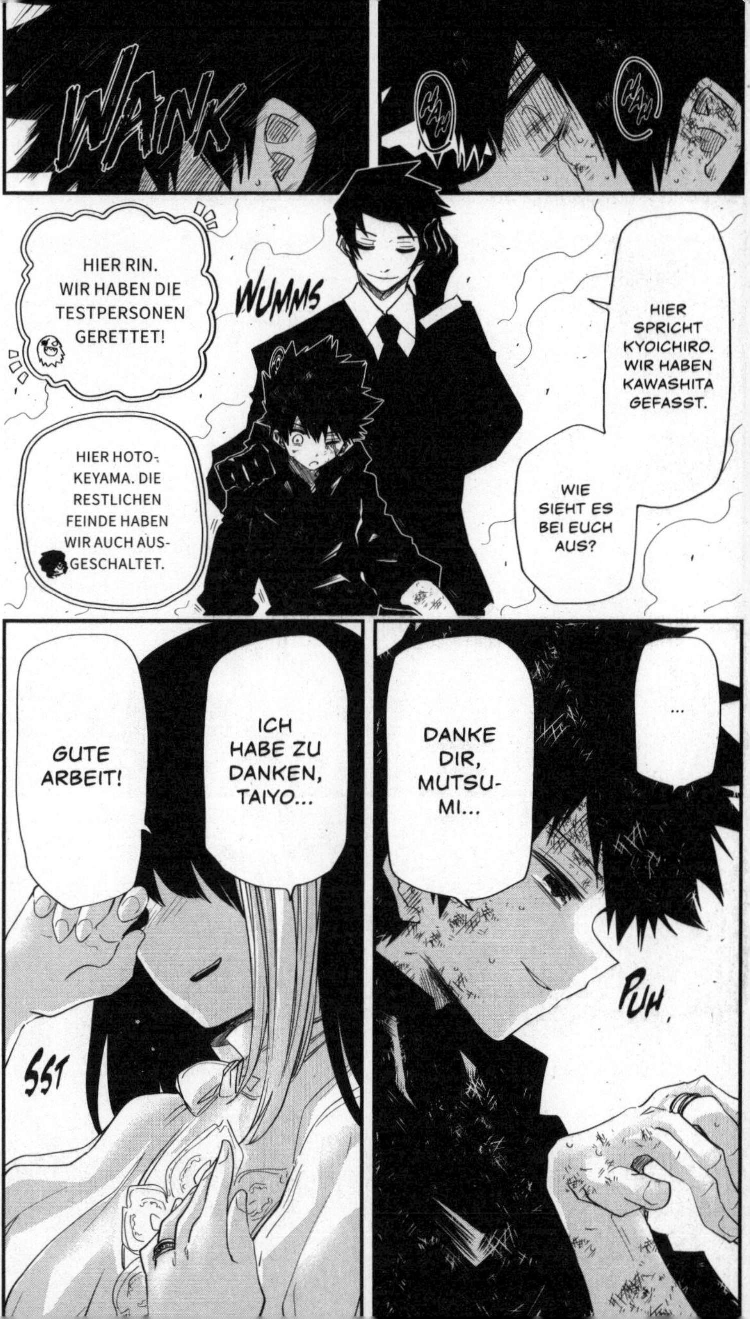
WANK
HIER SPRICHT KYOICHIRO. WIR HABEN KAWASHITA GEFASST.
WIE SIEHT ES BEI EUCH AUS?
WUMMS
HIER RIN. WIR HABEN DIE TESTPERSONEN GERETTET!
HIER HOTO-KEYAMA. DIE RESTLICHEN FEINDE HABEN WIR AUCH AUS-GESCHALTET.
...
DANKE DIR, MUTSU-MI...
PUH
ICH HABE ZU DANKEN, TAIYO...
GUTE ARBEIT!
SST

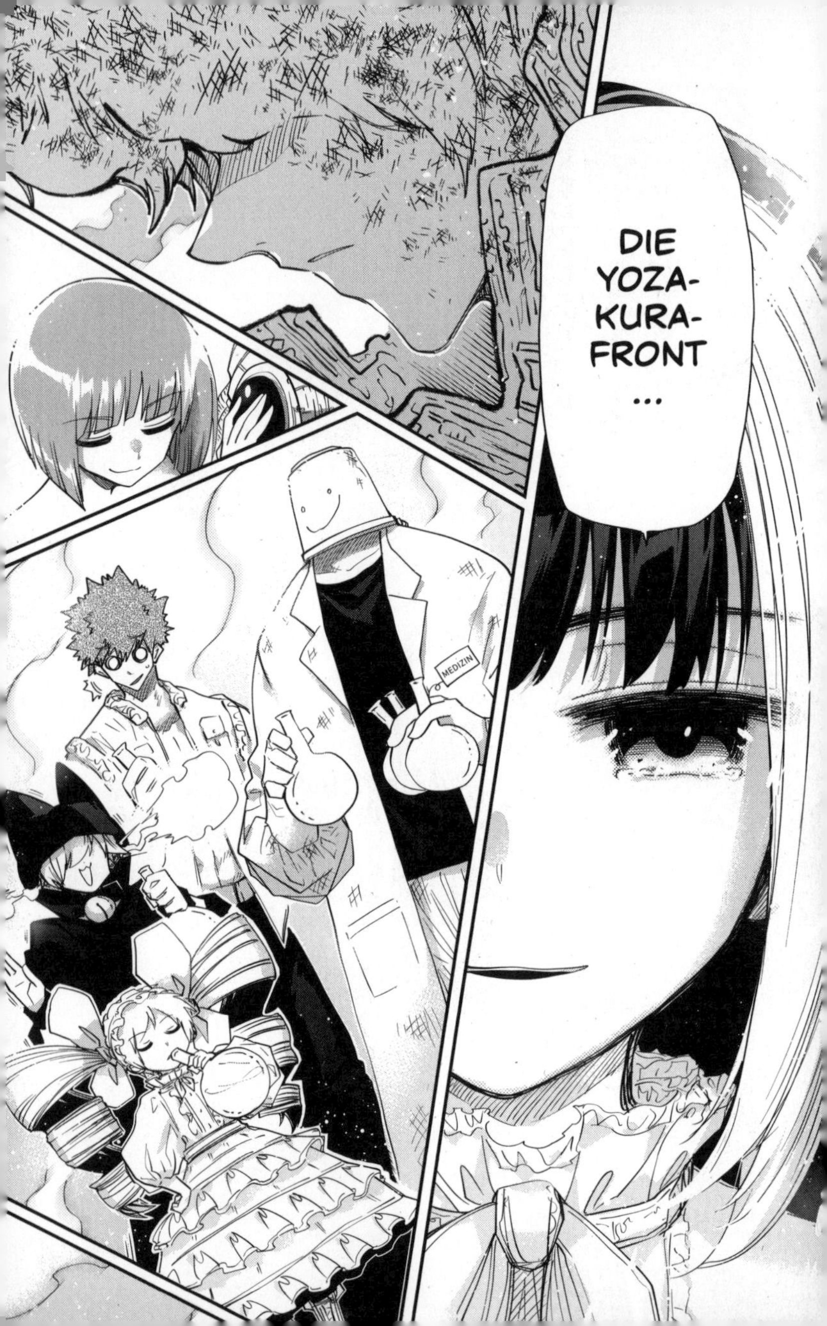
DIE YOZA-KURA-FRONT ...
MEDIZIN

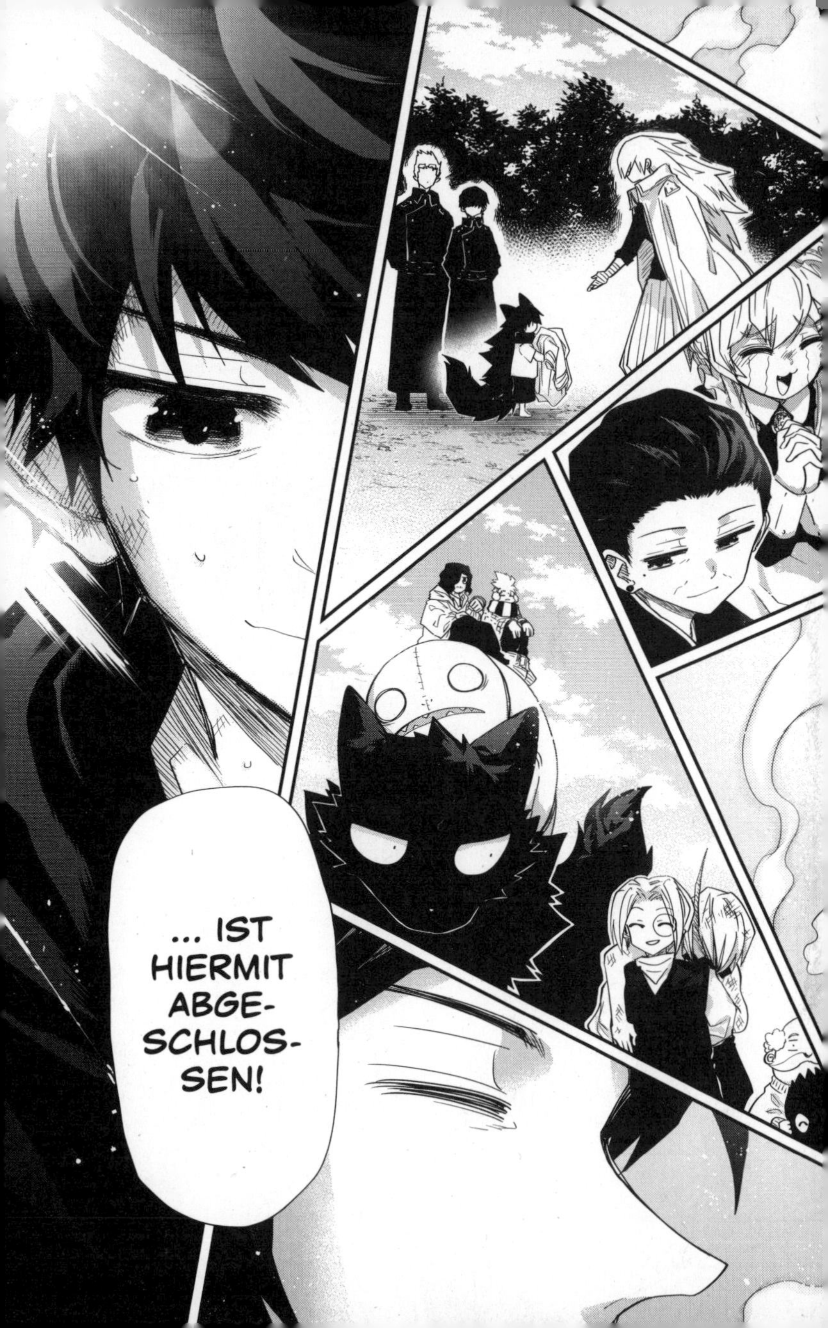
... IST HIERMIT ABGE-SCHLOS-SEN!

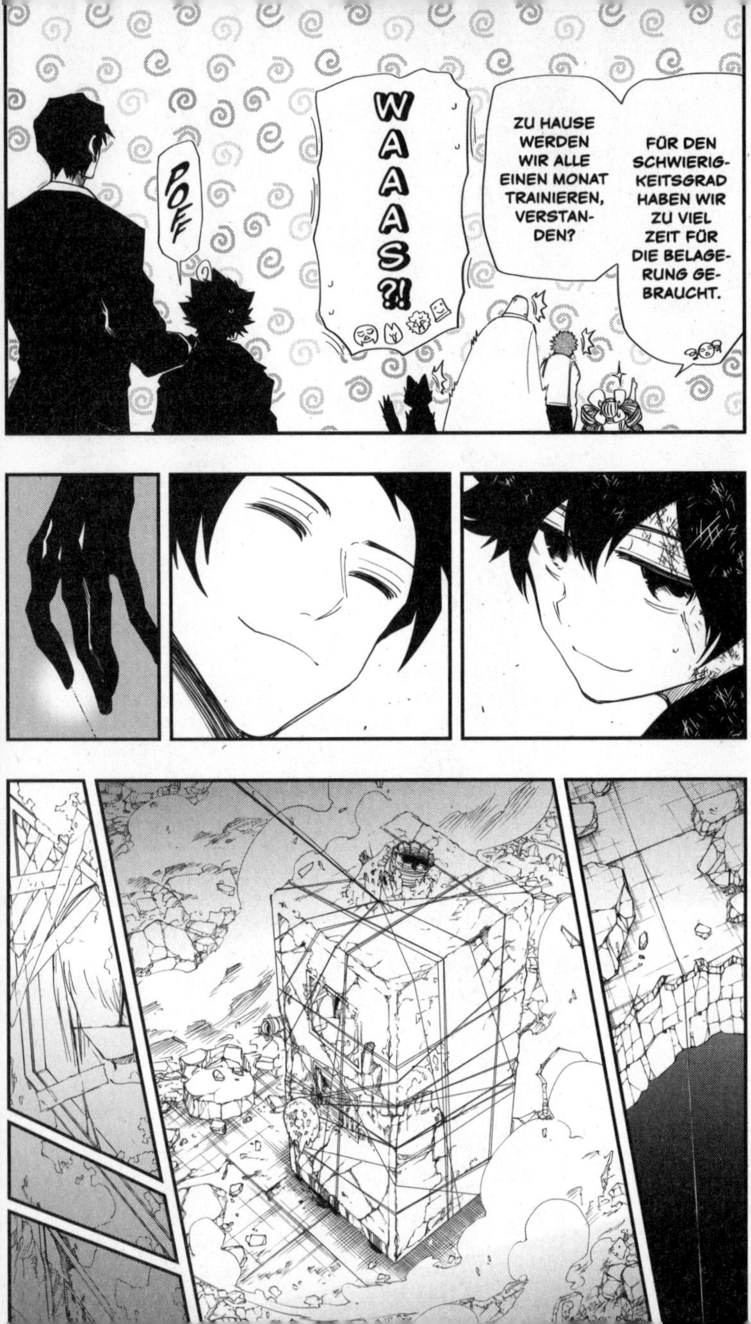
FÜR DEN SCHWIERIG-KEITSGRAD HABEN WIR ZU VIEL ZEIT FÜR DIE BELAGE-RUNG GE-BRAUCHT.
ZU HAUSE WERDEN WIR ALLE EINEN MONAT TRAINIEREN, VERSTAN-DEN?
WAAAAS?!
POFF

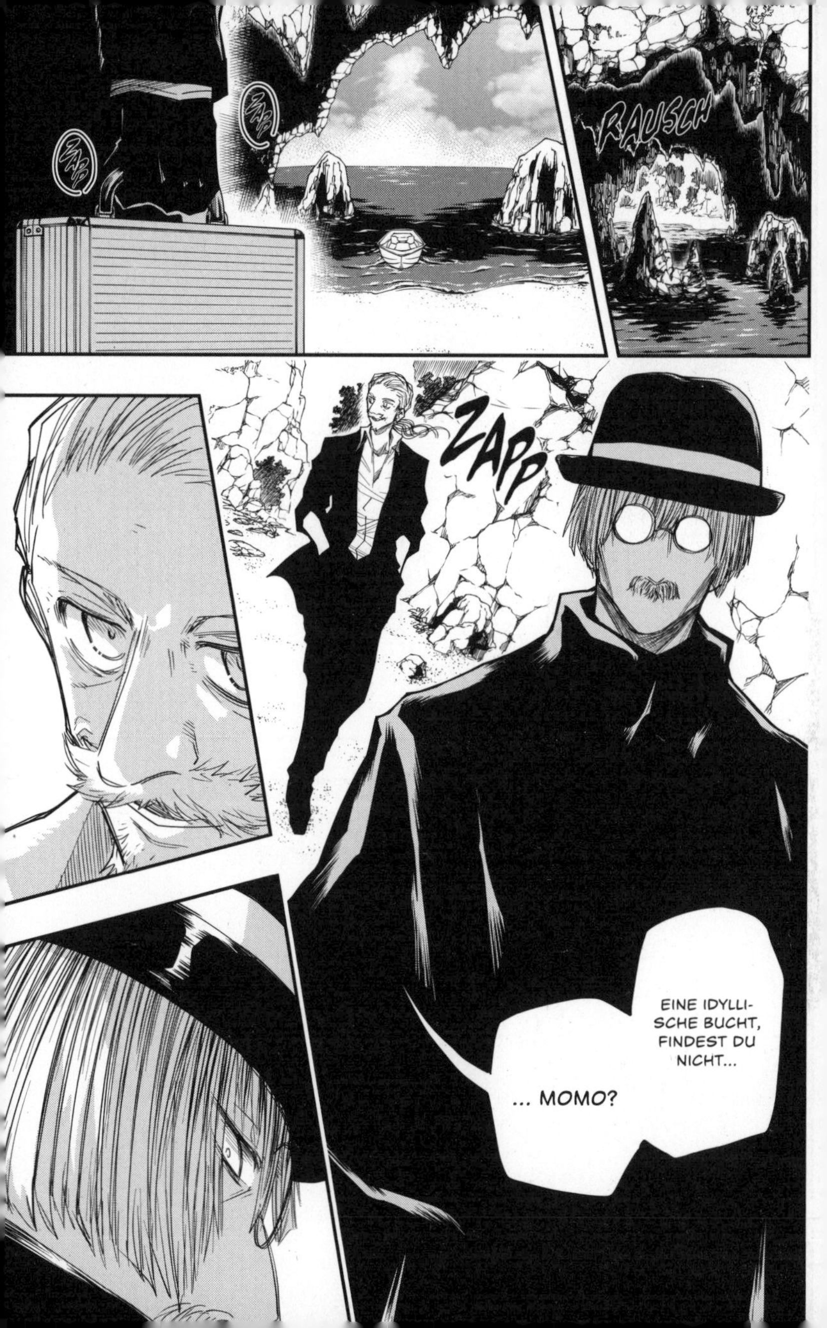
RAUSCH
ZAPP
EINE IDYLLI-
SCHE BUCHT,
FINDEST DU
NICHT...
... MOMO?

Bonus! Besuch bei den Yozakuras!

Ihm gehört ein vierstöckiges Labor. Die Ebenen sind aufgeteilt nach Gefahrenlevel 1 bis 4 (wobei 4 die höchste Gefahr darstellt). Bei einer biologischen Gefahr werden die Ebenen nacheinander abgeriegelt. In jeder Ebene gibt es Flur, Treppen und Schutzräume.

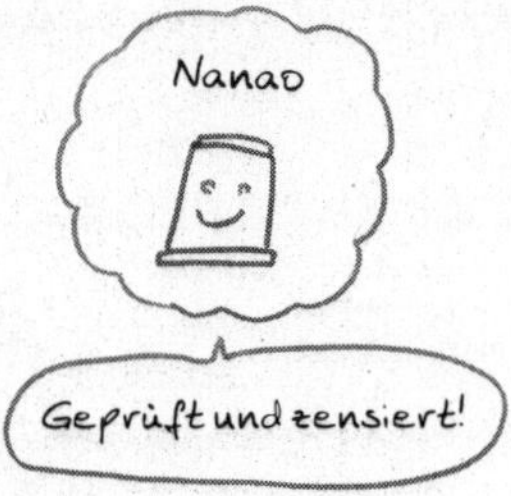

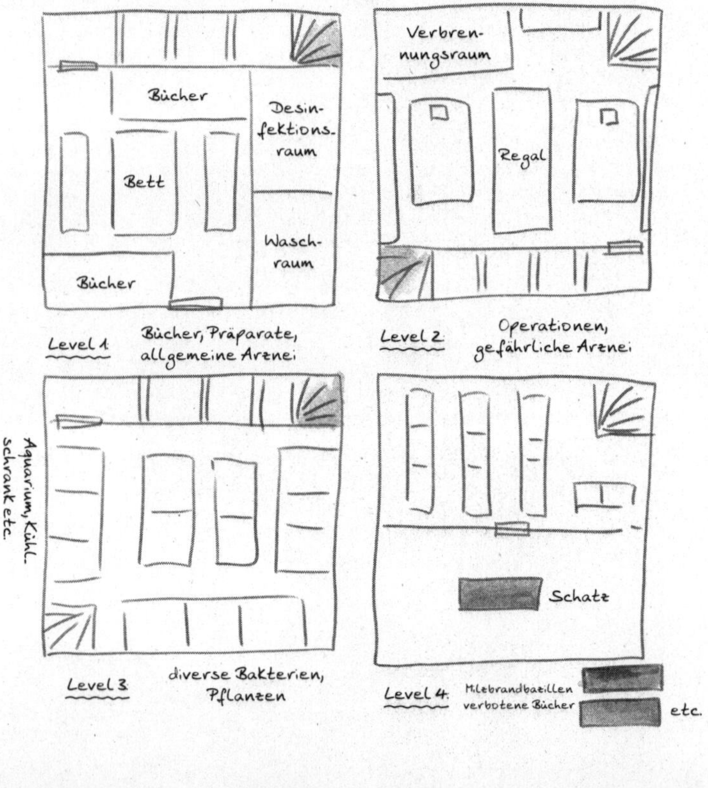

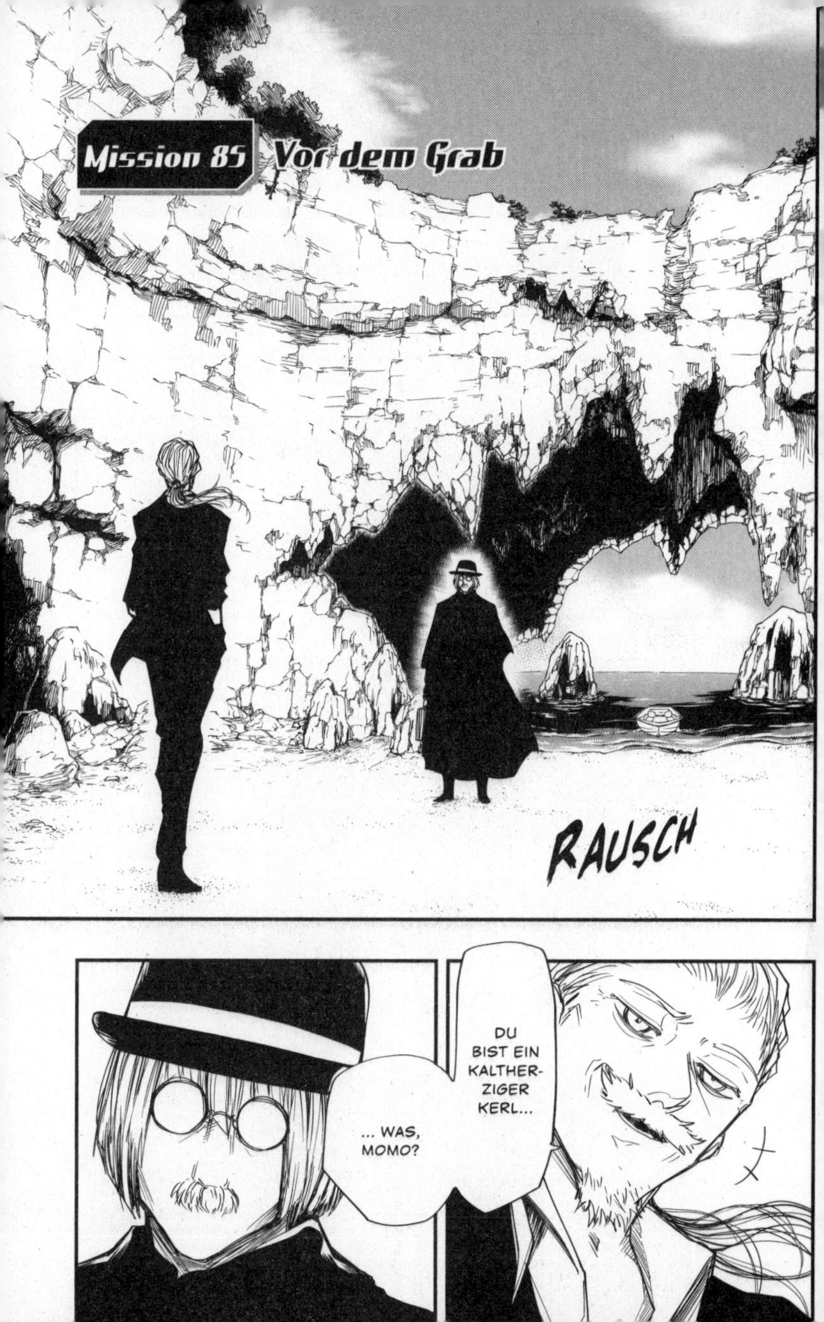
Mission 85 Vor dem Grab
RAUSCH
DU BIST EIN KALTHER-ZIGER KERL...
... WAS, MOMO?

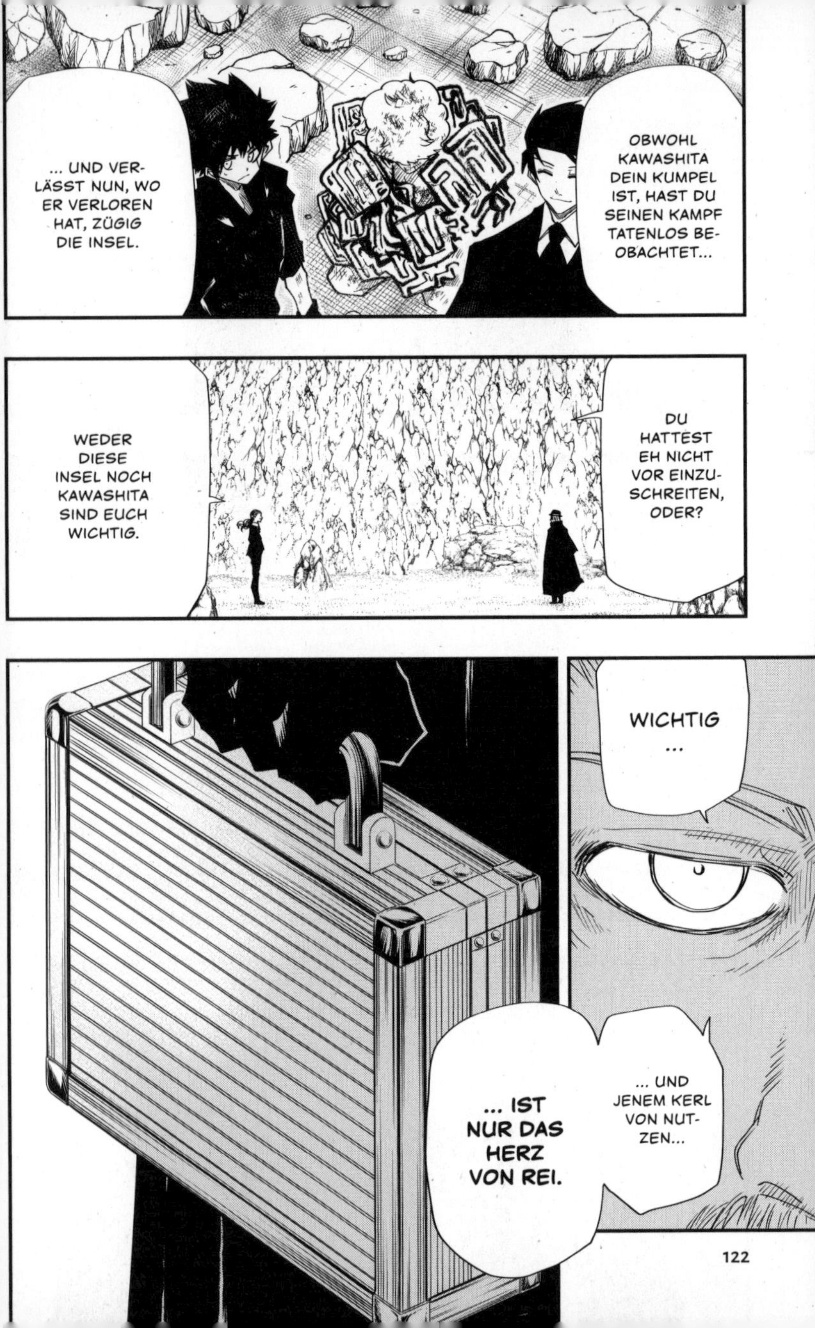
OBWOHL KAWASHITA DEIN KUMPEL IST, HAST DU SEINEN KAMPF TATENLOS BEOBACHTET...
... UND VERLÄSST NUN, WO ER VERLOREN HAT, ZÜGIG DIE INSEL.
DU HATTEST EH NICHT VOR EINZUSCHREITEN, ODER?
WEDER DIESE INSEL NOCH KAWASHITA SIND EUCH WICHTIG.
WICHTIG ...
... UND JENEM KERL VON NUTZEN...
... IST NUR DAS HERZ VON REI.

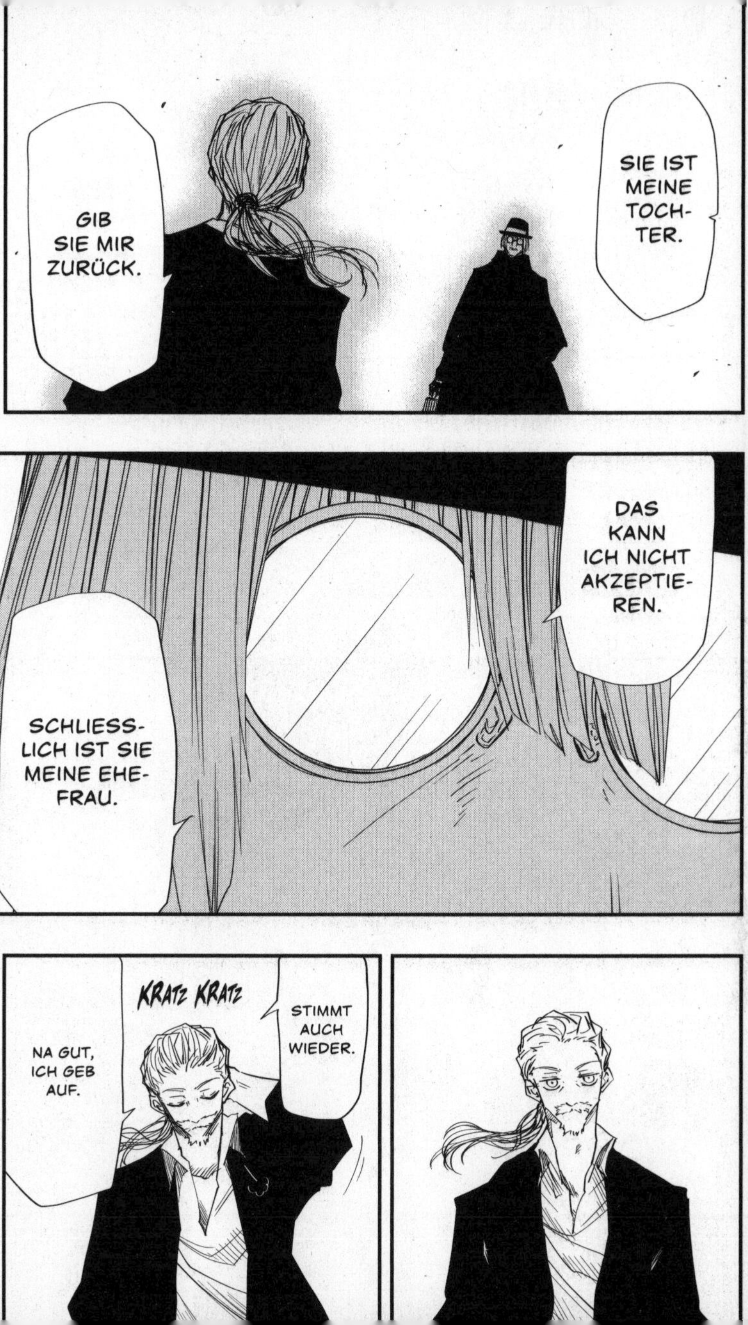
SIE IST MEINE TOCH-TER.
GIB SIE MIR ZURÜCK.
DAS KANN ICH NICHT AKZEPTIE-REN.
SCHLIESS-LICH IST SIE MEINE EHE-FRAU.
STIMMT AUCH WIEDER.
KRATZ KRATZ
NA GUT, ICH GEB AUF.

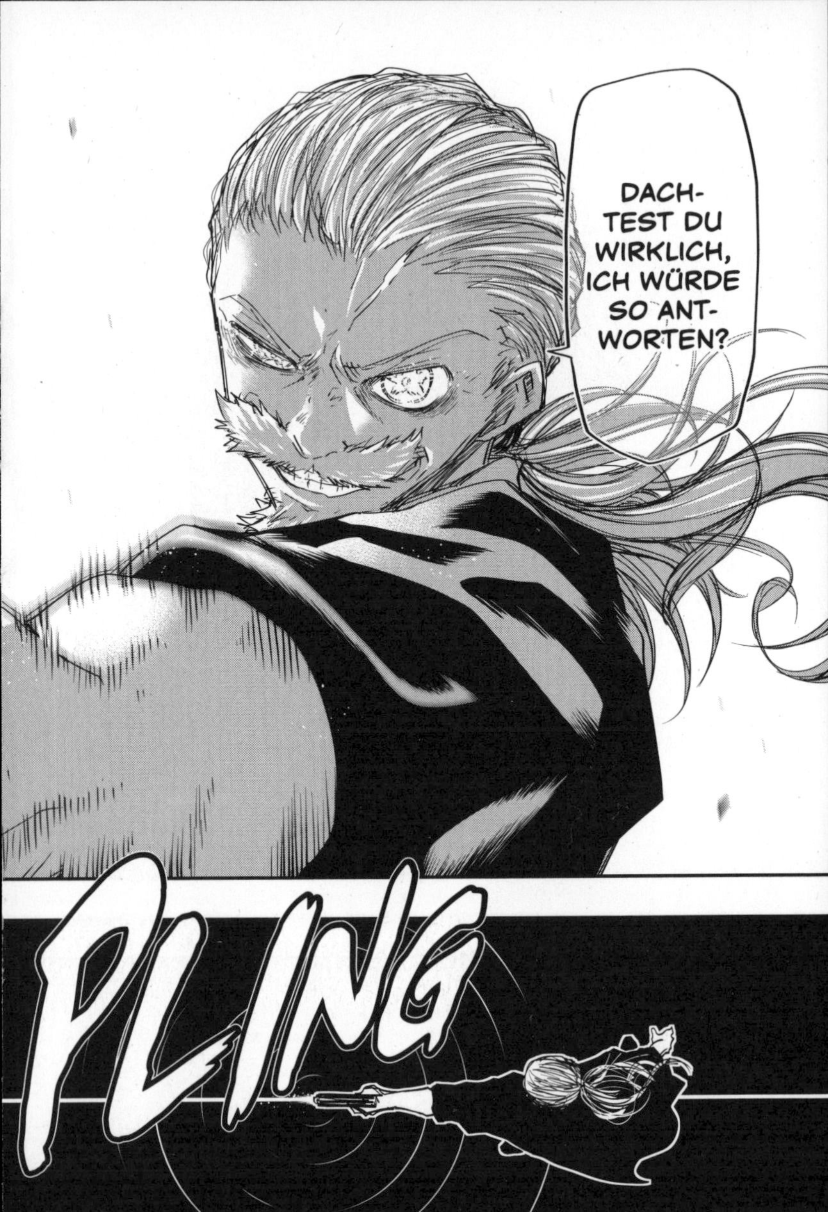
DACH-TEST DU WIRKLICH, ICH WÜRDE SO ANT-WORTEN?
PLING

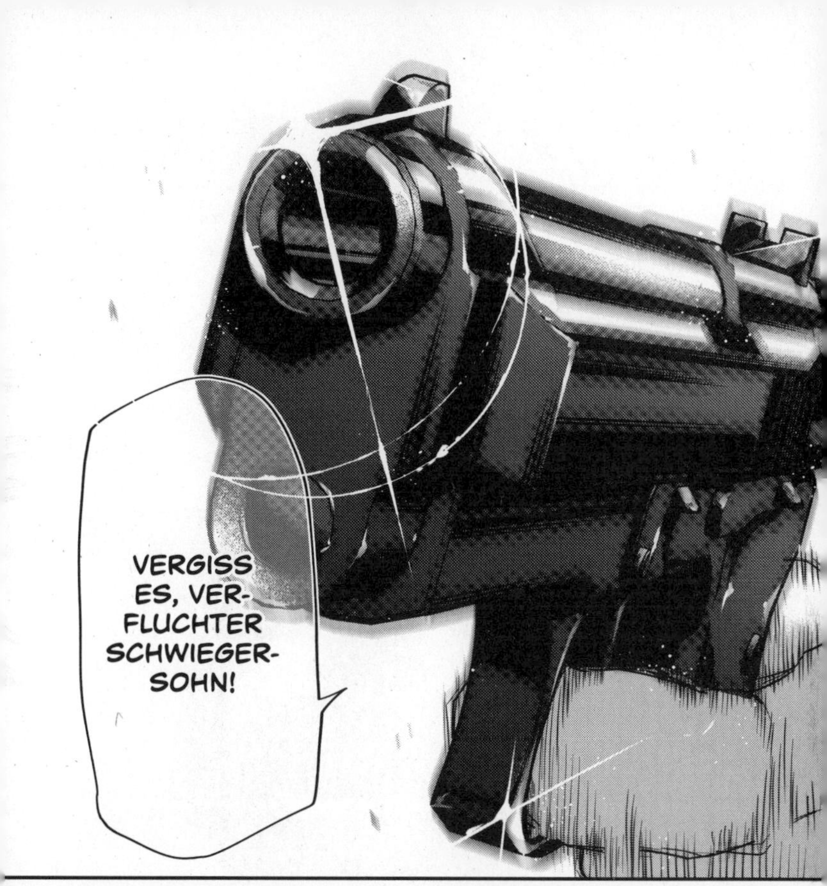

»DA CAPO«

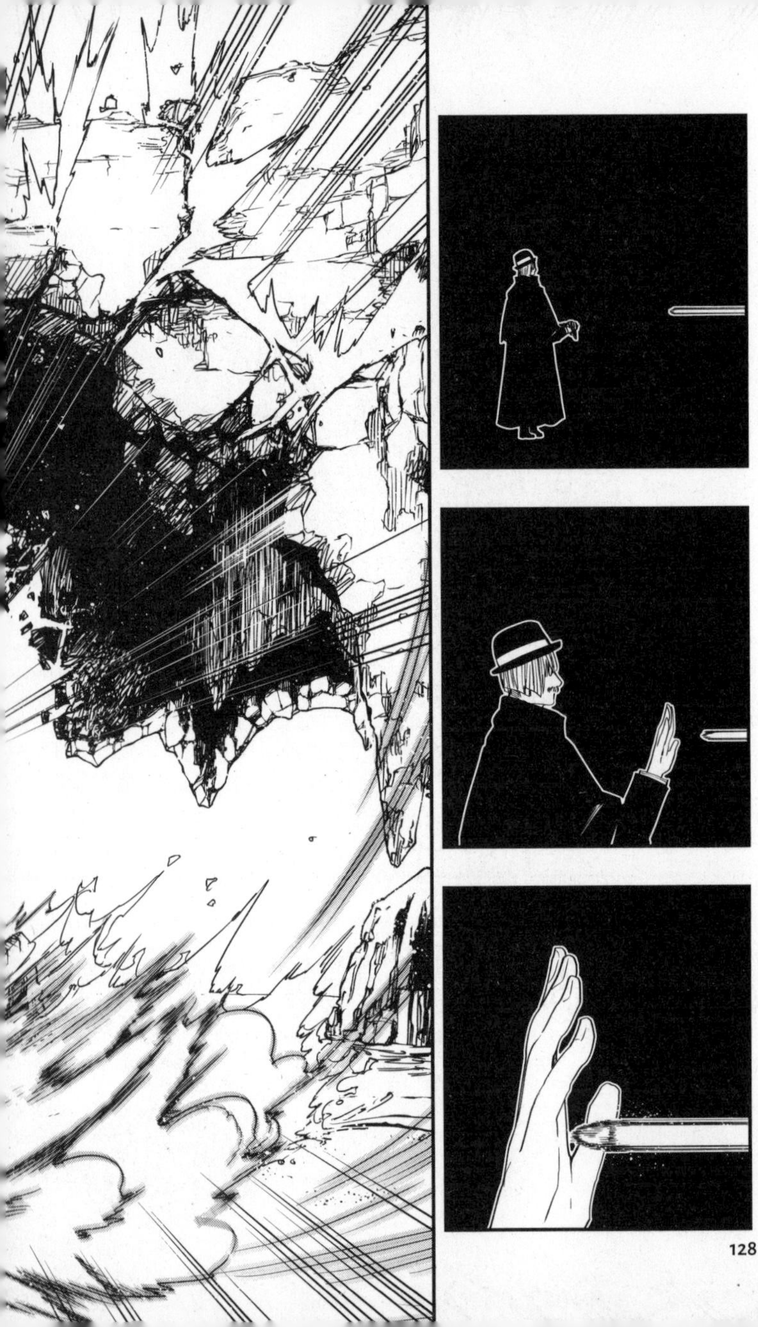

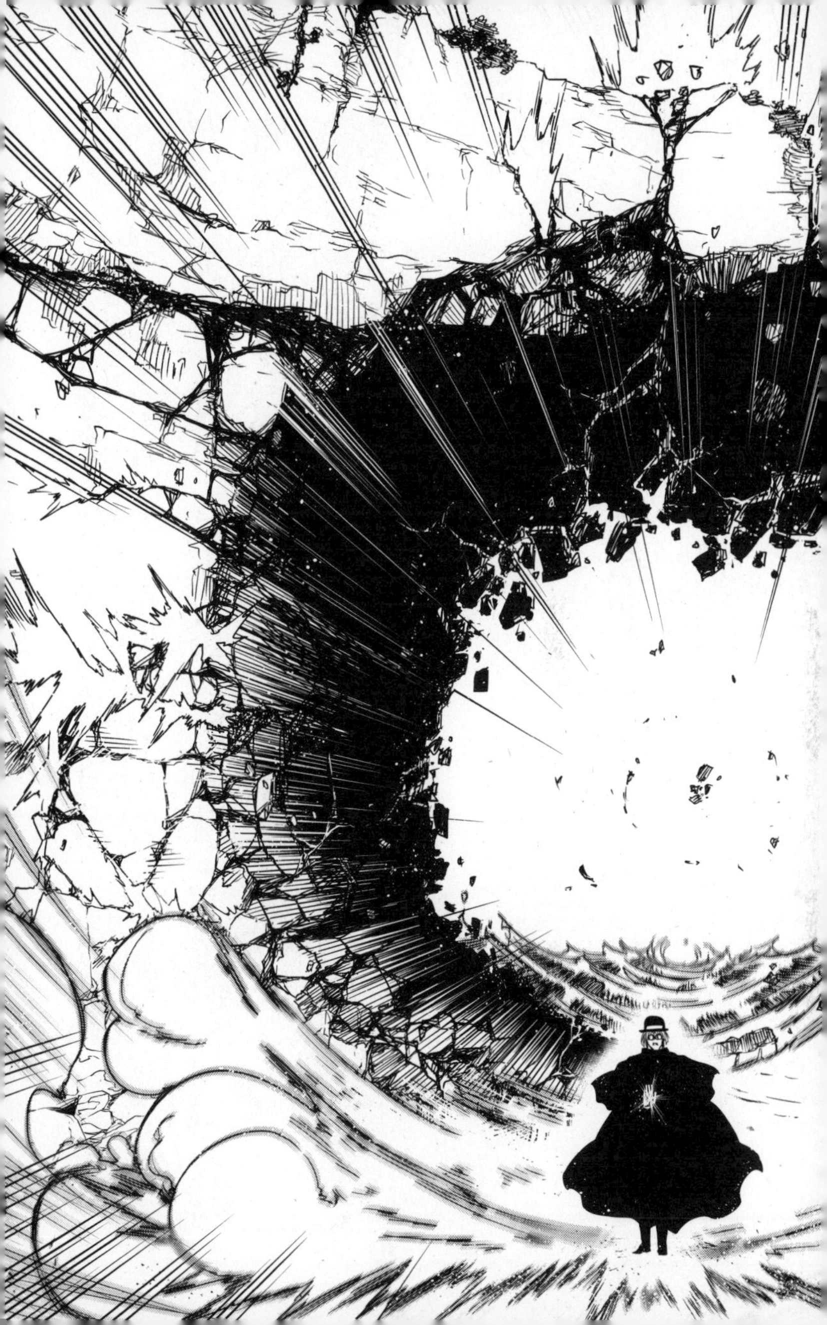

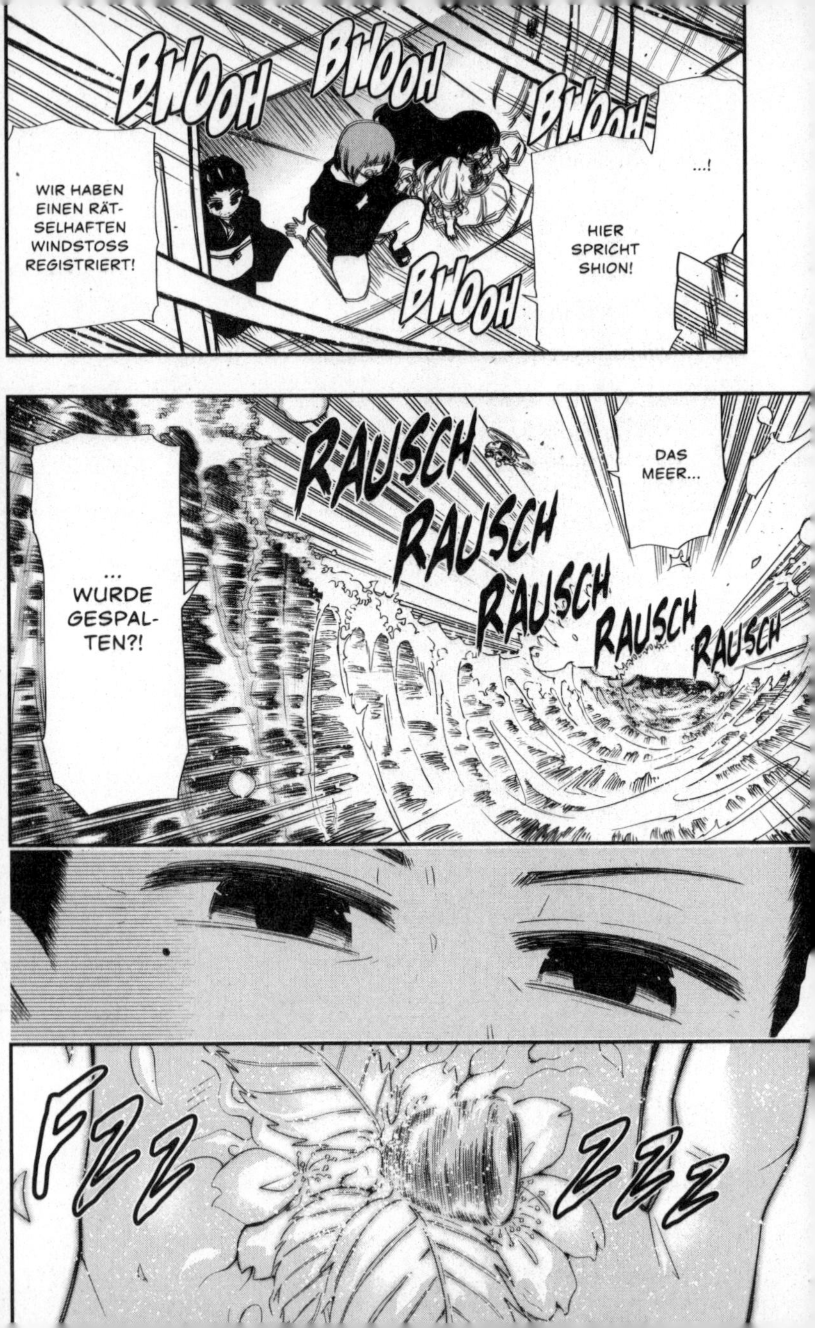
BWOOH
BWOOH
BWOOH
BWOOH
...!
HIER SPRICHT SHION!
WIR HABEN EINEN RÄTSELHAFTEN WINDSTOSS REGISTRIERT!
DAS MEER...
RAUSCH
RAUSCH
RAUSCH
RAUSCH
RAUSCH
... WURDE GESPALTEN?!
ZZZ
FZZZ

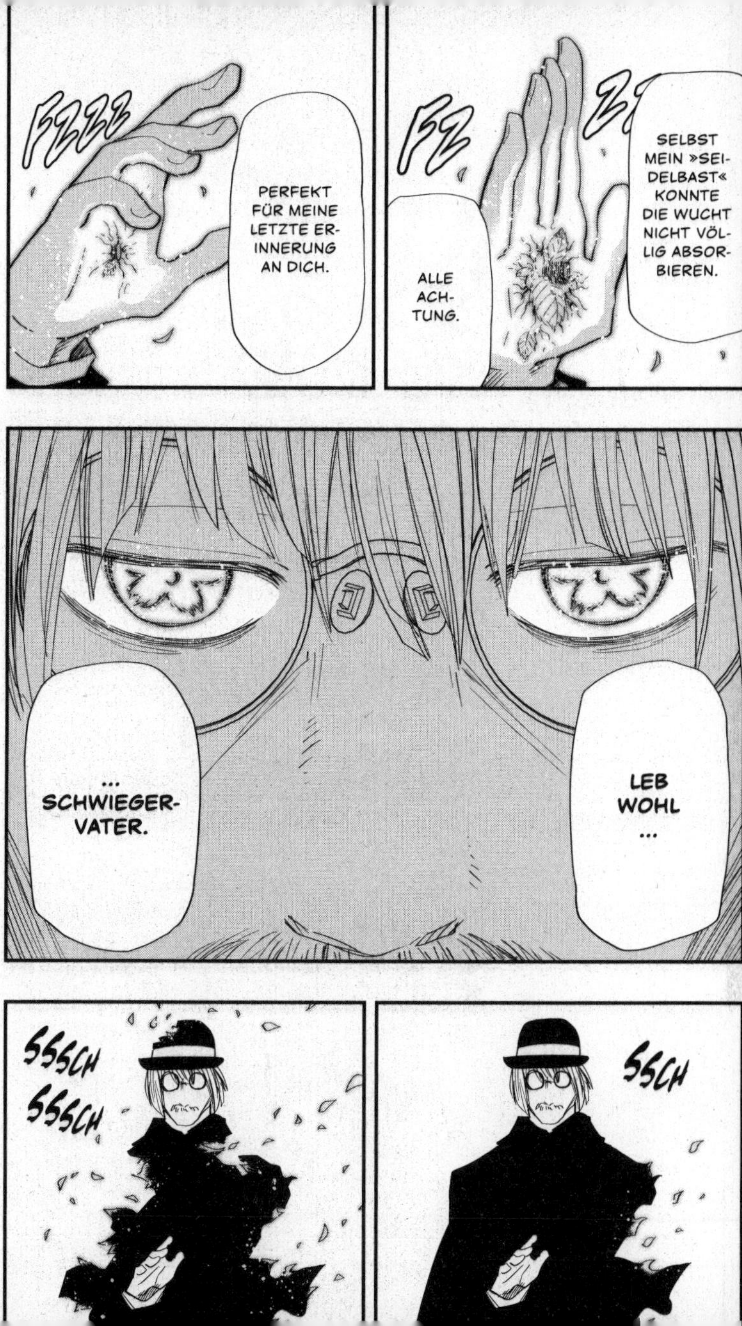
FZ ZZ
SELBST MEIN »SEIDELBAST« KONNTE DIE WUCHT NICHT VÖLLIG ABSORBIEREN.
ALLE ACHTUNG.
FZZZ
PERFEKT FÜR MEINE LETZTE ERINNERUNG AN DICH.
LEB WOHL ...
... SCHWIEGERVATER.
SSCH
SSSCH SSSCH

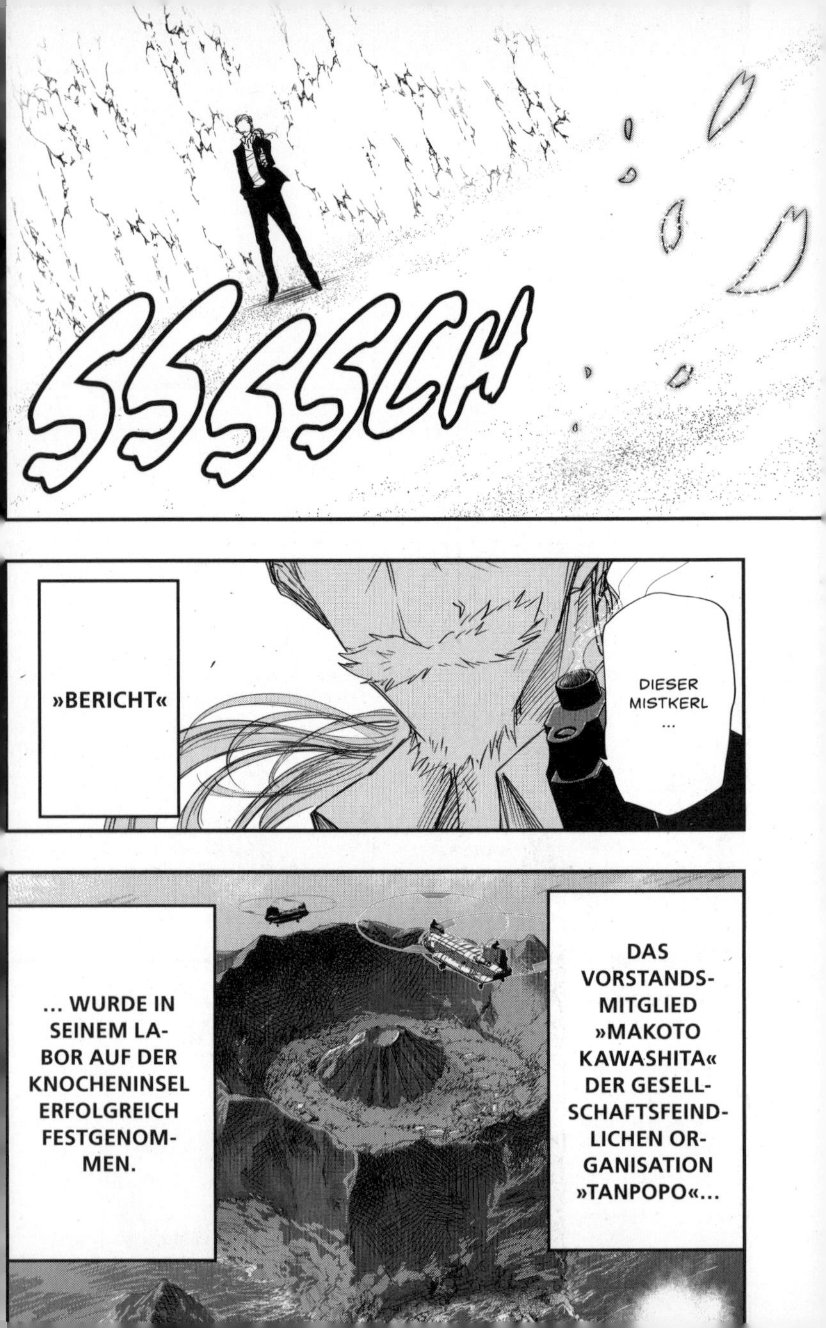

SSSSCH
»BERICHT«
DIESER MISTKERL ...
DAS VORSTANDS-MITGLIED »MAKOTO KAWASHITA« DER GESELL-SCHAFTSFEIND-LICHEN OR-GANISATION »TANPOPO«...
... WURDE IN SEINEM LA-BOR AUF DER KNOCHENINSEL ERFOLGREICH FESTGENOM-MEN.

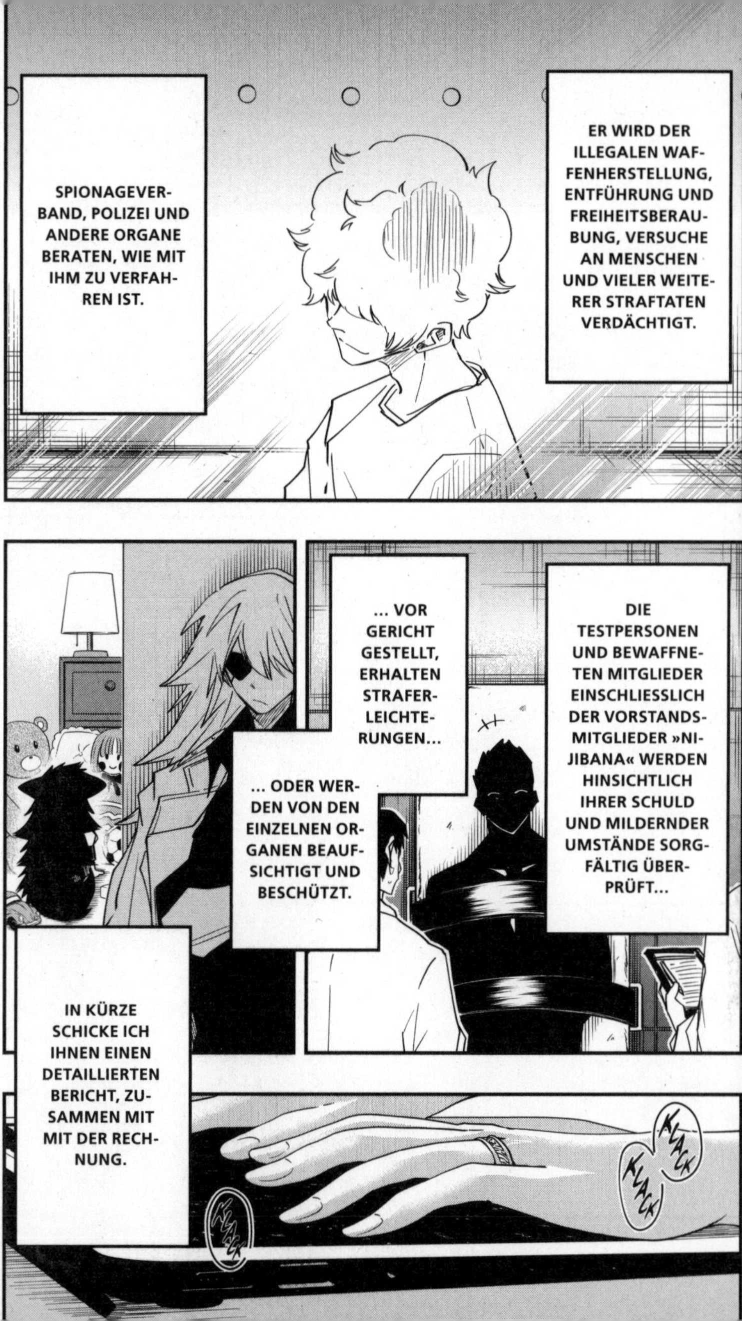
ER WIRD DER ILLEGALEN WAFFENHERSTELLUNG, ENTFÜHRUNG UND FREIHEITSBERAUBUNG, VERSUCHE AN MENSCHEN UND VIELER WEITERER STRAFTATEN VERDÄCHTIGT.
SPIONAGEVERBAND, POLIZEI UND ANDERE ORGANE BERATEN, WIE MIT IHM ZU VERFAHREN IST.
DIE TESTPERSONEN UND BEWAFFNETEN MITGLIEDER EINSCHLIESSLICH DER VORSTANDSMITGLIEDER »NIJIBANA« WERDEN HINSICHTLICH IHRER SCHULD UND MILDERNDER UMSTÄNDE SORGFÄLTIG ÜBERPRÜFT...
... VOR GERICHT GESTELLT, ERHALTEN STRAFERLEICHTERUNGEN...
... ODER WERDEN VON DEN EINZELNEN ORGANEN BEAUFSICHTIGT UND BESCHÜTZT.
IN KÜRZE SCHICKE ICH IHNEN EINEN DETAILLIERTEN BERICHT, ZUSAMMEN MIT MIT DER RECHNUNG.
KLACK
KLACK
KLACK

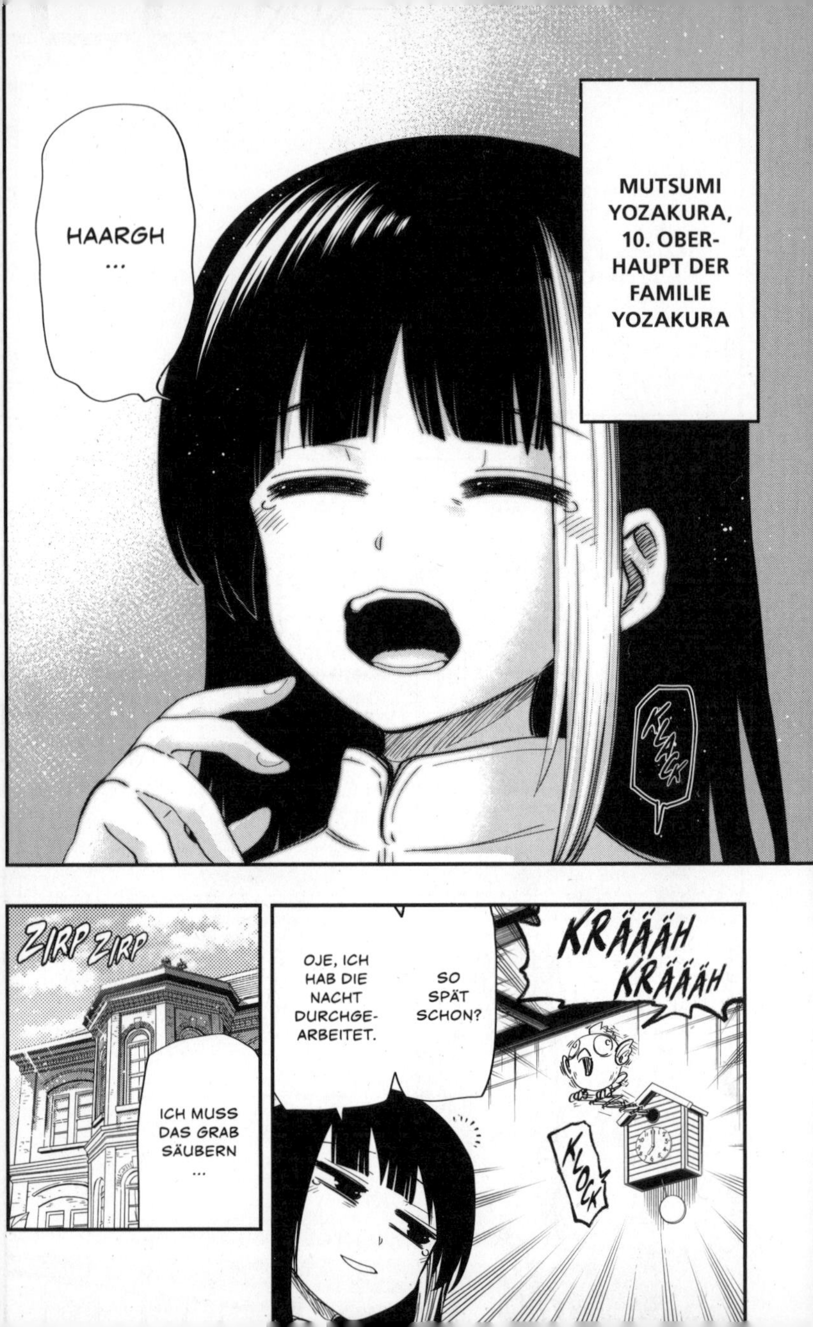
MUTSUMI YOZAKURA, 10. OBER- HAUPT DER FAMILIE YOZAKURA
HAARGH …
KLACK
KRÄÄÄH KRÄÄÄH
SO SPÄT SCHON?
OJE, ICH HAB DIE NACHT DURCHGE- ARBEITET.
KLOCK
ZIRP ZIRP
ICH MUSS DAS GRAB SÄUBERN …

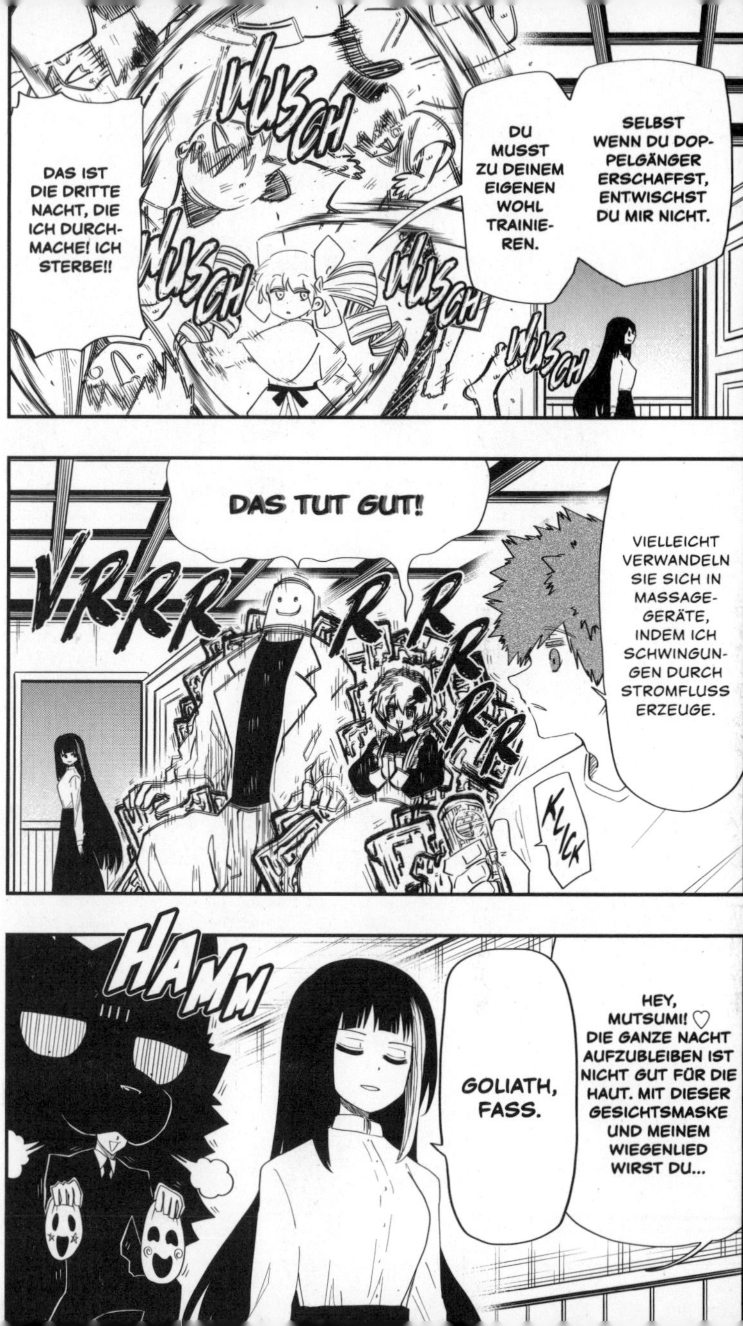
SELBST WENN DU DOPPELGÄNGER ERSCHAFFST, ENTWISCHST DU MIR NICHT.
DU MUSST ZU DEINEM EIGENEN WOHL TRAINIEREN.
WUSCH
WUSCH
WUSCH
WUSCH
DAS IST DIE DRITTE NACHT, DIE ICH DURCHMACHE! ICH STERBE!!
VIELLEICHT VERWANDELN SIE SICH IN MASSAGEGERÄTE, INDEM ICH SCHWINGUNGEN DURCH STROMFLUSS ERZEUGE.
KLICK
DAS TUT GUT!
VRRRRRRRRRR
HEY, MUTSUMI! ♡ DIE GANZE NACHT AUFZUBLEIBEN IST NICHT GUT FÜR DIE HAUT. MIT DIESER GESICHTSMASKE UND MEINEM WIEGENLIED WIRST DU...
GOLIATH, FASS.
HAMM

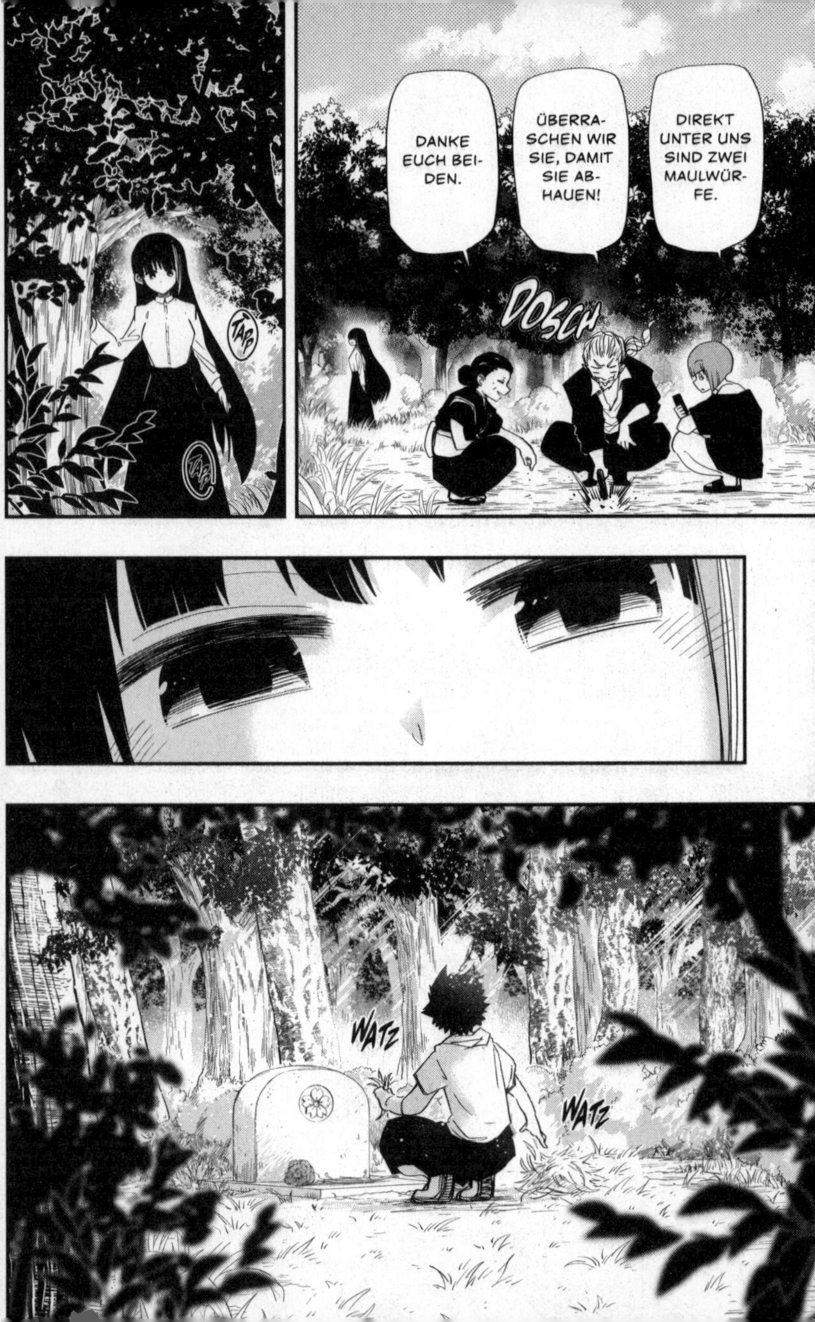
DIREKT UNTER UNS SIND ZWEI MAULWÜRFE.
ÜBERRASCHEN WIR SIE, DAMIT SIE ABHAUEN!
DANKE EUCH BEIDEN.
DOSCH
TAPP
TAPP
WATZ
WATZ

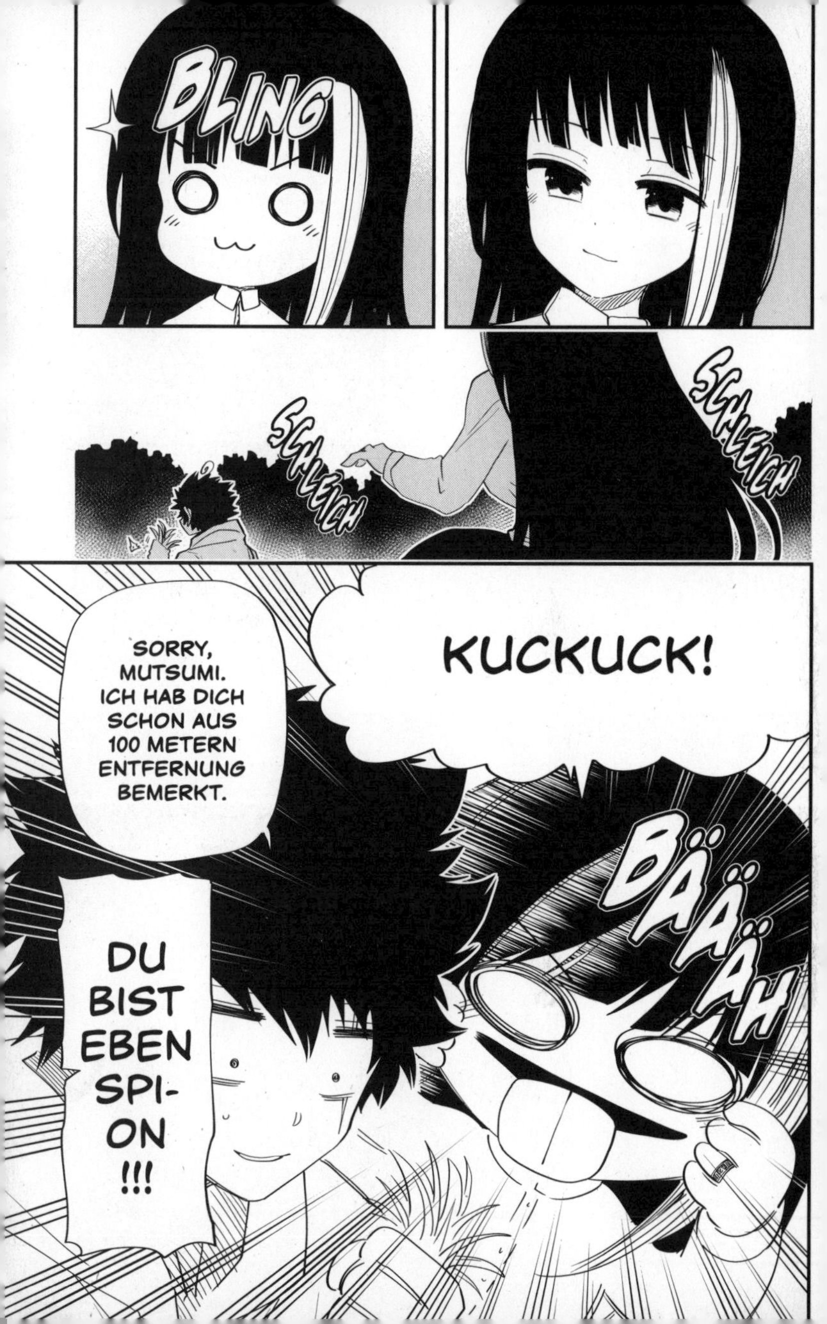
BLING
SCHLEICH
SCHLEICH
KUCKUCK!
SORRY, MUTSUMI. ICH HAB DICH SCHON AUS 100 METERN ENTFERNUNG BEMERKT.
BÄÄÄH
DU BIST EBEN SPI-ON !!!

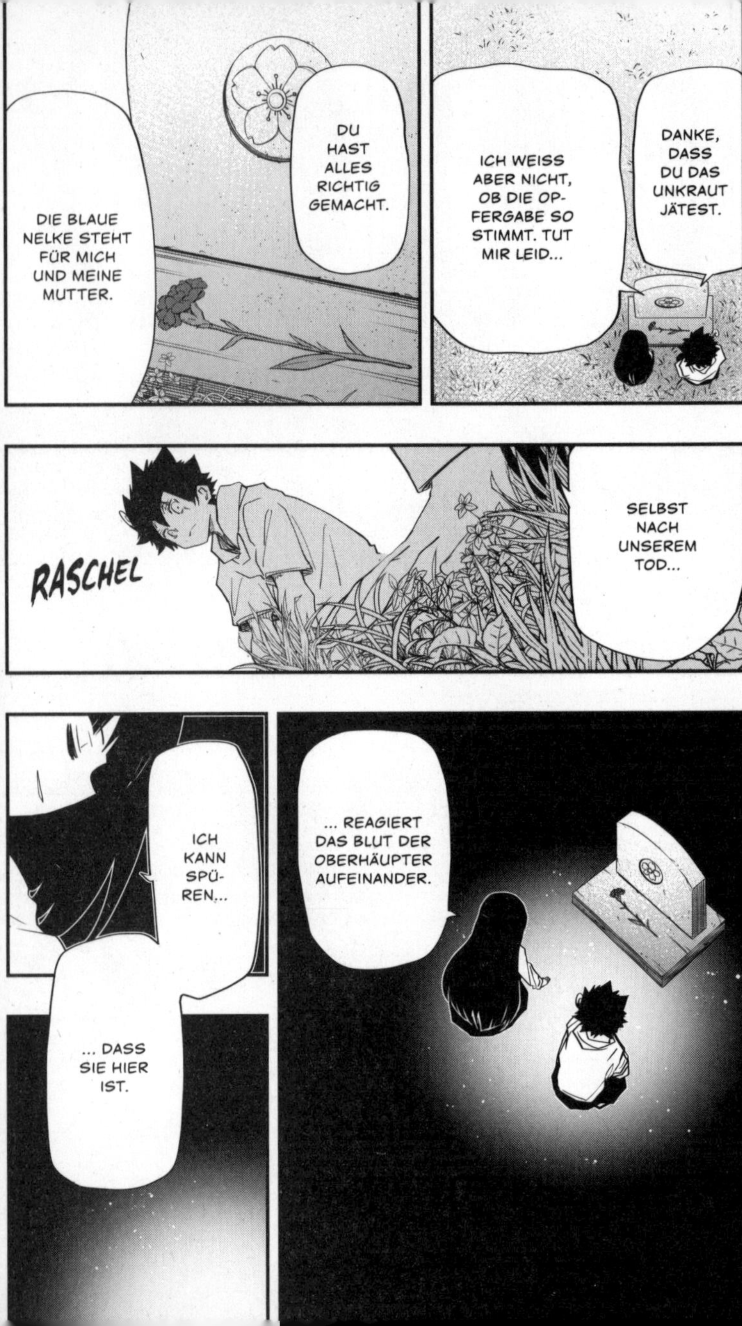
DANKE, DASS DU DAS UNKRAUT JÄTEST.
ICH WEISS ABER NICHT, OB DIE OP-FERGABE SO STIMMT. TUT MIR LEID...
DU HAST ALLES RICHTIG GEMACHT.
DIE BLAUE NELKE STEHT FÜR MICH UND MEINE MUTTER.
SELBST NACH UNSEREM TOD...
RASCHEL
... REAGIERT DAS BLUT DER OBERHÄUPTER AUFEINANDER.
ICH KANN SPÜ-REN...
... DASS SIE HIER IST.

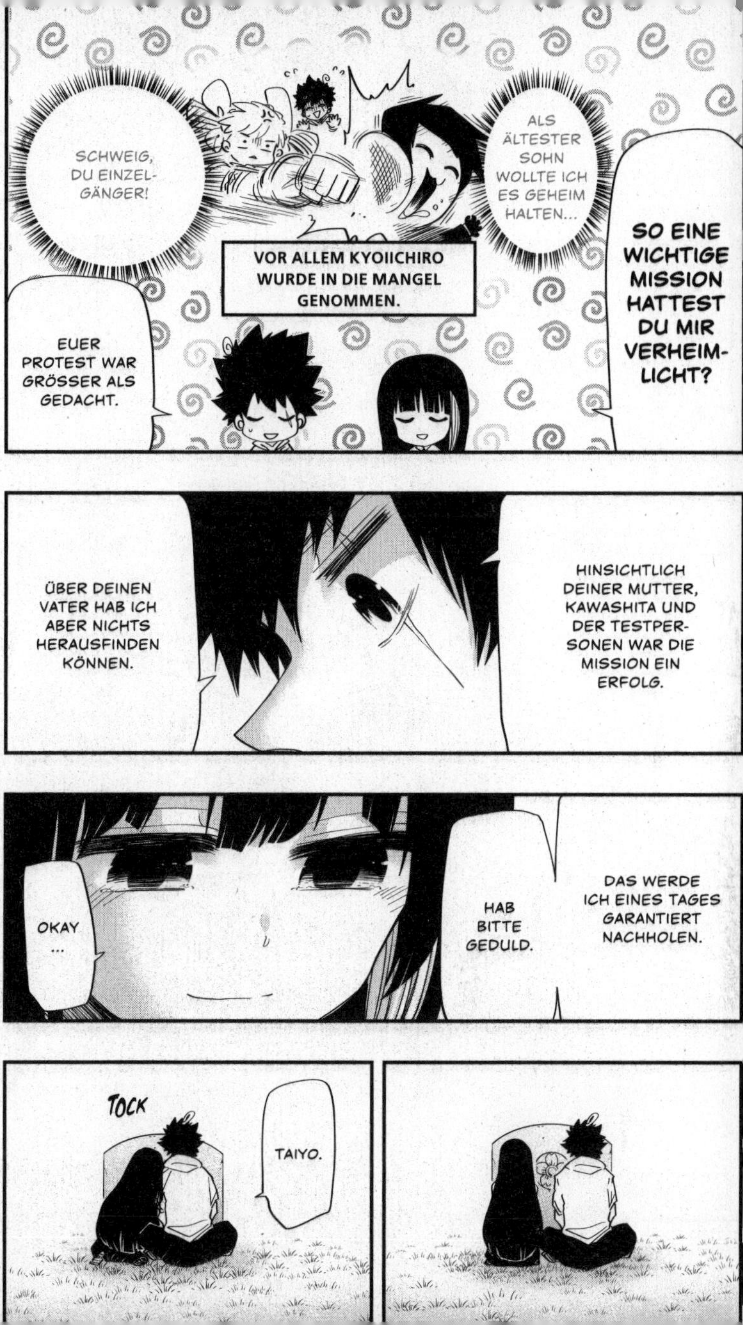
SO EINE WICHTIGE MISSION HATTEST DU MIR VERHEIMLICHT?
ALS ÄLTESTER SOHN WOLLTE ICH ES GEHEIM HALTEN...
SCHWEIG, DU EINZELGÄNGER!
VOR ALLEM KYOIICHIRO WURDE IN DIE MANGEL GENOMMEN.
EUER PROTEST WAR GRÖSSER ALS GEDACHT.
HINSICHTLICH DEINER MUTTER, KAWASHITA UND DER TESTPERSONEN WAR DIE MISSION EIN ERFOLG.
ÜBER DEINEN VATER HAB ICH ABER NICHTS HERAUSFINDEN KÖNNEN.
DAS WERDE ICH EINES TAGES GARANTIERT NACHHOLEN.
HAB BITTE GEDULD.
OKAY ...
TAIYO.
TOCK

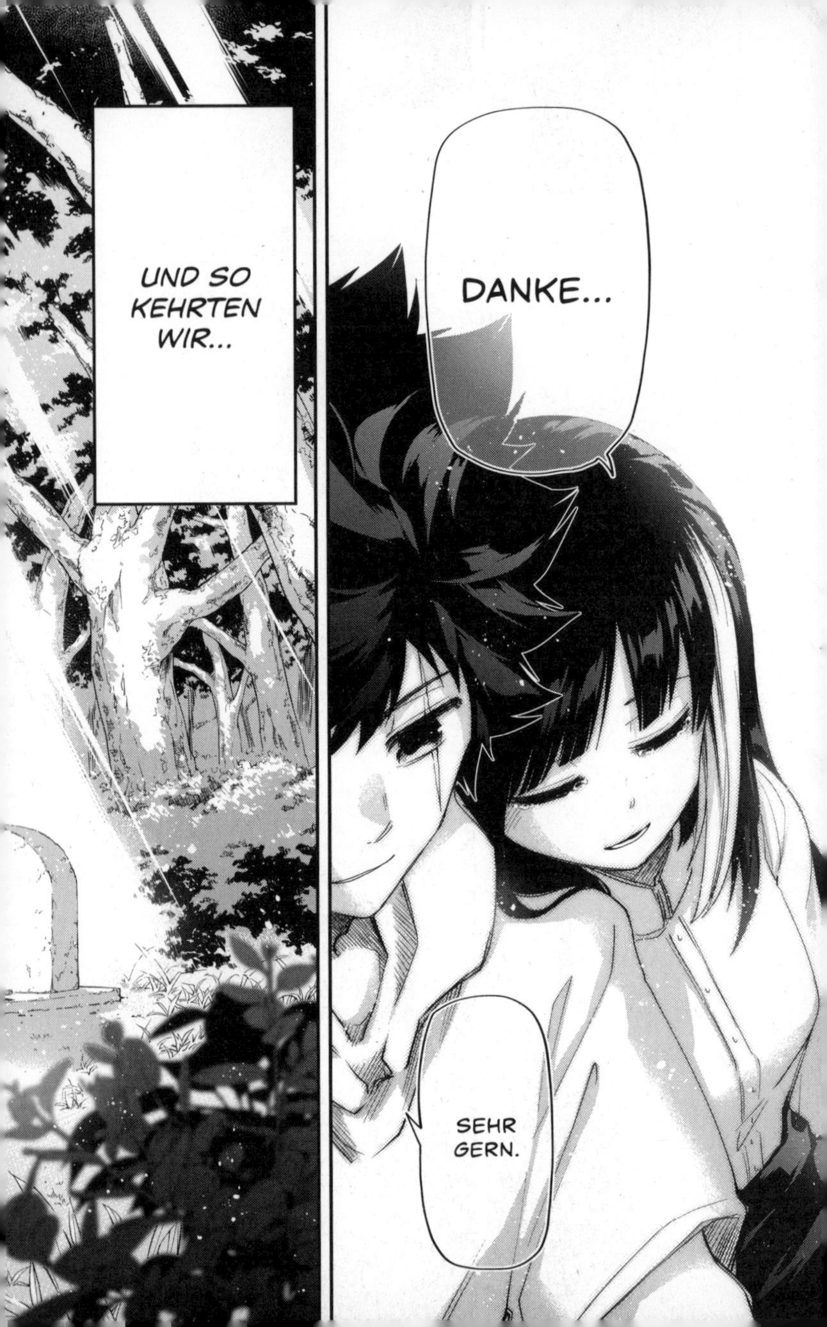
DANKE...
SEHR GERN.
UND SO KEHRTEN WIR...

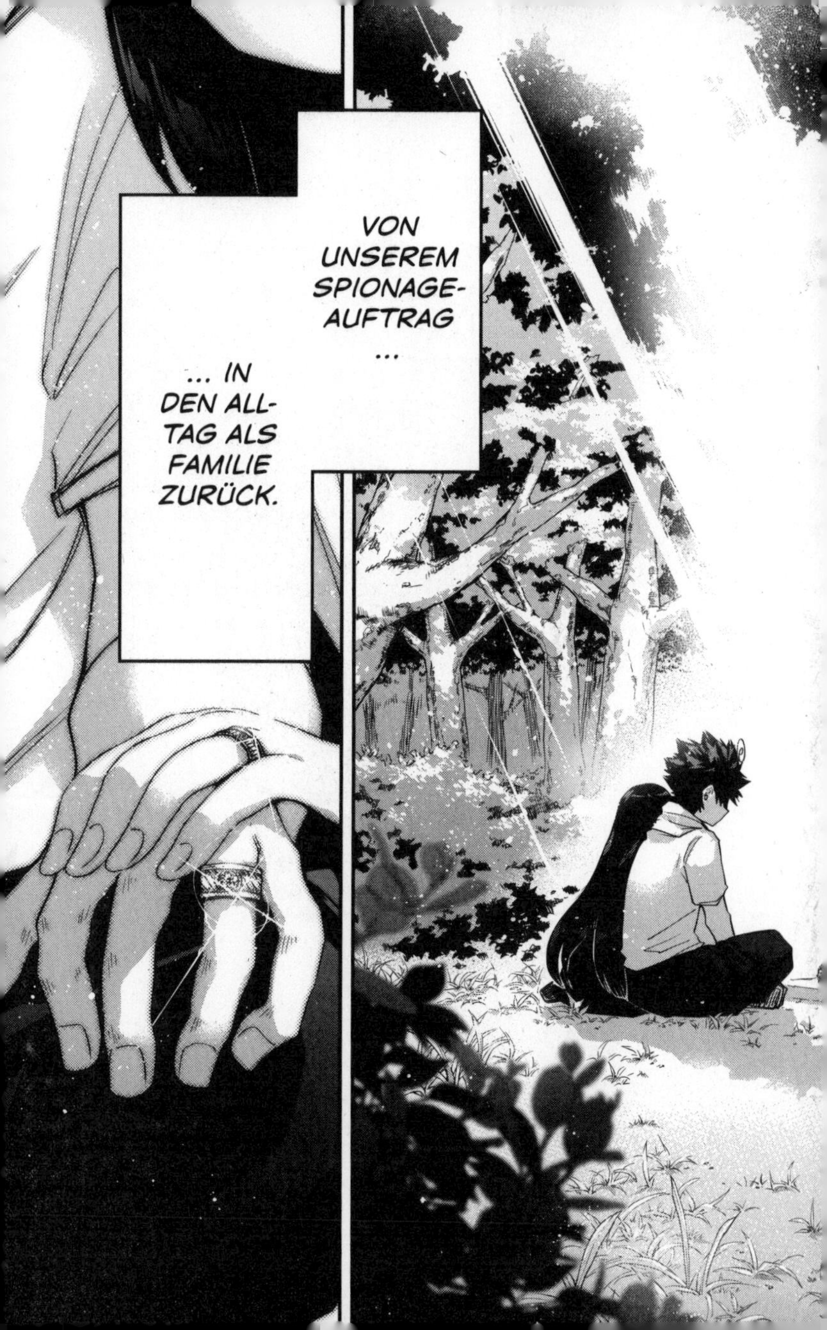
VON UNSEREM SPIONAGE-AUFTRAG ...
... IN DEN ALLTAG ALS FAMILIE ZURÜCK.

Bonus! Besuch bei den Yozakuras!

Er hat überall im Haus Ecken, wo er sich wohlfühlt.

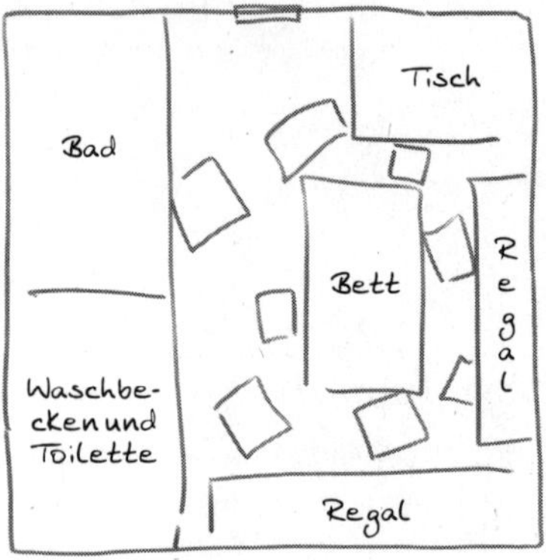

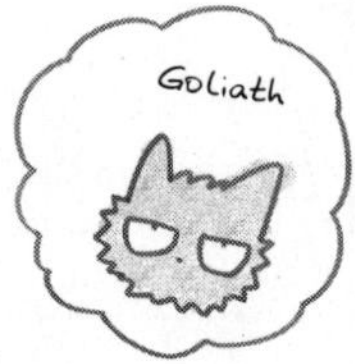

Er hat zwar ein eigenes Zimmer, hält sich aber nur selten dort auf. Kartons von Onlineshops liegen oft chaotisch herum.

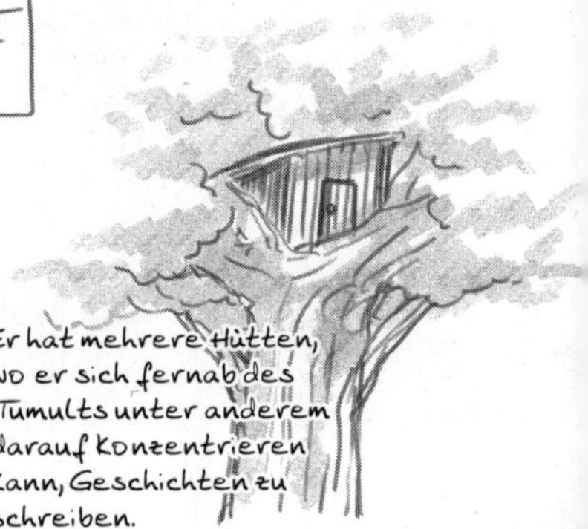

Eine Hundehütte, die im Wald liegt

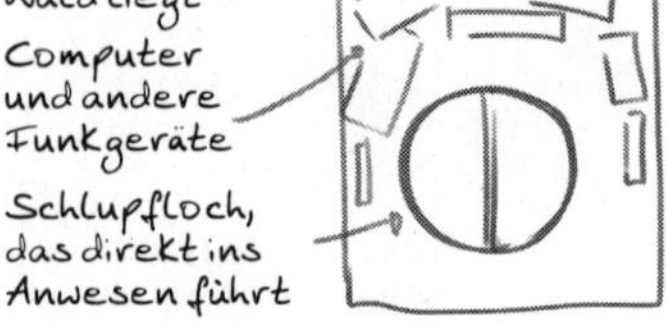

Er hat mehrere Hütten, wo er sich fernab des Tumults unter anderem darauf konzentrieren kann, Geschichten zu schreiben.

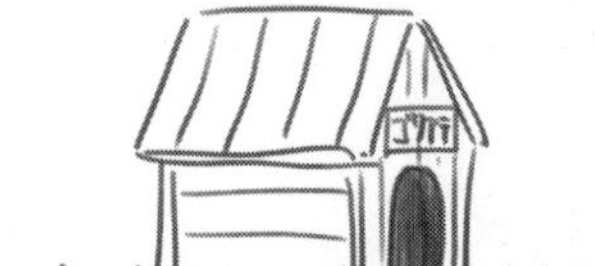

Goliath

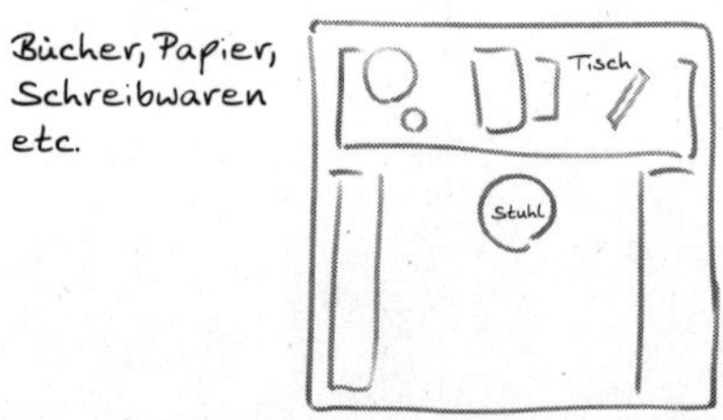

* selbst gemacht

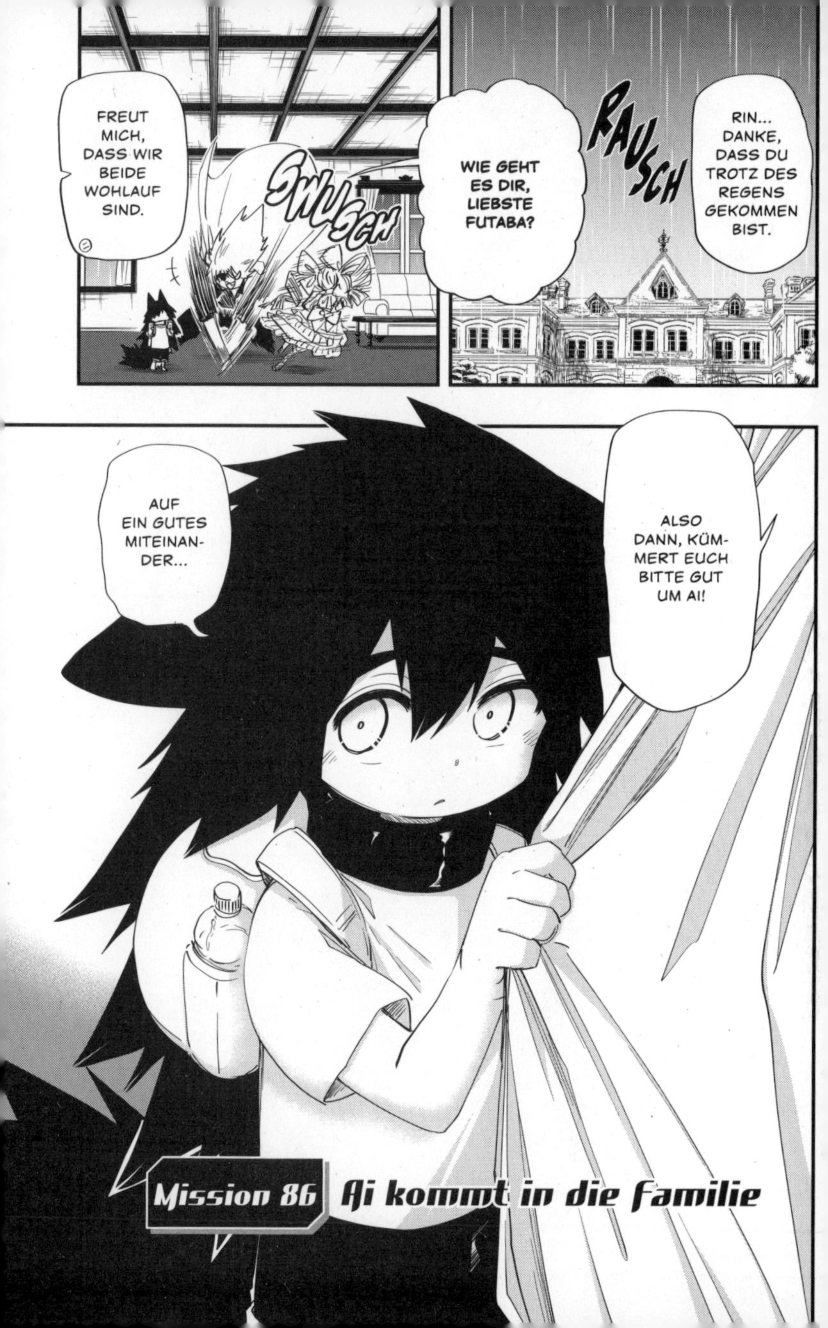
RIN... DANKE, DASS DU TROTZ DES REGENS GEKOMMEN BIST.
RAUSCH
WIE GEHT ES DIR, LIEBSTE FUTABA?
SWUSCH
FREUT MICH, DASS WIR BEIDE WOHLAUF SIND.
ALSO DANN, KÜMMERT EUCH BITTE GUT UM AI!
AUF EIN GUTES MITEINANDER...
Mission 86
Ai kommt in die Familie

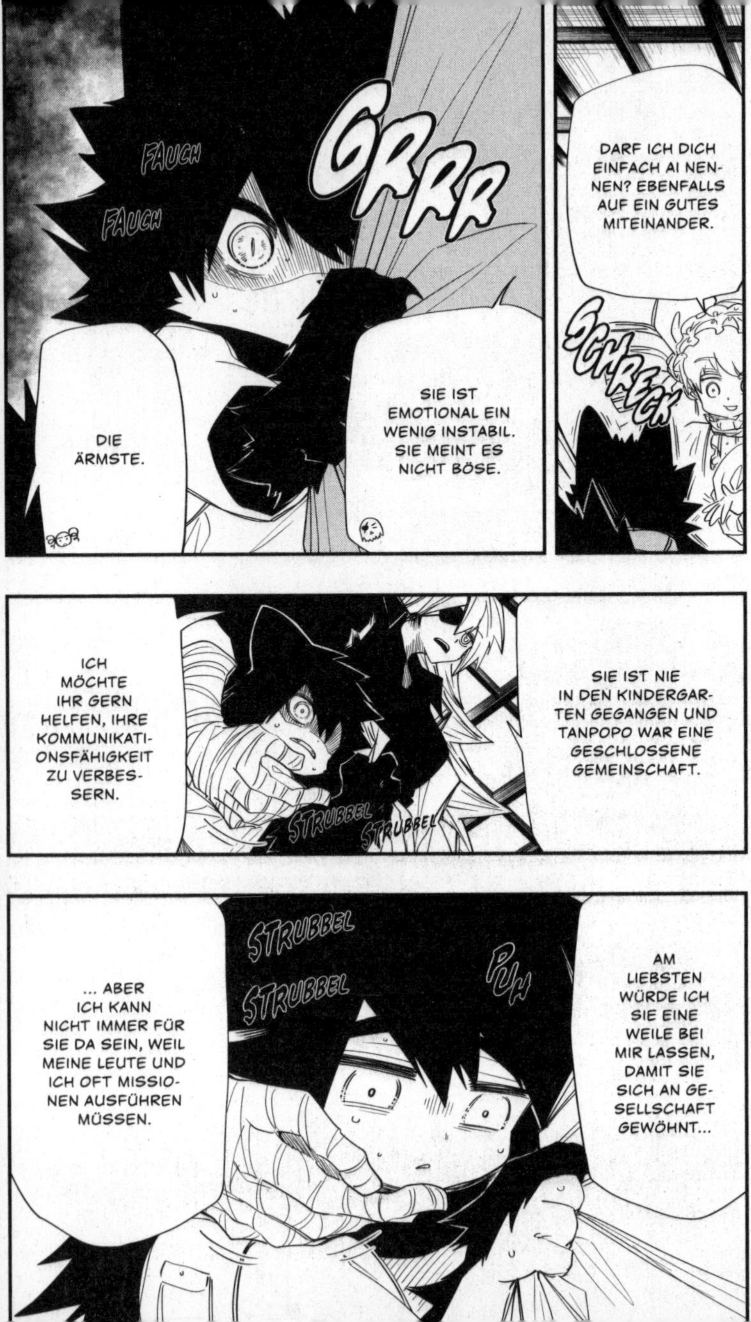
DARF ICH DICH EINFACH AI NENNEN? EBENFALLS AUF EIN GUTES MITEINANDER.
SCHRECK
GRRR
SIE IST EMOTIONAL EIN WENIG INSTABIL. SIE MEINT ES NICHT BÖSE.
FAUCH
FAUCH
DIE ÄRMSTE.
SIE IST NIE IN DEN KINDERGARTEN GEGANGEN UND TANPOPO WAR EINE GESCHLOSSENE GEMEINSCHAFT.
ICH MÖCHTE IHR GERN HELFEN, IHRE KOMMUNIKATIONSFÄHIGKEIT ZU VERBESSERN.
STRUBBEL
STRUBBEL
AM LIEBSTEN WÜRDE ICH SIE EINE WEILE BEI MIR LASSEN, DAMIT SIE SICH AN GESELLSCHAFT GEWÖHNT ...
PUH
STRUBBEL
STRUBBEL
... ABER ICH KANN NICHT IMMER FÜR SIE DA SEIN, WEIL MEINE LEUTE UND ICH OFT MISSIONEN AUSFÜHREN MÜSSEN.

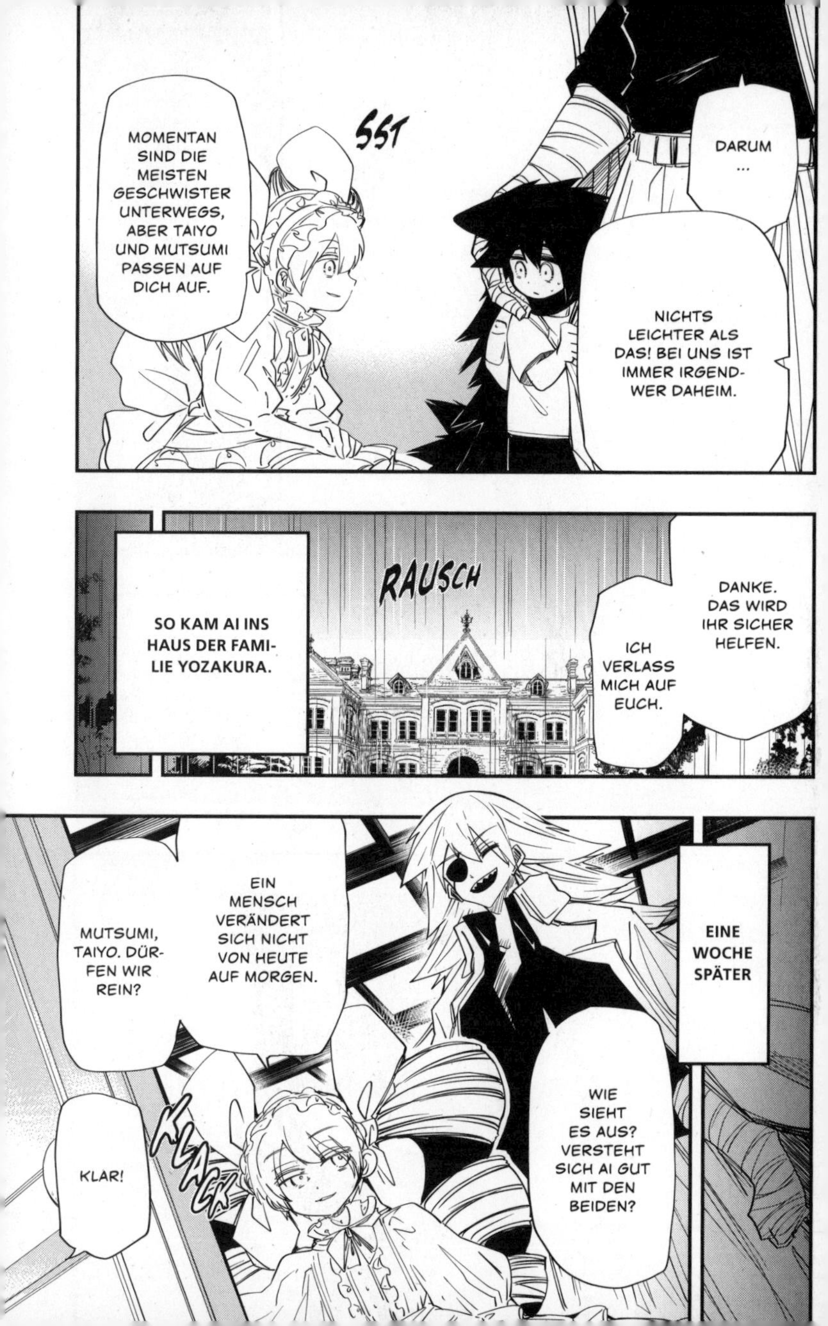
MOMENTAN SIND DIE MEISTEN GESCHWISTER UNTERWEGS, ABER TAIYO UND MUTSUMI PASSEN AUF DICH AUF.
SST
DARUM …
NICHTS LEICHTER ALS DAS! BEI UNS IST IMMER IRGEND-WER DAHEIM.
DANKE. DAS WIRD IHR SICHER HELFEN.
ICH VERLASS MICH AUF EUCH.
RAUSCH
SO KAM AI INS HAUS DER FAMI-LIE YOZAKURA.
EINE WOCHE SPÄTER
WIE SIEHT ES AUS? VERSTEHT SICH AI GUT MIT DEN BEIDEN?
EIN MENSCH VERÄNDERT SICH NICHT VON HEUTE AUF MORGEN.
MUTSUMI, TAIYO. DÜR-FEN WIR REIN?
KLACK
KLAR!

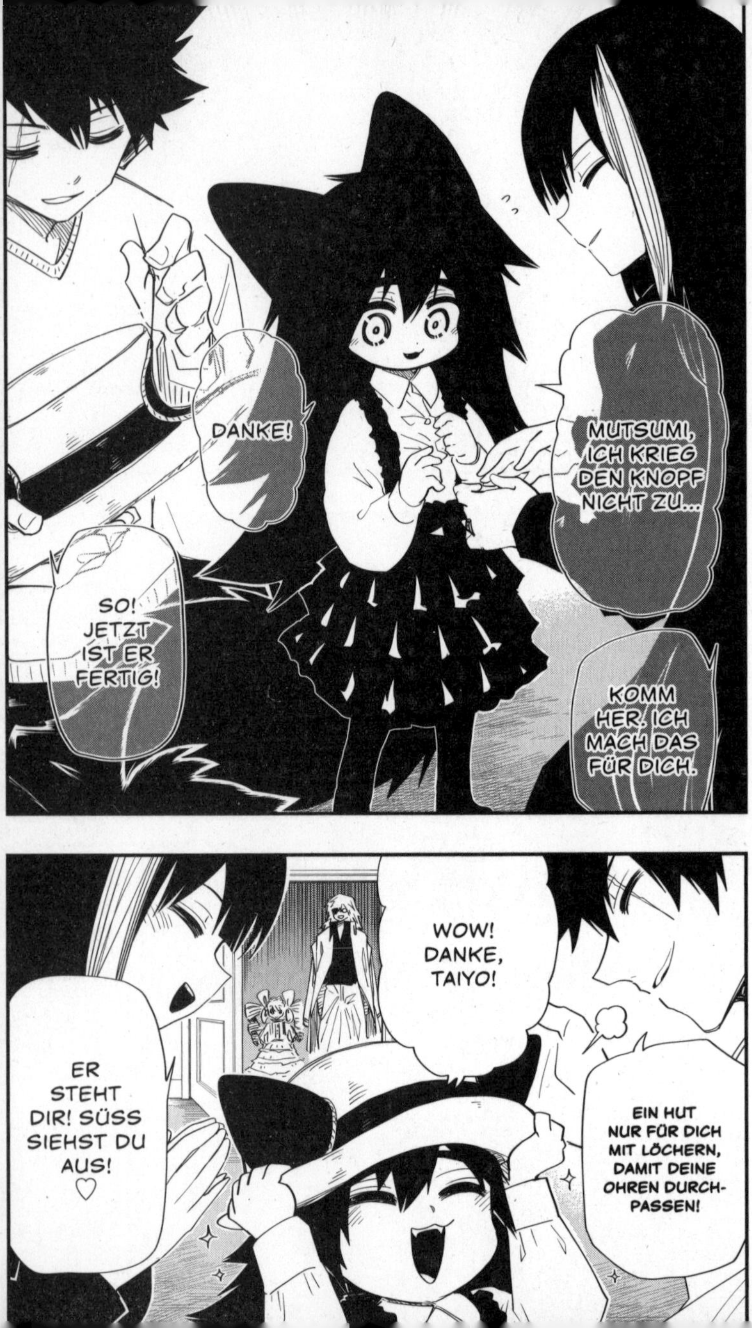
MUTSUMI, ICH KRIEG DEN KNOPF NICHT ZU...
KOMM HER. ICH MACH DAS FÜR DICH.
DANKE!
SO! JETZT IST ER FERTIG!
EIN HUT NUR FÜR DICH MIT LÖCHERN, DAMIT DEINE OHREN DURCH-PASSEN!
WOW! DANKE, TAIYO!
ER STEHT DIR! SÜSS SIEHST DU AUS! ♡

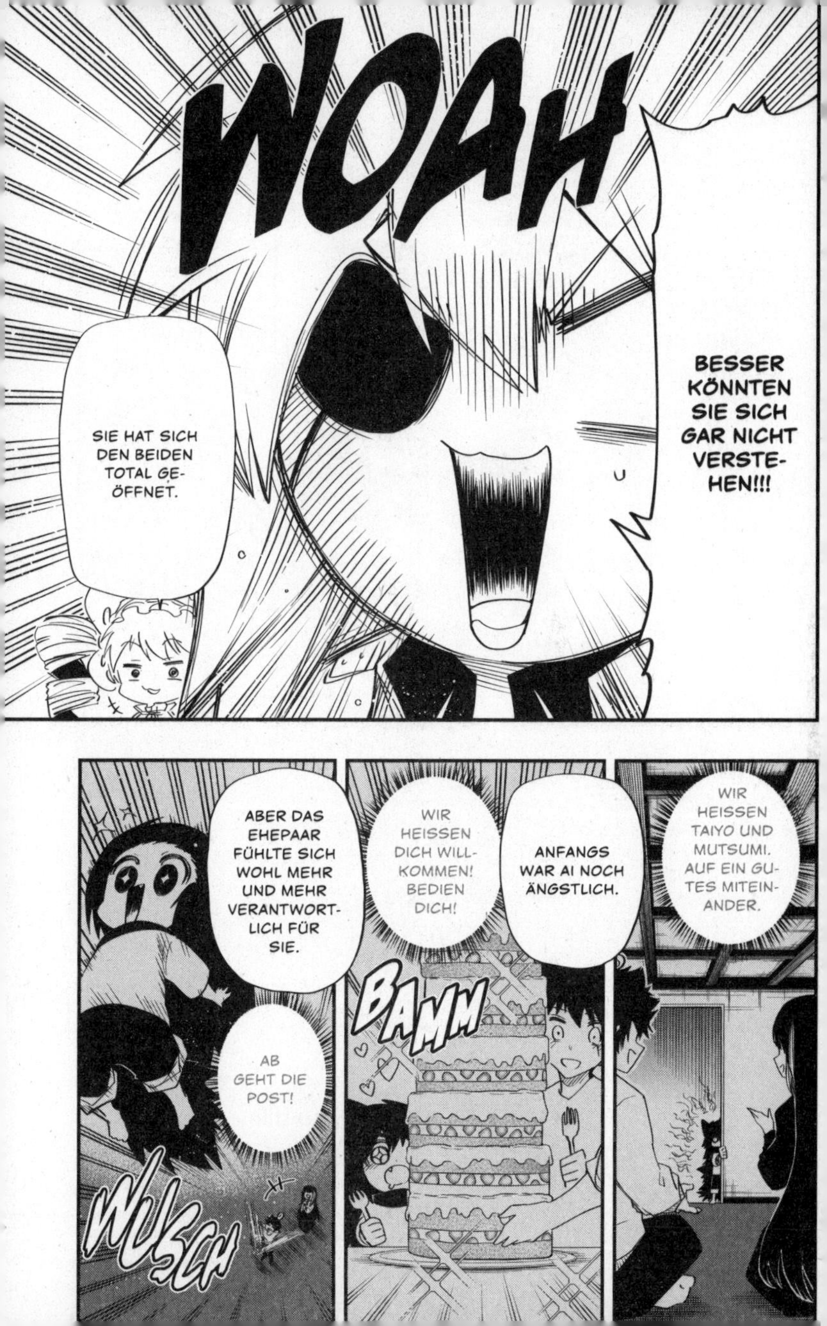
WOAH
BESSER KÖNNTEN SIE SICH GAR NICHT VERSTE-HEN!!!
SIE HAT SICH DEN BEIDEN TOTAL GE-ÖFFNET.
WIR HEISSEN TAIYO UND MUTSUMI. AUF EIN GU-TES MITEIN-ANDER.
ANFANGS WAR AI NOCH ÄNGSTLICH.
WIR HEISSEN DICH WILL-KOMMEN! BEDIEN DICH!
BAMM
ABER DAS EHEPAAR FÜHLTE SICH WOHL MEHR UND MEHR VERANTWORT-LICH FÜR SIE.
AB GEHT DIE POST!
WUSCH

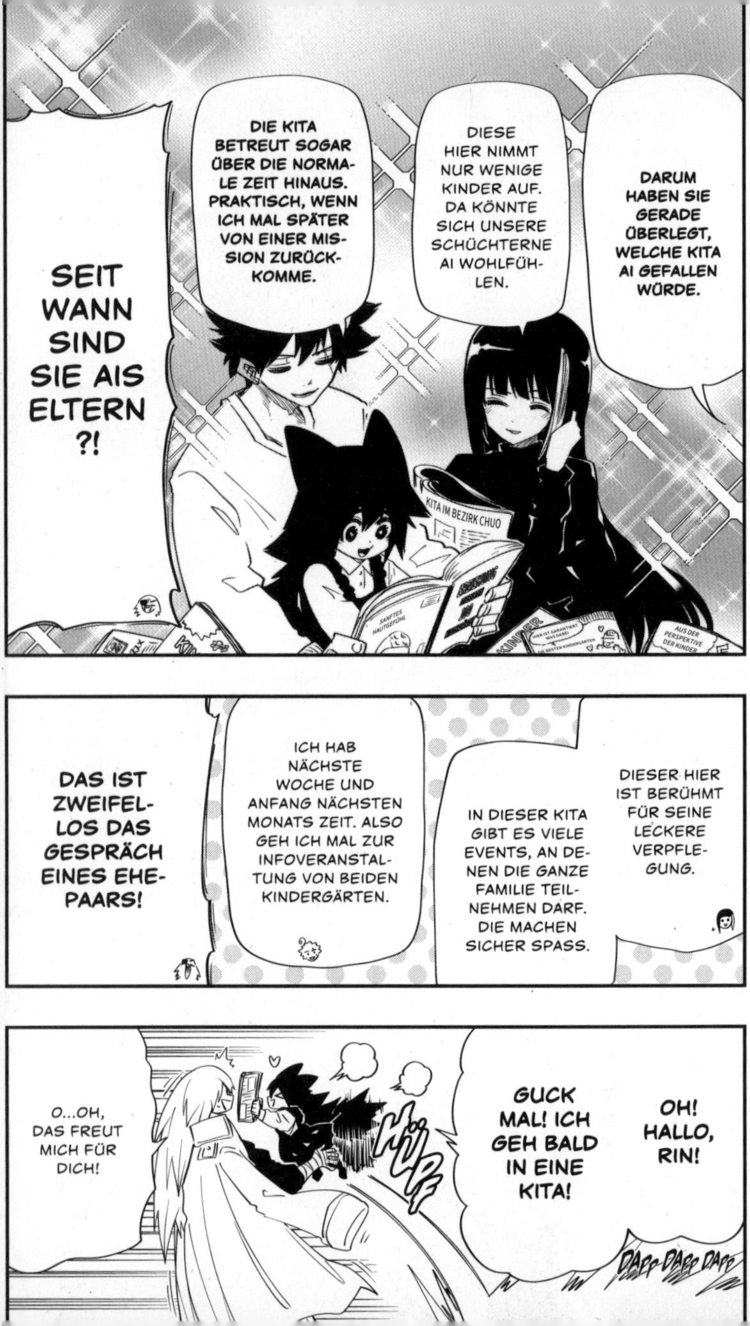

DARUM HABEN SIE GERADE ÜBERLEGT, WELCHE KITA AI GEFALLEN WÜRDE.
DIESE HIER NIMMT NUR WENIGE KINDER AUF. DA KÖNNTE SICH UNSERE SCHÜCHTERNE AI WOHLFÜHLEN.
DIE KITA BETREUT SOGAR ÜBER DIE NORMALE ZEIT HINAUS. PRAKTISCH, WENN ICH MAL SPÄTER VON EINER MISSION ZURÜCKKOMME.
SEIT WANN SIND SIE AIS ELTERN ?!
KITA IM BEZIRK CHUO
SANFTES HAUTGEFÜHL
HIER IST GARANTIERT WAS DABEI
DIE BESTEN KINDERGÄRTEN
KINDER
AUS DER PERSPEKTIVE DER KINDER
DIESER HIER IST BERÜHMT FÜR SEINE LECKERE VERPFLEGUNG.
IN DIESER KITA GIBT ES VIELE EVENTS, AN DENEN DIE GANZE FAMILIE TEILNEHMEN DARF. DIE MACHEN SICHER SPASS.
ICH HAB NÄCHSTE WOCHE UND ANFANG NÄCHSTEN MONATS ZEIT. ALSO GEH ICH MAL ZUR INFOVERANSTALTUNG VON BEIDEN KINDERGÄRTEN.
DAS IST ZWEIFELLOS DAS GESPRÄCH EINES EHEPAARS!
OH! HALLO, RIN!
DAPP DAPP DAPP
GUCK MAL! ICH GEH BALD IN EINE KITA!
HÜPF
O...OH, DAS FREUT MICH FÜR DICH!

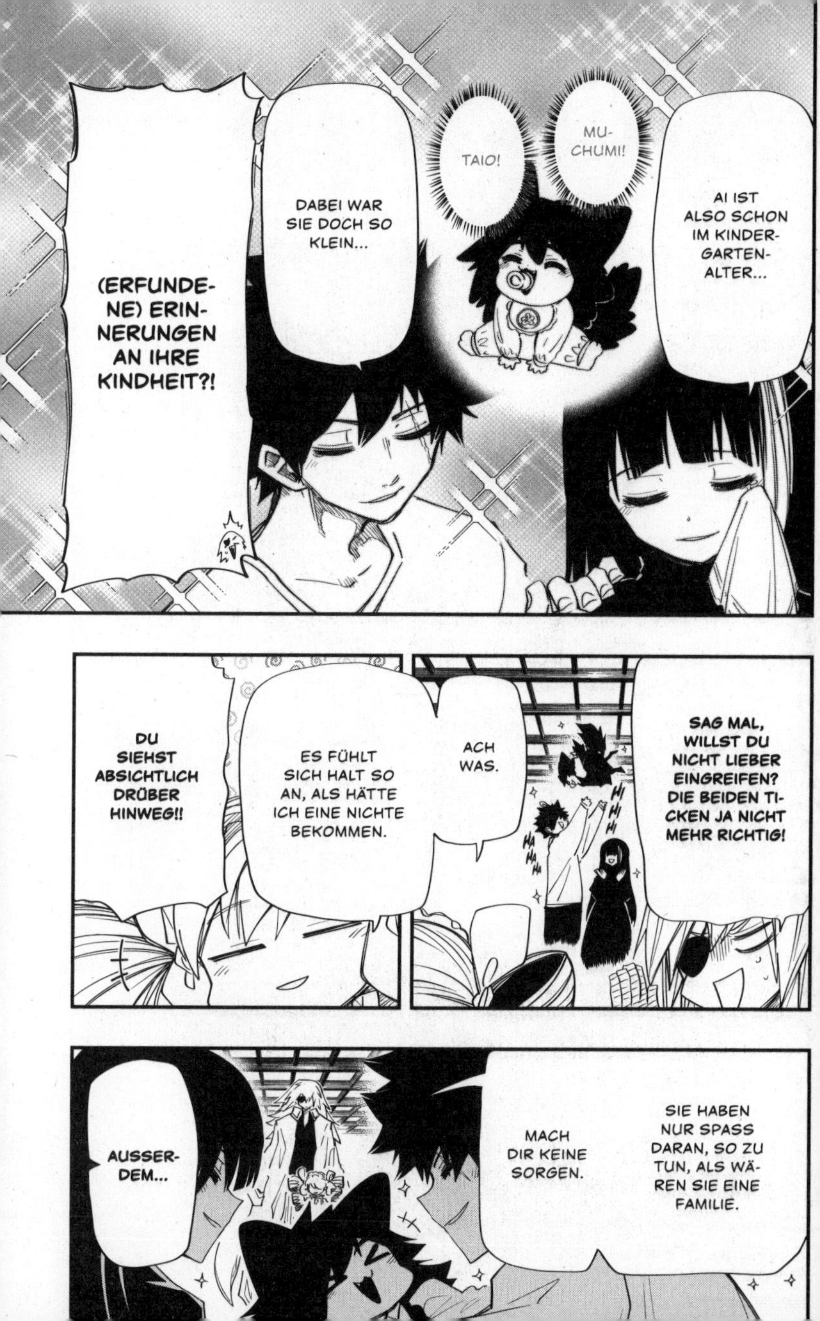
AI IST ALSO SCHON IM KINDERGARTENALTER...
MUCHUMI!
TAIO!
DABEI WAR SIE DOCH SO KLEIN...
(ERFUNDENE) ERINNERUNGEN AN IHRE KINDHEIT?!
SAG MAL, WILLST DU NICHT LIEBER EINGREIFEN? DIE BEIDEN TICKEN JA NICHT MEHR RICHTIG!
HI HI HI
HA HA HA HA
ACH WAS.
ES FÜHLT SICH HALT SO AN, ALS HÄTTE ICH EINE NICHTE BEKOMMEN.
DU SIEHST ABSICHTLICH DRÜBER HINWEG!!
SIE HABEN NUR SPASS DARAN, SO ZU TUN, ALS WÄREN SIE EINE FAMILIE.
MACH DIR KEINE SORGEN.
AUSSERDEM...

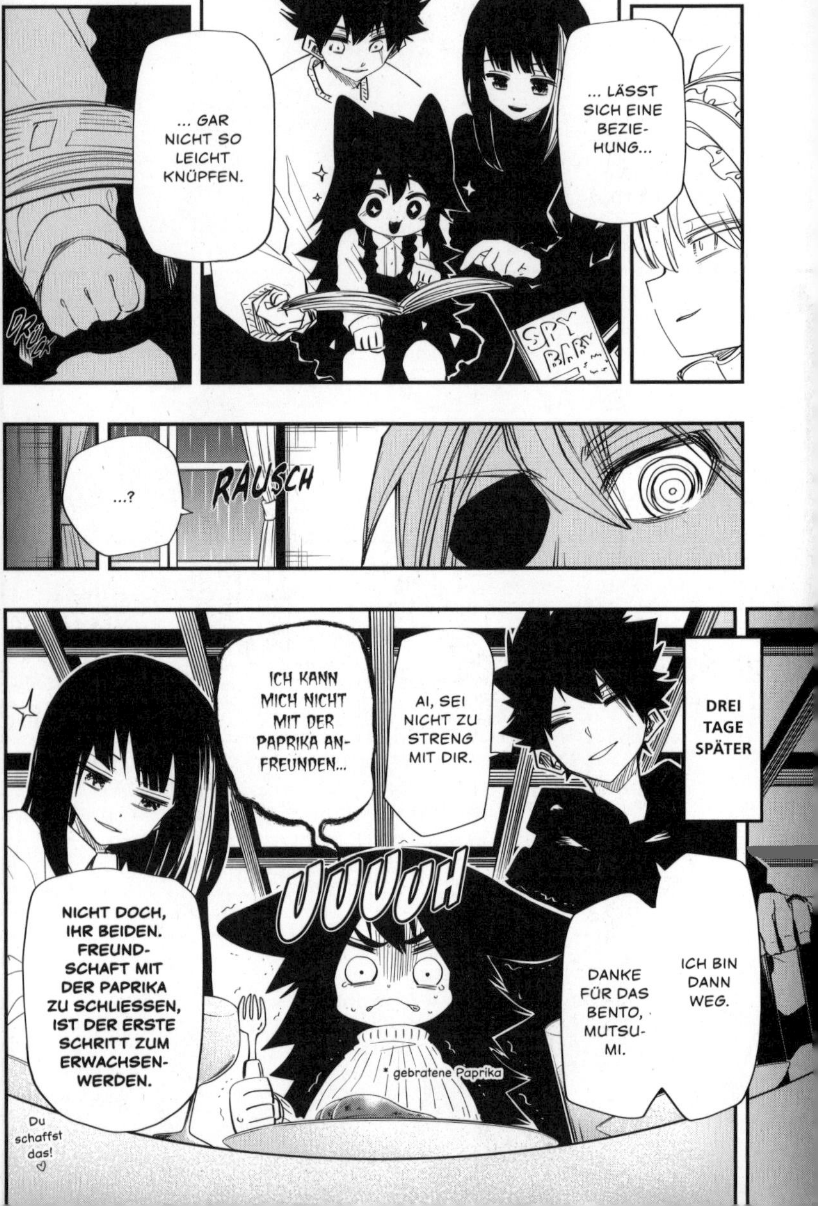
... LÄSST SICH EINE BEZIEHUNG...
... GAR NICHT SO LEICHT KNÜPFEN.
DRÜCK
SPY BABY
RAUSCH
...?
DREI TAGE SPÄTER
AI, SEI NICHT ZU STRENG MIT DIR.
ICH KANN MICH NICHT MIT DER PAPRIKA ANFREUNDEN...
UUUUH
ICH BIN DANN WEG.
DANKE FÜR DAS BENTO, MUTSUMI.
NICHT DOCH, IHR BEIDEN. FREUNDSCHAFT MIT DER PAPRIKA ZU SCHLIESSEN, IST DER ERSTE SCHRITT ZUM ERWACHSENWERDEN.
* gebratene Paprika
Du schaffst das! ♡

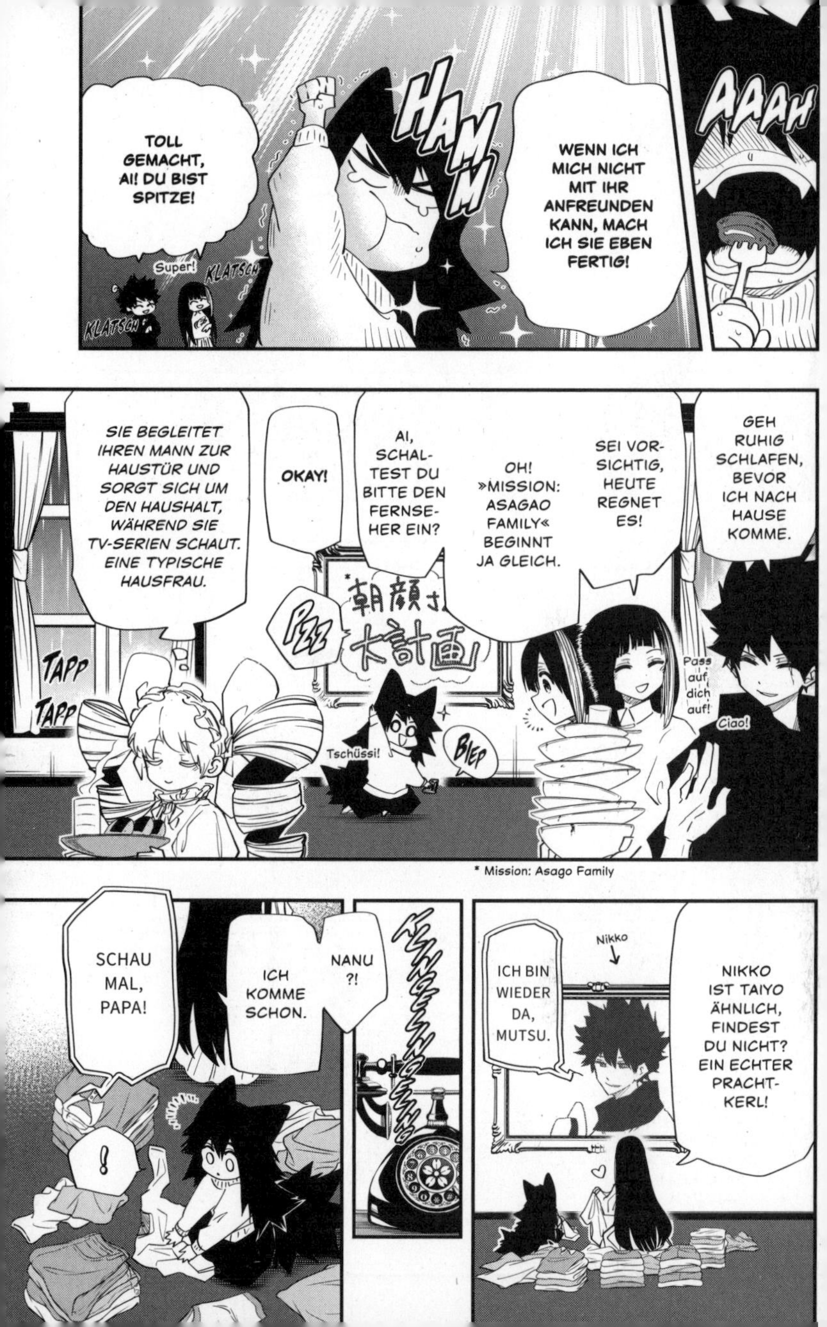

* Mission: Asago Family

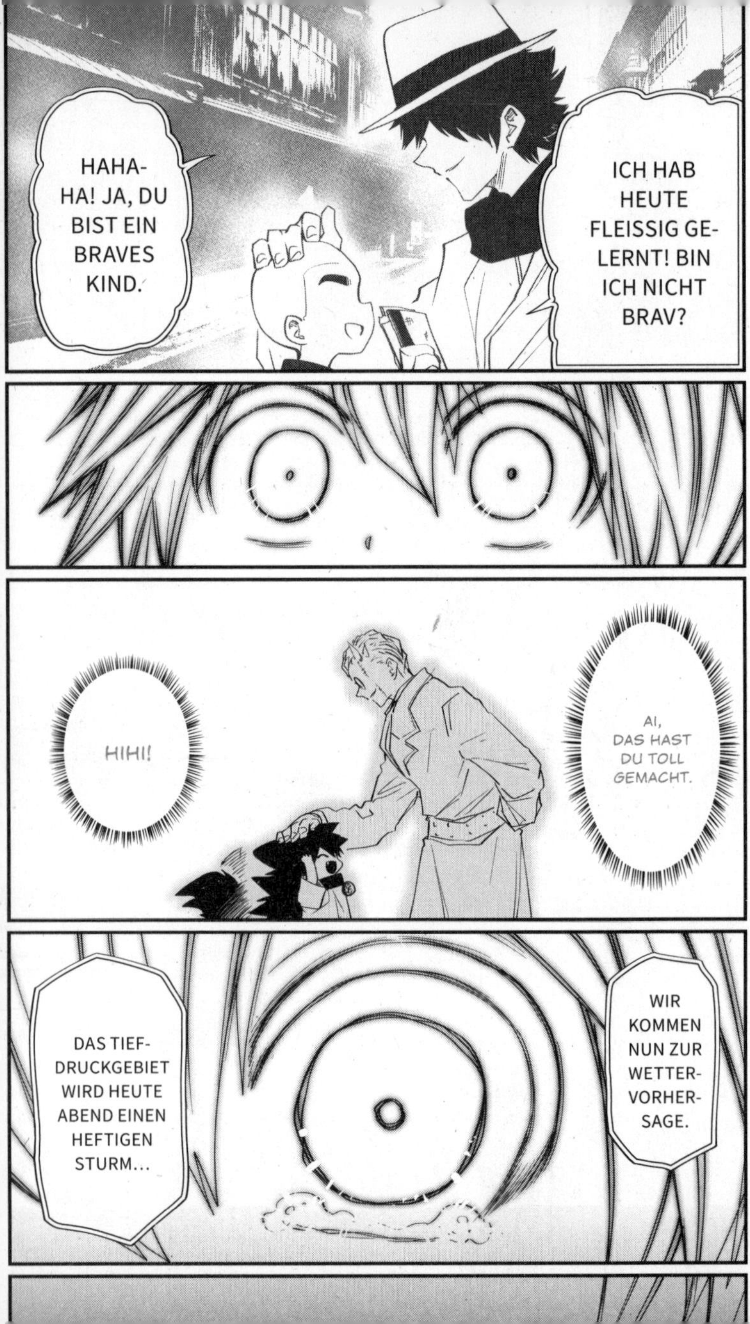
ICH HAB HEUTE FLEISSIG GE-LERNT! BIN ICH NICHT BRAV?
HAHA-HA! JA, DU BIST EIN BRAVES KIND.
AI, DAS HAST DU TOLL GEMACHT.
HIHI!
WIR KOMMEN NUN ZUR WETTER-VORHER-SAGE.
DAS TIEF-DRUCKGEBIET WIRD HEUTE ABEND EINEN HEFTIGEN STURM…

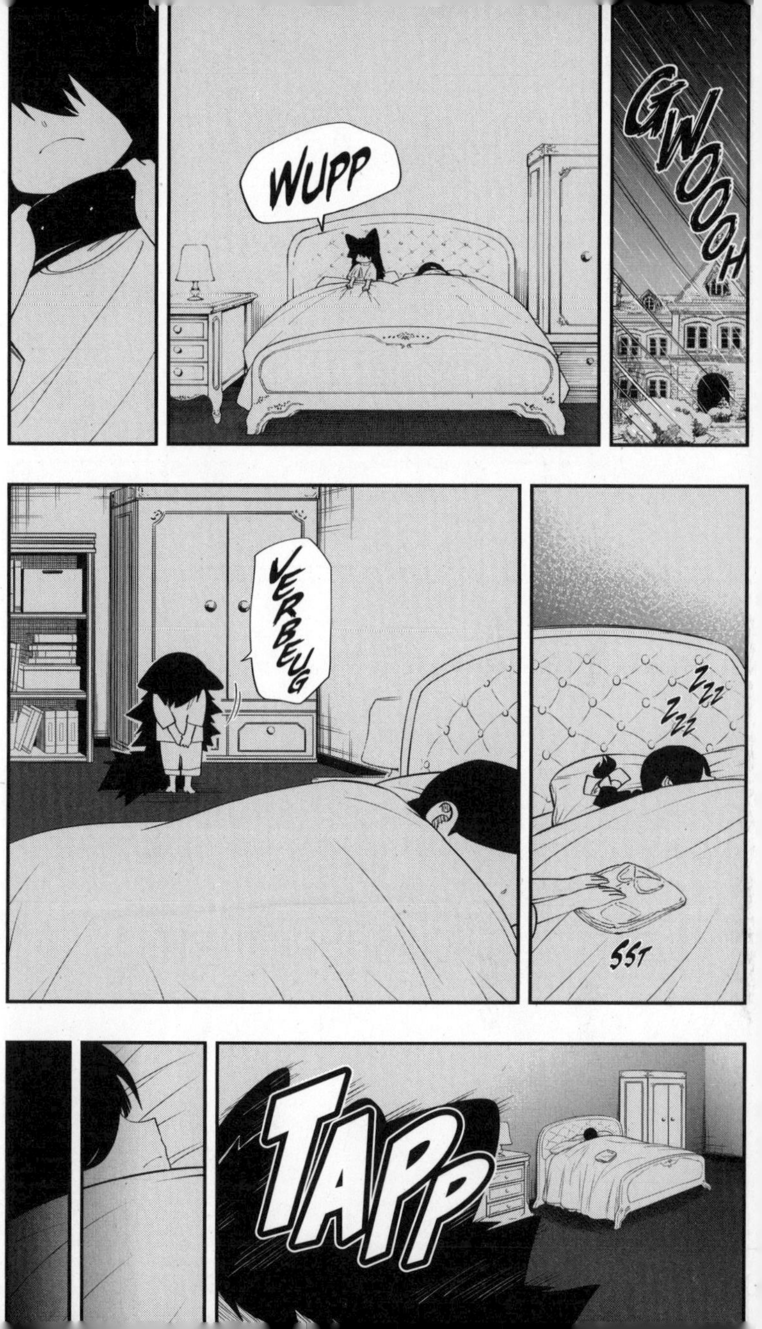
GWOOOOH
WUPP
ZZZ
ZZZ
SST
VERBEUG
TAPP

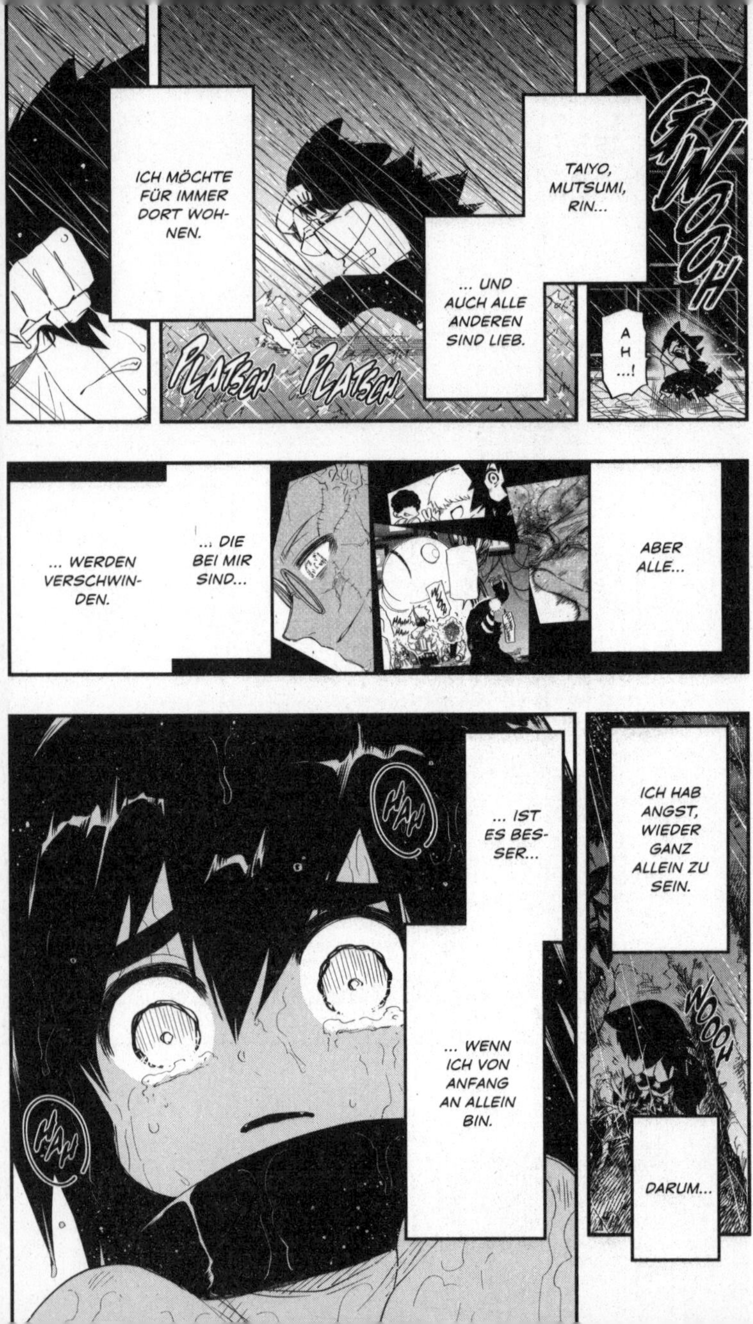
A
H
...!
TAIYO, MUTSUMI, RIN...
... UND AUCH ALLE ANDEREN SIND LIEB.
PLATSCH
PLATSCH
ICH MÖCHTE FÜR IMMER DORT WOHNEN.
ABER ALLE...
... DIE BEI MIR SIND...
... WERDEN VERSCHWINDEN.
ICH HAB ANGST, WIEDER GANZ ALLEIN ZU SEIN.
WOOOH
DARUM...
... IST ES BESSER...
... WENN ICH VON ANFANG AN ALLEIN BIN.
HAH
HAH

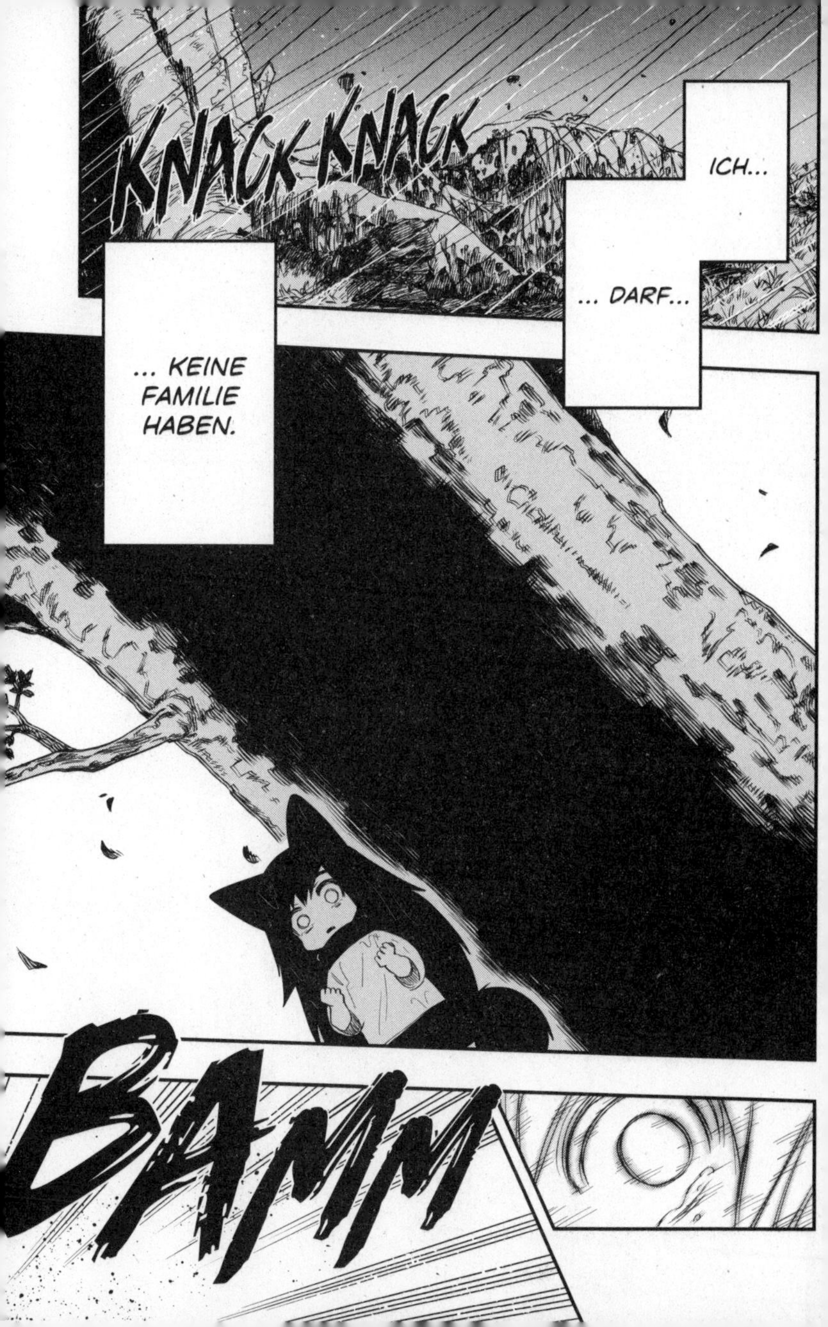
KNACK KNACK
ICH...
... DARF...
... KEINE FAMILIE HABEN.
BAMM

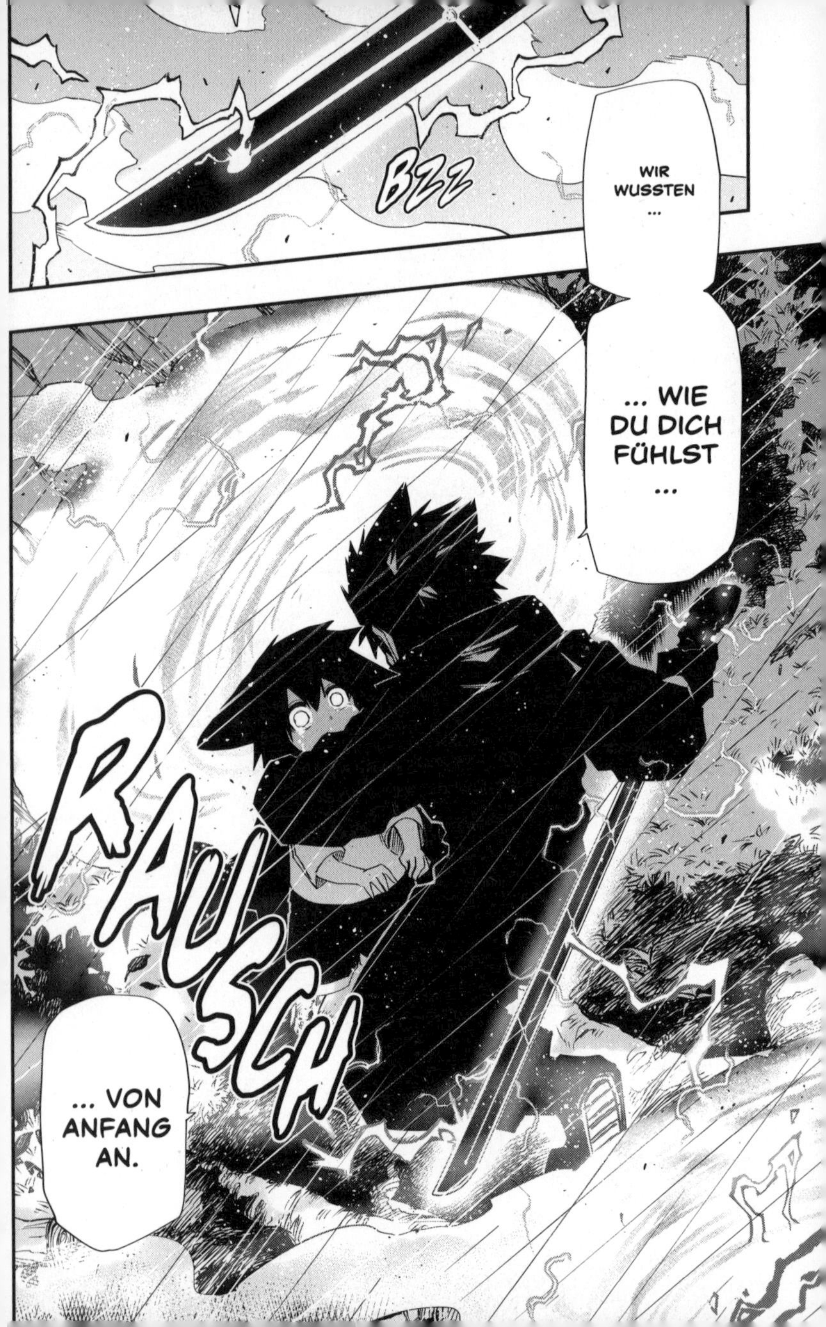
BZZ
WIR WUSSTEN ...
... WIE DU DICH FÜHLST ...
RAUSCH
... VON ANFANG AN.

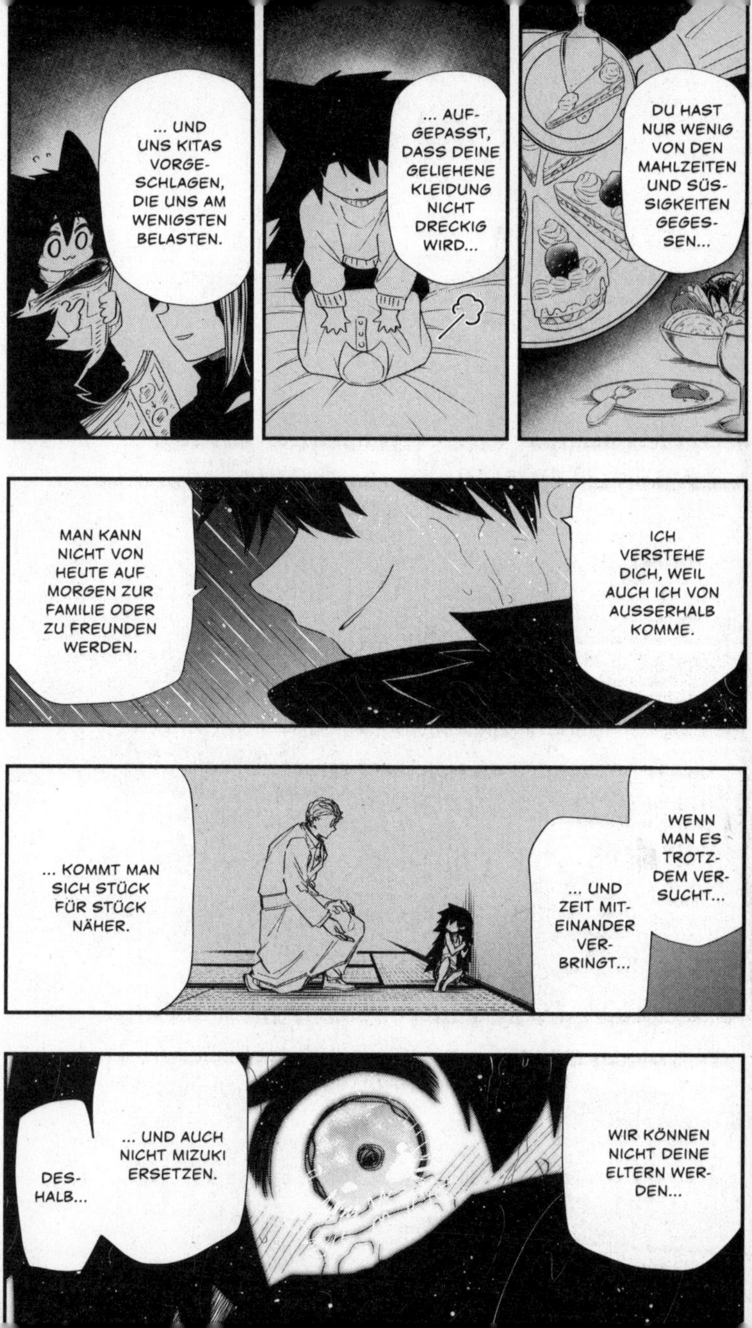
DU HAST NUR WENIG VON DEN MAHLZEITEN UND SÜS-SIGKEITEN GEGES-SEN...
... AUF-GEPASST, DASS DEINE GELIEHENE KLEIDUNG NICHT DRECKIG WIRD...
... UND UNS KITAS VORGE-SCHLAGEN, DIE UNS AM WENIGSTEN BELASTEN.
ICH VERSTEHE DICH, WEIL AUCH ICH VON AUSSERHALB KOMME.
MAN KANN NICHT VON HEUTE AUF MORGEN ZUR FAMILIE ODER ZU FREUNDEN WERDEN.
WENN MAN ES TROTZ-DEM VER-SUCHT...
... UND ZEIT MIT-EINANDER VER-BRINGT...
... KOMMT MAN SICH STÜCK FÜR STÜCK NÄHER.
WIR KÖNNEN NICHT DEINE ELTERN WER-DEN...
... UND AUCH NICHT MIZUKI ERSETZEN.
DES-HALB...

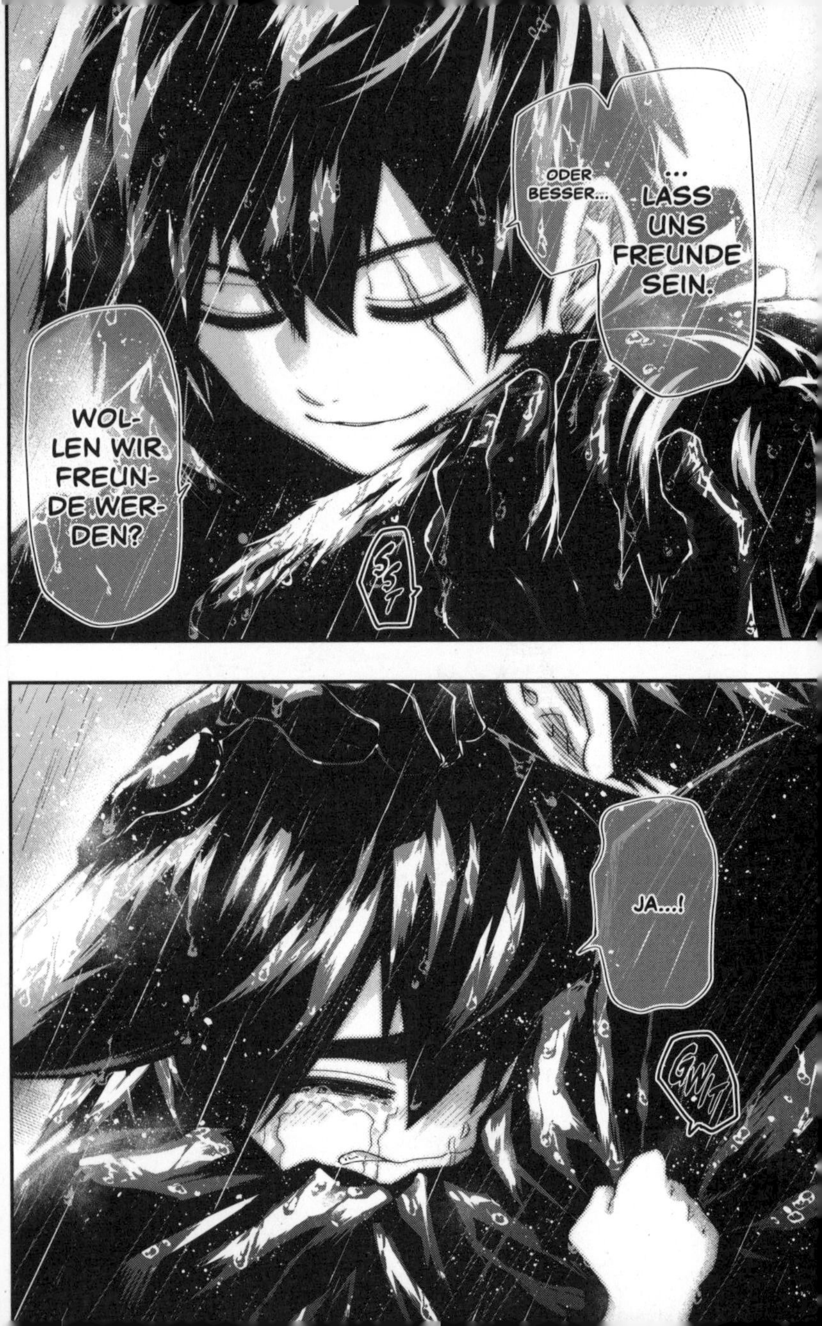
ODER BESSER...
...LASS UNS FREUNDE SEIN.
WOL-LEN WIR FREUN-DE WER-DEN?
JA...!

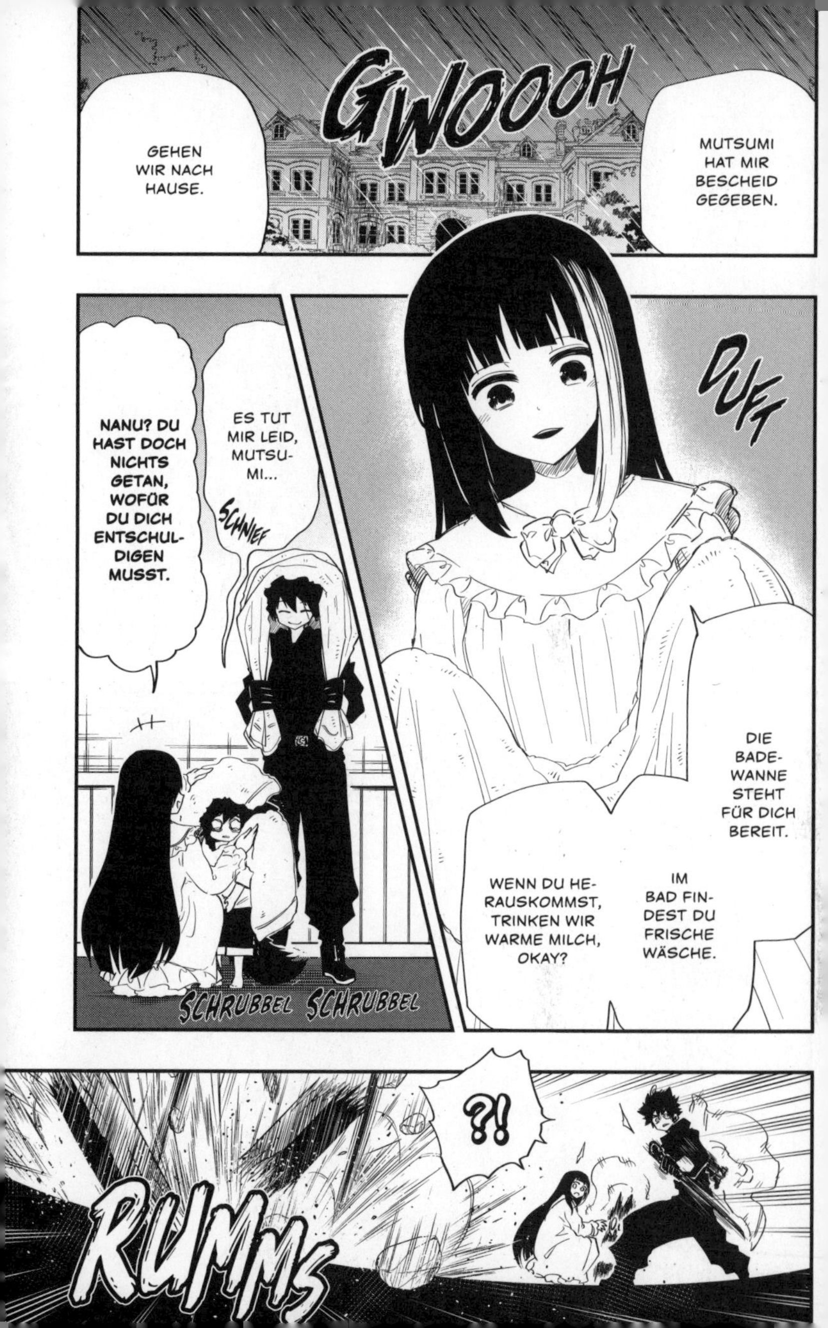
GWOOOH
MUTSUMI HAT MIR BESCHEID GEGEBEN.
GEHEN WIR NACH HAUSE.
DUFT
DIE BADEWANNE STEHT FÜR DICH BEREIT.
IM BAD FINDEST DU FRISCHE WÄSCHE.
WENN DU HERAUSKOMMST, TRINKEN WIR WARME MILCH, OKAY?
ES TUT MIR LEID, MUTSUMI…
SCHNIEF
NANU? DU HAST DOCH NICHTS GETAN, WOFÜR DU DICH ENTSCHULDIGEN MUSST.
SCHRUBBEL SCHRUBBEL
?!
RUMMS

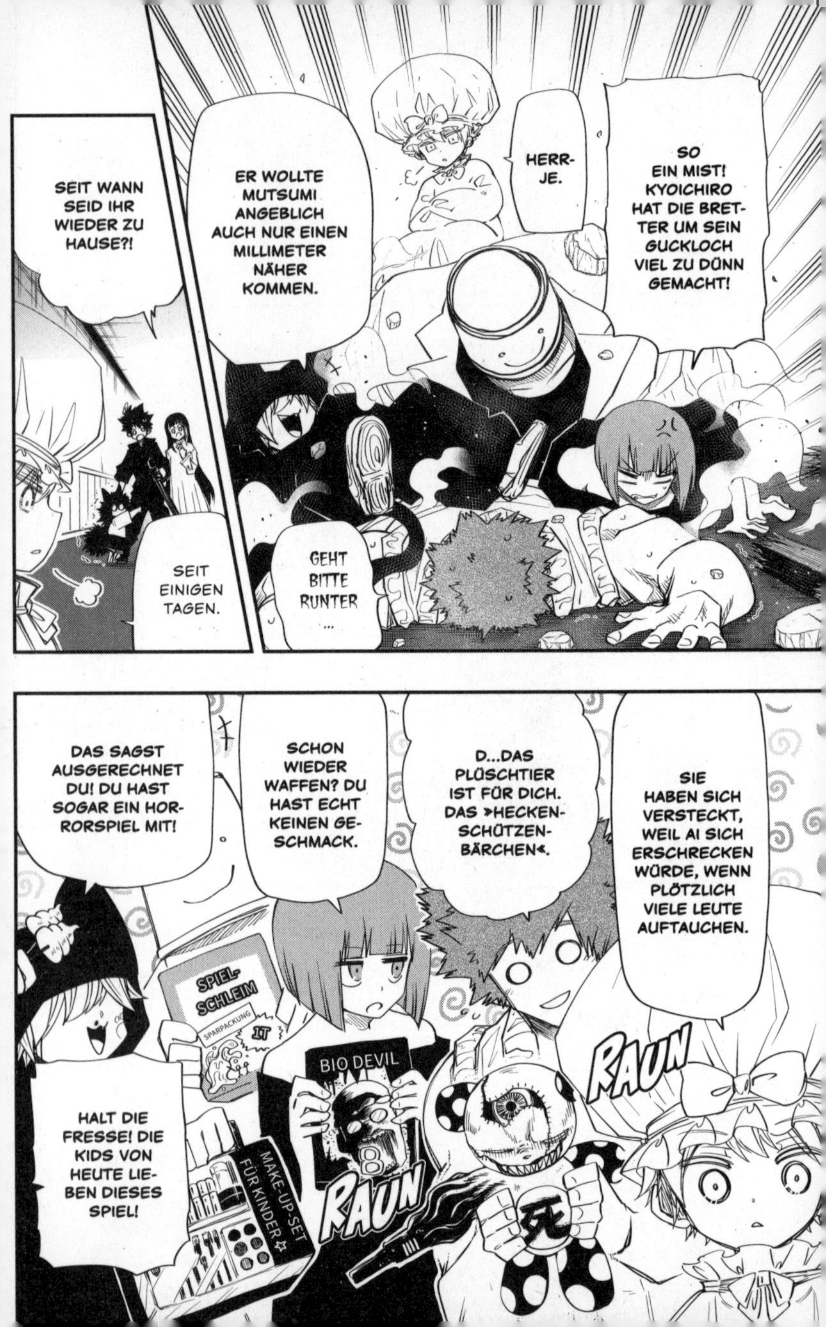

SO EIN MIST! KYOICHIRO HAT DIE BRETTER UM SEIN GUCKLOCH VIEL ZU DÜNN GEMACHT!
HERRJE.
ER WOLLTE MUTSUMI ANGEBLICH AUCH NUR EINEN MILLIMETER NÄHER KOMMEN.
GEHT BITTE RUNTER ...
SEIT WANN SEID IHR WIEDER ZU HAUSE?!
SEIT EINIGEN TAGEN.
SIE HABEN SICH VERSTECKT, WEIL AI SICH ERSCHRECKEN WÜRDE, WENN PLÖTZLICH VIELE LEUTE AUFTAUCHEN.
D...DAS PLÜSCHTIER IST FÜR DICH. DAS »HECKENSCHÜTZENBÄRCHEN«.
SCHON WIEDER WAFFEN? DU HAST ECHT KEINEN GESCHMACK.
DAS SAGST AUSGERECHNET DU! DU HAST SOGAR EIN HORRORSPIEL MIT!
SPIELSCHLEIM
SPARPACKUNG
BIO DEVIL
RAUN
RAUN
HALT DIE FRESSE! DIE KIDS VON HEUTE LIEBEN DIESES SPIEL!
MAKE-UP-SET FÜR KINDER☆

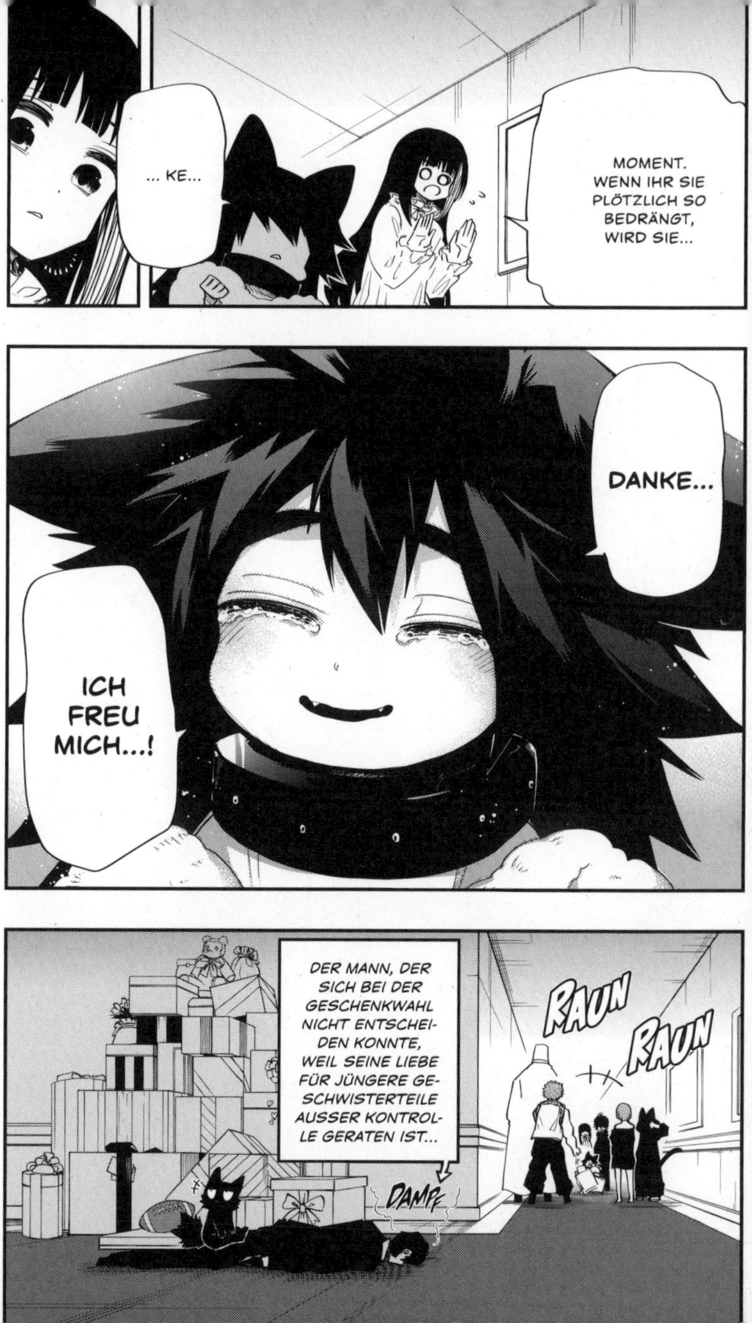
MOMENT. WENN IHR SIE PLÖTZLICH SO BEDRÄNGT, WIRD SIE...
... KE...
DANKE...
ICH FREU MICH...!
DER MANN, DER SICH BEI DER GESCHENKWAHL NICHT ENTSCHEI-DEN KONNTE, WEIL SEINE LIEBE FÜR JÜNGERE GE-SCHWISTERTEILE AUSSER KONTROL-LE GERATEN IST...
RAUN
RAUN
DAMPF

Vorerst die letzte Folge!

Bonus! Besuch bei den Yozakuras!

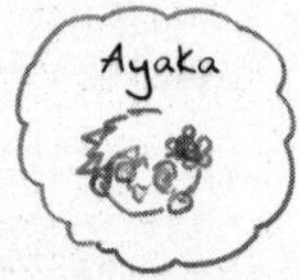

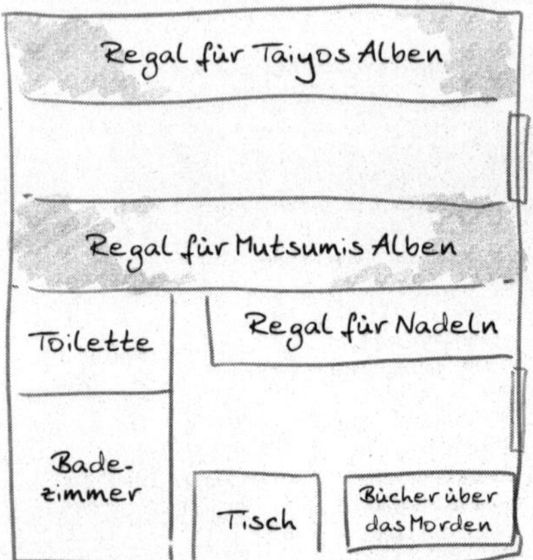

Sie hatte sich einen Raum für Bedienstete gemietet, der aus allen Nähten geplatzt ist, weil die Zahl der Alben des Ehepaars Yozakura immer größer wurde. (Sie hat das Zimmer renoviert.) Derzeit hat sie sich ein weiteres Zimmer zum Wohnen gemietet.

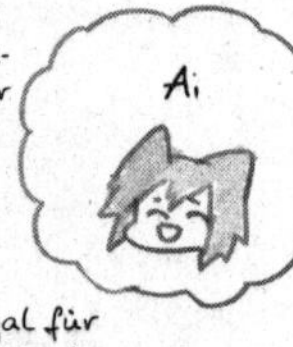

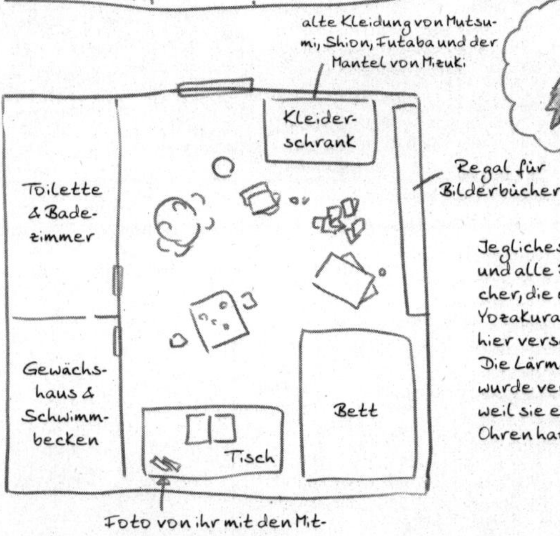

Sie liebt Blumen und das Schwimmen.

Jegliches Spielzeug und alle Bilderbücher, die es im Hause Yozakura gab, sind hier versammelt. Die Lärmschutzwand wurde verstärkt, weil sie empfindliche Ohren hat.

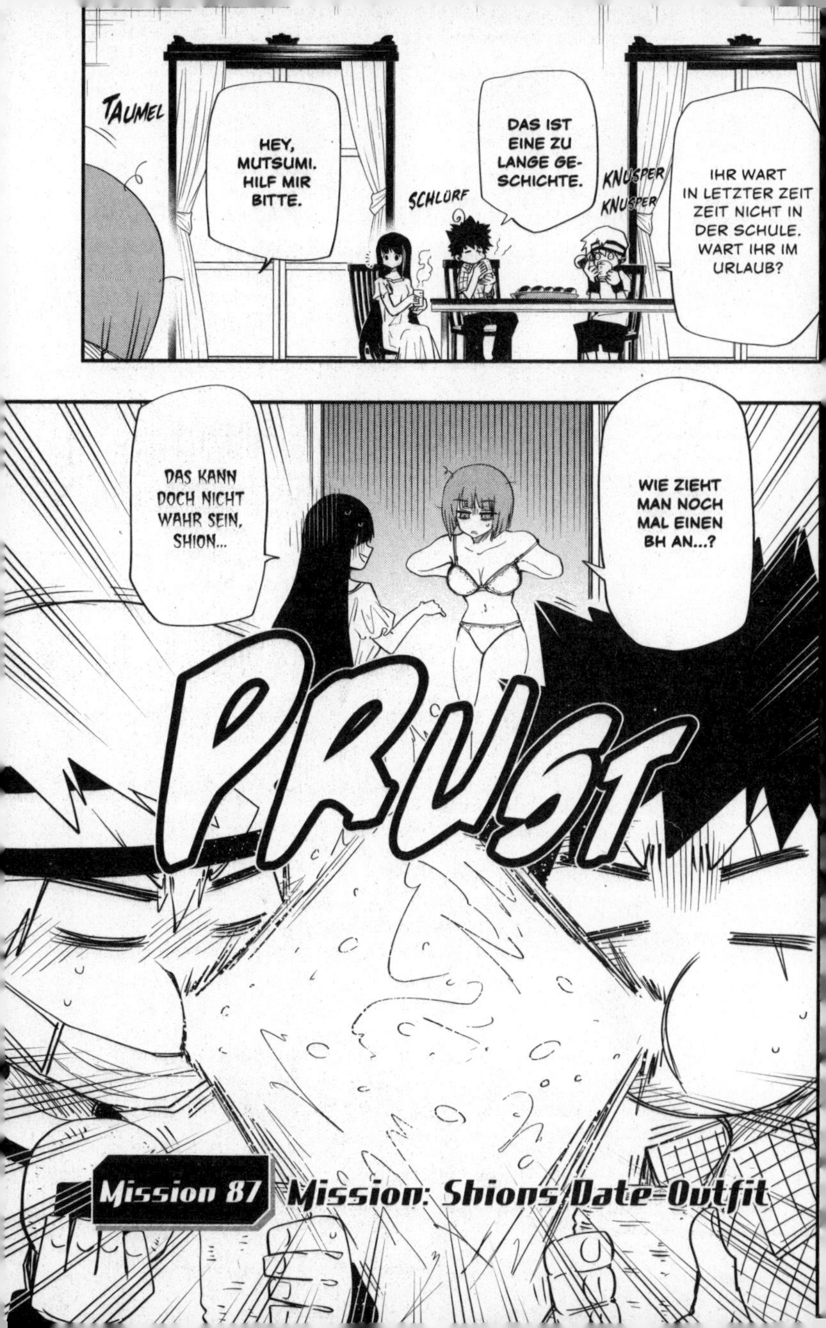
IHR WART IN LETZTER ZEIT ZEIT NICHT IN DER SCHULE. WART IHR IM URLAUB?
KNUSPER KNUSPER
DAS IST EINE ZU LANGE GE-SCHICHTE.
SCHLÜRF
HEY, MUTSUMI. HILF MIR BITTE.
TAUMEL
WIE ZIEHT MAN NOCH MAL EINEN BH AN...?
DAS KANN DOCH NICHT WAHR SEIN, SHION...
PRUST
Mission 87
Mission: Shions Date-Outfit

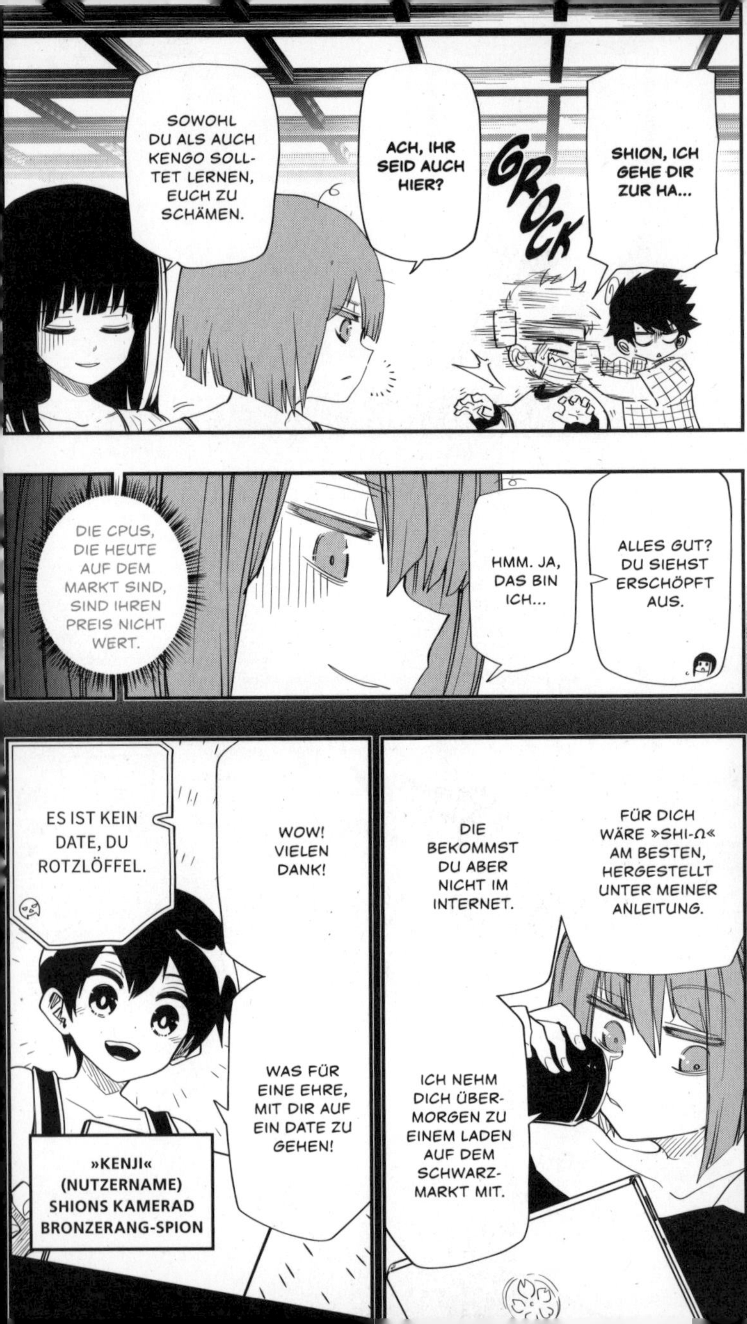
SHION, ICH GEHE DIR ZUR HA...
GROCK
ACH, IHR SEID AUCH HIER?
SOWOHL DU ALS AUCH KENGO SOLLTET LERNEN, EUCH ZU SCHÄMEN.
ALLES GUT? DU SIEHST ERSCHÖPFT AUS.
HMM. JA, DAS BIN ICH...
DIE CPUS, DIE HEUTE AUF DEM MARKT SIND, SIND IHREN PREIS NICHT WERT.
FÜR DICH WÄRE »SHI-Ω« AM BESTEN, HERGESTELLT UNTER MEINER ANLEITUNG.
DIE BEKOMMST DU ABER NICHT IM INTERNET.
ICH NEHM DICH ÜBERMORGEN ZU EINEM LADEN AUF DEM SCHWARZMARKT MIT.
WOW! VIELEN DANK!
WAS FÜR EINE EHRE, MIT DIR AUF EIN DATE ZU GEHEN!
ES IST KEIN DATE, DU ROTZLÖFFEL.
»KENJI« (NUTZERNAME) SHIONS KAMERAD BRONZERANG-SPION

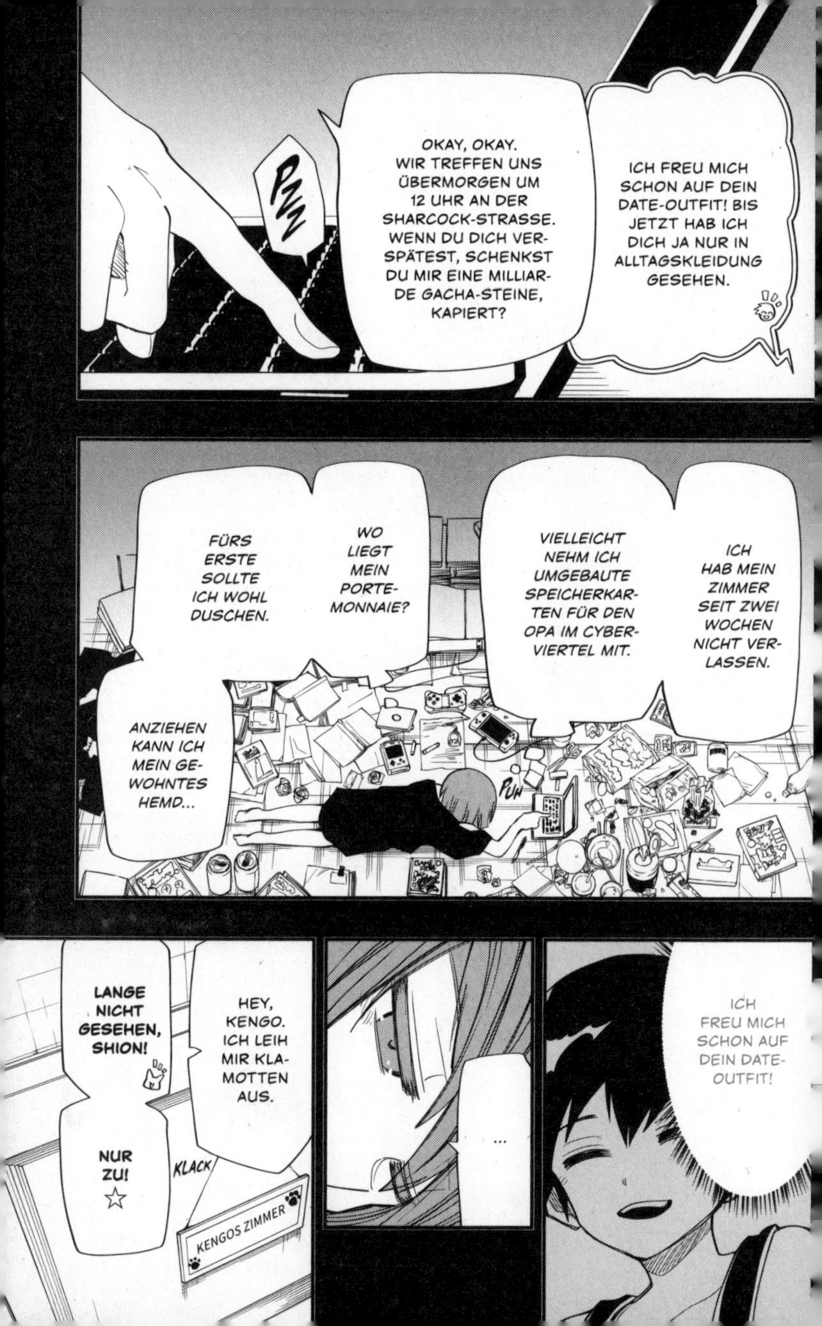
ICH FREU MICH SCHON AUF DEIN DATE-OUTFIT! BIS JETZT HAB ICH DICH JA NUR IN ALLTAGSKLEIDUNG GESEHEN.
OKAY, OKAY. WIR TREFFEN UNS ÜBERMORGEN UM 12 UHR AN DER SHARCOCK-STRASSE. WENN DU DICH VERSPÄTEST, SCHENKST DU MIR EINE MILLIARDE GACHA-STEINE, KAPIERT?
PIW
ICH HAB MEIN ZIMMER SEIT ZWEI WOCHEN NICHT VERLASSEN.
VIELLEICHT NEHM ICH UMGEBAUTE SPEICHERKARTEN FÜR DEN OPA IM CYBERVIERTEL MIT.
WO LIEGT MEIN PORTEMONNAIE?
FÜRS ERSTE SOLLTE ICH WOHL DUSCHEN.
ANZIEHEN KANN ICH MEIN GEWOHNTES HEMD...
PUH
ICH FREU MICH SCHON AUF DEIN DATE-OUTFIT!
...
HEY, KENGO. ICH LEIH MIR KLAMOTTEN AUS.
LANGE NICHT GESEHEN, SHION!
NUR ZU! ☆
KLACK
KENGOS ZIMMER

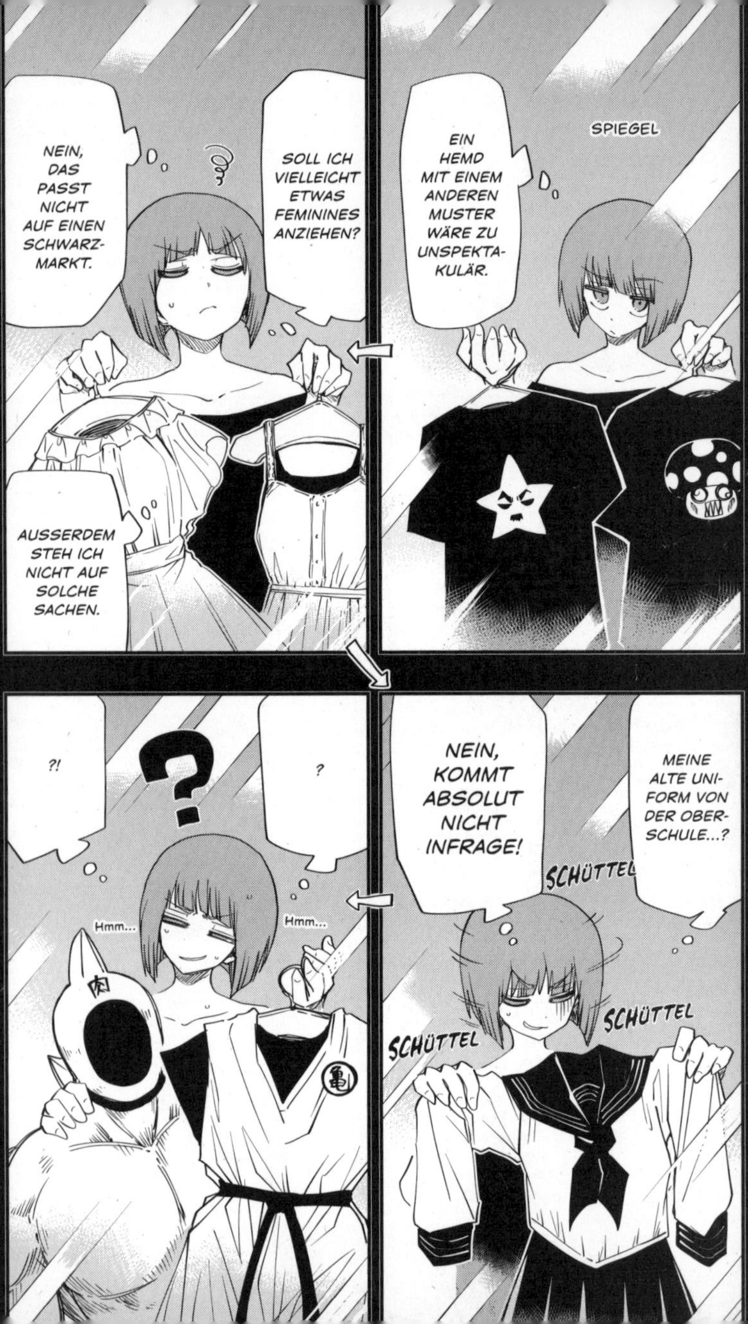
SPIEGEL
EIN HEMD MIT EINEM ANDEREN MUSTER WÄRE ZU UNSPEKTAKULÄR.
SOLL ICH VIELLEICHT ETWAS FEMININES ANZIEHEN?
NEIN, DAS PASST NICHT AUF EINEN SCHWARZMARKT.
AUSSERDEM STEH ICH NICHT AUF SOLCHE SACHEN.
MEINE ALTE UNIFORM VON DER OBERSCHULE...?
NEIN, KOMMT ABSOLUT NICHT INFRAGE!
SCHÜTTEL
SCHÜTTEL
SCHÜTTEL
?
?!
Hmm...
Hmm...

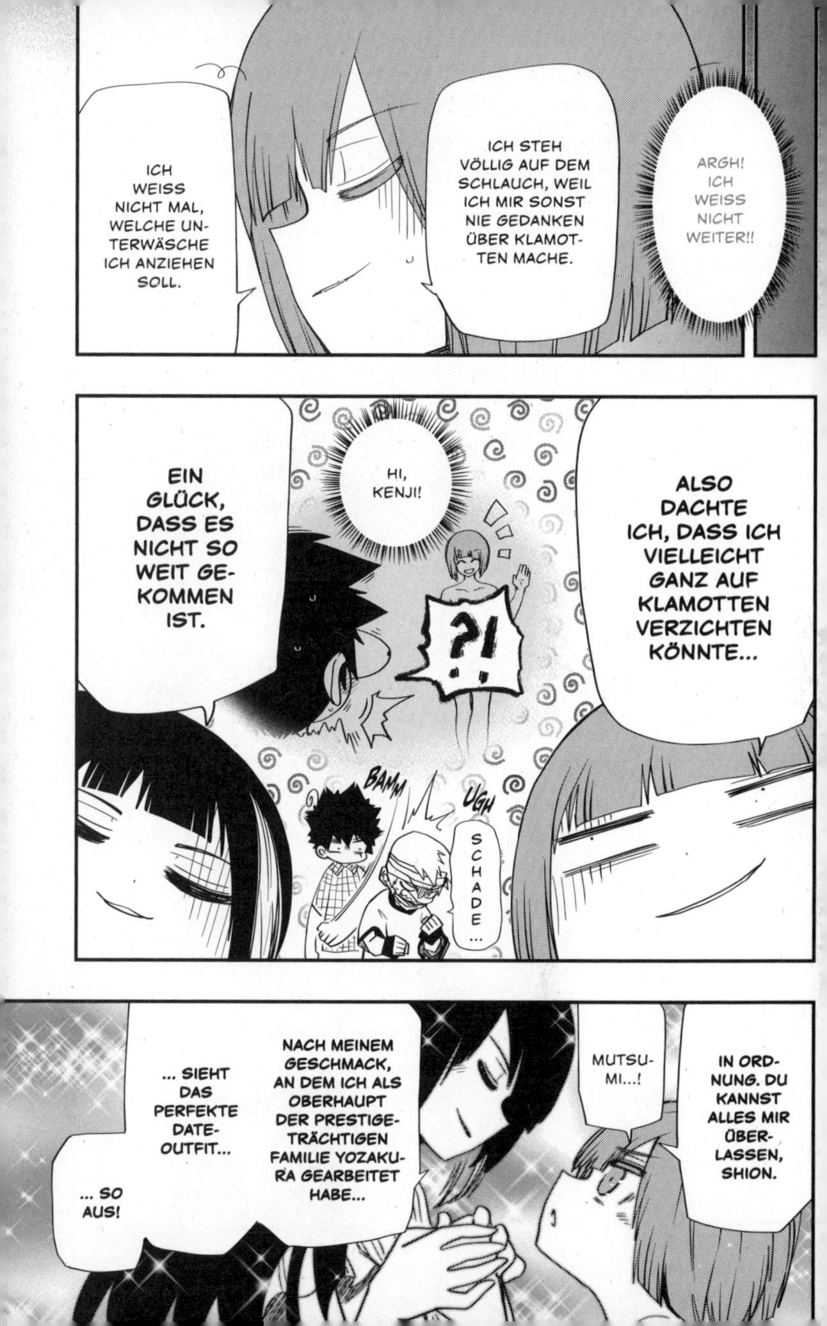
ARGH! ICH WEISS NICHT WEITER!!
ICH STEH VÖLLIG AUF DEM SCHLAUCH, WEIL ICH MIR SONST NIE GEDANKEN ÜBER KLAMOTTEN MACHE.
ICH WEISS NICHT MAL, WELCHE UNTERWÄSCHE ICH ANZIEHEN SOLL.
ALSO DACHTE ICH, DASS ICH VIELLEICHT GANZ AUF KLAMOTTEN VERZICHTEN KÖNNTE...
HI, KENJI!
?!
EIN GLÜCK, DASS ES NICHT SO WEIT GEKOMMEN IST.
UGH
BAMM
SCHADE...
IN ORDNUNG. DU KANNST ALLES MIR ÜBERLASSEN, SHION.
MUTSUMI...!
NACH MEINEM GESCHMACK, AN DEM ICH ALS OBERHAUPT DER PRESTIGETRÄCHTIGEN FAMILIE YOZAKURA GEARBEITET HABE...
... SIEHT DAS PERFEKTE DATE-OUTFIT...
... SO AUS!

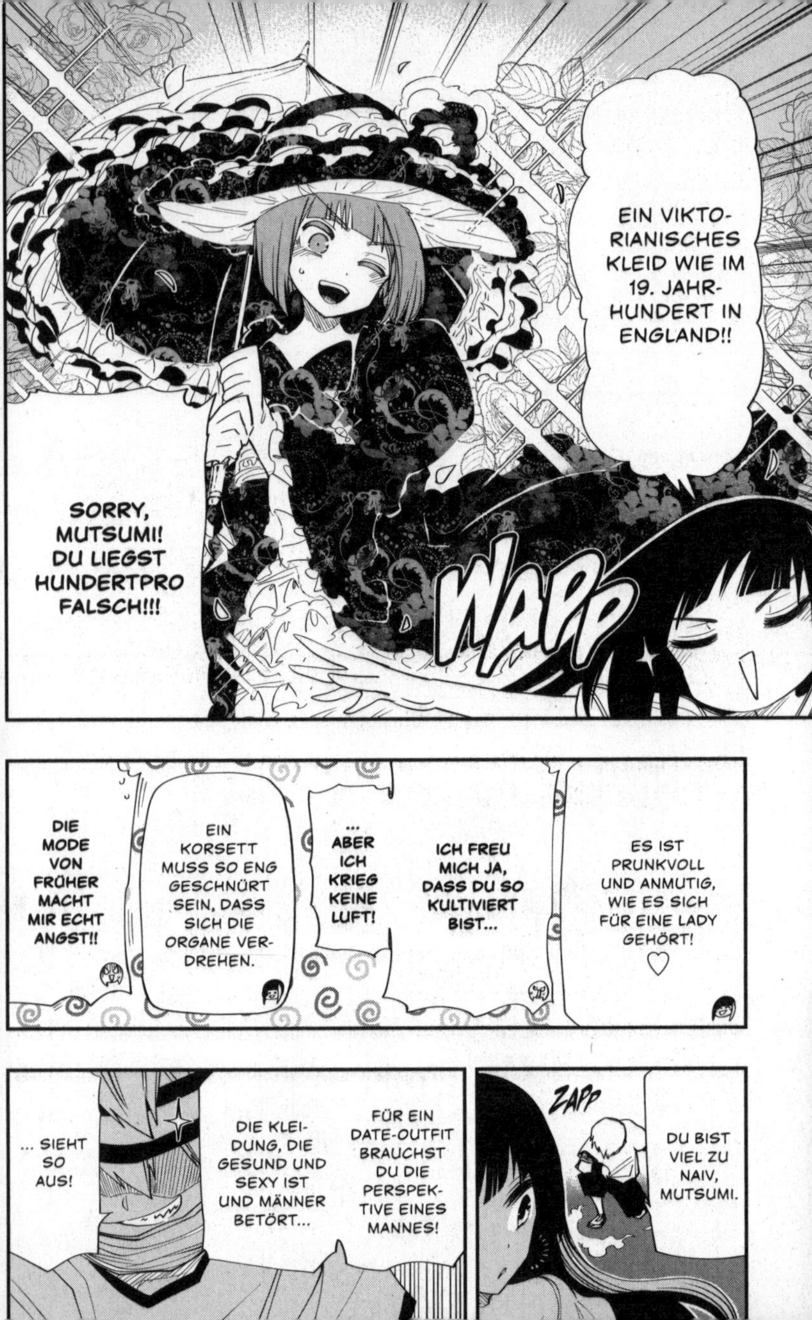
EIN VIKTORIANISCHES KLEID WIE IM 19. JAHRHUNDERT IN ENGLAND!!
WAPP
SORRY, MUTSUMI! DU LIEGST HUNDERTPRO FALSCH!!!
ES IST PRUNKVOLL UND ANMUTIG, WIE ES SICH FÜR EINE LADY GEHÖRT! ♡
ICH FREU MICH JA, DASS DU SO KULTIVIERT BIST...
... ABER ICH KRIEG KEINE LUFT!
EIN KORSETT MUSS SO ENG GESCHNÜRT SEIN, DASS SICH DIE ORGANE VERDREHEN.
DIE MODE VON FRÜHER MACHT MIR ECHT ANGST!!
ZAPP
DU BIST VIEL ZU NAIV, MUTSUMI.
FÜR EIN DATE-OUTFIT BRAUCHST DU DIE PERSPEKTIVE EINES MANNES!
DIE KLEIDUNG, DIE GESUND UND SEXY IST UND MÄNNER BETÖRT...
... SIEHT SO AUS!

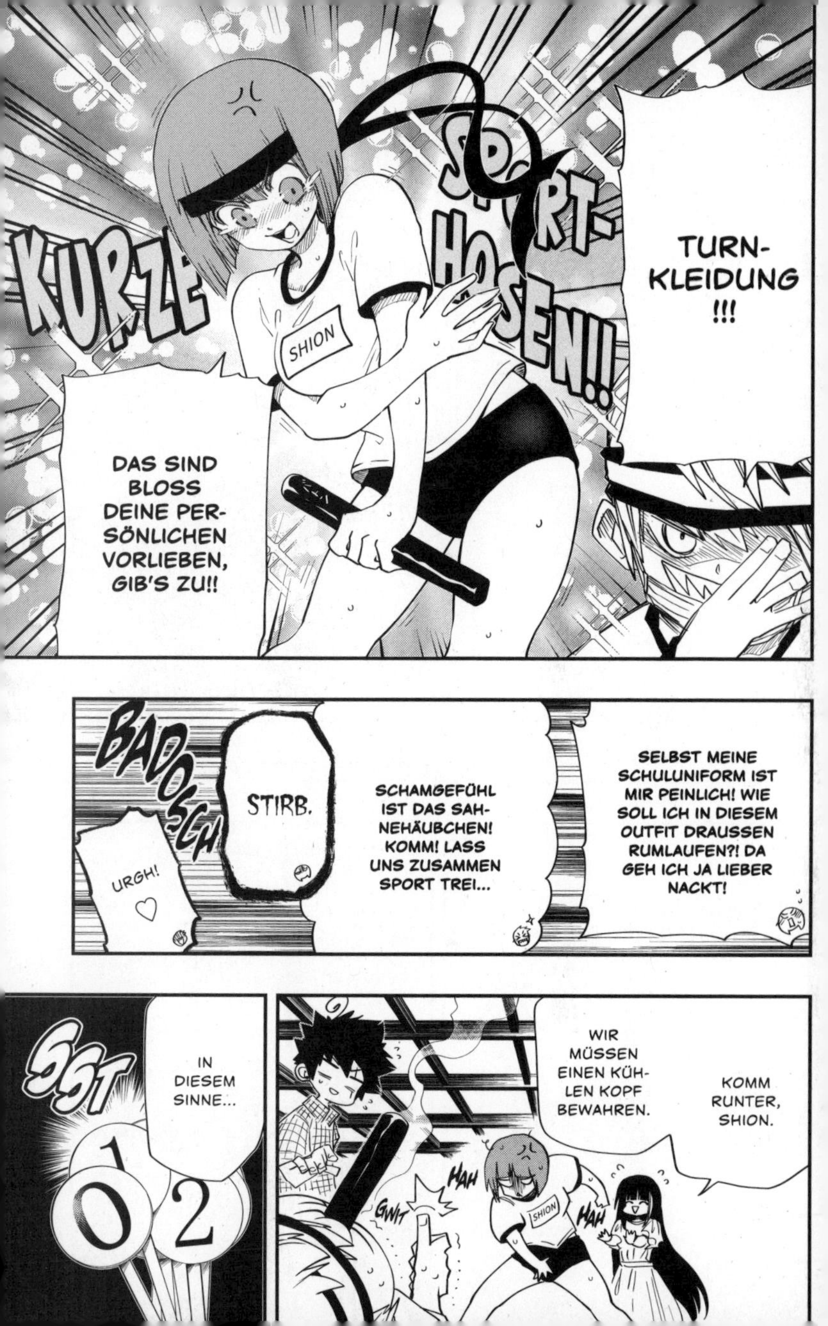

TURN-
KLEIDUNG
!!!
SPORT-
HOSEN!!
KURZE
SHION
DAS SIND
BLOSS
DEINE PER-
SÖNLICHEN
VORLIEBEN,
GIB'S ZU!!
SELBST MEINE
SCHULUNIFORM IST
MIR PEINLICH! WIE
SOLL ICH IN DIESEM
OUTFIT DRAUSSEN
RUMLAUFEN?! DA
GEH ICH JA LIEBER
NACKT!
SCHAMGEFÜHL
IST DAS SAH-
NEHÄUBCHEN!
KOMM! LASS
UNS ZUSAMMEN
SPORT TREI...
STIRB.
BADOSCH
URGH!
KOMM
RUNTER,
SHION.
WIR
MÜSSEN
EINEN KÜH-
LEN KOPF
BEWAHREN.
HAH
HAH
SHION
GWIT
IN
DIESEM
SINNE...
SST
1
0
2

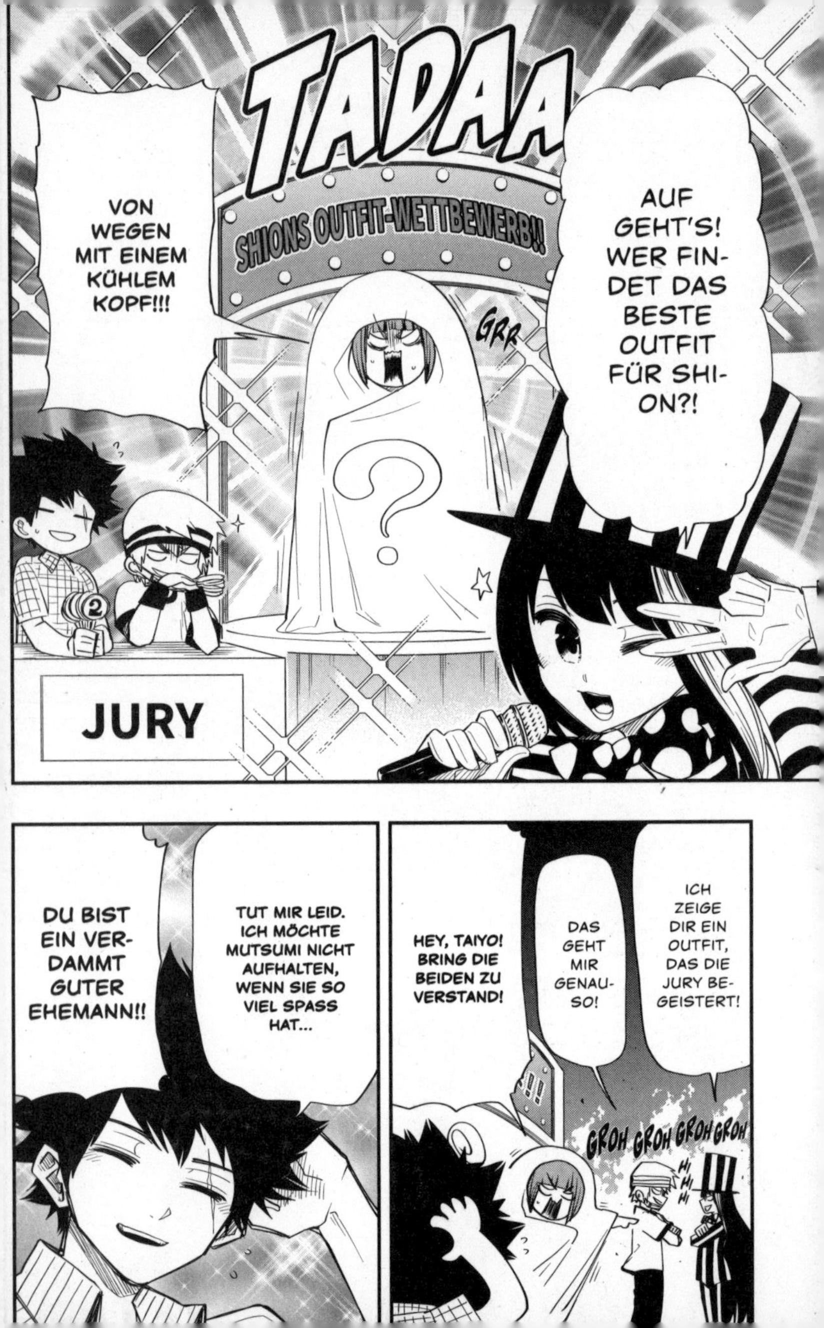
TADAA
AUF GEHT'S! WER FIN-DET DAS BESTE OUTFIT FÜR SHI-ON?!
SHIONS OUTFIT-WETTBEWERB!!
GRR
VON WEGEN MIT EINEM KÜHLEM KOPF!!!
JURY
ICH ZEIGE DIR EIN OUTFIT, DAS DIE JURY BE-GEISTERT!
DAS GEHT MIR GENAU-SO!
HEY, TAIYO! BRING DIE BEIDEN ZU VERSTAND!
GROH GROH GROH GROH
HI HI HI
TUT MIR LEID. ICH MÖCHTE MUTSUMI NICHT AUFHALTEN, WENN SIE SO VIEL SPASS HAT...
DU BIST EIN VER-DAMMT GUTER EHEMANN!!

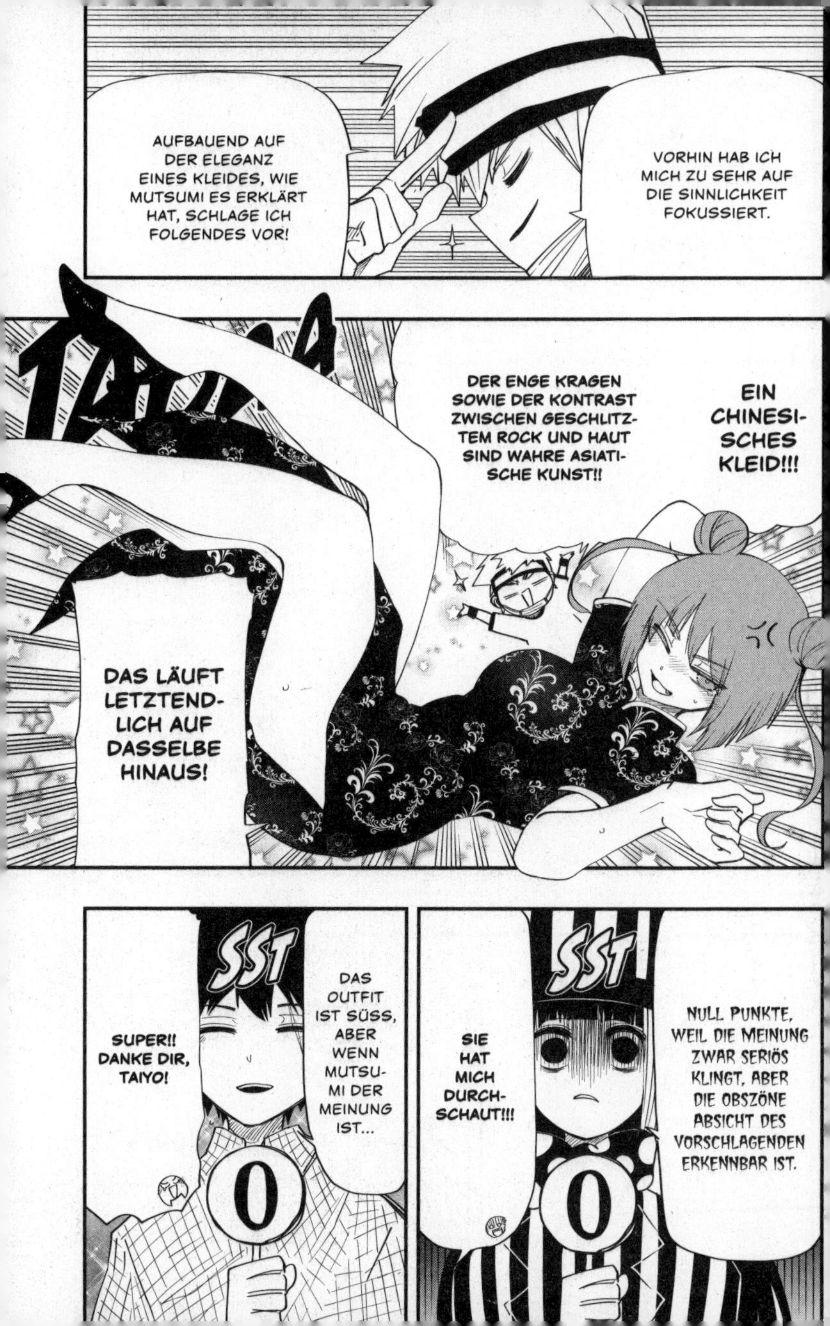
VORHIN HAB ICH MICH ZU SEHR AUF DIE SINNLICHKEIT FOKUSSIERT.
AUFBAUEND AUF DER ELEGANZ EINES KLEIDES, WIE MUTSUMI ES ERKLÄRT HAT, SCHLAGE ICH FOLGENDES VOR!
EIN CHINESI-SCHES KLEID!!!
DER ENGE KRAGEN SOWIE DER KONTRAST ZWISCHEN GESCHLITZ-TEM ROCK UND HAUT SIND WAHRE ASIATI-SCHE KUNST!!
DAS LÄUFT LETZTEND-LICH AUF DASSELBE HINAUS!
NULL PUNKTE, WEIL DIE MEINUNG ZWAR SERIÖS KLINGT, ABER DIE OBSZÖNE ABSICHT DES VORSCHLAGENDEN ERKENNBAR IST.
SST
SIE HAT MICH DURCH-SCHAUT!!!
DAS OUTFIT IST SÜSS, ABER WENN MUTSU-MI DER MEINUNG IST...
SST
SUPER!! DANKE DIR, TAIYO!
0
0

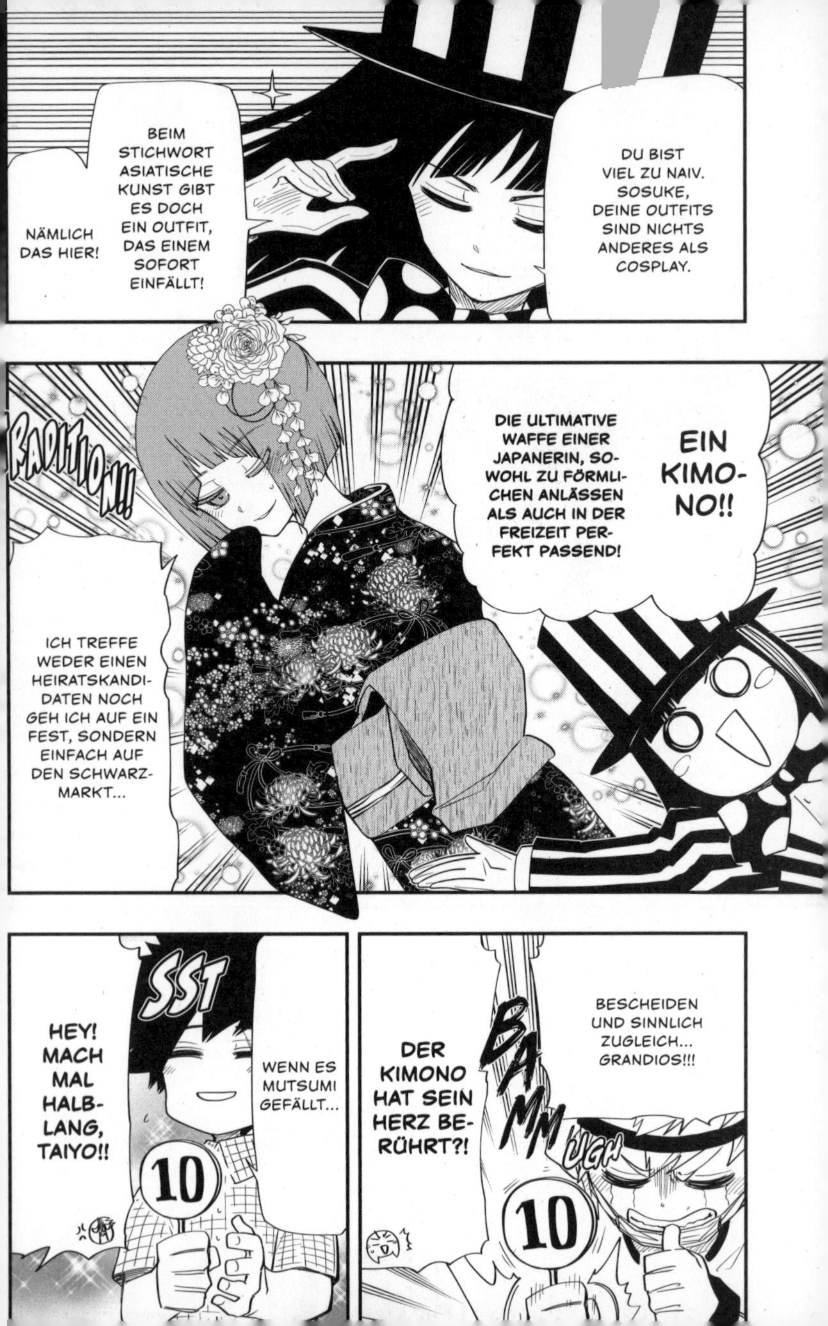
DU BIST VIEL ZU NAIV. SOSUKE, DEINE OUTFITS SIND NICHTS ANDERES ALS COSPLAY.
BEIM STICHWORT ASIATISCHE KUNST GIBT ES DOCH EIN OUTFIT, DAS EINEM SOFORT EINFÄLLT!
NÄMLICH DAS HIER!
EIN KIMONO!!
DIE ULTIMATIVE WAFFE EINER JAPANERIN, SOWOHL ZU FÖRMLICHEN ANLÄSSEN ALS AUCH IN DER FREIZEIT PERFEKT PASSEND!
RADITION!!
ICH TREFFE WEDER EINEN HEIRATSKANDIDATEN NOCH GEH ICH AUF EIN FEST, SONDERN EINFACH AUF DEN SCHWARZMARKT...
BESCHEIDEN UND SINNLICH ZUGLEICH... GRANDIOS!!!
BAMM
UGH
DER KIMONO HAT SEIN HERZ BERÜHRT?!
10
WENN ES MUTSUMI GEFÄLLT...
SST
HEY! MACH MAL HALBLANG, TAIYO!!
10

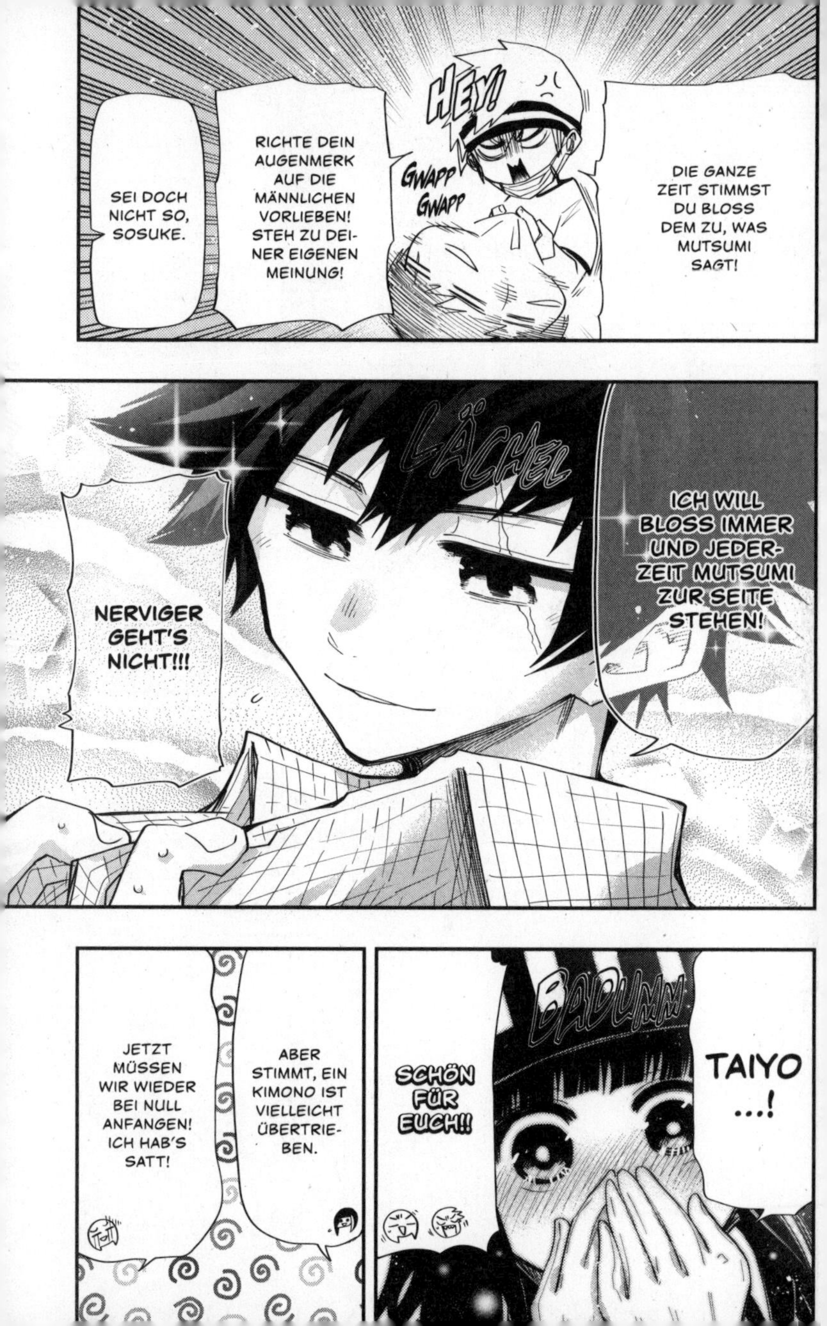
DIE GANZE ZEIT STIMMST DU BLOSS DEM ZU, WAS MUTSUMI SAGT!
HEY!
GWAPP GWAPP
RICHTE DEIN AUGENMERK AUF DIE MÄNNLICHEN VORLIEBEN! STEH ZU DEINER EIGENEN MEINUNG!
SEI DOCH NICHT SO, SOSUKE.
ICH WILL BLOSS IMMER UND JEDERZEIT MUTSUMI ZUR SEITE STEHEN!
LÄCHEL
NERVIGER GEHT'S NICHT!!!
TAIYO ...!
BADUMM
SCHÖN FÜR EUCH!!
ABER STIMMT, EIN KIMONO IST VIELLEICHT ÜBERTRIEBEN.
JETZT MÜSSEN WIR WIEDER BEI NULL ANFANGEN! ICH HAB'S SATT!

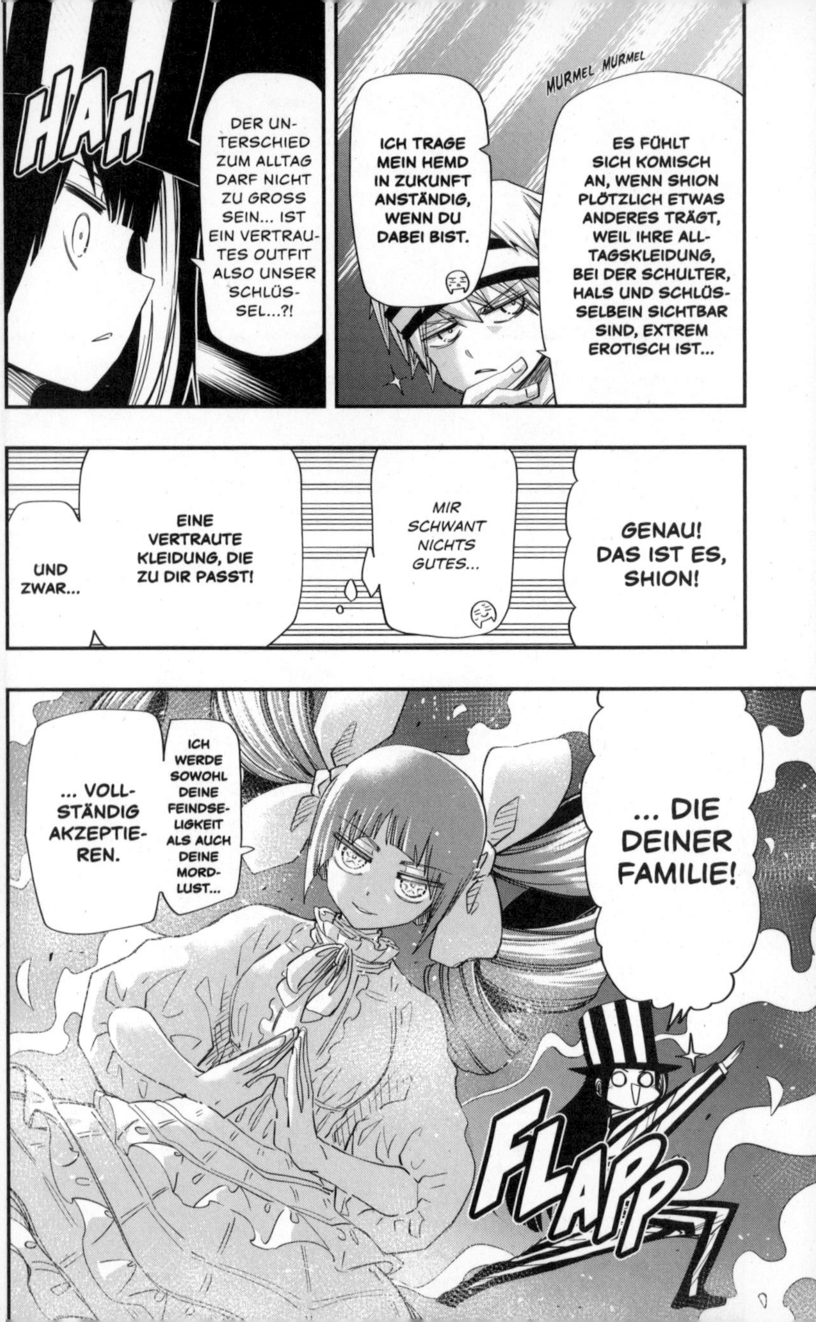
MURMEL MURMEL
ES FÜHLT SICH KOMISCH AN, WENN SHION PLÖTZLICH ETWAS ANDERES TRÄGT, WEIL IHRE ALLTAGSKLEIDUNG, BEI DER SCHULTER, HALS UND SCHLÜSSELBEIN SICHTBAR SIND, EXTREM EROTISCH IST...
ICH TRAGE MEIN HEMD IN ZUKUNFT ANSTÄNDIG, WENN DU DABEI BIST.
HAH
DER UNTERSCHIED ZUM ALLTAG DARF NICHT ZU GROSS SEIN... IST EIN VERTRAUTES OUTFIT ALSO UNSER SCHLÜSSEL...?!
GENAU! DAS IST ES, SHION!
MIR SCHWANT NICHTS GUTES...
UND ZWAR...
EINE VERTRAUTE KLEIDUNG, DIE ZU DIR PASST!
... DIE DEINER FAMILIE!
FLAPP
ICH WERDE SOWOHL DEINE FEINDSELIGKEIT ALS AUCH DEINE MORDLUST...
... VOLLSTÄNDIG AKZEPTIEREN.

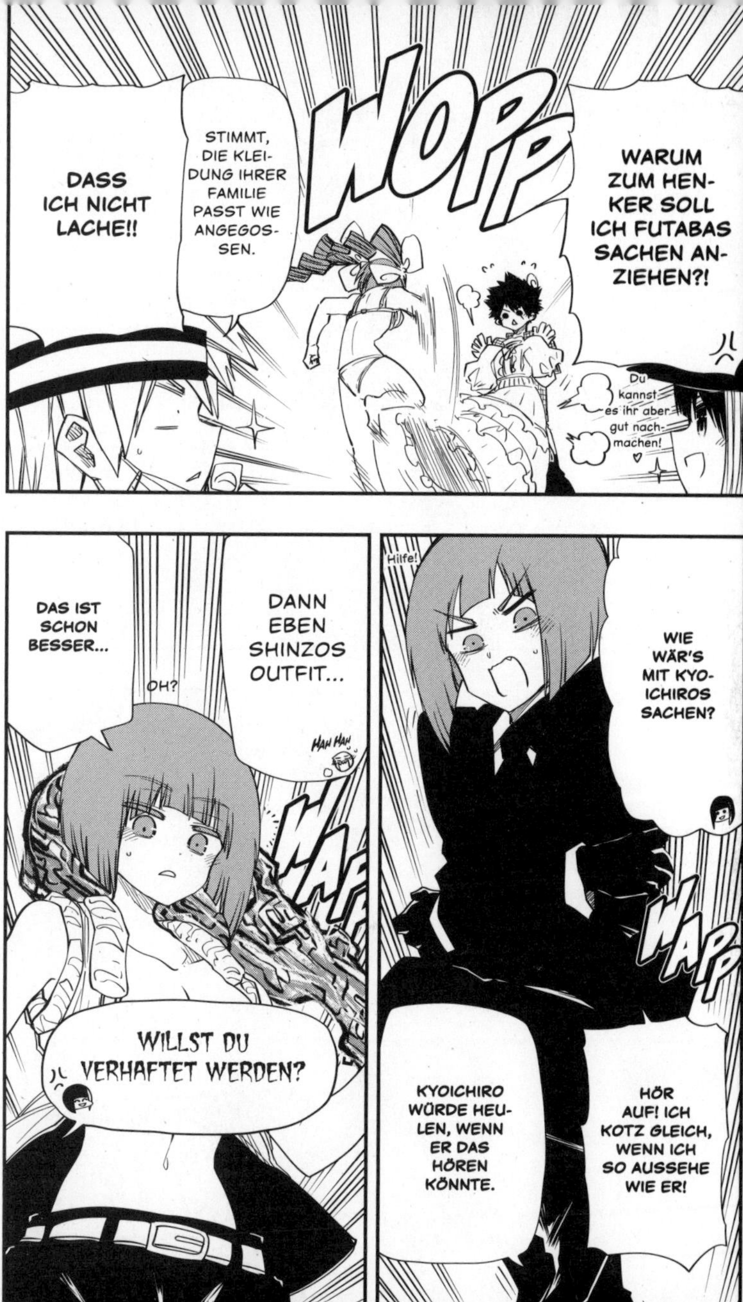

WARUM ZUM HENKER SOLL ICH FUTABAS SACHEN ANZIEHEN?!
Du kannst es ihr aber gut nachmachen!
WOPP
STIMMT, DIE KLEIDUNG IHRER FAMILIE PASST WIE ANGEGOSSEN.
DASS ICH NICHT LACHE!!
Hilfe!
WIE WÄR'S MIT KYOICHIROS SACHEN?
WAPP
HÖR AUF! ICH KOTZ GLEICH, WENN ICH SO AUSSEHE WIE ER!
KYOICHIRO WÜRDE HEULEN, WENN ER DAS HÖREN KÖNNTE.
DANN EBEN SHINZOS OUTFIT...
DAS IST SCHON BESSER...
OH?
HAH HAH
WILLST DU VERHAFTET WERDEN?

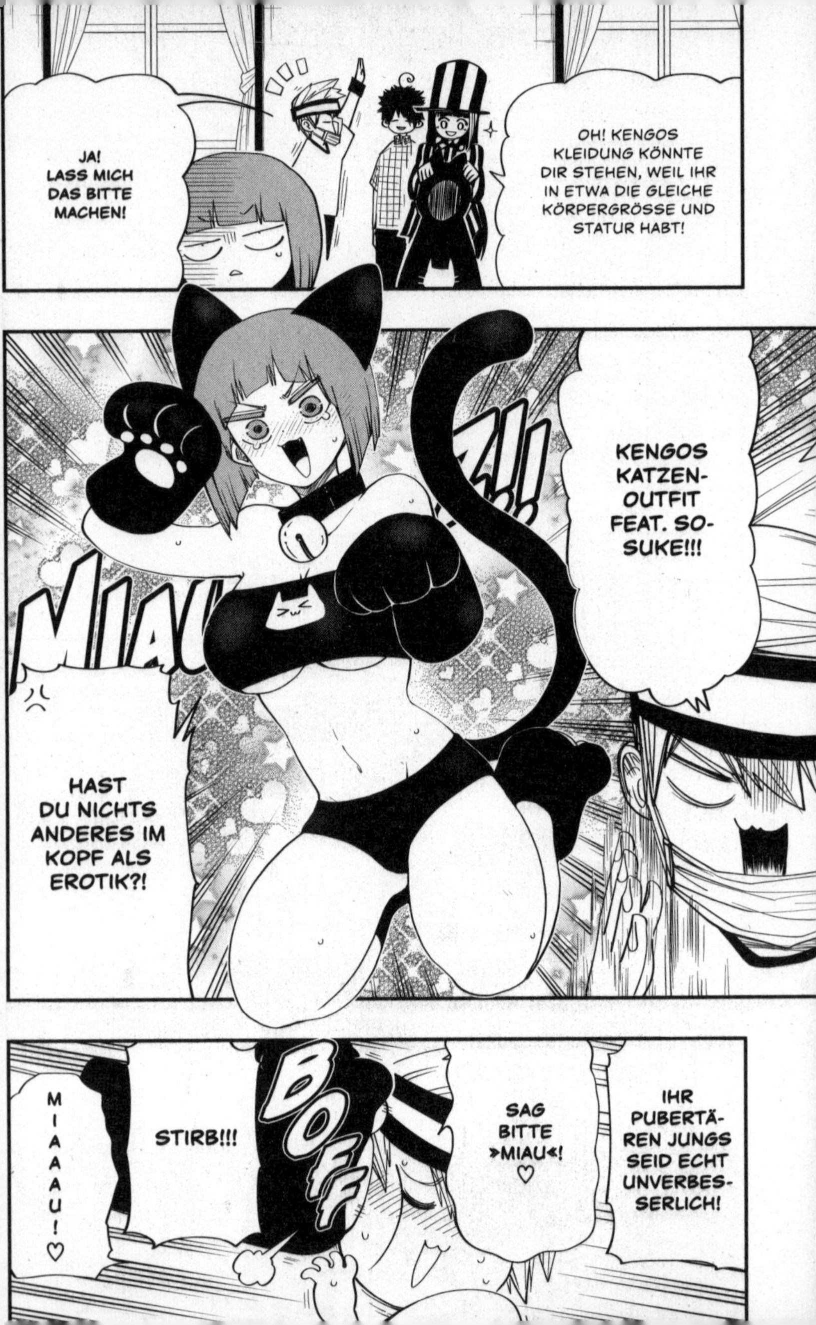
OH! KENGOS KLEIDUNG KÖNNTE DIR STEHEN, WEIL IHR IN ETWA DIE GLEICHE KÖRPERGRÖSSE UND STATUR HABT!
JA! LASS MICH DAS BITTE MACHEN!
KENGOS KATZEN-OUTFIT FEAT. SOSUKE!!!
MIAU
HAST DU NICHTS ANDERES IM KOPF ALS EROTIK?!
IHR PUBERTÄREN JUNGS SEID ECHT UNVERBESSERLICH!
SAG BITTE »MIAU«! ♡
BOFF
STIRB!!!
MIAAAAU! ♡

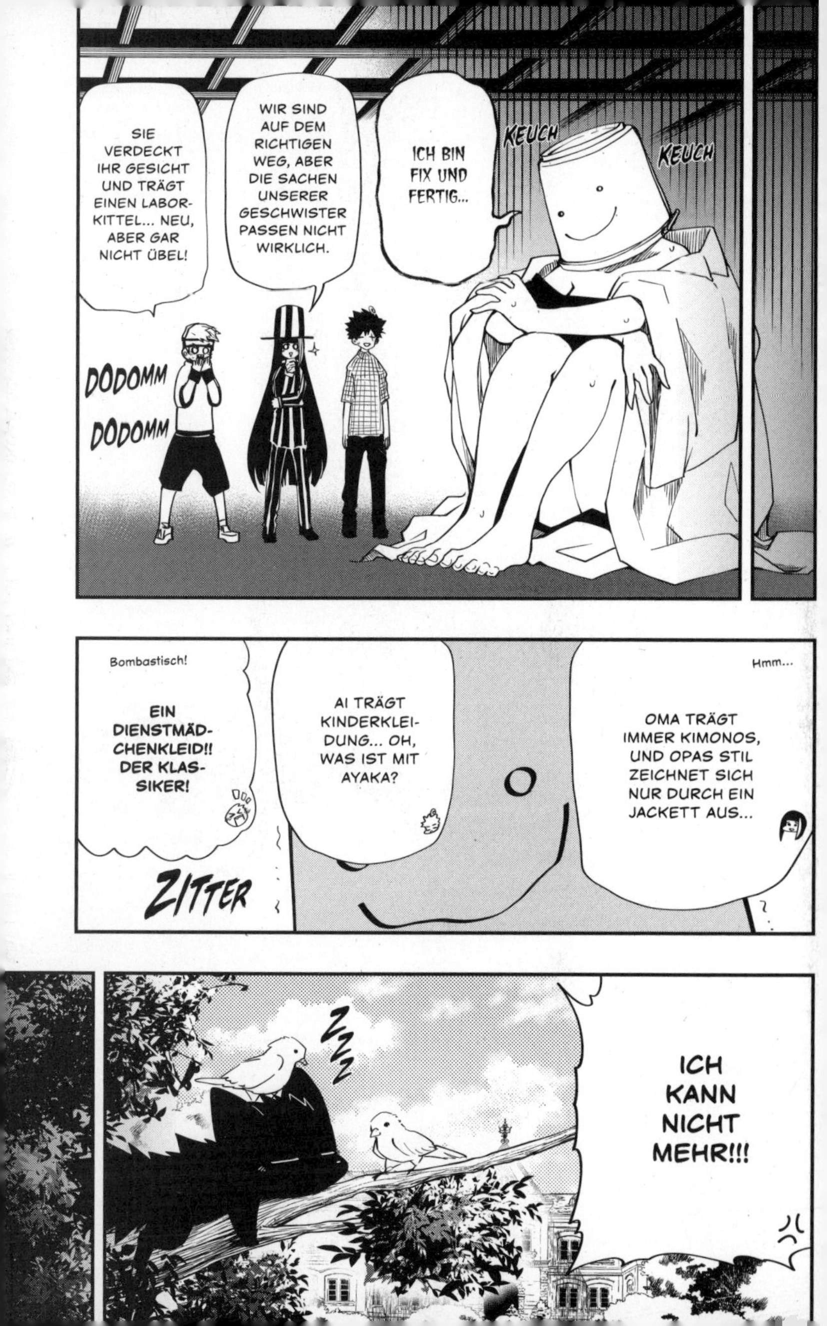
KEUCH
KEUCH
ICH BIN FIX UND FERTIG...
WIR SIND AUF DEM RICHTIGEN WEG, ABER DIE SACHEN UNSERER GESCHWISTER PASSEN NICHT WIRKLICH.
SIE VERDECKT IHR GESICHT UND TRÄGT EINEN LABORKITTEL... NEU, ABER GAR NICHT ÜBEL!
DODOMM
DODOMM
Hmm...
OMA TRÄGT IMMER KIMONOS, UND OPAS STIL ZEICHNET SICH NUR DURCH EIN JACKETT AUS...
AI TRÄGT KINDERKLEIDUNG... OH, WAS IST MIT AYAKA?
Bombastisch!
EIN DIENSTMÄDCHENKLEID!! DER KLASSIKER!
ZITTER
ICH KANN NICHT MEHR!!!

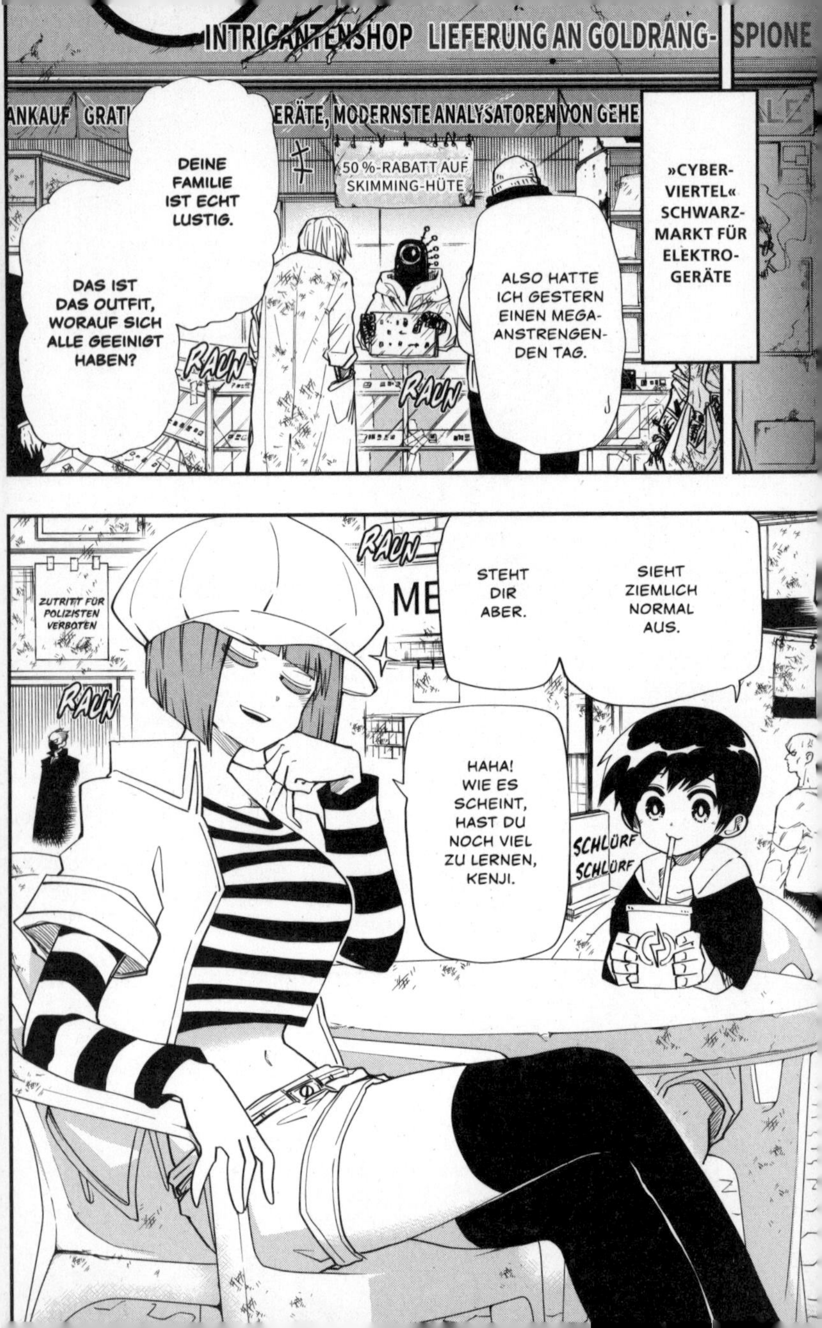
INTRIGANTENSHOP LIEFERUNG AN GOLDRANG-SPIONE
ERÄTE, MODERNSTE ANALYSATOREN VON GEHE
50 %-RABATT AUF SKIMMING-HÜTE
»CYBER-VIERTEL« SCHWARZMARKT FÜR ELEKTROGERÄTE
ALSO HATTE ICH GESTERN EINEN MEGA-ANSTRENGENDEN TAG.
DEINE FAMILIE IST ECHT LUSTIG.
DAS IST DAS OUTFIT, WORAUF SICH ALLE GEEINIGT HABEN?
RAUN
RAUN
ZUTRITT FÜR POLIZISTEN VERBOTEN
RAUN
RAUN
SIEHT ZIEMLICH NORMAL AUS.
STEHT DIR ABER.
SCHLÜRF SCHLÜRF
HAHA! WIE ES SCHEINT, HAST DU NOCH VIEL ZU LERNEN, KENJI.

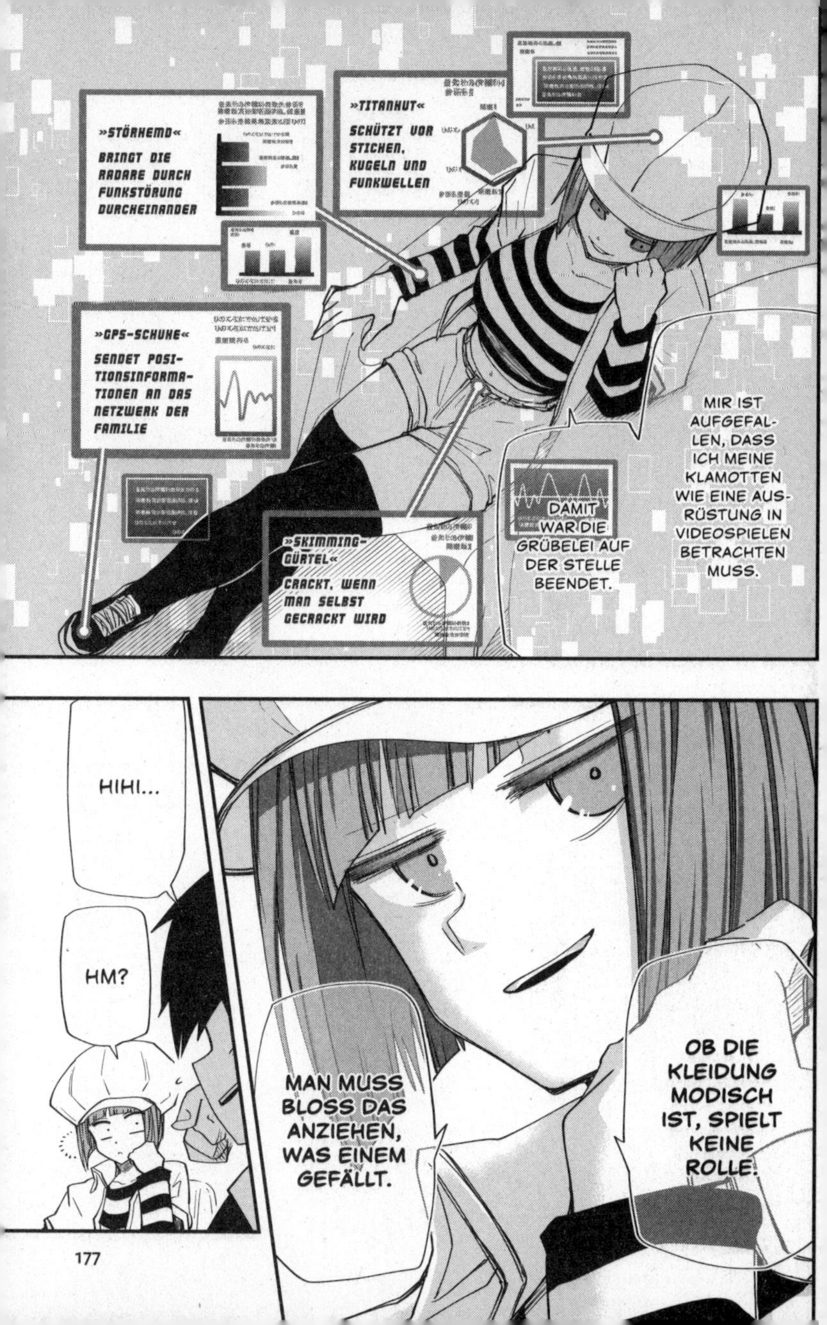
»TITANHUT« SCHÜTZT VOR STICHEN, KUGELN UND FUNKWELLEN
»STÖRHEMD« BRINGT DIE RADARE DURCH FUNKSTÖRUNG DURCHEINANDER
»GPS-SCHUHE« SENDET POSITIONSINFORMATIONEN AN DAS NETZWERK DER FAMILIE
»SKIMMING-GÜRTEL« CRACKT, WENN MAN SELBST GECRACKT WIRD
MIR IST AUFGEFALLEN, DASS ICH MEINE KLAMOTTEN WIE EINE AUSRÜSTUNG IN VIDEOSPIELEN BETRACHTEN MUSS.
DAMIT WAR DIE GRÜBELEI AUF DER STELLE BEENDET.
OB DIE KLEIDUNG MODISCH IST, SPIELT KEINE ROLLE.
MAN MUSS BLOSS DAS ANZIEHEN, WAS EINEM GEFÄLLT.
HIHI...
HM?

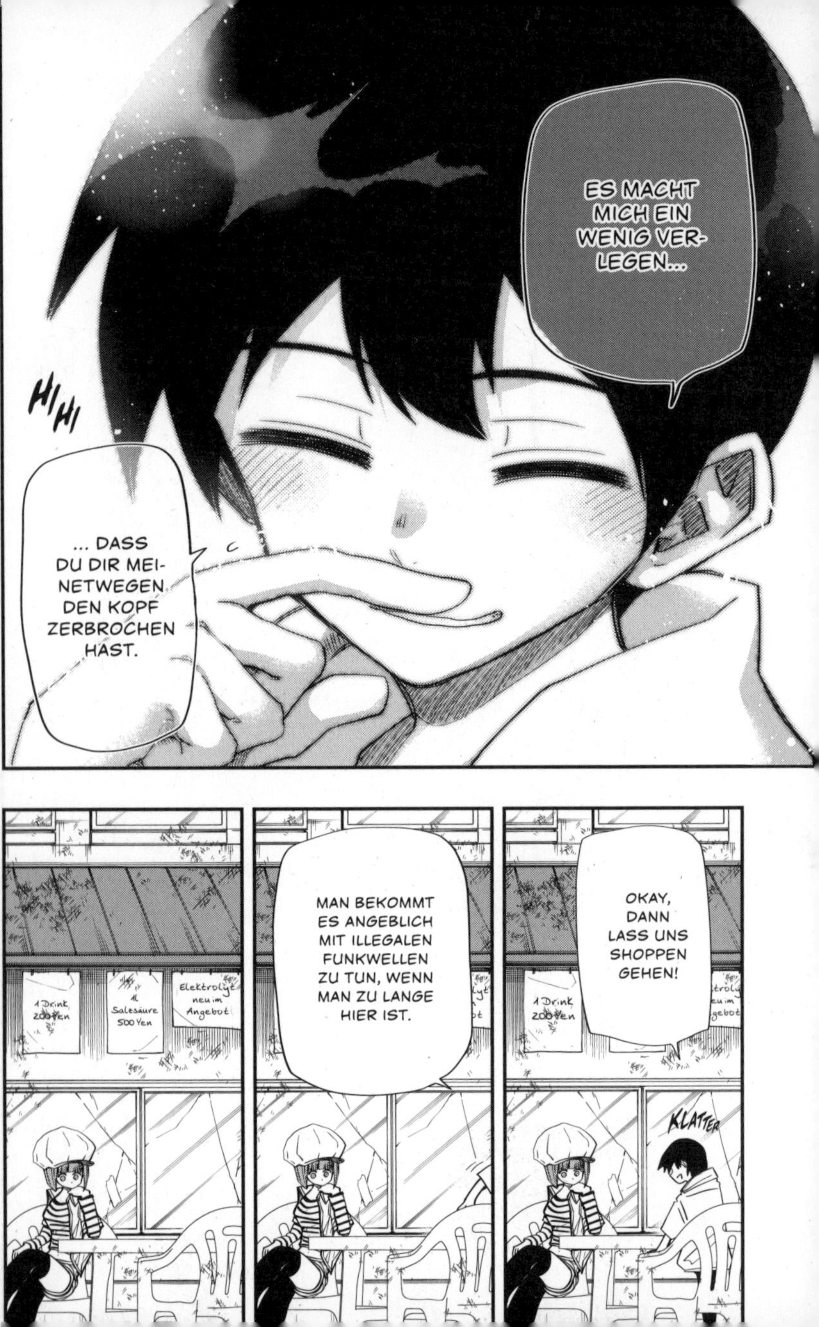
ES MACHT MICH EIN WENIG VERLEGEN...
HI HI
... DASS DU DIR MEINETWEGEN DEN KOPF ZERBROCHEN HAST.
OKAY, DANN LASS UNS SHOPPEN GEHEN!
KLATTER
MAN BEKOMMT ES ANGEBLICH MIT ILLEGALEN FUNKWELLEN ZU TUN, WENN MAN ZU LANGE HIER IST.
Elektrolyt neu im Angebot
1l Salesäure 500 Yen
1 Drink, 200 Yen

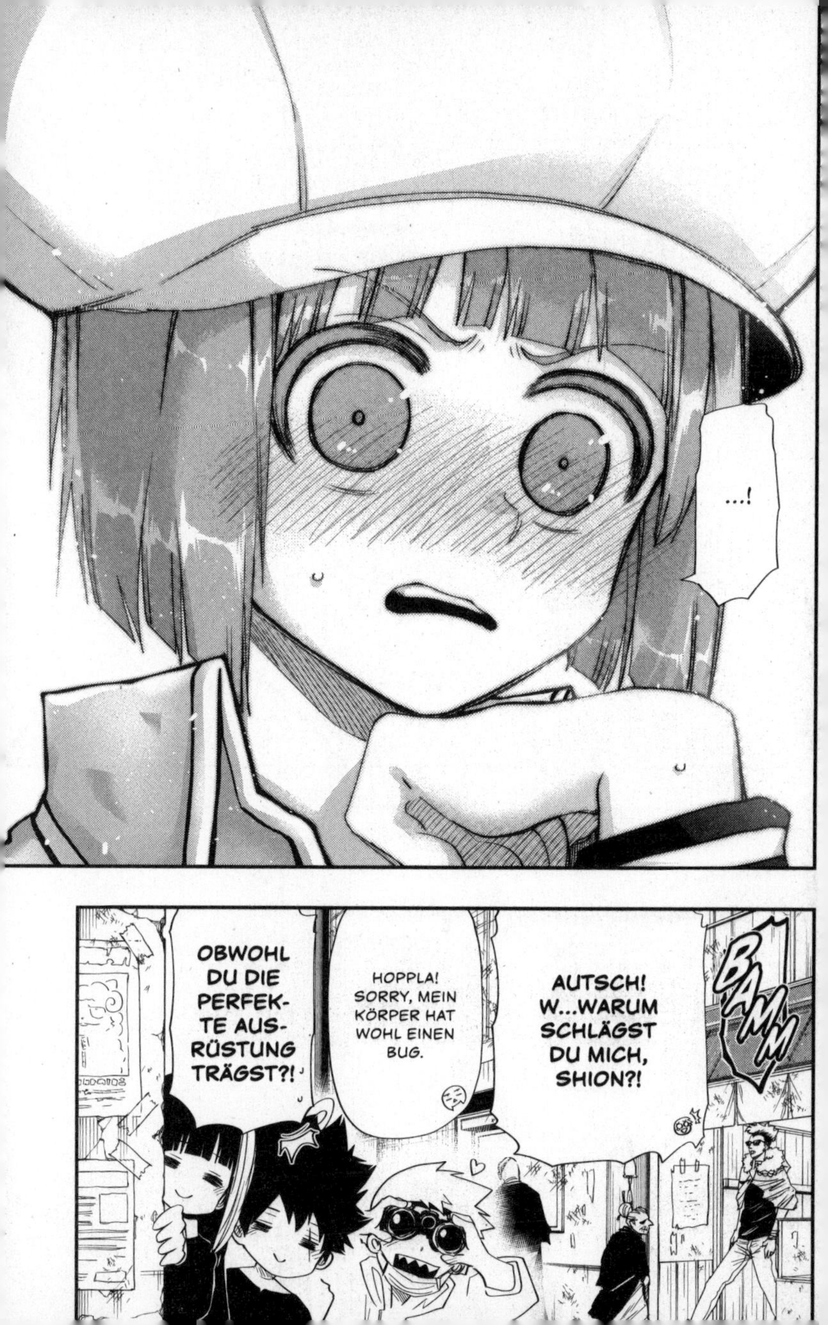
...!
BAMM
AUTSCH! W...WARUM SCHLÄGST DU MICH, SHION?!
HOPPLA! SORRY, MEIN KÖRPER HAT WOHL EINEN BUG.
OBWOHL DU DIE PERFEKTE AUSRÜSTUNG TRÄGST?!

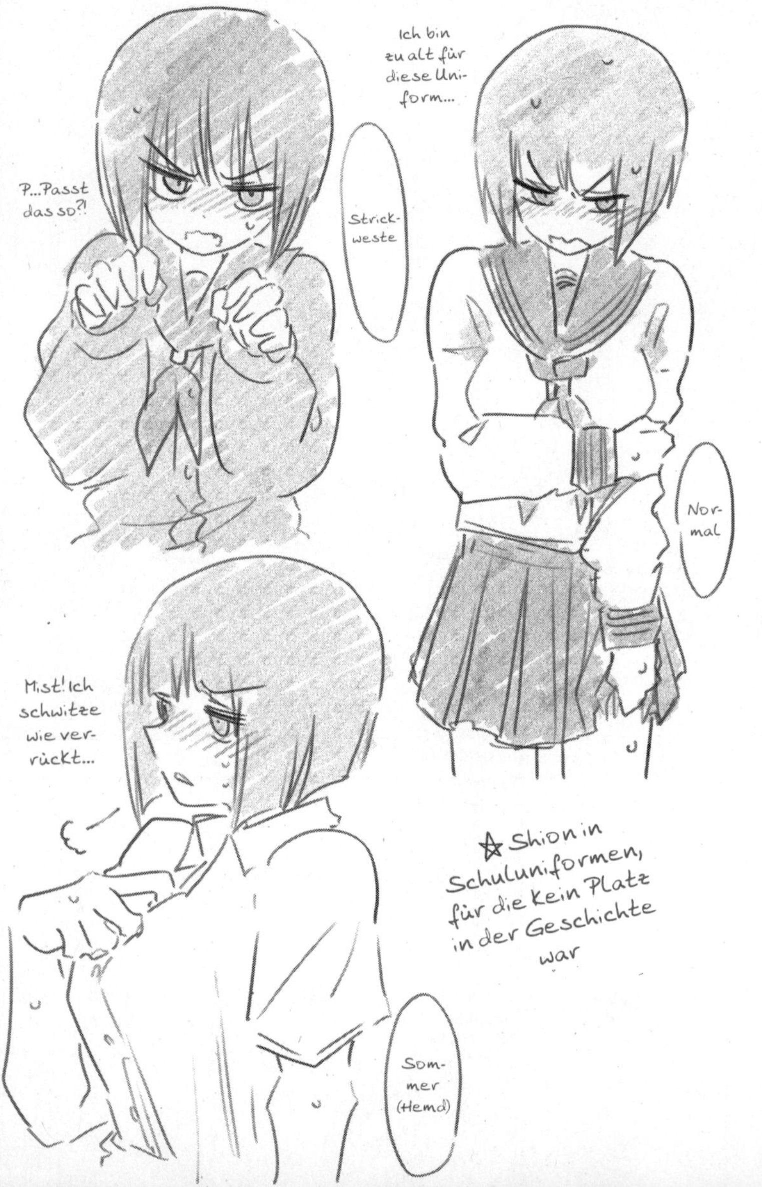
Ich bin zu alt für diese Uniform...
Strickweste
P...Passt das so?!
Normal
Mist! Ich schwitze wie verrückt...
☆ Shion in Schuluniformen, für die kein Platz in der Geschichte war
Sommer (Hemd)

Mission 88 Das Aufblühen und die Gerüchte

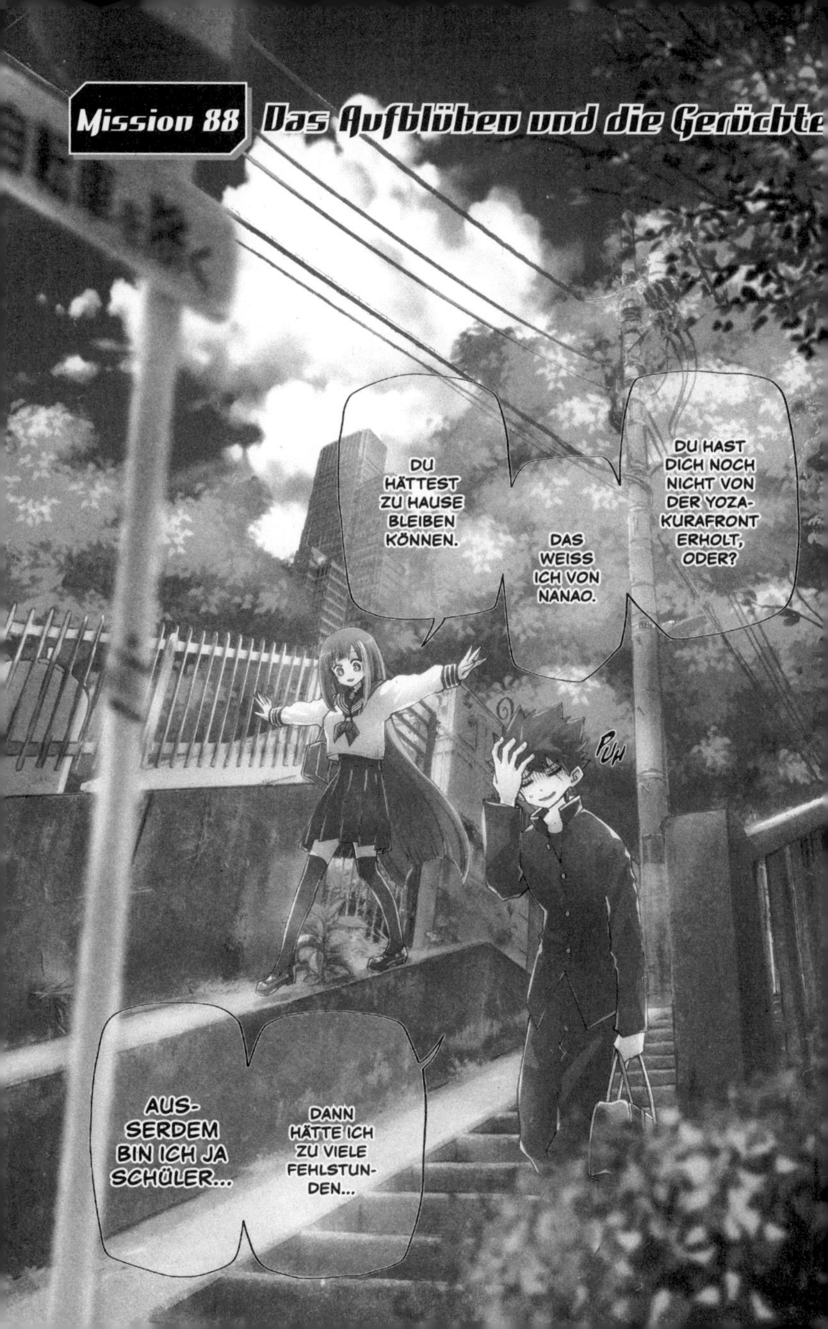

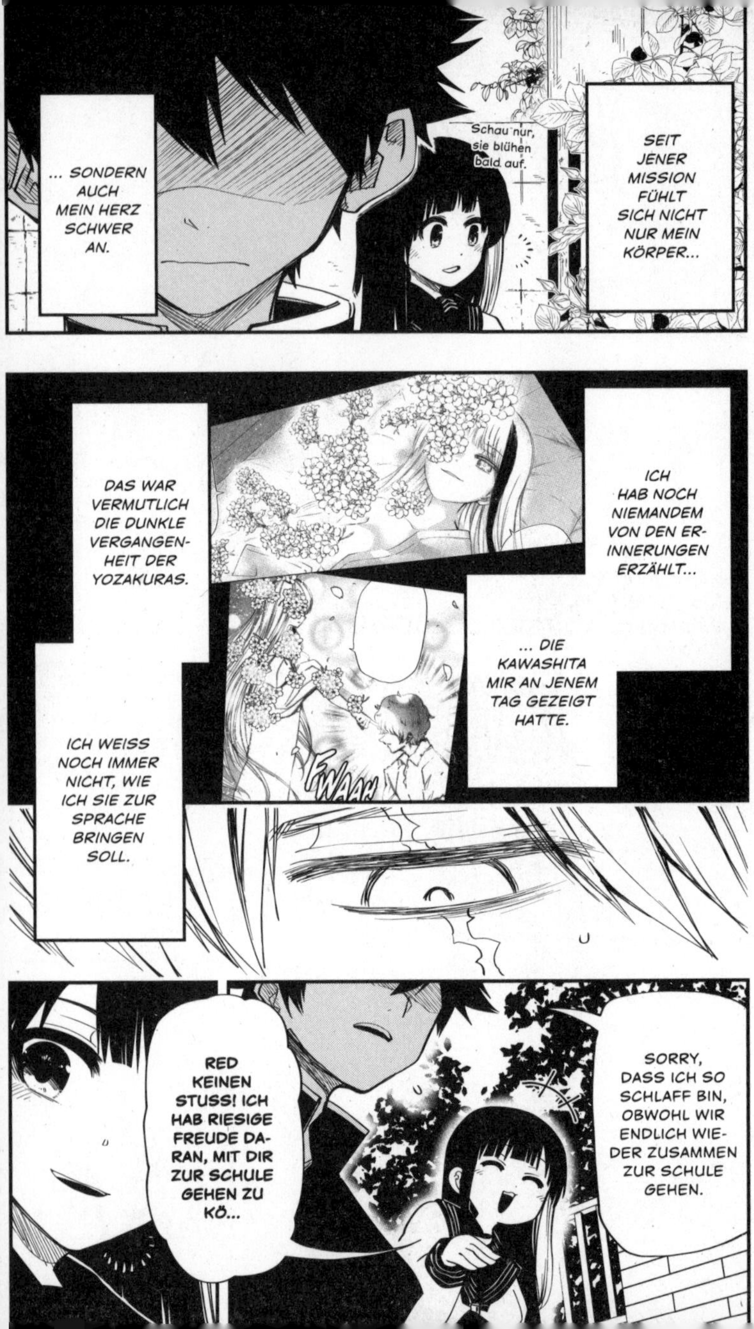
SEIT JENER MISSION FÜHLT SICH NICHT NUR MEIN KÖRPER...
Schau nur, sie blühen bald auf.
... SONDERN AUCH MEIN HERZ SCHWER AN.
ICH HAB NOCH NIEMANDEM VON DEN ERINNERUNGEN ERZÄHLT...
... DIE KAWASHITA MIR AN JENEM TAG GEZEIGT HATTE.
DAS WAR VERMUTLICH DIE DUNKLE VERGANGENHEIT DER YOZAKURAS.
FWAAH
ICH WEISS NOCH IMMER NICHT, WIE ICH SIE ZUR SPRACHE BRINGEN SOLL.
SORRY, DASS ICH SO SCHLAFF BIN, OBWOHL WIR ENDLICH WIEDER ZUSAMMEN ZUR SCHULE GEHEN.
RED KEINEN STUSS! ICH HAB RIESIGE FREUDE DARAN, MIT DIR ZUR SCHULE GEHEN ZU KÖ...

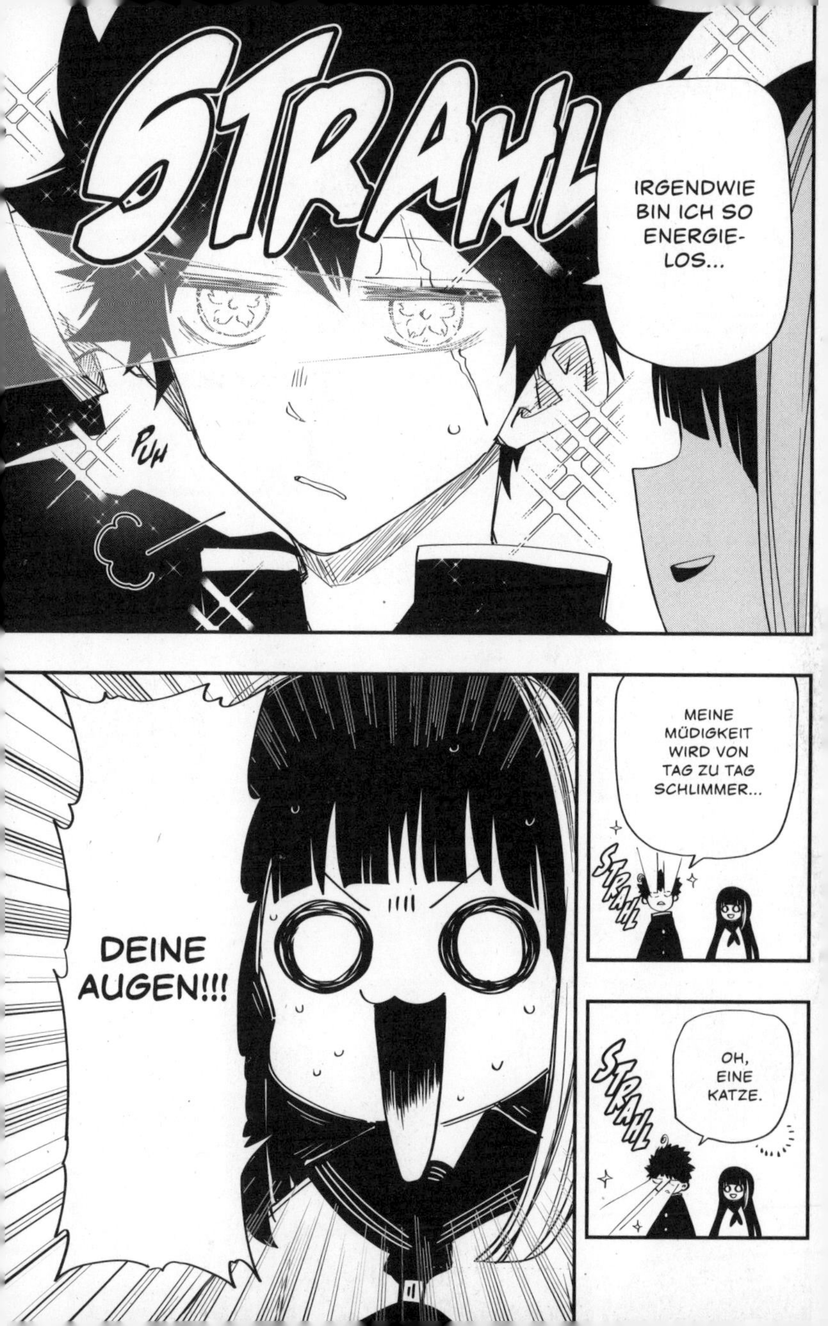
STRAHL
IRGENDWIE BIN ICH SO ENERGIE-LOS...
PUH
MEINE MÜDIGKEIT WIRD VON TAG ZU TAG SCHLIMMER...
STRAHL
OH, EINE KATZE.
STRAHL
DEINE AUGEN!!!

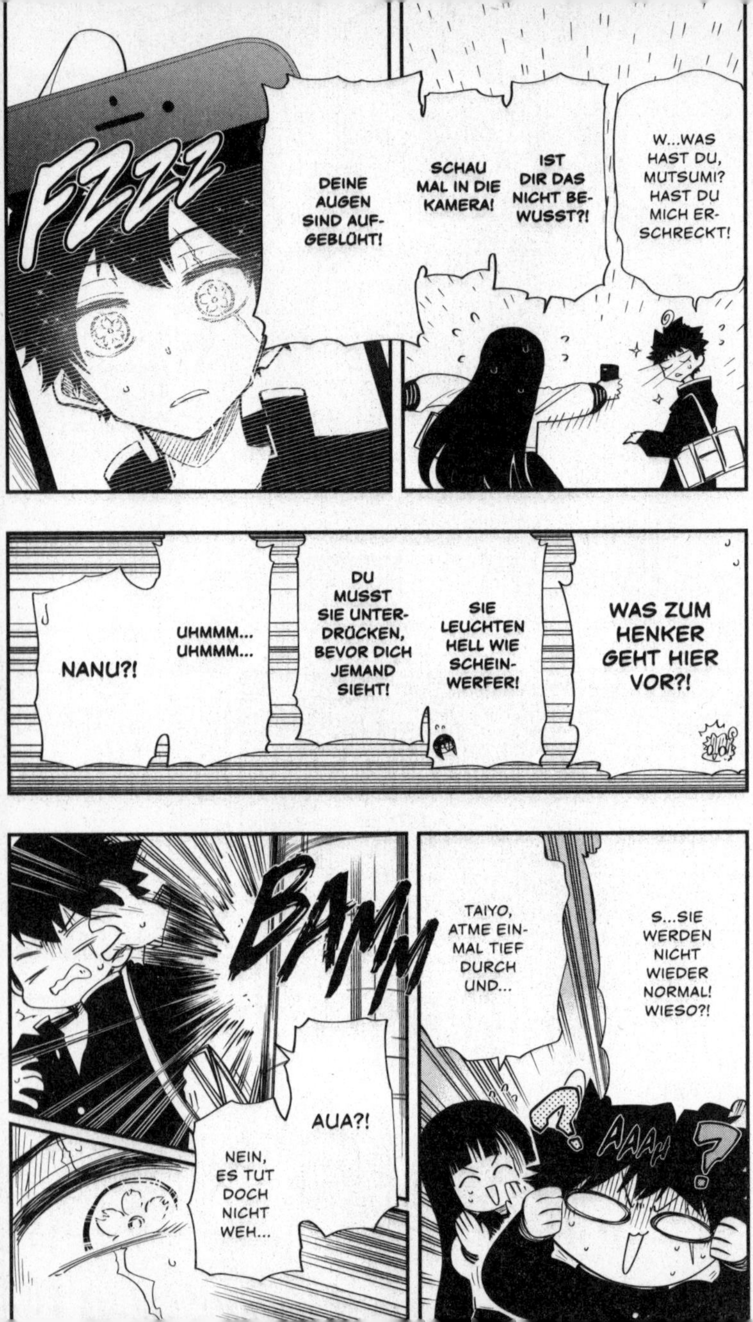
W...WAS HAST DU, MUTSUMI? HAST DU MICH ERSCHRECKT!
IST DIR DAS NICHT BEWUSST?!
SCHAU MAL IN DIE KAMERA!
DEINE AUGEN SIND AUFGEBLÜHT!
FZZZZ
WAS ZUM HENKER GEHT HIER VOR?!
SIE LEUCHTEN HELL WIE SCHEINWERFER!
DU MUSST SIE UNTERDRÜCKEN, BEVOR DICH JEMAND SIEHT!
UHMMM... UHMMM...
NANU?!
S...SIE WERDEN NICHT WIEDER NORMAL! WIESO?!
TAIYO, ATME EINMAL TIEF DURCH UND...
AAAH
BAM
AUA?!
NEIN, ES TUT DOCH NICHT WEH...

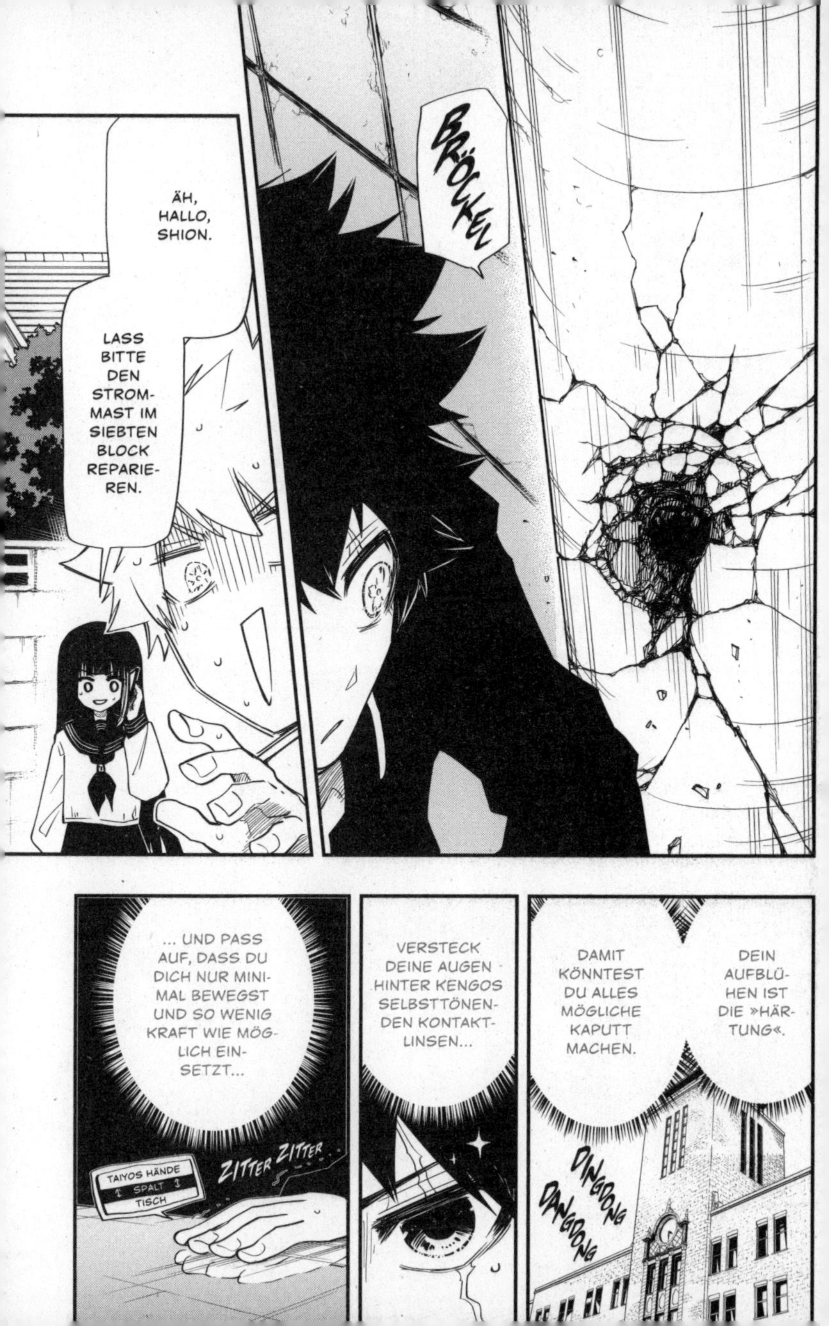
BRÖCKEL
ÄH, HALLO, SHION.
LASS BITTE DEN STROMMAST IM SIEBTEN BLOCK REPARIEREN.
DEIN AUFBLÜHEN IST DIE »HÄRTUNG«.
DAMIT KÖNNTEST DU ALLES MÖGLICHE KAPUTT MACHEN.
DINGDONG DANGDONG
VERSTECK DEINE AUGEN HINTER KENGOS SELBSTTÖNENDEN KONTAKTLINSEN...
... UND PASS AUF, DASS DU DICH NUR MINIMAL BEWEGST UND SO WENIG KRAFT WIE MÖGLICH EINSETZT...
ZITTER ZITTER...
TAIYOS HÄNDE ↕ SPALT ↕ TISCH

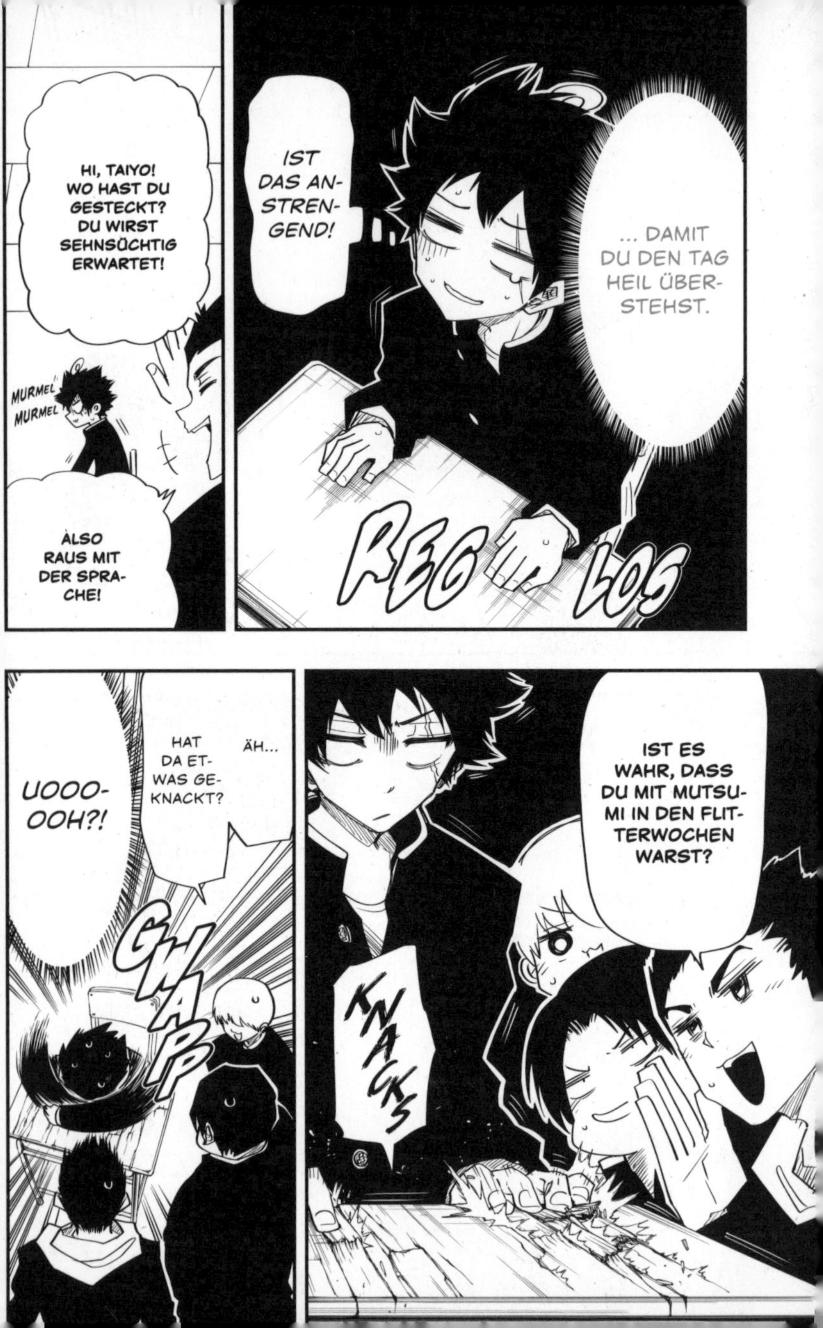
... DAMIT DU DEN TAG HEIL ÜBERSTEHST.
IST DAS ANSTRENGEND!
HI, TAIYO! WO HAST DU GESTECKT? DU WIRST SEHNSÜCHTIG ERWARTET!
MURMEL MURMEL
ALSO RAUS MIT DER SPRACHE!
IST ES WAHR, DASS DU MIT MUTSUMI IN DEN FLITTERWOCHEN WARST?
KNACKS
ÄH...
HAT DA ETWAS GEKNACKT?
UOOO-OOH?!

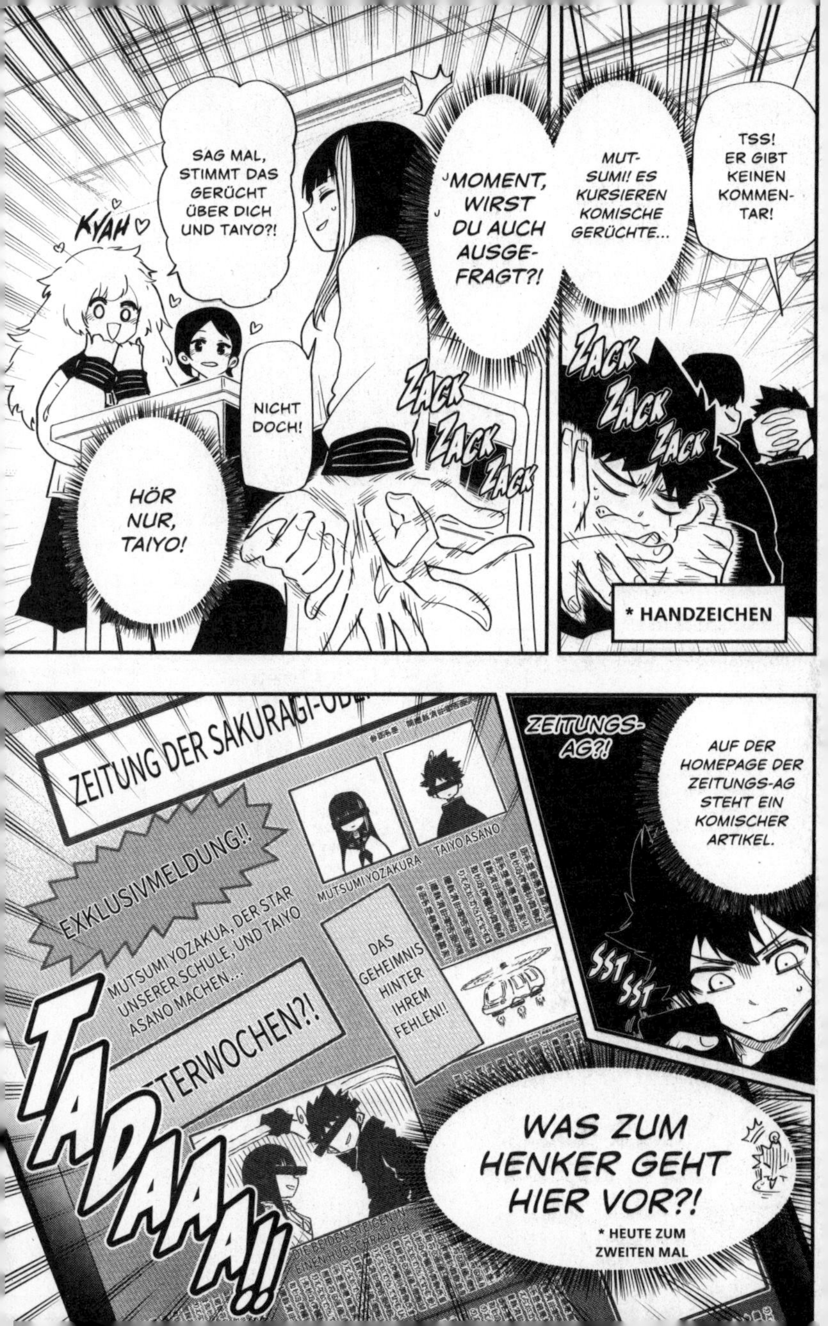
TSS! ER GIBT KEINEN KOMMENTAR!
MUTSUMI! ES KURSIEREN KOMISCHE GERÜCHTE...
ZACK ZACK ZACK
* HANDZEICHEN
MOMENT, WIRST DU AUCH AUSGEFRAGT?!
SAG MAL, STIMMT DAS GERÜCHT ÜBER DICH UND TAIYO?!
KYAH
NICHT DOCH!
HÖR NUR, TAIYO!
ZACK ZACK ZACK
ZEITUNGS-AG?!
AUF DER HOMEPAGE DER ZEITUNGS-AG STEHT EIN KOMISCHER ARTIKEL.
SST SST
WAS ZUM HENKER GEHT HIER VOR?!
* HEUTE ZUM ZWEITEN MAL
ZEITUNG DER SAKURAGI-OB
EXKLUSIVMELDUNG!!
MUTSUMI YOZAKURA
TAIYO ASANO
MUTSUMI YOZAKUA, DER STAR UNSERER SCHULE, UND TAIYO ASANO MACHEN...
TTERWOCHEN?!
DAS GEHEIMNIS HINTER IHREM FEHLEN!!
DIE BEIDEN STEIGEN IN EINEN HUBSCHRAUBER
TADAAAA!!

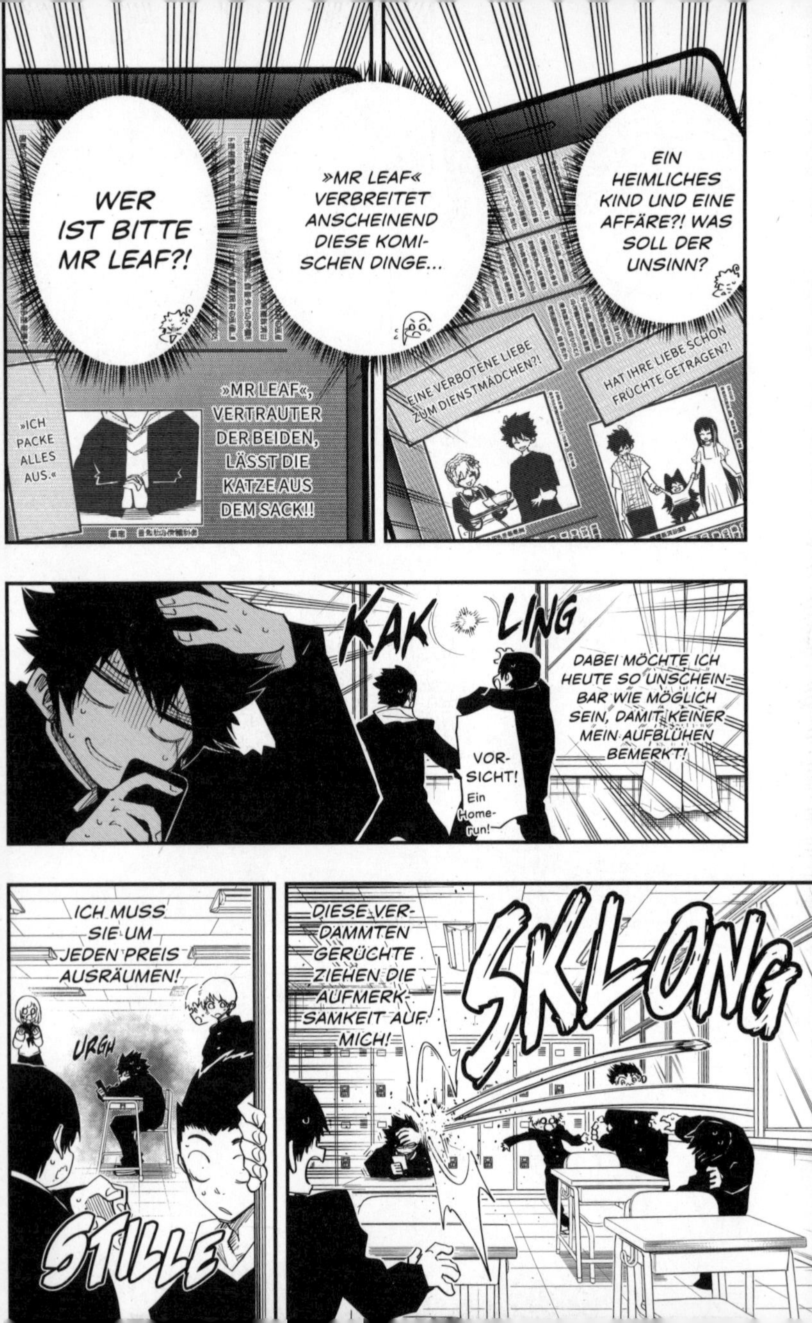
EIN HEIMLICHES KIND UND EINE AFFÄRE?! WAS SOLL DER UNSINN?
»MR LEAF« VERBREITET ANSCHEINEND DIESE KOMI-SCHEN DINGE…
WER IST BITTE MR LEAF?!
HAT IHRE LIEBE SCHON FRÜCHTE GETRAGEN?!
EINE VERBOTENE LIEBE ZUM DIENSTMÄDCHEN?!
»MR LEAF«, VERTRAUTER DER BEIDEN, LÄSST DIE KATZE AUS DEM SACK!!
»ICH PACKE ALLES AUS.«
DABEI MÖCHTE ICH HEUTE SO UNSCHEIN-BAR WIE MÖGLICH SEIN, DAMIT KEINER MEIN AUFBLÜHEN BEMERKT!
KAK LING
VOR-SICHT!
Ein Home-run!
SKLONG
DIESE VER-DAMMTEN GERÜCHTE ZIEHEN DIE AUFMERK-SAMKEIT AUF MICH!
ICH MUSS SIE UM JEDEN PREIS AUSRÄUMEN!
URGH
STILLE

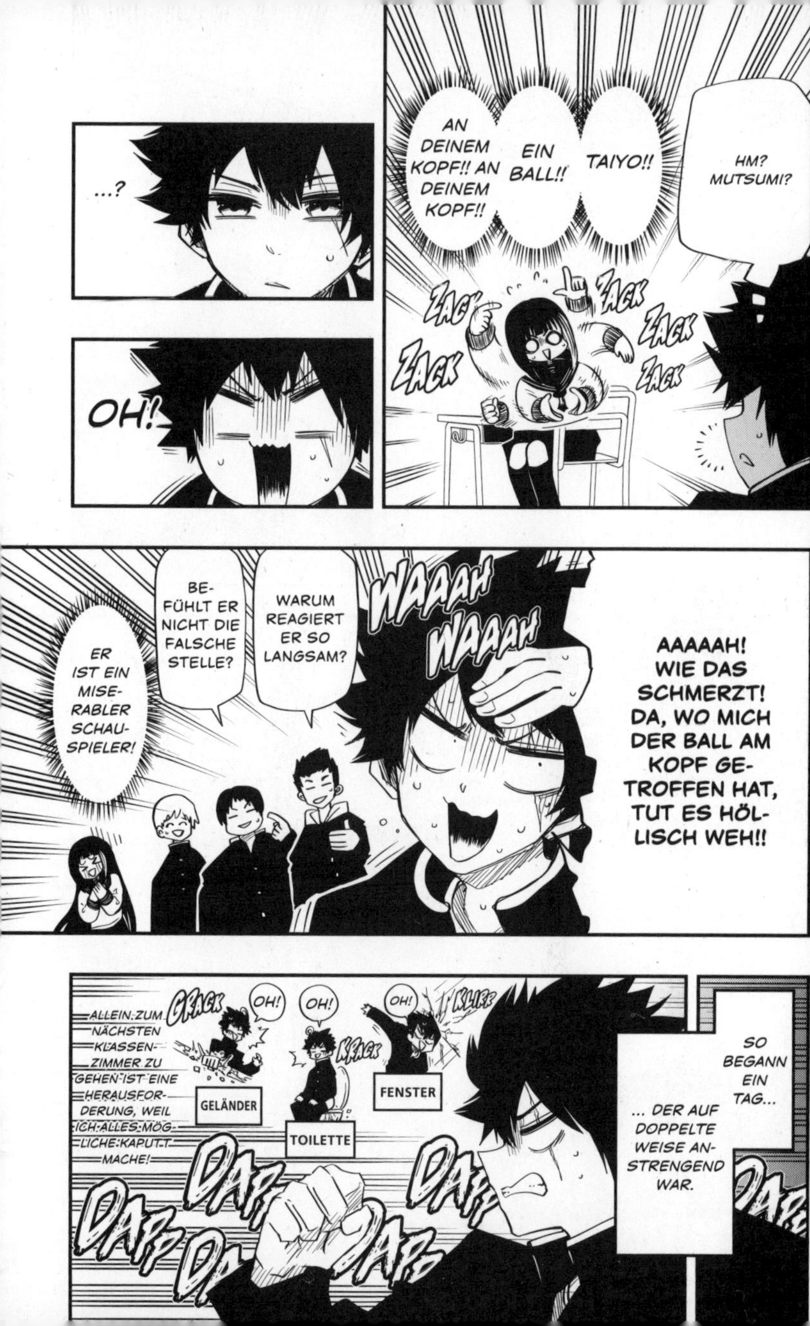
HM? MUTSUMI?
TAIYO!!
EIN BALL!!
AN DEINEM KOPF!! AN DEINEM KOPF!!
ZACK ZACK ZACK ZACK ZACK
...?
OH!
AAAAAH! WIE DAS SCHMERZT! DA, WO MICH DER BALL AM KOPF GETROFFEN HAT, TUT ES HÖLLISCH WEH!!
WAAAH WAAAH
WARUM REAGIERT ER SO LANGSAM?
BEFÜHLT ER NICHT DIE FALSCHE STELLE?
ER IST EIN MISERABLER SCHAUSPIELER!
SO BEGANN EIN TAG...
... DER AUF DOPPELTE WEISE ANSTRENGEND WAR.
OH!
KLIRR
FENSTER
OH!
KRACK
TOILETTE
OH!
CRACK
GELÄNDER
ALLEIN ZUM NÄCHSTEN KLASSENZIMMER ZU GEHEN IST EINE HERAUSFORDERUNG, WEIL ICH ALLES MÖGLICHE KAPUTT MACHE!
DAP DAP DAP DAP DAP

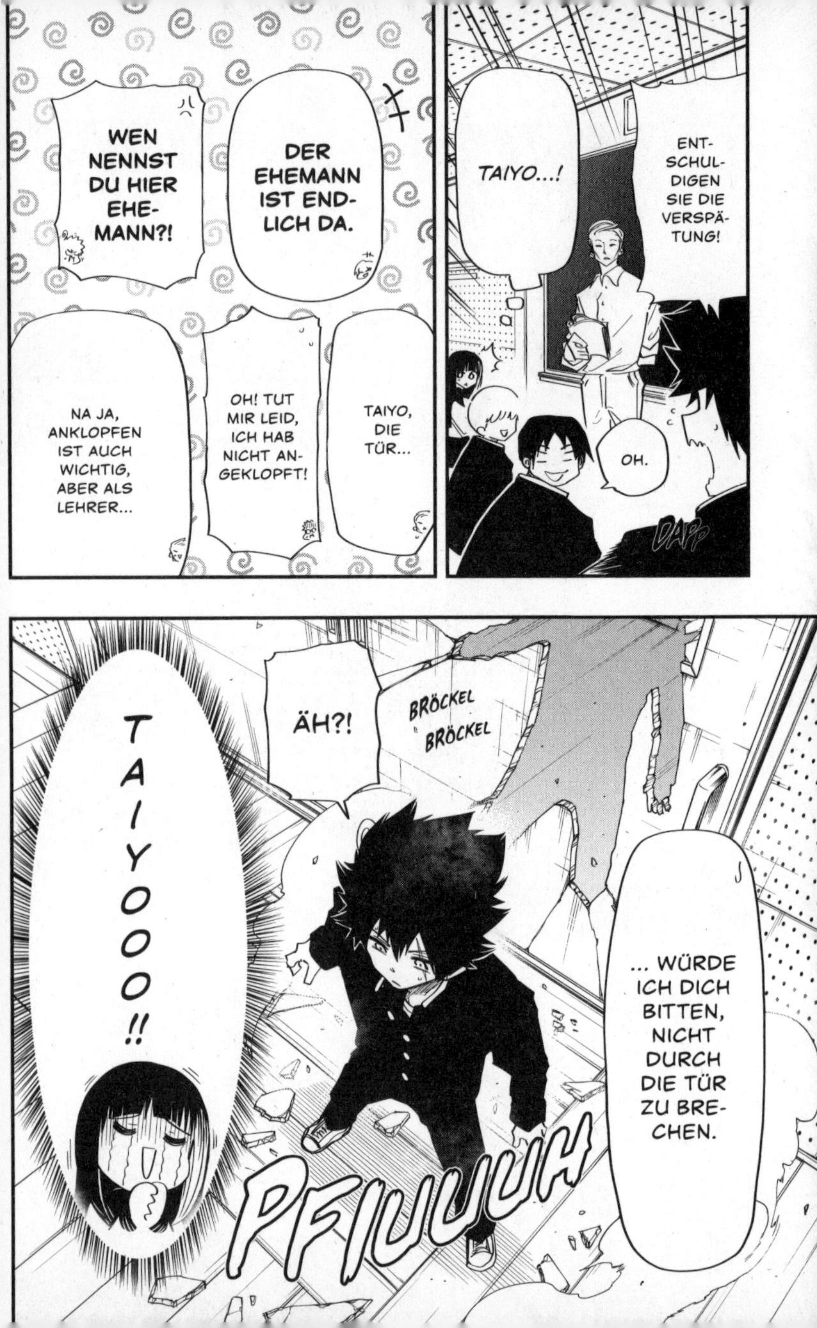
ENTSCHULDIGEN SIE DIE VERSPÄTUNG!
TAIYO...!
OH.
DAPP
DER EHEMANN IST ENDLICH DA.
WEN NENNST DU HIER EHEMANN?!
TAIYO, DIE TÜR...
OH! TUT MIR LEID, ICH HAB NICHT ANGEKLOPFT!
NA JA, ANKLOPFEN IST AUCH WICHTIG, ABER ALS LEHRER...
... WÜRDE ICH DICH BITTEN, NICHT DURCH DIE TÜR ZU BRECHEN.
BRÖCKEL BRÖCKEL
ÄH?!
TAIYOOOO!!
PFIUUUH

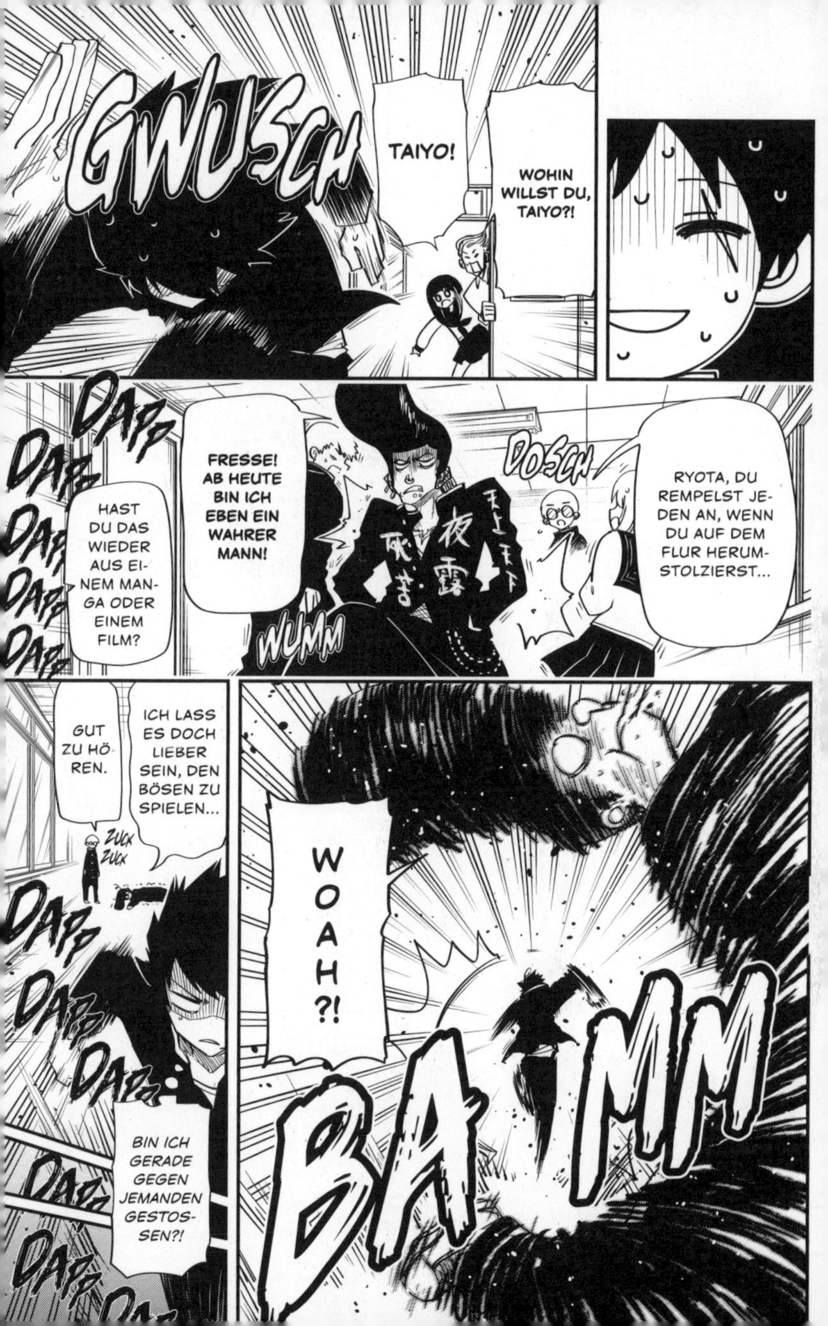
GWUSCH
TAIYO!
WOHIN WILLST DU, TAIYO?!
RYOTA, DU REMPELST JEDEN AN, WENN DU AUF DEM FLUR HERUMSTOLZIERST...
DOSCH
FRESSE! AB HEUTE BIN ICH EBEN EIN WAHRER MANN!
WUMM
HAST DU DAS WIEDER AUS EINEM MANGA ODER EINEM FILM?
DAPP DAPP DAPP DAPP DAPP
WOAH?!
BAMM
ICH LASS ES DOCH LIEBER SEIN, DEN BÖSEN ZU SPIELEN...
GUT ZU HÖREN.
ZUCK ZUCK
DAPP DAPP DAPP DAPP DAPP
BIN ICH GERADE GEGEN JEMANDEN GESTOSSEN?!

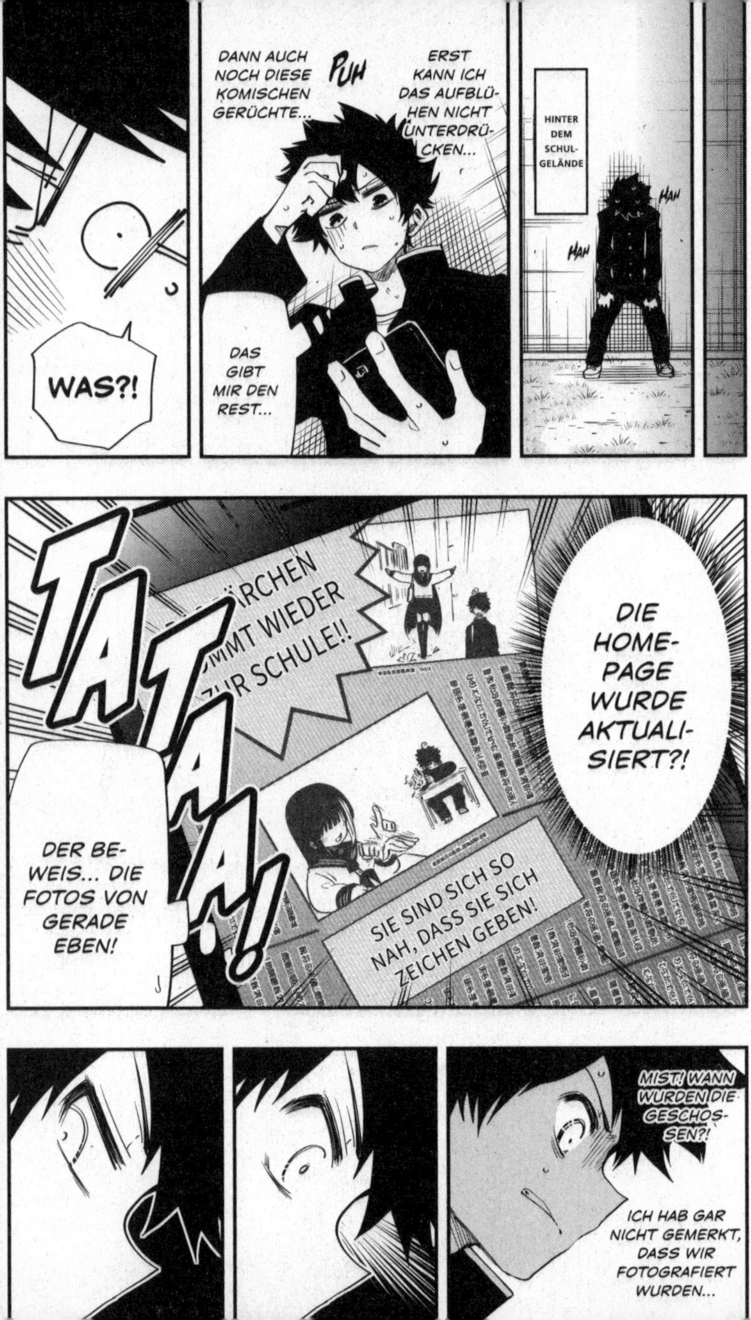
HINTER DEM SCHULGELÄNDE
HAH
HAH
ERST KANN ICH DAS AUFBLÜHEN NICHT UNTERDRÜCKEN...
PUH
DANN AUCH NOCH DIESE KOMISCHEN GERÜCHTE...
DAS GIBT MIR DEN REST...
WAS?!
DIE HOMEPAGE WURDE AKTUALISIERT?!
MMT WIEDER
R SCHULE!!
TATAA!
SIE SIND SICH SO NAH, DASS SIE SICH ZEICHEN GEBEN!
DER BEWEIS... DIE FOTOS VON GERADE EBEN!
MIST! WANN WURDEN DIE GESCHOSSEN?!
ICH HAB GAR NICHT GEMERKT, DASS WIR FOTOGRAFIERT WURDEN...

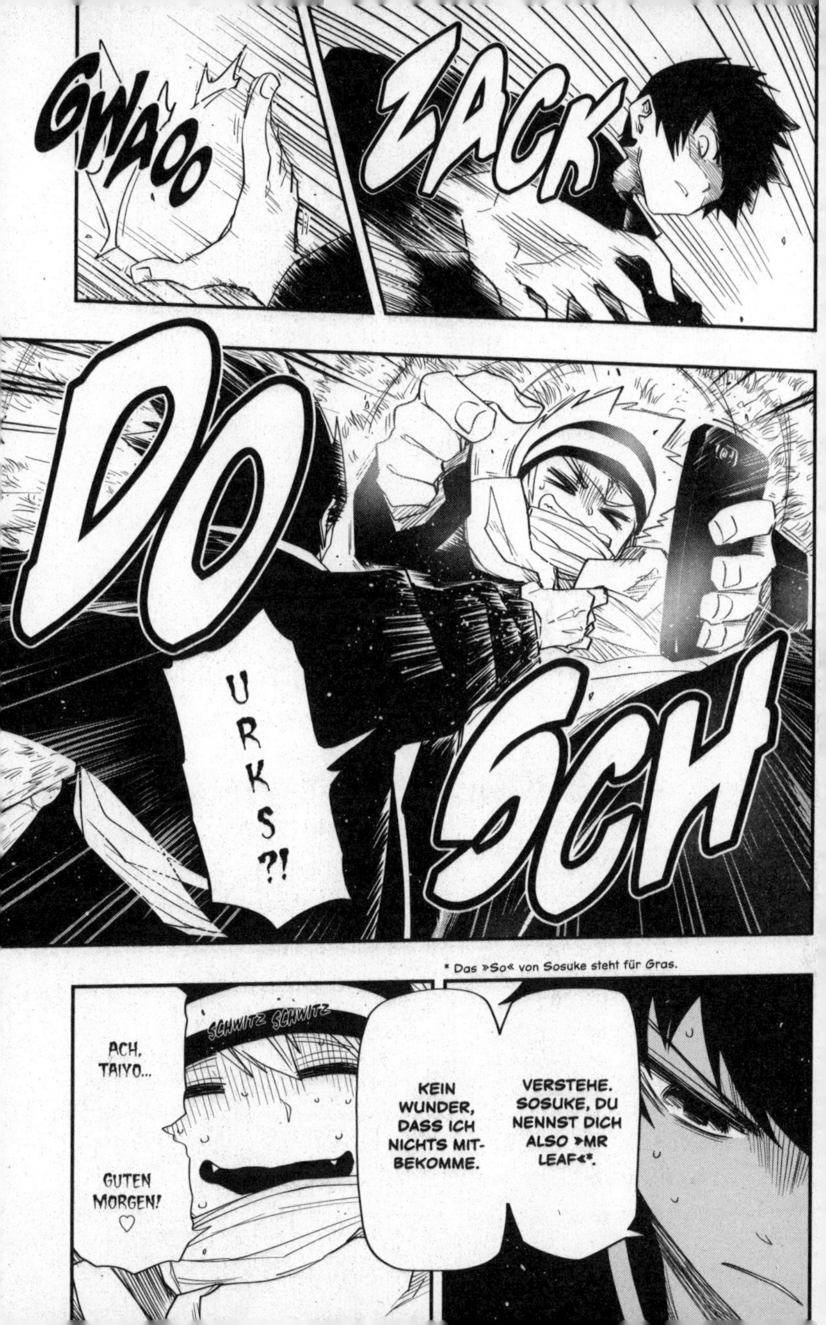

* Das »So« von Sosuke steht für Gras.

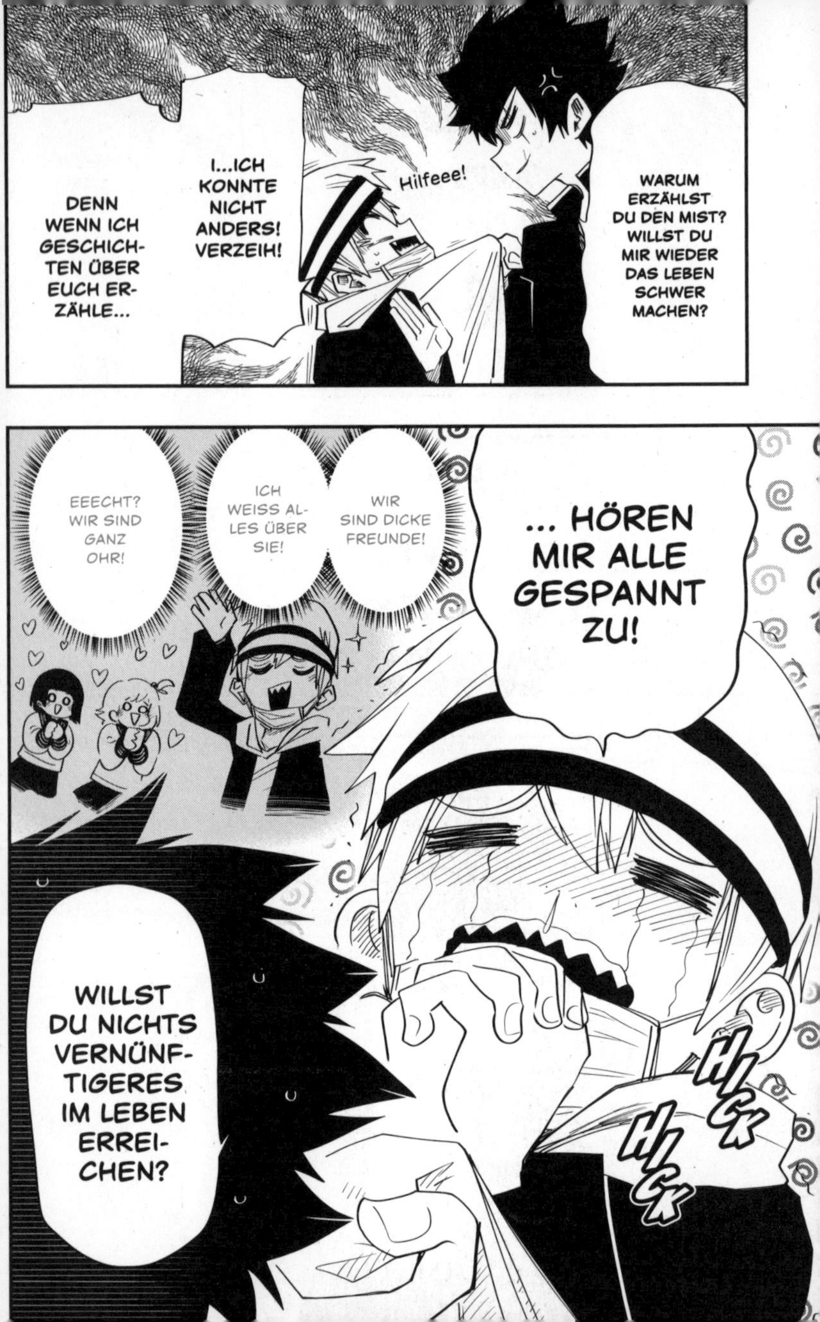
WARUM ERZÄHLST DU DEN MIST? WILLST DU MIR WIEDER DAS LEBEN SCHWER MACHEN?
Hilfeee!
I...ICH KONNTE NICHT ANDERS! VERZEIH!
DENN WENN ICH GESCHICHTEN ÜBER EUCH ERZÄHLE...
... HÖREN MIR ALLE GESPANNT ZU!
WIR SIND DICKE FREUNDE!
ICH WEISS ALLES ÜBER SIE!
EEECHT? WIR SIND GANZ OHR!
HICK HICK
WILLST DU NICHTS VERNÜNFTIGERES IM LEBEN ERREICHEN?

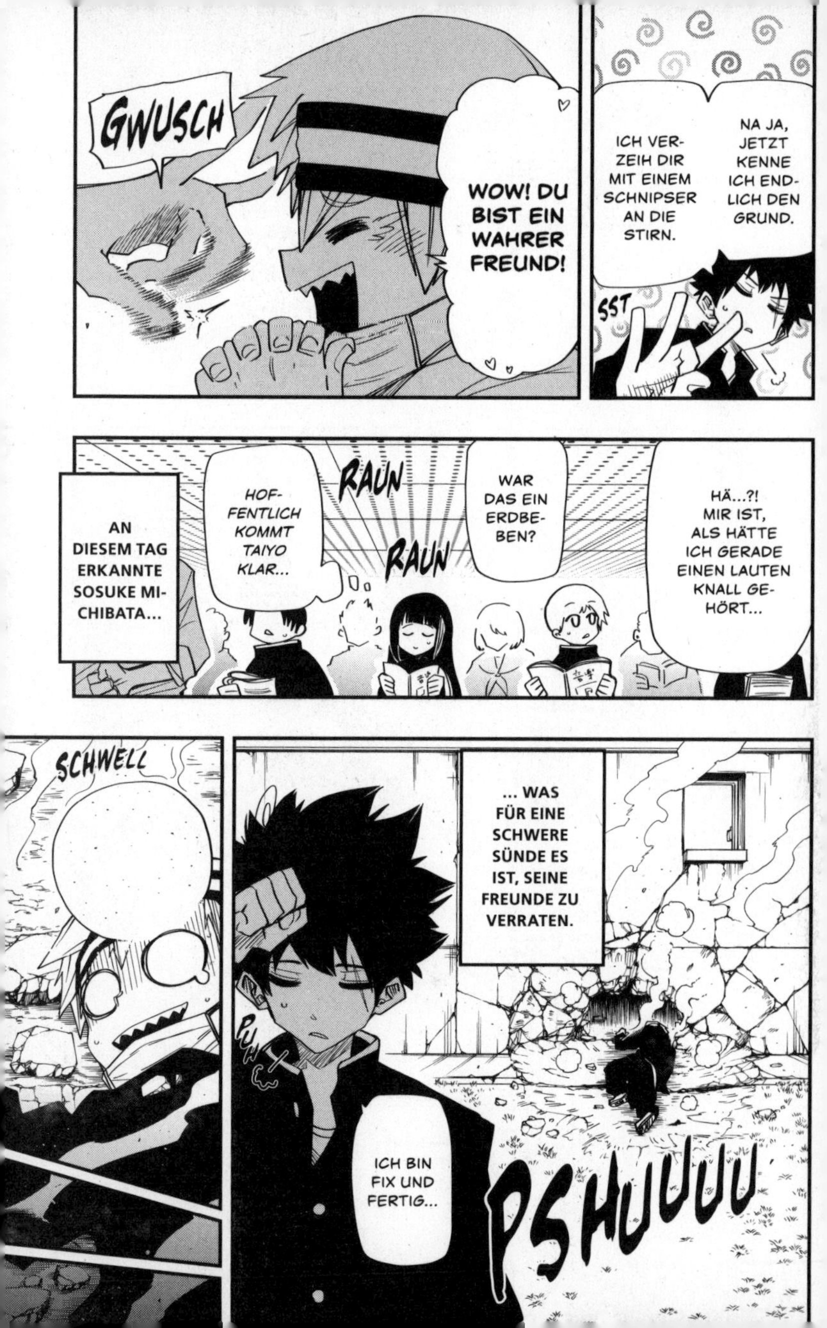
NA JA, JETZT KENNE ICH END-LICH DEN GRUND.
ICH VER-ZEIH DIR MIT EINEM SCHNIPSER AN DIE STIRN.
SST
GWUSCH
WOW! DU BIST EIN WAHRER FREUND!
HÄ...?! MIR IST, ALS HÄTTE ICH GERADE EINEN LAUTEN KNALL GE-HÖRT...
WAR DAS EIN ERDBE-BEN?
RAUN
RAUN
HOF-FENTLICH KOMMT TAIYO KLAR...
AN DIESEM TAG ERKANNTE SOSUKE MI-CHIBATA...
... WAS FÜR EINE SCHWERE SÜNDE ES IST, SEINE FREUNDE ZU VERRATEN.
PUH
ICH BIN FIX UND FERTIG...
PSHUUUU
SCHWELL

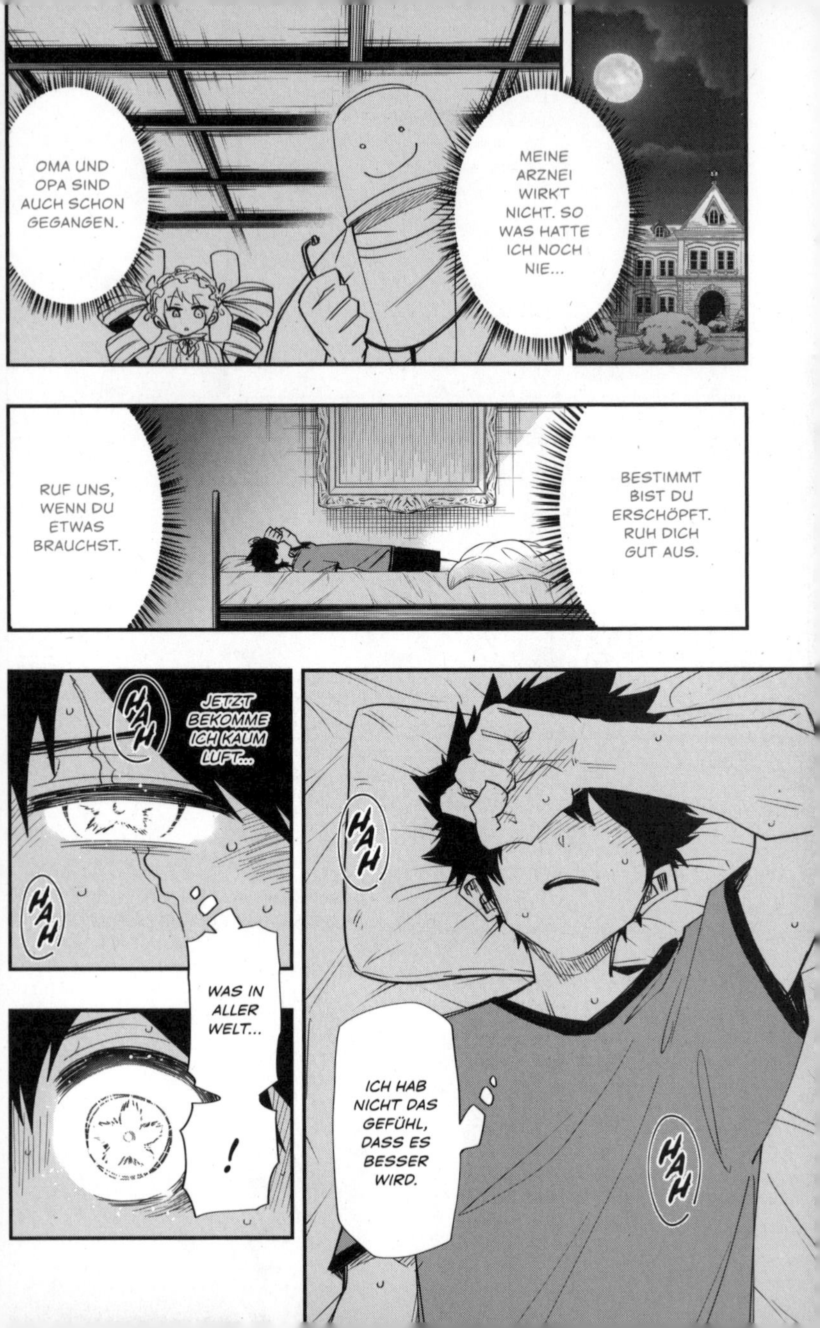
MEINE ARZNEI WIRKT NICHT. SO WAS HATTE ICH NOCH NIE...
OMA UND OPA SIND AUCH SCHON GEGANGEN.
BESTIMMT BIST DU ERSCHÖPFT. RUH DICH GUT AUS.
RUF UNS, WENN DU ETWAS BRAUCHST.
HAH
HAH
ICH HAB NICHT DAS GEFÜHL, DASS ES BESSER WIRD.
HAH
JETZT BEKOMME ICH KAUM LUFT...
HAH
WAS IN ALLER WELT...
!

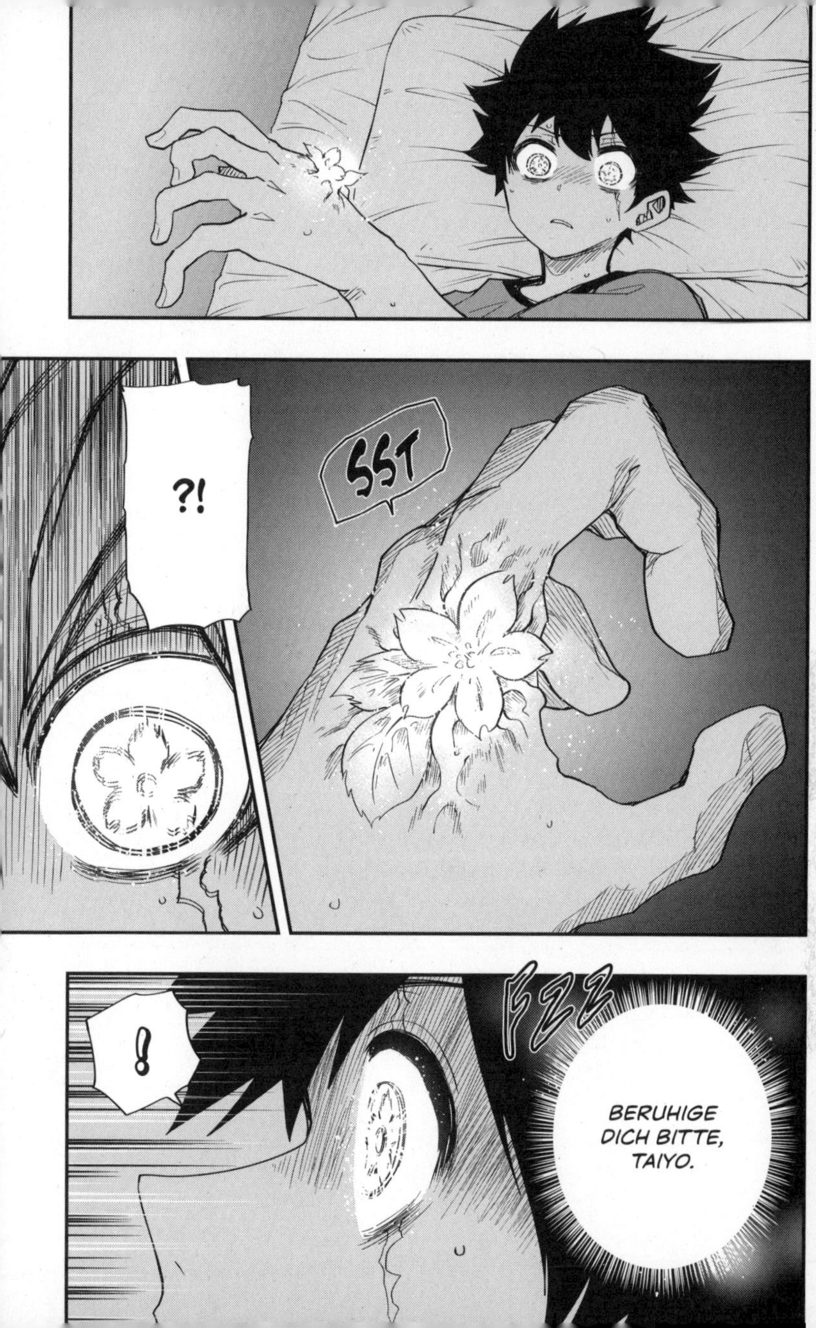
SST
?!
FZZ
!
BERUHIGE DICH BITTE, TAIYO.

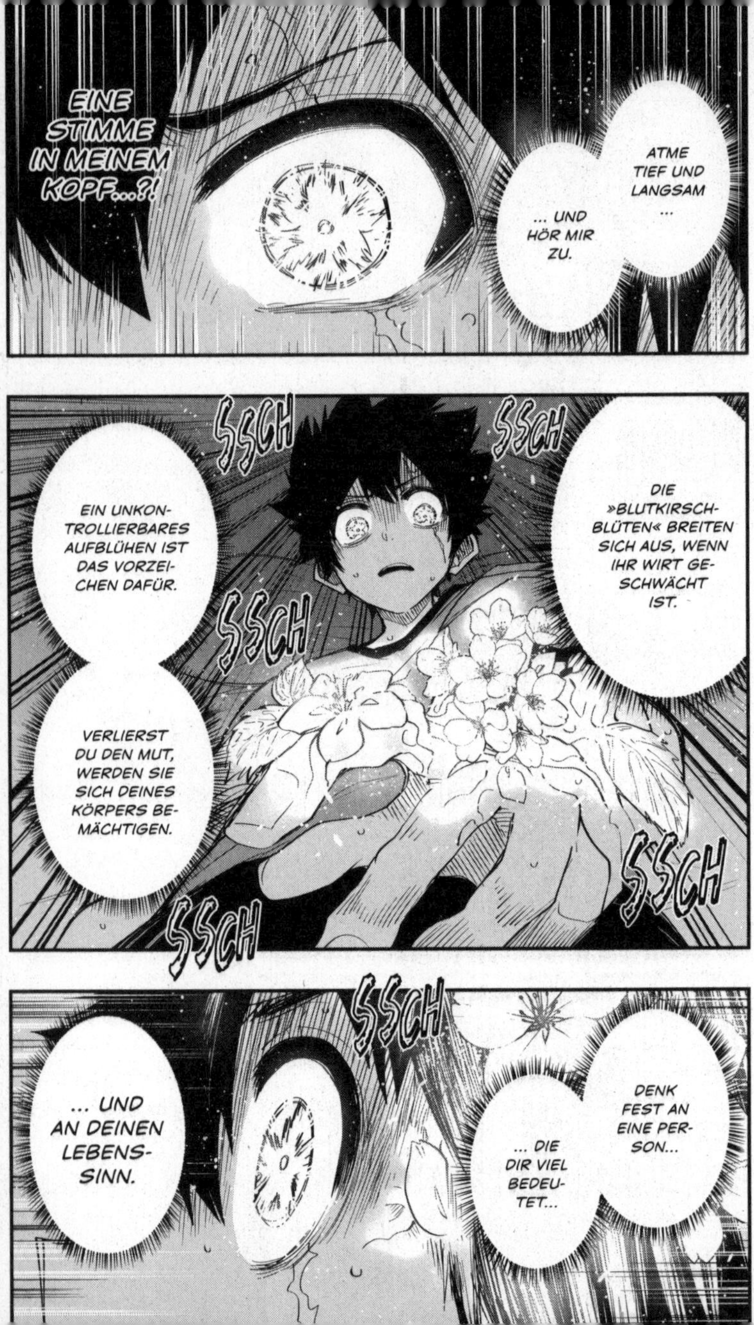
ATME TIEF UND LANGSAM ...
... UND HÖR MIR ZU.
EINE STIMME IN MEINEM KOPF...?!
SSCH
SSCH
DIE »BLUTKIRSCHBLÜTEN« BREITEN SICH AUS, WENN IHR WIRT GESCHWÄCHT IST.
EIN UNKONTROLLIERBARES AUFBLÜHEN IST DAS VORZEICHEN DAFÜR.
SSCH
VERLIERST DU DEN MUT, WERDEN SIE SICH DEINES KÖRPERS BEMÄCHTIGEN.
SSCH
SSCH
SSCH
DENK FEST AN EINE PERSON...
... DIE DIR VIEL BEDEUTET...
... UND AN DEINEN LEBENSSINN.

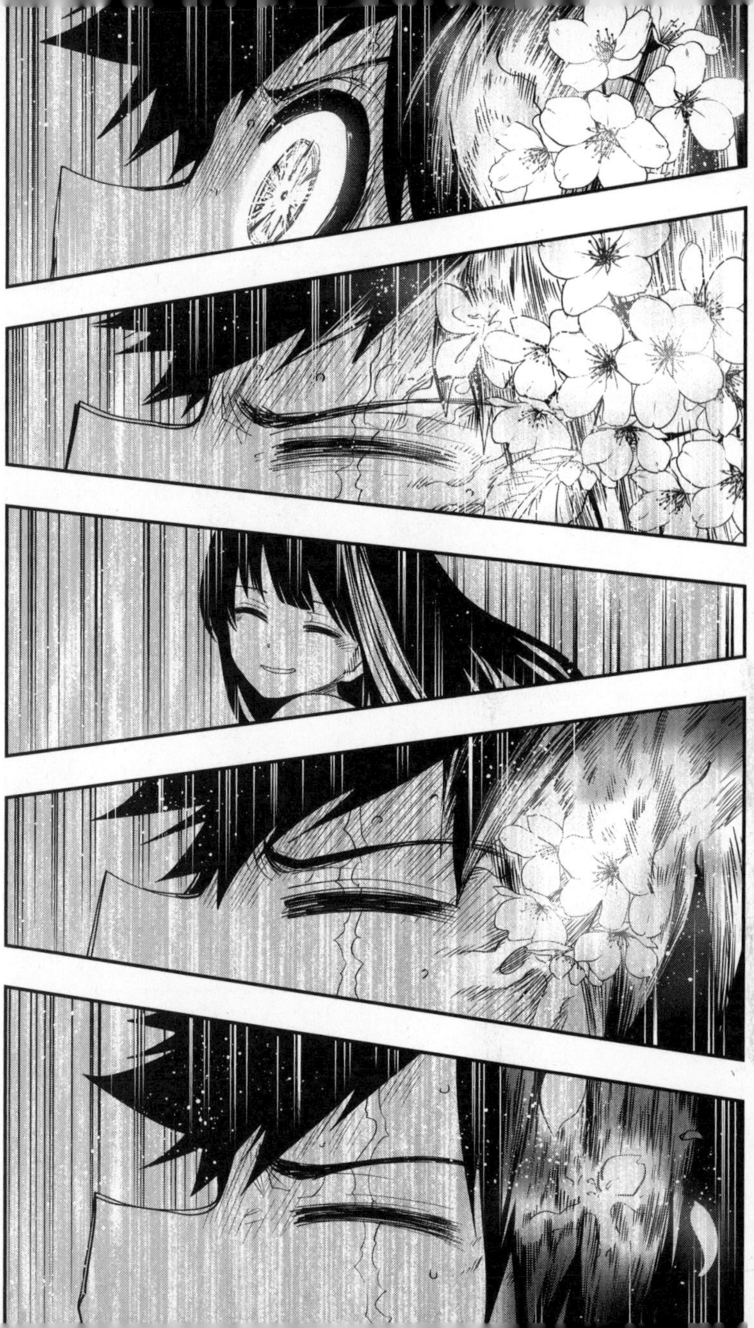

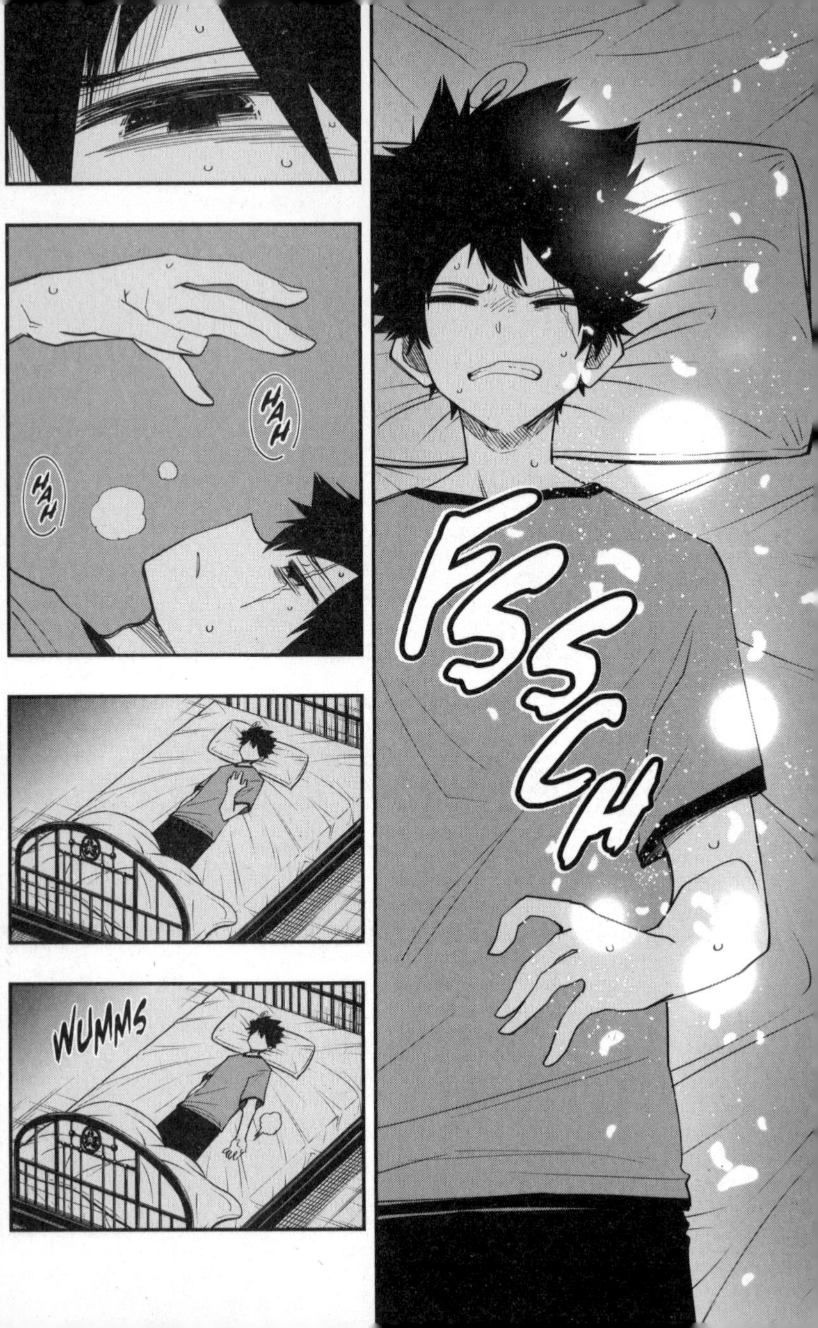
FSSCH
HAH
HAH
WUMMS

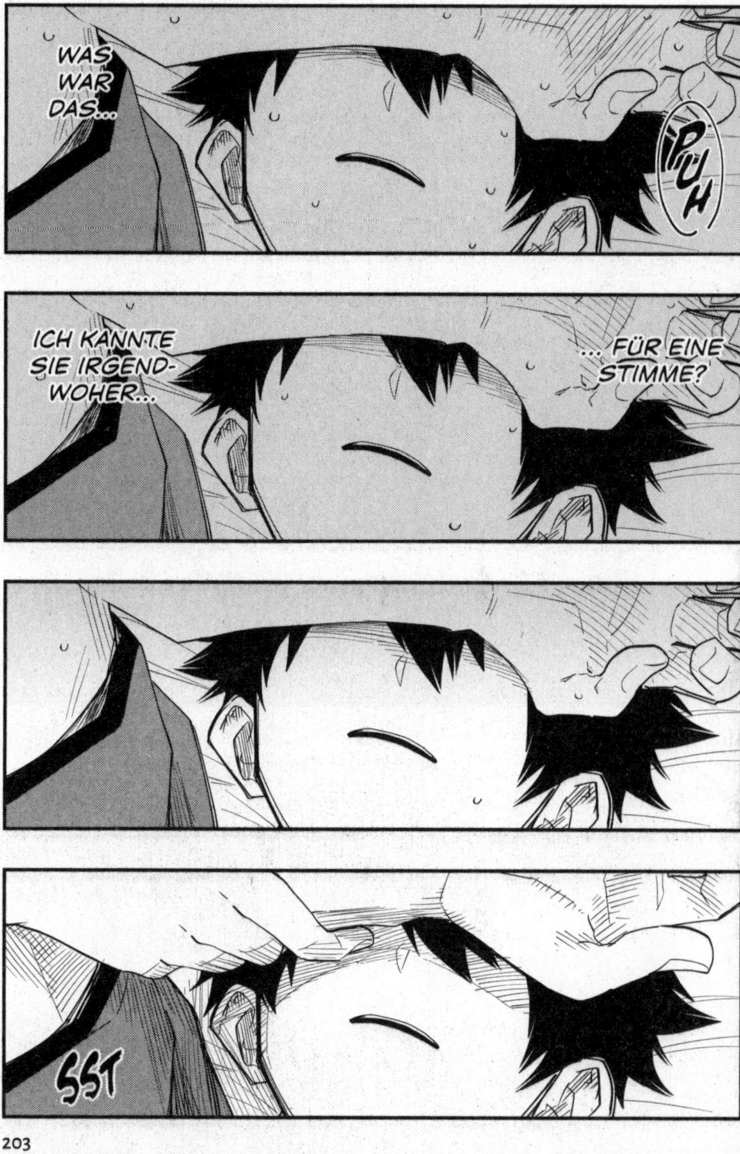
PUH
WAS WAR DAS...
... FÜR EINE STIMME?
ICH KANNTE SIE IRGEND-WOHER...
SST

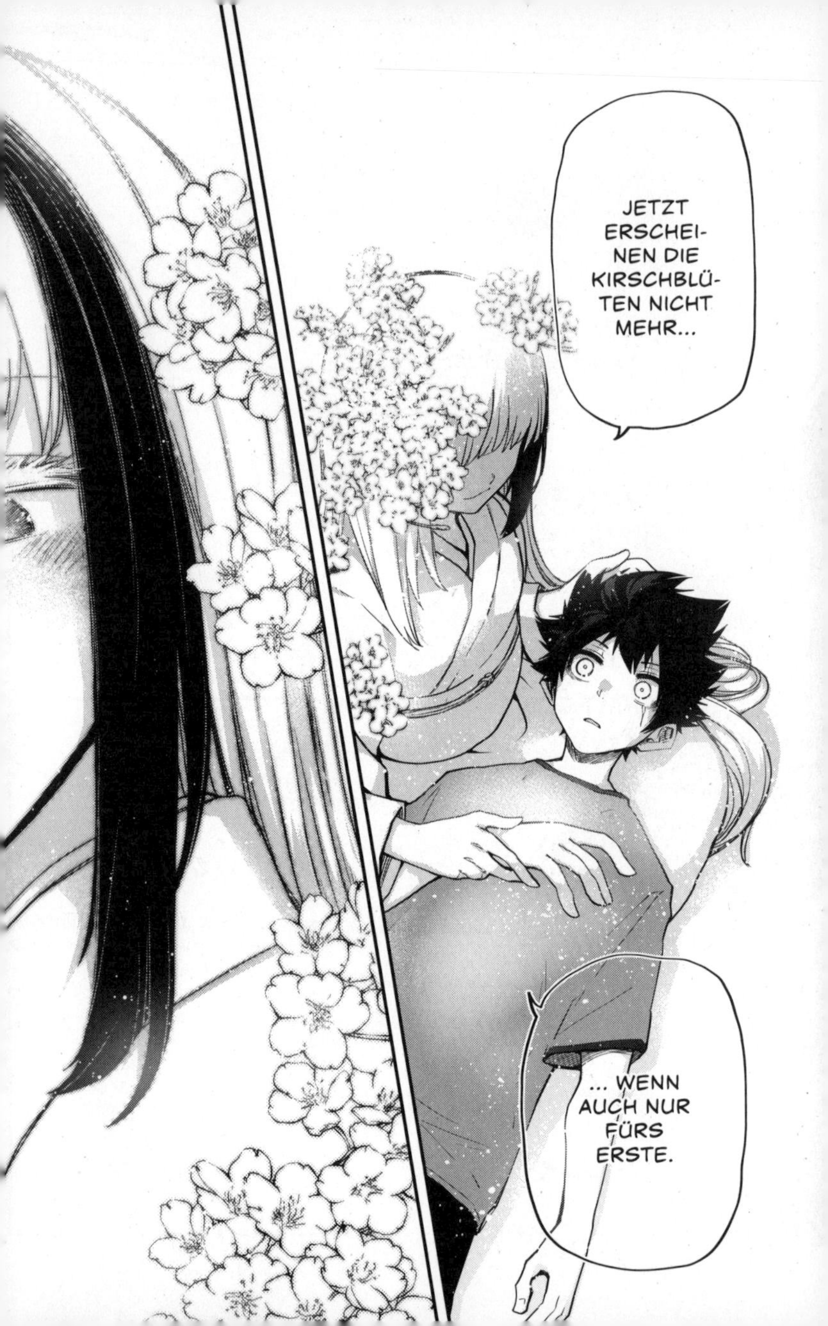
JETZT ERSCHEI-NEN DIE KIRSCHBLÜ-TEN NICHT MEHR...
... WENN AUCH NUR FÜRS ERSTE.

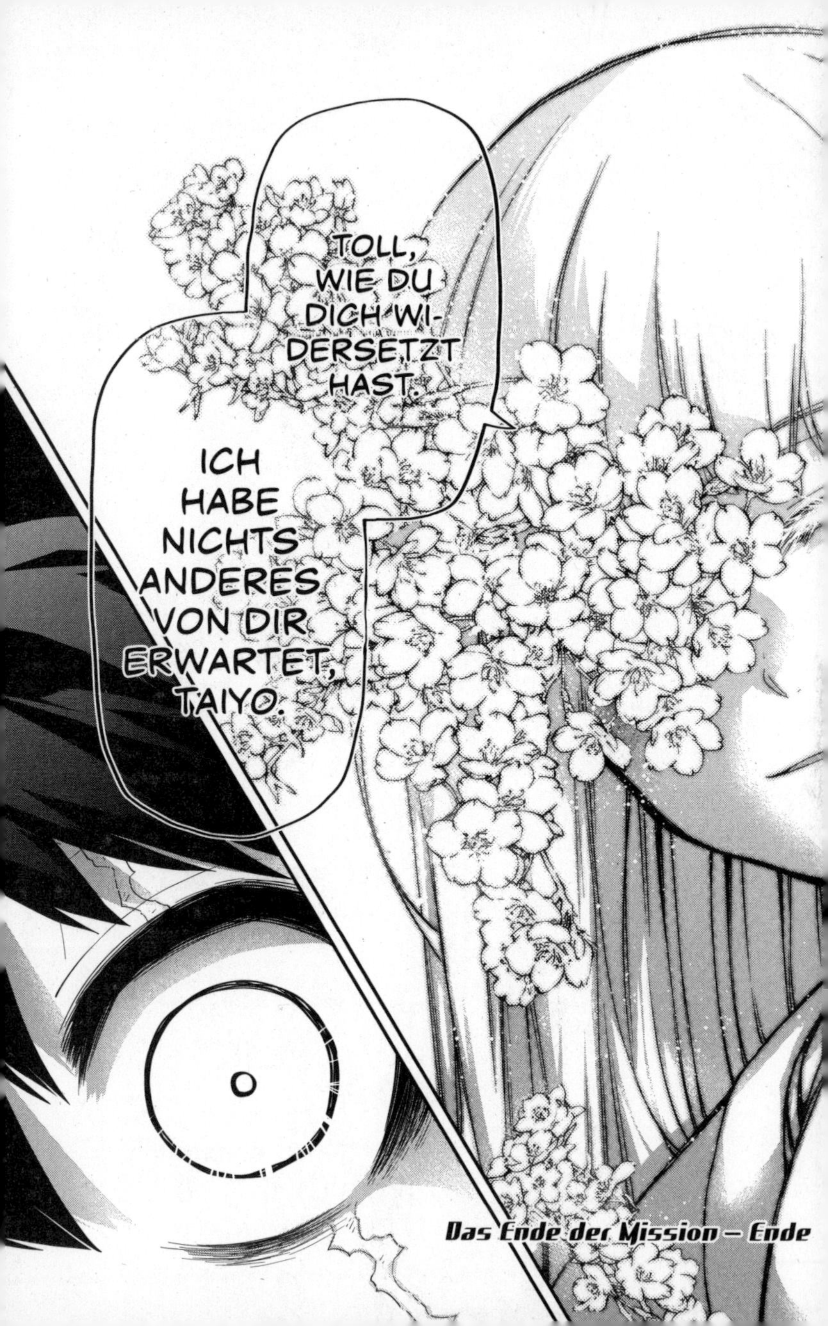
TOLL, WIE DU DICH WI-DERSETZT HAST.
ICH HABE NICHTS ANDERES VON DIR ERWARTET, TAIYO.
Das Ende der Mission – Ende

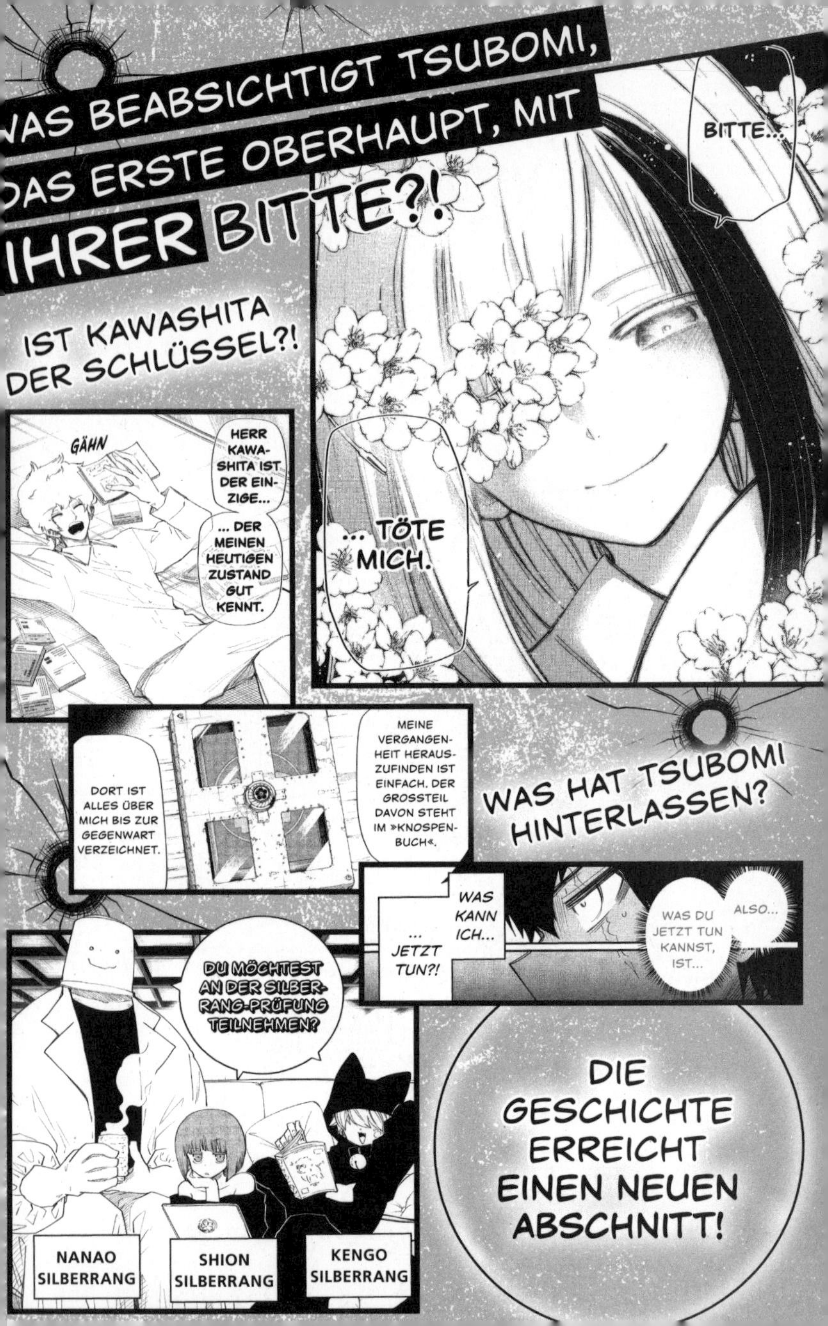
WAS BEABSICHTIGT TSUBOMI, DAS ERSTE OBERHAUPT, MIT IHRER BITTE?!
BITTE...
... TÖTE MICH.
IST KAWASHITA DER SCHLÜSSEL?!
GÄHN
HERR KAWA-SHITA IST DER EIN-ZIGE...
... DER MEINEN HEUTIGEN ZUSTAND GUT KENNT.
MEINE VERGANGEN-HEIT HERAUS-ZUFINDEN IST EINFACH. DER GROSSTEIL DAVON STEHT IM »KNOSPEN-BUCH«.
DORT IST ALLES ÜBER MICH BIS ZUR GEGENWART VERZEICHNET.
WAS HAT TSUBOMI HINTERLASSEN?
ALSO...
WAS DU JETZT TUN KANNST, IST...
WAS KANN ICH...
... JETZT TUN?!
DU MÖCHTEST AN DER SILBER-RANG-PRÜFUNG TEILNEHMEN?
NANAO SILBERRANG
SHION SILBERRANG
KENGO SILBERRANG
DIE GESCHICHTE ERREICHT EINEN NEUEN ABSCHNITT!

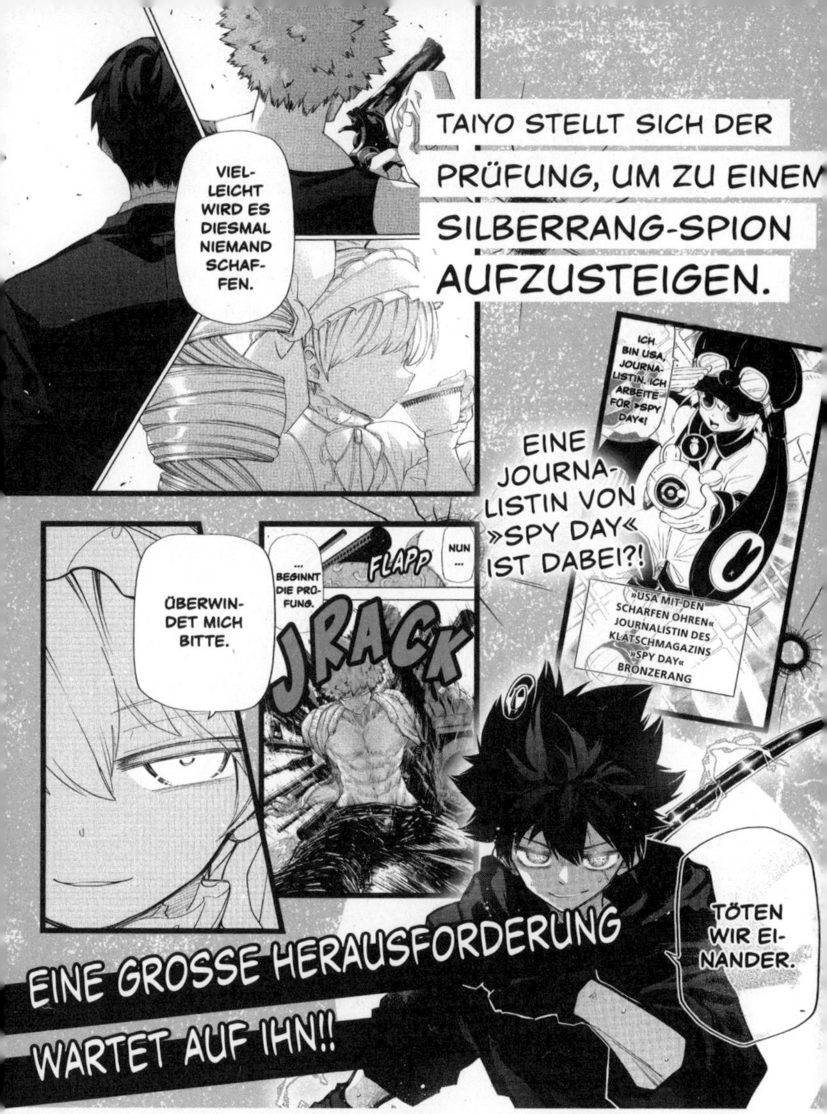

MISSION: Yozakura Family 11

… AB SOMMER 2024 IM HANDEL!!!

MISSION: Yozakura Family

To Do Mission

HALT!

Number	Mission Title
1	✓ Anhalten und Lage sondieren
2	✓ Japanische Serie identifiziert
3	✓ Anweisungen der abgebildeten Grafik befolgen
4	✓ Von »hinten« nach »vorne« lesen
5	✓ Von rechts nach links lesen
6	✓ Spannende Unterhaltung genießen

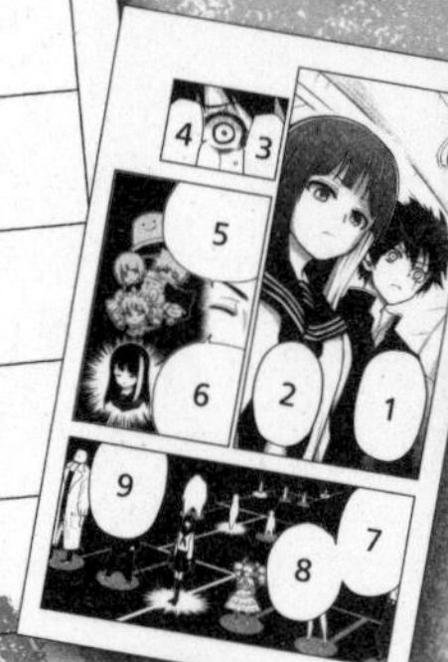

Carlsen Manga! News – jeden Monat neu per E-Mail!
www.carlsenmanga.de · www.carlsen.de

CARLSEN MANGA
Deutsche Ausgabe/German Edition

Völckersstraße 14-20 · 22765 Hamburg
Aus dem Japanischen von Nana Umino
YOZAKURA-SANCHI NO DAISAKUSEN

First published in Japan in 2019 by SHUEISHA Inc., Tokyo.
German translation rights in Germany, Austria, Luxembourg and German-speaking Switzerland arranged by SHUEISHA Inc. through VME PLB SAS, France.
Redaktion: Patricia Janzen
Textbearbeitung: Steffi Korda
Produktionsmanagement: Tobias Hametner
ISBN: 978-3-551-02978-2

MIX
Papier | Fördert gute Waldnutzung
FSC® C083411
FSC www.fsc.org
Klimaneutrales Produkt

Mission: Yozakura Family